21世纪国民经济管理学系列教材

国民经济管理学概论

National Economic Management
An Introduction

（第三版）

刘　瑞　主编

中国人民大学出版社
·北京·

作者简介

刘　瑞　中国人民大学应用经济学院教授、博士生导师，曾先后担任中国人民大学国民经济管理系主任、中国人民大学经济学院副院长，兼任中国宏观经济管理教育学会会长。长期从事国民经济管理领域的教学和研究工作，主要研究领域为发展战略与规划、宏观调控、产业结构与政策等。在核心期刊上发表论文百余篇；著（编）有《中国经济发展战略与规划的演变和创新》（中、英、俄、韩文版）以及《中国特色的宏观调控体系研究》《京津冀协同发展背景下的首都经济结构调整路线图》《首都经济圈结构调整的国际比较》《国民经济管理学概论》等专著和教材多部。主持国家社科基金重大项目、北京市社科基金重大项目及其他省部级科研项目多个。曾入选北京市新世纪社科理论人才百人工程，并获得北京市哲学社会科学优秀成果奖、北京市科学技术进步奖、国家科学技术进步奖、宝钢优秀教师奖等奖项。

内容简介

由中国人民大学刘瑞教授主编的《国民经济管理学概论》，是一部经典的国民经济管理学入门教材，系统阐述了国民经济管理的基本概念、原理和方法。本书于2004年首次出版，教材第三版入选中国人民大学"十三五"规划教材。本书首先介绍了国民经济管理的基本理论知识，涉及国民经济管理的必要性及国民经济管理模式；进而阐述了国民经济管理全流程的概念和理论，涉及国家发展战略、国民经济决策与规划、国民经济组织与调控、国民经济监测与预警等；并重点阐述了国民经济总量调控的相关内容，涉及供给管理、需求管理以及供求平衡，以及国民经济结构调整的相关内容，涉及产业结构、区域结构和企业结构的优化升级；最后，对推进社会公平和涉外经济管理两个方面的内容进行了分析和讨论。

"国民经济管理"课程是中国特有的经济学课程，因此本书在编写和修订过程中没有过多考虑教材与国际接轨的问题，而是专注于把本书打造成为适合国内高校国民经济管理专业师生教学使用，并能及时反映中国国民经济管理实践变化的教材。也可以说，本书是一部具有中国特色的经济管理类教科书，体现了中国特色社会主义经济学的理论特色和风格。本书是中国人民大学国民经济管理系的集体成果，教材第一、二、三版的编写和修订工作均主要由该系相关学者承担。

总 序

2001年，教育部组织了第二次全国高校重点学科点评议活动，有九所设立有国民经济学博士点的院校参与了竞评。最终，三所院校胜出，中国人民大学位居其中。这是中国人民大学继1988年第一次重点学科点评议之后蝉联此殊荣，但是那一次是以老的专业名称“国民经济计划与管理”竞评的。于是，我们就萌发了出版代表最近几年来中国人民大学国民经济学教学与科研水平的丛书的最初动机。

目前，国内高校的国民经济学专业仍面临着一种尴尬的局面。这种尴尬局面是由几方面原因造成的。

首先，从国际学术界看，国民经济学与经济学是一回事，在国内学科划分中却把它归入了应用经济学中。众所周知，经济学的最初正式称谓是政治经济学，侧重于对社会经济活动中的生产关系以及国家在社会经济活动中作用的探讨。以后自于经济科学的日渐成熟，许多在政治经济学中探讨的命题被分解到经济科学的各个分支学科中，经济科学已经发展成群，经济学本身则日益抽象为一般性的研究资源配置和经济运行现象的学科，从而也就获得了现在的这个称谓。然而，这只是盎格鲁-撒克逊与美利坚世界的经济学形成过程，在德国以及在斯堪的纳维亚半岛国家，习惯采用“国民经济学”这一称谓。

与卡尔·马克思同一国度、同一时代的弗里德里希·李斯特（Friedrich List）的德文版《政治经济学的国民体系》在1841年首次出版，之后法文版和英文版相继出版。书中他批评了源于英国的政治经济学构筑的理论体系，认为这是充满个人主义和世界主义的思想体系，却忽略了国家。他认为，不同的国家处于不同的发展阶段，因此需要不同类型的经济学说。[①] 李斯特虽然没有直接创建以国民经济学命名的理论体系，但是他所用的国民体系（national system）概念将国民经济（national economy）概念连在了一起。以后德国

---

① 伊特韦尔，米尔盖特，纽曼．新帕尔格雷夫经济学大辞典：第3卷．北京：经济科学出版社，1992：640-642.

及斯堪的纳维亚半岛国家的经济学家们，如威廉·罗雪尔、肯特·维克塞尔等差不多都写过以国民经济学冠名的研究著述。一百年过后，德国弗赖堡大学教授瓦尔特·欧肯于1940年出版了《国民经济学基础》。该书产生了巨大反响，被翻译为多种语言文本。书中他把经济科学划分成了两个部分：国民经济学和企业经济学。国民经济学的研究对象由两个经济问题构成："有关在其中进行经济活动的那些形式的问题和有关每天在各种给定的形式中运行的经济过程的问题。这些主要问题的不同结构赋予国民经济学以它的性质。"① 在书中他反复强调要从日常经验出发去分析作为形态的经济过程，国民经济学的目的就是"建立一个形态学的和理论的体系，它能够包括一切经济生活，不管经济生活如何发展；它能够像一张网一样捕捉住不断变化的经济的实际形态。有了这个形态体系，现代的各种问题也就有可能充分利用过去的理论成就"②。据此，他也主张国民经济学不能与企业经济学分割开来，这种分割只有在研究问题的特殊性时才是合理的，国民经济学和企业经济学所研究的问题同属于一个经济形态的整体。

20世纪后半叶，经济学逐渐变成了三个板块：微观经济学、宏观经济学和国际经济学。这三个部分本身并没有理论与应用之分，但相对于其他经济学分支学科而言，这三个板块则是原理性的，其他分支学科都是应用性的。应当说，国民经济学与企业经济学并不能简单套用宏观经济学与微观经济学的划分方法加以理解。按照德国及斯堪的纳维亚半岛国家的经济学传统，国民经济学的内容涵盖了经济过程的宏观层面与微观层面，且绝不是应用性的。然而我国教育主管部门在1998年进行研究生学科专业设置调整时，用国民经济学替代了以前的国民经济计划与管理，并把国民经济学划入应用经济学门类中。实际上，原来从事国民经济管理（本科专业）和国民经济计划与管理（研究生专业）的高校教员们是带着国民经济学这个外壳发展应用性学科的。这种中外之间学科划分的差异形成了学术对外交流上的尴尬。

其次，中国早期的国民经济学走了一段独特的路。1998年国民经济学正式成为官方认定的高校研究生专业，但这并不意味着此前中国的国民经济学是一片空白。1986年，厦门大学钱伯海教授出版了上下卷的《国民经济学》，开了先河。此书作为高校文科教材于1992年修订。钱伯海教授认为："国民经济学是以国民经济为整体，把政治经济学与宏观经济学结合起来，既研究生产力，又研究生产关系，既研究国民经济运行质的规定性，又研究其量的规定性的一门综合性学科。"③ 按照他的设想，国民经济学还与其他三门经济学连为整体，即企业经济学、国民经济统计学和企业经济统计学。企业经济学是政治经济学与微观经济学的结合，而国民经济统计学和企业经济统计学是统计学分别与国民经济学和企业经济学结合形成的。不难看出，钱伯海教授是试图实现两个结合：马克思主义的政治经济学理论与现代西方经济学理论相结合，经济理论分析与经济数量分析相结合。同时，这种结合了政治经济学和宏观经济学知识的国民经济学，很难区分出是理论经济学，还是应用经济学。

---

① 欧肯．国民经济学基础．北京：商务印书馆，1995：289.
② 同①5.
③ 钱伯海．国民经济学．北京：中国经济出版社，1992：1.

差不多在同一时间，国内一些高校还开设了国民经济管理学专业。1986 年辽宁大学在全国率先更名开设了国民经济管理本科专业。北京大学厉以宁教授、辽宁大学张今声教授等编写了在全国有一定影响的《国民经济管理学》教材。虽然国民经济管理学与国民经济学在名称上的稍许差别并不反映两者内容上的实质差别，但还是为后来设立国民经济学专业奠定了一定的学科基础。

在我国经济体制尚未转向社会主义市场经济体制的时候，国内许多学者已经开始努力将反映市场经济运行特征的理论吸收到自己的研究领域中来，并设计了自己的理论体系。随着社会主义市场经济体制在我国的扎根，也随着国外市场经济理论体系大量完整的引入，人们对过去提出的一些独创体系可能就会有全新的认识。瓦尔特·欧肯的著作是 1995 年首次翻译过来的，由此人们才了解到关于国民经济学与企业经济学的划分显然在半个世纪前就有了。而国民经济显然不能与宏观经济画等号，同样，企业经济也不能与微观经济画等号。应当说，对于一个封闭型经济来说，宏观与微观的划分尽管是相对的，然而逻辑上是清楚的，层次内容是完整的。宏观经济指的就是经济运行的总量现象，如国民经济核算问题，国民收入的决定和分配问题，投资、消费和进出口规模问题等。国民经济则包罗万象，比宏观经济宽泛得多。它涉及全部的宏观经济，也包括被称为中观经济的产业经济和区域经济，甚至包括已形成群体现象的厂商行为和消费者行为。微观经济指的就是经济运行的个量现象，如单个的企业经济、农户经济、家庭经济、个体经济等等。它作为个量现象不进入宏观经济分析的视野，但是它可以作为群体现象进入国民经济分析的视野。显然，将经济运行分成国民经济和企业经济两极，从逻辑上看有残缺，从内容上看不完整。1998 年研究生专业目录调整时，还把以前的投资经济划归到国民经济学，以至于有的院校开办的国民经济学是加上括弧的投资经济。现代经济中，投资经济同样也包罗万象，既包括固定资产投资行为，也包括证券、金融投资行为。国民经济学当然也讨论投资总量问题，但显然只是将其作为一个话题。

因此，尽管国民经济学在我国已经被正式确立为一门经济学科，但是它与其他经济学科所牵涉到的方方面面问题并没有被梳理清楚，形成了与其他学科分工不明确的尴尬局面。

中国人民大学的国民经济学学科是由原来的国民经济计划学科转变过来的。国民经济计划学科创建于 1950 年，当时是由苏联计划专家布列也夫讲授给中国人民大学的教员，再由中国人民大学教员根据中国实践编写出教材。中国人民大学的钟契夫等教员在 20 世纪 50 年代中期出版了中国第一部《国民经济计划学》教材，这一教材一直沿用到 80 年代初，被全国各高校广泛采用。80 年代中期，李震中教授主编了内容更为详细的《计划经济学》教材，引领国民经济计划学科的学术水平到达历史巅峰。

然而，中国市场取向的经济改革实践终止了国民经济计划学的学术战略发展前景，中国人民大学的教员不得不实行战略性的学术转移，由国民经济计划转向国民经济管理。1992 年中国人民大学的国民经济计划本科专业更名为国民经济管理专业，1994 年以后陆续出版了自编的《国民经济管理学》《经济预测与数量分析方法》《社会发展的宏观管理》《市场与价格管理》《工商行政管理》等教材。到今天，中国人民大学的国民经济学科形成了自己的某些学术特色：注重应用性，强调宏观管理，融合各个学科知识。当然，由于中国人民大学的国民经济学还是一种转型性的学科，学科建设进程还没有终结，这些特色还会有一些变化。也正因为此，中国人民大学专业教员在与全国同行进行面对面交流时，或许会各自操着使对方费解的学术语言。其实，这也是目前全国所有的从事国民经济学教学与研究的教师都会遇到的一个尴尬局面：尽管大家是同行，但在交流时却缺少行话。

至今，中国人民大学的国民经济学科专业依然是在全国七所保留了该专业本科设置的院校中发展得最完整的，形成了从本科生到博士生的正规人才培养层次，同时吸收博士后和外国留学生的格局。因此，我们有责任来明确国民经济学的规范与发展方向，尽早结束目前的学科发展尴尬局面。这就形成了我们编辑出版中国人民大学版本的“21 世纪国民经济管理学系列教材”的最终动机。

国民经济是由社会再生产的各个环节、各个要素和各个产业部门有机结成的整体，研究这个整体的运行规律并提出和解决运行中出现的问题是国民经济学的主要任务，但国民经济学是以马克思主义经济理论为基础，并融合了现代经济学有关市场经济运行规律的认识和方法而形成的一门应用性经济学。与其他应用经济学如财政学、金融学、产业经济学、区域经济学等学科相比，这个学科的特色如下：

（1）宏观性。尽管经济总量以经济个量为基础，但是前者不是后者的简单相加。经济总量始终应当是国民经济学关注的问题，经济个量不是国民经济学要研究的重点。

（2）综合性。宏观或次于宏观管理方面的问题有很多，但应当把综合性的问题作为研究重点，如研究各个宏观经济政策应该如何协调，而不是仅仅研究财政政策应该如何，货币政策应该如何。再如研究产业结构，关注的应当是各个相互联系着的产业之间的协调优化问题，而不是仅仅关注单个产业如何发展的问题。

（3）战略性。国民经济范围十分广泛，不能事事都研究，只有那些具有战略性的问题，才应当进入学科的视线。不能把研究视野放得过宽，兼收并蓄。经济运行过程中的战术问题属于其他技术性强的学科研究的对象。以此而论，国民经济学要培养的人才规格应是全国各行各业的社会经济战略家。

（4）对策性。国民经济学中展开理论分析是必要的，但是把注意力只集中在理论分析上不是这个学科的特色。其特色是针对重大社会经济问题提出重大对策，解决重大实际问题。因此搞过于玄妙的理论或模型不是国民经济学作为应用性学科的主旨。

（5）前瞻性。做出的对策建议都需要有预测性和预见性，加强对社会经济发展重大问题的预测、预警，符合该专业的特色。运用现代数学方法对社会经济运行做出预测、预警是国民经济学要着重研究的内容。

经过多年不断探索和教学实践总结，大体上可以看出，中国人民大学的国民经济学学科建设与发展应逐步朝以下七个方向聚拢：

（1）战略与规划。这继承了国民经济计划专业的基本内核。现在着重突出社会主义市场经济中的国家战略和规划基础理论研究，开展国家中长期发展战略与规划涉及的重大项目课题的研究，如可持续发展战略、西部大开发战略、小康战略和现代化战略等。

（2）宏观调控与政策。这个方向研究国民经济运行中政府随机干预的机制和政策配合问题。可以借鉴西方发达市场经济中政府调控的成熟理论与经验，但是要结合中国改革开放实际提出符合国情的调控主张。同时深入研究各个宏观经济政策和调控手段的组合与协同问题。此外，以市场监管为内容的工商行政管理也属于宏观调控概念。

(3) 投入产出与经济预测。投入产出模型是国民经济计划工作的重要工具，中国人民大学一直保持了这方面的特色和学术优势。市场经济下投入产出分析被充分吸收到国民经济核算体系中，因而它仍然具有重要的学术价值和实践意义。同时宏观经济预测也是我们长期重视的学术方向，利用经济计量模型等方法对国民经济运行进行分析和预测，已经成为国民经济管理工作的有机组成部分。

(4) 产业结构与政策。从中国国情出发，宏观管理的一个主要内容是分析产业结构和制定产业政策。目前国内许多高校开设的产业经济学，多数是遵循西方产业组织理论的思路，属于微观经济学范畴。而纳入国民经济学研究视野的产业经济，是产业结构与产业政策，属于宏观的产业经济范畴。

(5) 区域经济发展。从中国国情出发，宏观管理另一个主要内容是区域经济发展。国民经济从空间上看是各个区域经济的结合。因此如果没有关于区域经济的内容，国民经济学是空洞的、一般的。尽管有专门的区域经济学研究区域经济发展，但国民经济学仍然要着重研究各个区域之间的社会经济协调问题。

(6) 国民经济核算。国民经济管理以国民经济核算为基本工具。按照传统的学科划分，国民经济核算被列为统计学的内容。但实际上，它更多地属于国民经济学的内容，统计学只是进行核算的工具和方法。传统的国民经济计划不包括国民经济核算，现在建立的国民经济学需要借鉴西方宏观经济学的理论经验，将国民经济核算直接引入国民经济学。今后从事国民经济管理和研究，没有国民经济核算的知识是无法胜任的。

(7) 社会发展及社会政策。从国家发展战略高度看，经济发展和社会发展成为两个侧重点。而且随着社会主义市场经济体制的逐步完善，国民经济管理重点将转向注意保持社会与经济的协调发展、可持续发展，并更加重视实现这一目标的手段及政策。始终从发展战略管理角度分析社会发展与经济发展相互适应和政策选择，成为国民经济学中方兴未艾的话题。这也是中国人民大学国民经济学的特色之一。

体现上述特色和围绕上述方向开展教学与科研，是中国人民大学国民经济学作为国家重点学科现在正在做并将继续做下去的事情。我们将通过这套书陆续推出反映中国人民大学特色的国民经济学教学与科研成果，并愿意与全国同行就学科建设的问题进行广泛对话和充分交流。

刘 瑞

2004 年 1 月

第三版前言

《国民经济管理学概论》自从 2004 年初版面世以来，已经出了两版。第二版的时间是 2009 年。显然，一晃十年，作为教材其更新速度实在是太慢了。许多读者和教员还时不时问我何时出新版。但实在抱歉，一方面这期间有许多琐事缠身，另一方面也在不断地考虑如何更新旧版。因此从 2017 年下半年决定修订，到陆续分章修改，到今日完稿，时间拖了两年多。实在有点对不住读者，谢谢读者对教材的关注。

国民经济管理学或类似名称的教材是中国人自己创建的专业人才培养主干教材，国外没有，所以我们没有考虑要与国际接轨，而主要是考虑如何把中国人自己做成的事情写入教材，供中国学生和感兴趣的中外读者阅读。我们也不把这个随着中国经验积累而不断充实的教科书当作金科玉律，要求学生一字不差地死记硬背。因此本书与目前大学主流经济学教科书的风格存在一定差别，也在情理之中，说它是具有中国特色的经济管理类教科书并不为过。当然，作为一门应用经济学的分支学科教材，依然需要按照所有教科书撰写必须遵从的“三基”（基本的原理、概念和方法）原则来补充、修改和完善。因此第三版在保持旧版的基本格局和风格基础上，做了如下修改和完善：

其一，在保持全书风格和框架稳定的基础上，对旧版过时的数据和内容做了替补或删除。其替补和删除几乎每章都有。其二，根据 10 年来中国国民经济管理新的实践和经验做了必要吸收和提炼。波澜壮阔的改革开放 40 多年，中国经济社会发展取得了巨大成就。这一切都与中国国民经济管理的成功有效实施密切相关。我们努力将这些成功有效的经验和做法吸收进来，提炼出来，写入教科书，构建具有中国特色的经济学学科内容和体系。读者可以通过阅读与对比看到这方面的大量更新。其三，增加了每章结束之后的小结部分，便于读者把握每章的核心内容和主要观点。其四，对旧版的叙述和表达做了进一步的规范。在修改时依然发现了旧版中存有许多概念不清晰、阐述不准确的问题。对这些文字表述上的问题发现一个纠正一个，但还是感觉这方面问题不少。一、二、三版经过了多人之手，难以避免具体概念定义不统一、细节阐述逻辑有偏差等问题。只能是祈求越来越规范和完善。也欢迎热心读者发现之后给予指正。

全书依然分五个单元十四章。第一单元介绍国民经济管理的基础知识，包括第一、二章；第二单元介绍国民经济管理全流程知识，包括第三至六章；第三单元介绍国民经济管理的总量调控知识，包括第七至九章；第四单元介绍国民经济管理的结构调整知识，包括第十至十二章；第五单元介绍国民经济管理重要内容中的社会公平问题和涉外管理知识，包括第十三、十四章。不得不说，本书的讲授内容仅仅涉及了丰富的国民经济管理实践的一部分，但也是实践最重要和最突出的部分，知识点很多。根据长期教学经验，这个教材体量能够保证教员在一学期3学分的工作量下顺利讲授完毕，从而避免了许多教科书再版之后体量越撑越大，教员越讲越少，学生越读章节越少的尴尬局面。我们理解，一本优秀教科书应当是一本精致的知识书，能够使得教师在有效授课时数内，让学生在有限章节字数下，把所涉及知识领域需要掌握的知识学完，从而实现教学的最大化效应。

承担本次修订工作的人员均来自中国人民大学应用经济学院国民经济管理系。任务分工如下：刘瑞教授设计总体修改思路，并对每一章节进行修改和审定。金乐琴副教授参与了第三章的修改，李健美副教授参与了第十一章的修改，林晨副教授参与了第六、十四章的修改。本次修订获得了中国人民大学“十三五”教材规划项目资金的大力支持，也获得了中国人民大学出版社编辑的积极协助。在此，我作为主编对参与修订的所有人员，以及此前各个版本的参与作者表示衷心的感谢。没有他们的集体贡献，本次修订任务也许是无法完成的。

刘瑞

2019年11月

于苏州独墅湖MBA公寓

电子邮箱：liurui01@ruc. edu. cn

第二版前言

自《国民经济管理学概论》2004 年第一次出版以来，我国国民经济运行及调控发生了比较大的变化，产生了许多新鲜经验和认识，同时教材在使用过程中也暴露出一些问题和不足。基于以上理由，作为及时反映和总结中国特色社会主义市场经济实践经验成果的理论教材，《国民经济管理学》需要适时补充和修订。于是在出版社编辑部的提议下，主编召集作者们重新聚集在一起，对教材进行了必要的修订，形成教材的第二版。

修订内容主要体现在如下方面：

第一，吸收了中国特色社会主义市场经济在国民经济管理领域取得的新经验和新认识。教材第一版已经具有中国特色社会主义市场经济理论与实践的特征，此次修订继续保持并发扬了这一特色。第二版主要吸收了最新的实践经验和理论认识，如中共十七大报告精神、科学发展观以及最新一轮宏观调控经验等。

第二，补充和更新了相关知识、资料与数据。如在介绍区域经济产业结构优化知识时，增加了关于产业区位商的概念及计算方法。凡有关中国国民经济实际运行情况的数据和资料，都力图采用最新数据和资料。资料和数据截止到 2007 年，使用公开的最新内容。

第三，修改了一些不恰当的内容。第一版出版以来，主讲教师在使用教材的过程中发现了教材中的一些不恰当提法和内容；同时也有一些读者，或来信或在课堂讨论时，对第一版教材存在的问题提出了质疑并给出了许多改进建议。对此，作者在第二版中都予以了积极回应，对其中一些合理的意见予以吸取。

第四，给每章后面增设了思考题，弥补了第一版教材的不足。此外，主编推荐《国民经济管理案例》（金乐琴、李健美编著，中国人民大学出版社，2004）作为本教材的辅助读物，以此加深对国民经济管理原理的理解。

参加本次修订的大部分作者来自中国人民大学经济学院国民经济管理系，同时也有部分校外作者参加了修订。除个别作者因各种原因不能参加修订工作外，其他第一版的作者都参加了修订。以下是第二版作者名单（除特别注明外均为人大教员）及其分工：刘瑞教授：第一、二、四章；金乐琴副教授：第三章；朱衍强博士（深圳市发展局，中国社会科学院博士后）：第五章；陈璋教授：第六章；袁富华副研究员（中国社会科学院经济研究所）：第七、八、九章；赵玉麟副教授：第十章以及第十一章中有关产业区位商的内容；李健美副教授：第十一章；马金书教授（云南省委党校副教务长）、赵涛副教授（云南省委党校）：第十二章；武少俊教授：第十三章；沈久沄副教授：第十四章。全书最终由主编刘瑞教授审阅定稿。

教材在修订过程中还得到了中国人民大学“211”工程及“985”工程的项目经费支持，使得本书的修订工作能够顺利推进。

我们相信，经过修订的第二版，将更加具有中国特色和时代气息。读者们通过学习本教材，可以更加全面、系统地跟踪我国国民经济管理理论与实践的时代脉络。同样，我们也一如既往地欢迎社会各界和广大读者对第二版提出修改意见。

刘瑞

中国人民大学经济学院国民经济管理系

电子邮箱：liuruiruc@yahoo. com. cn

第一版前言

呈现在读者面前的这本《国民经济管理学概论》，是经过众多作者的共同努力而成的。早在 10 年前，中国人民大学国民经济管理系的教员联合其他部分兄弟院校，在王海平和吴春波两位同志的主持下，编写了中国人民大学的第一本《国民经济管理学》教材。10 年过去了，无论中国的还是外国的国民经济管理理论与实践都有了飞速的发展，书中许多内容都需要做较大的改写。这是中国学术发展一个较为普遍的现象：在飞速发展的实践面前，一本好的教材生命周期也就 5～10 年，甚至更短。同时两位当年的主编也陆续离开了国民经济管理专业的教学岗位。于是，在中国人民大学出版社的大力支持下，我们又集合了仍在国民经济管理学科专事教学的老师，并吸收部分国民经济学专业的优秀博士生，集体编撰了这本新的教科书。

本书在充分吸收《国民经济管理学》（王海平、吴春波主编，中国人民大学出版社，1994）和教育部“面向 21 世纪课程教材”丛书之一《国民经济管理学》（李华、刘瑞主编，高等教育出版社，2001）的优点基础上，主要从以下几个方面做了改进与完善：

（1）设计出一个更加规范和合理的内容体系。这本书共分两个单元：第一单元，国民经济管理的一般主张与认识。这就是本书第一至第六章的内容。第二单元，国民经济管理的主要内容。分成三个组成部分：经济总量调控，分成供给管理、需求管理和供求平衡（第七章至第九章）；经济结构调整，分成产业结构调整、区域结构调整和企业结构调整（第十章至第十二章）；若干重大问题管理，包括社会公平问题和涉外经济管理问题（第十三章和第十四章）。这个编排更加突出了国民经济管理的内容和重点，克服了以往的教科书对国民经济管理内容与重点逻辑叙述零散和思路不清的问题。

（2）将西方宏观经济理论与经验同中国的理论与经验进一步有机整合。中国 20 多年的市场经济改革与管理，取得了丰富的经验。同时对原来持批判性态度的西方宏观经济理论与经验也有比较充分的了解。根据这些内容，我们在本次教材编写中做了进一步的理论整合，使其更像一本中国式的教材，更具有时代气息。

(3) 进一步吸收了最新的理论研究成果和运用了最新的资料数据。这些均体现在各章内容中。

本书的写作分工如下：

第一章和第二章：刘瑞（教授）；第三章：金乐琴（副教授）；第四章：吴振兴（博士）；第五章：朱衍强（博士生）；第六章：陈璋（教授）；第七章和第九章：袁富华（博士生）；第八章：刘勇（博士生）；第十章：赵玉麟（副教授）；第十一章：李健美（副教授）；第十二章：马金书（教授）；第十三章：武少俊（教授）；第十四章：沈久沄（副教授）。全书由刘瑞统稿、定稿。

本书能够出版与业内同行及中国人民大学出版社的大力支持分不开，借此表示深深的谢意。由于作者水平有限，书中多有不足之处，欢迎读者提出宝贵意见。

主编

2003 年 9 月

目 录

第一章

国民经济管理的必要性及内容

中外各国的社会经济发展实践均表明，市场经济是配置资源的一种有效形式。但其存在着内在的缺陷，这使得政府干预成为一种必要手段。然而，政府干预在一定条件下同样也存在缺陷。国民经济管理的任务及目的在于保持市场经济运行的稳定，由此产生了国民经济管理的具体职能与方式。

第一节 市场经济的功能及其缺陷

市场首先是商品经济的伴随物。人们最初为了自身生存需要而从事产品的生产，然后对产品进行消费。当满足自身消费需要，产品尚有剩余时，人们就把剩余的产品主动拿出来进行交换，互通有无。于是，这种交易的产品就成了商品。商品具有使用价值和价值的二重属性：生产方关心的是商品的价值增值，消费方在意的是商品的使用价值数量和质量。这样，一种从生产，经过流通，到最终消费的商品经济形态就形成了。

市场最初在商品经济中是指商品供给方与商品需求方进行交易的场所。但是随着商品经济从简单交易形式向复杂交易形式发展，交易的商品种类和形式越来越复杂多样，作为交易场所的市场也就越来越复杂多样了。市场不再局限于物理场地，也不再局限于现场完成交易，出现了大量时空隔离的市场交易行为。进入互联网时代，更发展出虚拟与实体两种市场交易形式。但是无论市场形式如何变化，交换总是市场经济的基本特征，获利总是市场经济的基本动机。因为市场总是以商品交易为内容，而不管其商品是实物性的还是服务性的，所以市场经济与商品经济几乎是同义词。只是商品经济发展到高级阶段，市场也随之越来越复杂多样，牵涉的交换关系也越来越复杂。因而市场经济或为更为一般的商品经济的发达形式，成为表达所有商品的交换关系总和与基本特征的经济。所谓市场经济，就是一种依赖于经济活动主体自发地参与经济活动并从中获利的交换经济系统。

一、市场机制

在市场经济的演化过程中，渐渐地形成了一整套的运行规则和方式。这一整套的运行规则和方式就是市场机制。机制一词来源于对机械物理运动现象的描述，是指由相关的机械物理要素结合起来产生具有某种功能的一种系统。各种机械物理要素的构成以及它们在机械中所担负的系统功能，成为机制的基本内涵。由于人类社会普遍具有类似的机制现象，因而机制概念可以作为解释错综复杂的社会经济现象的理论工具之一。市场经济作为一种人类系统现象，本身具有相关的机制要素与功能。

对市场经济的运行机制始终存在着不同的解释。比较典型的看法是从政治经济角度认为："市场经济要运行，有三件事情是必不可少的：私有制、竞争和商品的自由交换以及'硬'预算约束。"[①] 但是这种典型的看法并不完全符合中国等社会主义市场经济实践，因而用此来理解中国等国家的市场经济并不十分贴切。的确，私有制在市场经济发展早期是一个必要条件或机制，但是随着当代市场经济出现了各种具有社会主义性质的类型，如20世纪60—80年代南斯拉夫的市场社会主义试验，以及现在的具有国情特色的社会主义市场经济（中国、越南等），私有制条件便被更为一般的条件——清晰的产权制度所替代。只要具备清晰的公有、私有或公私兼有的产权制度安排，市场经济依然能够正常地运转起来。所谓预算硬约束是指企业受到资金债务的限制，有多少资金和融资能力就办多少事。在资金债务预算硬约束条件下，企业如果经营不善导致资不抵债就需要资产重组，直至破产。但是预算硬约束实际上是市场机制呈现出来的一个结果，而且预算硬约束本身要依靠一系列机制来实现。因此，所谓的市场经济运行的三个条件并不具有一般性意义。

将迄今为止世界上所有的市场经济实践考虑在内，一个完整的市场经济至少由六个机制组成，这些机制几乎包含了市场经济的全部要素与功能。

1. 供求机制

市场经济中所有的要素均可抽象为两个相互对等的独立方面：商品的供给与商品的需求。商品的供给方是商品与供给主体的集合，包括由本国企业、农户、非营利机构，外国企业等供给主体向市场提供的商品；商品的需求方则是货币需求与需求主体的集合，包括由本国消费者、投资者，外国消费者等向市场投放的货币购买力。由此产生了相应的经济功能：供给方向需求方提供商品，需求方向供给方购买商品，彼此谁也离不开谁。然而市场供求双方的存在是市场经济内部矛盾体的共生现象，因为双方各自追求的市场目标是不一致的：供给方最终追求的是商品的价值及其增值，而需求方最终追求的是商品的使用价值及其满足感。市场经济始终是在这种供求内生矛盾的存在、展开和化解过程中运行的。供求机制担负着市场经济的组织功能。

供给机制的运行会有两种结果：市场供求平衡与市场供求失衡。古典经济理论分析认为，供求双方主体会通过出价和应价的方式自发地解决供求失衡，达到市场均衡状态。然而迄今为止的中外实践活动表明，所谓的市场供求均衡还只是一种理想状态。客观现实

---

① 伊萨克森，汉密尔顿，吉尔法松．理解市场经济．北京：商务印书馆，1996：83.

是，市场失衡是大量和经常存在的现象，失衡几乎是常态。

2. 产权机制

供求机制的健康运行依赖于这样的市场前提条件：供求双方各自独立地处置涉及自身利益的事宜并由此承担后果。并且只有当供给主体和需求主体都拥有了对等和平等的市场交易权利，交易行为才能正常地进行。为此，市场经济逐步发展出了一套完整的有关经济权利的产权机制。所谓产权，在严格意义上是指财产所有权，在宽泛意义上是指人们对其所交易的东西享有的一切正当权利。产权具有两个最基本的权能：收益分享权能，即分享财产营运所带来的部分收益的权利；收益支配权能，即产权主体自主支配财产及其收益的权利①。这两种权能本属于经济规律的必然结果，但是在市场经济长期演化发展之中，逐步被超经济的强制形式——法律制度——加以确认、规范、保护。所以在现代市场经济中，产权机制往往表现为法规条文。但是不应当本末倒置：产权机制的建立首先来源于经济上的合理性，其次才是合法性。产权机制担负着市场经济的保障功能。

以往的市场经济绝大多数都是建立在私有产权基础之上的，这容易产生对市场经济与私有制经济之间天然性关系的联想。然而，中国、越南等国的公有制经济，以色列的基布兹②，以及几乎所有市场经济国家都存在的程度不等的国有经济，均表明公有制与私有制的结合是现代市场经济的客观存在。它在理论上揭示：市场经济不仅仅是私有制经济；只要各种产权制度是合理的、清晰的和有效的，市场经济就可以在各种产权制度并存情况之下正常运行。

3. 价格机制

商品价格是商品价值的货币表现。没有价格，商品交换就无法进行。商品价格首先是在市场以外的生产场所决定的，即是由生产商品的必要劳动时间决定的，其本质上是由生产商品的劳动量大小决定的。然而作为交换品，商品价格的形成是由生产场所以外的市场所确定的，生产场所的商品价格已经预先由社会必要劳动时间决定了。因此，价格在本质上反映全社会商品价值量的大小，在形式上反映社会经济资源配置情况及其稀缺程度。这是价格机制最鲜明的功能特性。市场经济中的价格要素与供求要素结合起来，形成了复杂的讨价还价交易过程。供求双方的平衡态势都是在一定价格水平下实现的，同时又是在价格水平波动中被打破的。因而价格机制成为供求机制的晴雨表，发挥市场经济的信息功能。

价格自发形成固然灵敏地反映了资源稀缺程度并由此引导资源配置流向，但是不可避免的人为干预价格自发形成的情况依然不少，并且某些人为干预价格比起自发形成的价格会产生更高的资源配置效率和更好的社会经济收益。因而就有了以公共产品和私人产品为基本分界的两种价格形成机制。

4. 竞争机制

竞争是在市场各种机制作用下产生出来的一种争夺现象：众多的供应商为获得顾客相

① 刘树成. 现代经济辞典. 南京：凤凰出版社，2004：975-976.

② 基布兹是希伯来语“团体”的意思，是以色列政府在微观基层建立的一种源自宗教文化和现实利益需要的集体社区。在社区中没有私有财产，其成员自愿加入和退出，在生产、消费、教育、医疗、社会保障等领域实行平等和合作。

对稀缺的订单而进行的斗争，或者是众多的顾客对相对稀缺的优质商品的拼抢。由此，竞争产生了市场经济长期持续繁荣的功效：第一，竞争使得商品成本下降，从而使得市场价格水平下降；第二，竞争使得需求方拥有更多的选择机遇并从中获利，也使得供给方的生产经营质量有所改进；第三，为了保持竞争优势，供应方需要有花样翻新的东西吸引购买方，因而促使经济体系中的创新活动持续增加，创新能力持续增强。如果竞争起点是公平、公正和公开的，在竞争过程中实行优胜劣汰，结果将促使国民经济运行效率大幅提高。竞争机制担负着市场经济的效率功能。

然而，竞争过度也会产生一些消极后果。在技术没有创新和地方保护主义的条件下，低水平生产、重复性建设现象大量涌现，最终出现产能过剩。从国民经济运行角度看是对资源的一种浪费。竞争还会产生竞争的反面即垄断的出现。

5. 激励机制

市场经济中的激励根本上来自主体对经济利益的追逐。正是在这一激励因素驱使下，大批的企业才按照市场经济规律参与市场活动，众多的消费者才斤斤计较于商品的相对价格。对于企业而言，利润获取始终是企业成功的标志。激励机制的核心是对经济利益的关注与追逐，但是经济利益客观上在个人之间、企业之间、产业之间、区域之间和国家之间的存在广泛差异，由此形成了兼顾这种多元经济利益的激励机制。在其中，需要平衡供给方利益与需求方利益、宏观利益与微观利益、整体利益和个体利益、长远利益与短期利益、强势群体利益与弱势群体利益等关系。只有这样市场经济才能稳定运行。激励机制担负着市场经济的动力功能。

依照古典经济理论，市场经济中的个人具有经济人的两个基本特性假定：自私性与理性。自私性表明市场主体参与经济活动的目的是实现个人利益，理性表明市场主体实现个人利益的手段是采取合理合法行动。在目的与手段的结合之下，经济人实现个人利益的最大化。然而从理论到实践都证明，经济人假定是一个非科学的假定[①]。即使是就个人而言，经济利益也只是个人需要的一部分。依照马斯洛的需要层次理论，一个人至少有由低到高的生理、安全、社交、尊严和自我价值实现等五种需要。激励的因素多种多样，产生的效果也是广泛的。因此追逐经济利益至少不是个人参与市场活动的唯一动机。

6. 信用机制

信用机制的最基本组成形式有两种：货币与契约。货币尤其是纸币，是法定的交易工具。市场主体之所以采用只具有价值符号象征意义的货币进行大规模的交易活动，是因为货币得到了货币发行者的诚信担保。如古代中国，私人钱庄发行的银票以私人信用做担保。到近代，市场交易发展到跨区域跨国度，私人银行所发行的纸币信用难以满足这种需要，因而货币发行得到了超越私人信用的国家信用担保。契约是市场当事人双方自愿、自由缔结的交易信任协议，履行协议则双方获益，违反合同则双方受损。为保证契约信用的有效性和约束力，现代市场经济发展出一系列的信用机制，如个人和企业的征信制度、信

---

① 刘瑞．社会主义经济分析中没有经济人的位置．中国人民大学学报，1997（1）.

用评价体系、质量认证体系[①]等等。信用机制的建立和完善，首先降低了市场交易成本，节省了交易当事人参与活动寻找规则的制度成本[②]，其次惩罚了不遵守市场秩序的行为，维护了诚信人的经济利益。因而信用机制担负着市场经济秩序的维护功能。

信用不等同于信任或诚信，但是以信任或诚信为基础。信用是建立在信任或诚信基础之上的契约化市场关系。信任或诚信则是一种心理现象，是依靠社会习惯和社会心理形成的人对人的承诺与尊重，而信用在市场经济中是对经济规则与制度的一种承认和遵守，是一种契约现象。因此二者之间既有联系也有区别。信任是信用的心理依据，信用是信任的制度维护。如果失去了心理信任，信用机制形同虚设；有了心理信任，信用机制才能有效运行。

二、市场机制的失灵

市场机制在商品经济中起着配置资源的基础性作用，但无论是理论研究还是实践检验均表明，市场机制并非万能，存在许多缺陷。这些缺陷在商品经济中是难以避免的。总括起来说，这些缺陷以三种形式表现：第一，市场运行的条件不能到达正常状况而引起市场机制功能不到位。一般说来，通过改进市场条件并建立健全市场机制可以减少此类缺陷，如将垄断价格水平恢复到竞争价格水平，就可以消除由于价格机制扭曲而导致的资源配置不合理状态。第二，市场运行的条件已经达到正常状态但功能依然有缺陷。这是市场机制的内在缺陷，是无法通过市场机制自身的完善来避免的。第三，市场机制根本不起作用。严格说来，这并不是市场机制的缺陷，而是市场机制的盲区。假如要让市场机制在这个盲区发挥作用，必定比其他机制起更坏的作用。

具体分析，市场机制存在着如下几方面的失灵：

1. 信息不完全或不对称

与完全竞争市场的假设不同，现实的市场经济本身并没有提供完备的信息并有效地配置信息的机制。无论是生产者还是消费者都不可能拥有完全的市场信息，而且生产者和消费者各自拥有的信息往往是不对称的，这样就不可避免地会导致决策失误、不公平交易以及结构失衡和经济波动等现象的发生，增大了市场的风险。

2. 存在外部效应

这指的是某一微观单位的经济活动对其他单位乃至整个社会福利产生正的或负的影响。外部效应的存在意味着市场价格不反映生产的边际社会成本，具有外部不经济的经济主体将其部分成本强加给其他经济主体；反之，具备外部经济活动的经济主体却无法从自己的生产经营收入中回收全部成本支出。环境污染和员工跳槽问题是两个典型的市场经济外部效应例子：前者表明排污者在追求自身经济利益的情况下给周边当事者带来社会经济利益损失，后者表明跳槽者在获得自身经济利益的情况下给原来的雇主带来社会经济利益

---

① 1988 年由国际标准组织推行的 ISO9000 系列的质量认证体系，是一种厂商对生产经营质量提供承诺的国际信用制度。该体系实施的是已经具有的制造业和服务业质量国家标准，它适用于整个生产过程，而不是某一具体产品。该体系认证在市场上标志着质量信誉，国际购买者往往会坚持要求其固定供应商获得这种认证。该体系认证有严格的程序及考核要求，按照系列分为 ISO9001、ISO9002、ISO9003 和 ISO9004 等，依照不同行业设立，但制定质量管理手册、程序文件和作业指导书等三个通用文件是其核心。

② 制度成本是指寻找、制定并维护任何一项规则而引起的人力、物力和财力花费。

损失。实践表明，仅仅依靠市场机制本身是不能让利益相关者获得利益得失平衡的。在这样的情况下，价格体系不能传达正确信息，资源难以实现合理配置，市场调节是无效的。

3. 低效或无效提供公共产品

公共产品是指那些在生产或消费中均不具有排他性和竞争性的产品。按照非排他性和非竞争性的特性程度差异，公共产品又可以细化为纯公共产品和准公共产品。前者如公园、公路、路灯、国防、义务教育、公共卫生、文化事业、大众体育等，后者如非义务教育、经营性医疗保健、文化产业、竞技体育等。市场机制不可能使公共产品的生产达到社会所需要的最佳水平，这是由公共产品的性质决定的。首先，公共产品具有不可分割性，很难由各个微观单位或个人独立生产和消费；其次，公共产品的非排他性和非竞争性的特点，使得以追逐盈利为目的的投资经营者难以通过正常的市场运作收回成本并牟取利润。这时市场调节自然就失灵了。

4. 拉大收入分配和财富分配差距

追求自身利益最大化的市场竞争，会导致商品生产者的两极分化，一部分企业或个人在竞争中处于有利地位，另一部分企业或个人则在竞争中处于不利地位。竞争结果是两者的收入分配差距拉大，并促进社会收入和财富分配差距进一步扩大。收入分配差距是市场运行的正常结果，这种收入落差在一定范围内能够刺激市场当事人更加积极地投入市场竞争，从而产生更高的市场效率。但是如果落差超过一定范围，或者形成落差的条件与原因是不为市场当事人所接受的，这种收入分配差距就会引发利益冲突和社会冲突。到目前为止的市场经济理论与实践，都没有给出一个相对合理的收入分配差距落差值①。而收入分配和财富分配差距的存在及进一步扩大，却与人类追求公平、和谐社会的理想目标发生冲突。市场机制不能自动缩小收入和财富分配差距，相反如果市场机制不完善还会加剧收入分配的不公平，如垄断企业会利用其垄断地位获得垄断利润、价格失真会造成交易双方利益的不对称、市场秩序的混乱会导致各种非法收入的出现等。

5. 垄断

优胜劣汰是市场竞争的必然结果，因而市场竞争在促进经济效率提高的同时，也必然导致市场中的集中与垄断趋势。现代市场经济的垄断有三种基本类型：自然性垄断、经济性垄断、行政性垄断。自然性垄断是指市场主体凭借其独特的条件（如技术、地理位置、自然资源等）从事高度排他性的生产经营活动，经济性垄断是指市场主体凭借自身规模经济优势、品牌优势形成的生产经营优势，行政性垄断专指市场主体获得行政主管部门的市场准入和授权而从事高度排他性生产经营活动。虽然这三种类型的垄断对市场效率影响并不总是负面的，但是所有这些市场主体在获得支配市场、控制价格的能力之后，都可能排斥或限制其他企业进入从业市场，也都可能依靠维持垄断价格而不是依靠持续提高效率实现利润目标。其结果会使得资源配置处于低效率状态，并造成全社会的福利损失。

6. 盲目性引发经济运行不稳定

市场机制的盲目性表现为：首先，受价格信号引发会产生不良反应。商品生产者追求

① 基尼系数是目前测定收入分配差距落差值的主要工具，但是具体的数量界限是比较含混的。后面章节将有专门讨论。

商品价值增值，受价格信号调节。当价格显示一种商品生产有利可图时，厂家会蜂拥而至。这样会使得该商品的供给由短缺逐步转向过剩，导致后续进入的厂家微利或亏损。现代经济中随着资本有机构成的提高，固定资本流动的技术限制越来越大，所以厂家并非能够自由地、无成本地转移资本。这样过剩的生产能力成为一种资源闲置与浪费。其次，商品世界的二重性矛盾[①]会使得经济运行不稳定。由于市场当事人只具有有限的信息，无法知道自己的活动成果的市场真实价值，已有的价格只是表现商品的交换价值、相对价值。因此生产处于一定的盲目状态，市场供给与需求处于一种随机变化之中。这种市场机制的盲目自发现象最终会引起经济的波动以及周期性震荡。

7. 资源浪费

市场机制在优化资源配置和提高生产效率上具有优越性，但是在如何消费已经生产出来的资源上没有明显的优越性，甚至具有浪费性。厂商为了宣传产品将巨额金钱投入非生产性的广告和公共关系上，是对稀缺的社会经济资源的一种挥霍。厂商为了保持市场垄断盈利水平，宁肯将过剩产品倒入地沟或毁掉，也不愿降价出售给消费者，这是对稀缺资源的糟蹋。在市场进入壁垒几乎无法完全消除的条件下，过度竞争还会引起低水平生产、重复性建设现象大量涌现，从国民经济角度看这是对资源的一种浪费。由于市场竞争的结果，富人（富国）过着挥金如土的生活，而穷人（穷国）则挣扎在温饱生活水平上，在全世界范围内形成资源的过度挥霍和严重短缺两极分化。

第二节　政府职能与干预的局限性

由于市场机制功能存在不可避免的缺陷，因而仅仅让市场机制单独对经济活动实施调节，对社会经济资源进行独立配置，是无法达到帕累托最优状态的[②]。因此也就没有任何一个国家敢于放任市场机制去完全自动调节国民经济运行。由此也就决定了需要借助非市场的力量来校正和弥补市场机制的缺陷。

从市场经济的演变历史观察，最初试图主动校正和弥补市场机制缺陷的恰恰是市场主体自身：厂商成立了行业协会以自律市场行为，避免恶性竞争，规范市场秩序；消费者成立了消费者权益保护组织以维护自身权益，代表特定消费人群与厂商进行对抗。但由于这是市场自发的自律、自卫行为，带有很大的局限性，不能从根本消除市场机制的缺陷，因此渐渐地，具有强制性和普遍性特点的组织——政府——被推到了弥补市场机制缺陷的前台。政府对市场的干预成为现代市场经济一个不可或缺的有机组成部分。

一、政府的经济职能

针对市场失灵，政府干预成为一种替代选择，由此也就决定了政府在市场经济中的经

① 马克思主义政治经济学认为，商品世界存在着价值与使用价值、社会劳动与私人劳动、具体劳动与抽象劳动等矛盾。

② 以意大利经济学家帕累托的名字命名的最优概念是：对于某种经济的资源配置，如果不存在其他生产上可行的配置，使得该经济中的所有人至少和他们在初始时情况一样良好，而且至少有一个人的情况比初始时更好，那么这个资源配置就是最优的。由于最优性来自竞争均衡，因而最优也是效率的同义语。

济职能。一般说来，政府职能是为实现国家根本发展目的而对政府活动基本方向和内容所做的行为规定。面对市场经济的基本运行要求，各国的政府经济职能具有共同属性。但是对于已经形成了市场经济的发达国家和尚在形成市场经济之中的发展中国家而言，其经济职能也有较大的差异。结合这些情况，发展中国家的政府在经济领域至少要具有如下职能：

1. 发育市场体系，提供市场信息

市场机制有效发挥作用的首要条件是充分的市场、完整和完善的市场体系，从而使经济主体能够及时掌握与自己经济行为相关的市场信息。如果市场体系残缺不全，信息传输不畅，就有可能导致资源配置的无效率。对此，一般应依靠培育市场体系，完善市场结构予以解决。但是，市场的发育成熟和市场体系的发展完善是一个长期的渐进过程。尤其对于发展中国家来说，这一任务更为艰巨。所以，在发展市场体系的同时，通过一定程度的政府干预和计划引导，将有助于弥补因市场不完善和信息不充分而产生的市场失灵。

2. 处理经济活动外部性，实现内外部均衡

根据完全竞争的市场假设，价格机制的调节作用将使经济体系趋于均衡，实现资源配置的帕累托效率。然而，现实经济生活外部性问题的普遍存在，却打破了这种竞争均衡。为恢复效率和均衡，政府必须借助各种手段进行适当干预。干预方式有多种，或通过财税制度对具有负外部效应的经济活动强行惩罚，对正外部效应经济活动予以奖励；或运用组织化手段，将外部效应最大限度地内部化；或对某些耗资巨大、外部效应强的项目进行直接投资。

3. 提供公共产品，合理组织非市场经济领域活动

公共产品的非排他性和非竞争性特点，使得市场机制决定的公共产品供给量往往低于应有的效率水平。在这种情况下，为保证社会对公共产品的需求，提供市场经济正常运行的基础条件，就需要政府出面，通过直接投资、补贴或委托经营等方式组织和支持公共产品的生产，如国防、社会治安、环境保护、公共卫生、义务教育、大型体育文化艺术和市政基础设施等。

4. 鼓励竞争，防止和限制垄断

市场竞争是经济体系充满活力的源泉，而垄断的产生则会降低资源的配置效率。为了建立和维护市场竞争制度，防止和限制垄断对经济运行可能产生的负面影响，政府必须对市场结构进行干预。政府防止和限制垄断的措施会随着垄断的形成与升级而变化，通常会采取一般性措施和特殊性措施：通过立法鼓励竞争，限制垄断；发起反垄断调查终止各种市场垄断行为，取消有损消费者权益的垄断企业并购；开放更多的行政性垄断投资经营领域；实行必要的价格管制，防止垄断企业建立价格联盟；实行企业投资项目的负面清单管理；等等。

5. 调整收入再分配，建立和健全社会保障体系

经济效率与社会公平之间的矛盾，是任何实行市场经济体制的国家都必须面对的现实问题。由市场竞争所导致的贫富两极分化问题，仅靠市场经济自身的机制来校正与调节，根本无法收到预期效果。而贫富两极分化持续和激化又会引发一系列社会和政治问题，并间接影响经济效率。因此，政府有必要、有责任参与和干预社会的收入再分配过程，同时

建立和健全社会保障体系，以使社会成果的最终分配符合公众所追求的公平、和谐目标。

6. 避免经济运行周期性震荡，保持宏观经济稳定

市场经济的运行明显具有周期性特征，其根源是市场经济中存在着供求不平衡矛盾。这种不平衡矛盾从产生到解决、到新一轮的矛盾产生和解决，往往表现为经济活动的周期性波动或震荡，在资源配置均衡的过程中产生种种资源浪费和效率损失。为此，政府有必要运用各种政策手段对经济运行和经济增长进行宏观调控，使周期性的波动频率和幅度缩小到社会各方均能承受的限度内。如果说，政府对前述市场失灵干预的目的在于提高社会资源配置的效率，那么，政府对经济运行调控的着眼点则是如何降低社会资源的配置成本。

二、政府干预的局限性

政府干预是 20 世纪 30 年代以来市场经济国家弥补市场失灵缺陷的普遍形式。但市场经济和计划经济的两类国家实践经验表明，政府干预只能够对市场机制的功能性缺陷加以弥补，不能完全取代市场机制。要想获得满意的国民经济运行效果，政府与市场的关系是市场为主、政府为辅。这是什么原因？除了市场机制本身依然是人类目前最有效的配置资源的机制外，还有政府干预本身所存在的局限性。政府拥有经济职能是必要的，但是如果发生这些职能缺位和越位的情况，消极结果就会显现出来。具体而言，有如下几种形式：

1. 政府行为目标决策偏离社会公共利益

政府行为目标决策是一种非市场决策，有着不同于市场决策的特点。市场决策通常以个人或个别企业为决策主体，以私人产品为对象，并通过竞争性的经济市场来实现；而政府决策则以政府机构和政府官员为决策主体，以公共产品为对象，并通过一定的政治程序来实现。这样的决策往往是一个十分复杂的过程，其中既存在着技术困难和障碍，也存在着政府决策被社会某个利益集团所俘获的可能性，并最终使其行为目标偏离社会的公共利益。这种缺陷在选举式政治民主体制中最为常见，依照对选民利益回报的政治分肥要求，政府决策可能只对少数有影响势力的选民利益集团有利，而对大多数人无利甚而有害。

2. 政府干预经济活动达不到预期目标

即使政府选定的行为目标是正确的，但运用经济政策手段干预调节经济运行过程的作用仍然会受到很大限制。不同政策手段之间有时会相互矛盾、相互抵消，难以取得明显的效果。特别是当经济运行出现诸如衰退与通货膨胀并存的复杂情况时，采取扩张性的政策解决衰退和失业，会在更大程度上刺激物价上涨，使通货膨胀加剧；而采取紧缩性的政策抑制通货膨胀，又会带来加重衰退、增加失业的后果。如何选择合理的政策搭配，往往使政府陷入两难境地。

3. 政府机构膨胀导致效率低下

政府部门最为典型的行政顽疾是政府机构的自我扩张冲动。这一现象在许多国家似乎都已经成为一种不可避免的趋势。政府机构的扩张和机构中供职人数的增加，不仅使政府用于维持自身运转的开支增大，从而加重了企业和居民的负担，而且各行政管理机构之间互相推诿、扯皮，也会大大降低政府办事的效率。此外，伴随着政府机构的扩张，政府的经济职能日趋扩大，使得越来越多本应属于企业经理和消费者的决策权转移到政府机构和

官员手里，这种转移导致了政府对经济的过多干预，从而损害了企业和消费者的利益。

4. 政府行为派生的外在负效应

政府干预经济活动的主要目的是纠正和弥补市场的功能缺陷。但是，在调节经济运行的过程中，政府所实施的各种干预手段，有时也会产生某种难以预见的副作用和消极后果，这突出地表现在政府推行的各种管制和福利性政策之中。例如，寻租行为[①]产生的根源就在于政府运用行政权力造成某些资源的人为短缺，更为严重的是，一些政府官员甚至在寻租过程中充当主动者，进行所谓的“政治创租”。寻租活动并不能给社会增加任何新产品或新财富，但却会滋生腐败，导致社会秩序的混乱和资源配置效率的下降，并使政府干预归于失败。

产生政府干预的缺陷或失灵，有错综复杂的原因，不是单一因素决定的。总结起来，大致有三方面的原因：第一，政治体制的不健全，给发挥政府作用造成了负面影响。第二，个别政府人员的素质与修养不高，不能履行应有的职责。第三，对政府组织的监管不力。政府组织是市场经济中最大的垄断性组织，具有强制性和普遍性的特点，在社会舆论和法律法规双重监督不力的情况下，就可能出现政府干预的失灵现象。

三、政府干预局限性的弥补

认识到政府干预的局限性，并不是由此放弃政府对国民经济的管理职责，而是要采取针对性的补救行动，防止这些缺陷对国民经济造成严重损坏。

1. 在思想认识上，要明确市场调节或政府干预都不是万能的，二者各有利弊，各有短长，重要的是保持二者关系的平衡

首先，在市场经济条件下，市场机制配置资源的作用是基础性和决定性的，政府干预的作用是补充性的但也是关键性的。市场能够做到的事情，尽量不要让政府去做，而市场做不到的事情，政府必须去做。将政府的经济管理职责确定在合理范围之内。其次，政府干预的目的不是替代市场机制，而是完善市场机制，发挥市场机制的作用。政府尽量不去替代市场。再次，合理划分市场机制与政府干预各自发挥主要作用的领域，实行各为主次的分类调节。比如，竞争性行业主要发挥市场机制的作用，垄断性行业主要发挥政府干预的作用。最后，重视发挥现代市场经济下非政府组织的作用。国外市场经济的长期实践表明，在市场机制和政府干预均失效的时候，非政府组织有助于化解市场与政府“双失灵”现象。总之，通过市场机制与政府干预的有机结合，保证国民经济管理效率的最优状态。

2. 在政府内部制度建设上，要努力完善政府管理制度，提高政府管理水平

首先，规范政府组织行为。通过一系列制度和规则的建立健全，以及引入 ISO9000 质量体系认证方式，使得政府管理程序化水平提高，政府自律行为加强。其次，设立政府绩效考核制度。通过可量化的考核方式对政府管理行为绩效进行评估，督促政府组织提高工作效率。再次，建立健全政府公务员管理制度。通过优胜劣汰、奖罚分明的公务员管理制

---

① 寻租行为来自对行政垄断经营收益的追逐，而追逐本身需要付出一定的成本。只要垄断经营收益大于寻租成本，就会存在寻租行为。政府垄断和私人垄断一样都会产生寻租行为。但政府垄断所形成的寻租行为，常常会滋生政府腐败。

度，促使政府公务员的素质不断提高，从而提高政府行为有效性。复次，建立健全政府的决策、执行和监察制度。在决策、实施和监察三个管理权限之间保持必要的制衡关系，防止权力失察、权力滥用和权钱交易。最后，实行规范的政府订货采购制度和政府授权经营制度。以公开招标形式，将政府管辖范围内的公共产品的生产、提供、经营和销售纳入制度化管理，从而提高政府行为的透明度和规范化；通过公开竞标方式，引入负面清单管理等合理做法，减少和杜绝政府寻租行为。

3. 在政府外部环境上，要强化政治监督、舆论监督和社会监督的作用

首先，政府行为要严格受到执政党内部的纪律约束。一个立党为公、执政为民的政治集团，绝不能容许自己的执政人员腐败与无能，绝不能纵容、姑息党员的违法犯罪行为。其次，政府行为还必须接受舆论监督。社会各种合法新闻媒体都有权利对涉及公众利益的政府政策加以报道和评述。再次，政府要接受广大人民群众的日常监督。人民群众每天都在与政府公务员打交道，而群众的眼睛是雪亮的。人民群众通过政府的意见反映和上访接待系统，对政府行为可以起到强有力的监督作用，限制和消除政府干预对社会一定阶层民众利益的忽视和侵害。

4. 大力发展非政府组织

在市场失灵和政府失灵两种失灵现象中，分别表现出两种情况。以公共产品和私人产品为例，第一种情况是指市场机制在提供公共产品上的失灵或政府在提供私人产品上的失灵。此时，两种失灵可以相互补缺。在第二种情况下，市场失灵表现为市场即使在提供私人产品时也有一些功能缺陷，比如信息不对称而使消费者无法知晓商品品质。此时，代表消费者利益的非政府组织“消费者协会”就应运而生了。政府失灵表现为政府即使在公共事务方面也存在不足，如政府政策往往体现的是大多数人的利益，而对某些弱势群体或其他特殊群体的需要考虑不足，此时，维护弱势、特殊群体利益的各种非政府组织就显得至关重要了。可见，正是由于市场失灵和政府失灵的第二种情况的出现，催生了非政府组织的迅速发展。非政府组织作为现代市场经济中的第三种力量，能够在弥补市场机制失灵和政府干预局限性方面发挥平衡作用。

第三节 国民经济管理的基本内容

国民经济，按照概念的本义来理解也就是国家经济（national economy）。因而可以简单地说，对一个国家的经济活动加以管理，就是国民经济管理。一系列的国民经济管理行动构成了国民经济管理体系和体制。然而，由于国民经济的内涵和外延十分丰富，国民经济管理也具有相应丰富的内容。

一、国民经济管理的对象

一个国家的经济是由不同层面、不同环节和不同要素的内容有机构成的。这种复杂的内容可以简化为几个方面：

首先，国民经济按照再生产环节划分为生产、交换、分配和消费。市场经济下的经济

活动依照再生产环节循环往复，以至无穷，但在各个环节上具有相对的阶段稳定性。生产领域是厂商内部的领地，效率是该环节的核心。但是效率能否带来效益，不仅取决于自身竞争实力，也取决于厂商外部的交换领域。交换是从生产通向分配及消费的必要途径，是市场经济中的“惊险一跳”。市场经济中几乎所有矛盾都在交换领域中呈现出来，并反馈给生产领域，进而延续到分配和消费领域。分配领域是生产和交换领域的折射，生产及交换关系决定了分配关系，分配关系进一步强化了生产与交换关系，并进一步决定了消费。因此分配是市场经济的中枢神经。消费领域既是再生产的终点，又是再生产新一轮循环的起点。这样，市场经济始终处于生产、交换、分配和消费的循环运动中，其中任何一个环节出现脱落，都会给国民经济运行造成伤害。应当承认，市场经济的发育成熟逐步形成了对这个循环系统的自我维护功能机制，但是这个自我维护功能机制所需要的条件比较多且比较严格，需要外部系统的支持。国民经济管理实际上就是这种外部支持系统，就是对这种循环系统的全程监控，目的是防止和纠正脱环现象。

其次，国民经济按照空间范围的大小划分为微观经济、中观经济和宏观经济。其中，微观经济一般是指单独的个人、家庭、农户和厂商等市场主体的经济活动，这些活动也被称作经济个量。宏观经济一般是指一个国家的整体经济活动，如社会的总需求和总供给、总投资、总消费、总进出口等。宏观经济并不是单独的经济个量的简单相加，而是这些经济个量按照一定的形式有机组合而形成的经济总量。中观经济一般是指介于宏观经济与微观经济之间的产业（行业或部门）和区域的经济活动。这种划分具有相对性，是在宏观和微观经济范围层次区分前提之下所做的进一步细分。从概念的严格科学意义上讲，国民经济包含了这三个不同范围层次的经济活动的全部内容。因此，在论及国民经济问题时避而不谈经济个量显然是不合理的。不过，由于在市场经济条件下，政府的经济职能侧重在保持市场环境的改善和主要经济关系的平衡等方面，因此宏观经济和中观经济成为国民经济管理的主要对象。只在个别情况下，某些微观经济领域才成为国民经济管理的对象。在不严格定义的情况下，对宏观和中观范围的活动所做的国民经济管理也被称为宏观调控，对微观领域的活动所做的国民经济管理被称为微观规制。

最后，国民经济按照资源要素划分为自然资源、人力资源、资本资源和技术资源等。自然资源又叫作资源禀赋，是完全客观化、自在化的要素。资源禀赋较好的国家比起资源禀赋较差的国家，拥有长远的国家竞争优势潜力。但是潜力要发挥出来，必须通过生产力与生产关系的良好组合。这种组合的核心就是人力资源、资本资源与技术资源的整合。一定数量受过良好专业素质训练的劳动力，采用恰当的组织形式和适当的技术手段去推动规模巨大的资本，一般能获得明显的自然资源利用效果。但是，当国家资源日益稀缺时，如何管理好国民经济资源，如何在资源开发和消耗的平衡条件下获得国民经济增长的可持续性，便成为现代国民经济管理的一项重大使命和任务。

由管理学的知识可知，任何一项管理行动都是由管理主体、管理对象或客体、管理手段和管理目的构成的。在市场经济中，国民经济管理主体是政府，国民经济管理的对象是国民经济，而国民经济按照逻辑划分至少有三个方面的内容。国民经济管理的手段是一切能够用于实现管理目的的措施和方法，国民经济管理的目的是保持国民经济各个层面、环节和要素的协调，或者说保持市场经济的良好运行。因而，所谓国民经济管理，就是指政府为了达到一定的预期目的，对国民经济进行全局性的规划、组织、调控、监督等的行动总和。

二、国民经济管理的前提

任何一项国民经济管理行动都不是在真空中进行的。国民经济管理的环境条件制约着行动本身。这种情况无论是在社会主义国家还是在资本主义国家都存在。因而，不能回避对国民经济管理前提的讨论。

以中国的国民经济管理行动而言，约束其国民经济管理行动的基本前提有以下几点：

（一）政治法律前提

首先，国民经济管理受到政治制度的前提约束。社会主义经济的基本政治前提，是共产党领导，其他民主党派参政与合作，实行人民代表大会代议制。我国曾经在第二部宪法（1975 年）和第三部宪法（1978 年）的第二条中直接写明中国共产党对国家的领导地位。第四部宪法（1982 年）虽然取消了原来的第二条，但是在总纲部分仍然指出了中国共产党的领导作用。一般说，执政党的作用居于中心地位，这是社会主义政府经济管理模式的基本前提。它决定了政府经济管理模式的终极决策、管理路线、管理组织方式、管理人员的委派等等一系列程序和做法。如果党的基本路线和方针保持正确性，就能保证国民经济管理路线及方针的长期稳定，就能为国民经济提供持续、稳定、高速增长的政治环境。

其次，国民经济管理受到国家法律的约束。由于国家管理职能分工细化，其国家组织机关被分成了若干部分。与国家的立法机构（各国的议会或人民代表大会）和国家的护法机构（各国的法院或检察组织）相对应，政府作为国家的执法组织机构，根据宪法及其他有关法律的规定，按照一定的程序组建，并执行宪法赋予的各种职权，接受宪法及有关法律的监督和保护。我国宪法规定，国家的最高权力机关是全国人民代表大会，国家的最高行政机关是国务院。从此往下，地方权力机关是地方人民代表大会，地方行政机关是地方政府。作为国民经济管理主体的政府要服从国家法律，要受到宪法的根本制约。

（二）物质前提与经济基础

作为国民经济管理主体的政府，是建立在一定物质前提与经济基础之上的上层建筑，其国民经济管理行为受制于物质前提与经济基础两个基本方面即社会生产力与社会生产关系的影响。就社会生产力而言，国民经济管理行为受到生产力的发展水平及其发展阶段的影响；就社会生产关系而言，国民经济管理行为受到生产资料所有形式的制约。目前中国物质经济基础处于社会主义初级阶段，属于发展中国家，因而生产力尚未达到十分高的水平，生产关系也就不可能实现一种全社会的统一。国民经济管理行动本身被多元性、阶段性和区域性等物质经济基础所限制。

从世界范围观察，有两点比较明显：第一，受整个社会生产力发展趋势的影响，国民经济管理行为总的趋势是强化。在人类社会生产力不发达的时期，由于生产的分工与技术联系比较单纯，生产者的生产、交换、分配与消费处于较为狭隘的天地，因而依赖于生产者、经营者与消费者的自我联系，社会的再生产活动就能进行下去。相对简单化的社会再生产依靠内部的活动主体就能够顺利地运转下去。但是，自 20 世纪以来，由于数次技术革命，生产力的发展一再突破原来的极限，社会再生产朝着信息化和全球化方向发展，因此国民经济管理行动越来越频繁。第二，但是受社会生产力发达程度的影响，国民经济管理行动呈现阶段性和重心转移。在市场经济不发达的阶段，国民经济管理行动具有决定性的意义；而在市场经济发达阶段，由于市场机制对经济活动自发调节能力增强，国民经济管理行动的意义就有所降低。此时，国民经济管理的重心从以直接性控制为主向以间接性控制为主转移，从以经济内容管理为主向以社会内容管理为主转移。

中国目前的社会生产力水平尚处于由低向高的发展过程中，市场机制不成熟，因而国民经济管理行动仍然有强化的趋势。但是由于过去长期实行计划经济，行政干预和人治的传统突出，这对建立社会主义市场经济不利。因此，需要在减少人治因素和行政干预方面进行大胆的改革。改革不是要弱化国民经济管理，而是改进和完善国民经济管理。同时，在改进和完善中国国民经济管理的过程中，不是要削弱公有制基础，而是要以维护公有经济主体地位和促进多种经济成分发展为己任。

（三）传统文化前提

传统文化是指一个民族在经过长期积累而遗留给后人的那些精神财富。由于是祖辈世世代代留下来的东西，因此具有深厚的基础和广泛的影响力。影响所及，自然连国民经济管理行为也概莫能外。在以儒家思想为核心的中华文化氛围中，社会、国家、集体等利益至上的整体主义，一直优先于个人利益至上的个体主义。个人的利益不允许超越于社会、国家和集体的利益之上。国民经济管理行为首先依据的是社会、国家及集体的利益。在民众心目中，政府管理天然地具有一定的合法性和合理性，老百姓并不普遍持有像西方市场经济中的有事不靠政府而靠自己的个人主义观念，企业也同样不习惯于像西方市场经济中的有事不找市长而找市场的观念。

文化遗产越多，对迈向现代化的国家而言也同时意味着历史包袱的沉重。中华传统文化中既有不利于市场经济基因滋生的传统，如重农抑商、重义轻利等，但同时也有促进市场经济基因滋生的传统，如讲诚信、天人合一、道家学说中的无为而治理念等。对于当代的中国国民经济管理来说，对中华传统文化进行合理的扬弃显然不是一件轻松的任务。但是无论如何，一个民族多少年沉淀下来的那些文化遗产是不会轻易消失的，更不用说像中华民族这样拥有人类最古老文化之一的民族。中国的市场经济始终是具有自身文化特色的市场经济，因而中国的国民经济管理也将是渗透着中华传统文化特色的国民经济管理。

三、国民经济管理的性质

马克思主义经济理论认为，任何经济过程都是在一定的生产方式下进行的。社会再生产既是物质资料的再生产，又是生产关系的再生产；因此，对社会生产过程的管理也就存在着二重属性：一方面是与生产力相联系的管理的自然属性，另一方面是与生产关系相联系的管理的社会属性。

国民经济管理的二重性，从自然属性看，它体现着合理组织社会化大生产对经济管理的客观要求，其作用在于优化配置社会经济资源，保证国民经济高效、协调和有序运行。显然，这种意义上的经济管理直接以发展生产力为目的，为不同社会制度所共有，故人们又称之为管理的一般功能。所谓国民经济管理的社会属性，是指国民经济管理必须体现作为管理主体的国家意志，维护现存的财产关系，最大限度地实现社会利益。这种意义上的经济管理服从并服务于特定的生产关系，因社会制度性质不同而不同，故被称作管理的特殊功能。在国民经济管理的实践中，这两种功能并非各自分离，而是相互结合、共同作用于管理过程的始终。

认识和掌握管理的二重性原理，对于搞好现实的国民经济管理具有重要的指导意义。

首先，不同国家的政府履行经济职能、进行国民经济管理的经验具有可借鉴性和可继承性。当代的资本主义与社会主义都是以社会化大生产为基础的，并以市场经济的运行为宏观背景。因而，就管理的自然属性而言，不同国家在管理国民经济的具体方式、方法和手段上存在着许多共同之处。发达资本主义国家的政府，是管理市场经济的先行者，在国民经济管理方面积累了丰富的经验。社会主义国家的政府，最初是在否定市场经济的理念下建立并管理计划经济的，具有管理计划经济的丰富经验，但是严重缺乏管理市场经济的经验。实践证明，市场经济比起计划经济在实现资源优化配置方面具有更高的效率，可以持续地促进社会生产力发展，为了少走弯路，尽快提高市场经济条件下驾驭国民经济的技能和水平，建立社会主义市场经济体制的国家有必要吸收和借鉴当今世界各国一切反映现代化大生产规律的先进管理方法，特别是要注意学习发达资本主义国家政府干预经济活动的成功经验，并将其与本国国情相结合，为我所用。

其次，在借鉴和吸收发达国家国民经济管理先进经验的同时，还应清醒地看到，由于管理的社会属性的存在，任何管理经验和理论，都包含着一定的社会关系和文化传统的沉积。所以，学习市场经济发达国家的国民经济管理经验，必须要有批判、有鉴别地取其精华，弃其糟粕。即使对已被国外实践证明的成功做法，也不能简单地照抄照搬过来，而要根据我国的具体条件加以改造和消化。

最后，经济管理的二重性，反映着生产力与生产关系矛盾运动的客观要求。随着生产力的不断发展和生产关系的相应调整，国民经济管理的方式、方法和手段也必须改进和提高。

除了具有自然和社会二重属性之外，国民经济管理还是科学性与艺术性的统一。所谓国民经济管理的科学性，主要是指管理不能随心所欲，它必须遵循一定的客观规律。在长期的管理实践中，经过反复验证和总结提高，已逐步形成了其他学科无法替代的管理理论和知识体系，从而为国民经济管理提供了符合规律的理论指导和分析问题、解决问题的科学方法论。而管理的艺术性则主要是指在国民经济管理的实践中会经常面临新的形势，需要处理新的问题，仅凭停留在书本上的管理知识或靠背诵原理和公式来进行管理是根本不能奏效的。只有充分发挥管理者的积极性、主动性和创造性，因地制宜地灵活运用管理理论，并将其与具体的管理活动相结合，才有可能达到预期的目的。国民经济管理既是一门科学，又是一门艺术，是管理科学与管理艺术的有机结合体。在系统掌握有关管理理论的基础上，能动地将其应用于管理实践，是国民经济管理取得成功的一项重要保证。

四、国民经济管理的基本任务

国民经济管理千头万绪，需要整理出清晰的管理脉络。根据世界各国的实践，国民经济管理集中在短期、中期和长期的管理任务上。进一步说，按照市场经济的运行特征，国民经济管理分成经济总量控制、经济结构调整和若干社会经济重大问题的处理。

（一）国民经济管理短期任务：调控总量

经济总量问题是关系到国民经济整体性、全局性的问题，国民经济管理短期任务主要是保持经济总量的基本平衡，以实现国民经济的稳定运行和均衡增长。所谓经济总量是指一定时期内一个国家或地区全部经济活动总成果的数量。经济理论的发展已经为实施总量控制提供了很多有力的概念工具，如经济增长率、就业率或失业率、价格总水平、储蓄总额、投资总额、税收总额、财政收入总额、财政支出总额、货币供给量和货币需求量、进出口总额和外汇储备总额等等。这些指标是通过一个严格的国民经济核算体系产生出来的，即国民经济账户体系（the system of national accounts，SNA）。20 世纪 30 年代到 50 年代，美国经济学家西蒙·库兹涅茨和英国经济学家理查德·斯通为这种核算体系的创立提供了理论基础，60 年代该体系开始在西方国家广泛使用。后经反复改进，目前采用的是 21 世纪最新版本的 SNA。我国在 20 世纪 80 年代开始引入 SNA，与以前计划经济时代沿用的物质产品平衡表体系（MPS）平行使用。到 1995 年最终废止 MPS，正式采用 SNA。

最集中、最概括地反映经济活动总成果的经济指标是社会总供给和社会总需求。市场经济运行中客观上存在着需求与供给的矛盾，在长期的管理实践中各国政府已经积累起较为丰富的总量控制经验。这种经验上升到一定的理论高度，就形成了所谓需求管理路线或学派与供给管理路线或学派。一般而言，依照凯恩斯主义理论形成的经济政策属于需求管理学派，依照新古典主义理论形成的经济政策属于供给管理学派。后者认为供给会自动地创造出需求，因此经济政策的重点不在需求而在供给，前者的观点与之相对。但在一些具体问题的解决上，二者的差距并不大。

根据一般管理经验，经济总量调控的内容可分为总量供给管理、总量需求管理。与供给管理比较起来，需求管理侧重解决市场供求矛盾中需求方面的问题，其着眼点是通过运用财政政策、货币政策和收入调节政策等手段，调节市场总需求进而实现充分就业、物价稳定、经济增长和国际收支平衡等经济目标。需求管理在 20 世纪 40 年代至 70 年代为西方自由市场经济国家所采用，其具体做法就是根据经济的波动情况实行反周期的财政政策和货币政策，以期熨平经济周期，实现经济的稳定健康发展。相对来说，供给管理侧重解决市场供求矛盾的供给方面问题，其着眼点是通过实施有利于经济增长的中长期经济政策如产业政策、投资政策等，调节供给能力进而增加社会总产出、提高产出率、降低成本。因此，供给管理的内容应包括：根据中长期经济发展的目标和需要，确定合理的国民消费和积累的比率；制定产业政策，调整和优化产业结构，促进社会经济资源的合理配置；大力推进技术改造与创新，把经济增长与环境保护和谐统一起来，做到经济社会的可持续发展。

我国国民经济管理实践历来十分重视社会总供给和社会总需求的平衡，综合平衡思想是体现于我国宏观经济管理实践中的具有创造性的思想。从根本上说，需求管理或供给管理最终都要在供求平衡管理的思路下统一起来。供求平衡管理是一种高度综合的管理形式，其具体内容是实现“四大平衡”及其相互之间的综合平衡，即保持财政收支状况的基本平衡，实现信贷收支状况的基本平衡，通过调整国际收支平衡表中的经常项目和资本项目实现外汇收支的平衡，通过优化资源配置实现物资供求平衡，运用各种政策手段实现财政收支、信贷、外汇和物资相互之间的平衡。

（二）国民经济管理中期任务：调整优化结构

国民经济中的经济结构与经济总量具有同等重要的地位。经济结构是指国民经济内部各个相关因素占经济总量的比重及其数量对比关系，一般包括产业结构、技术结构、区域结构、企业结构等[①]。只有通过对这些结构的调整，生产力水平的提高、有效供给的增加和资源的合理配置才能得到保证，也才能实现国民经济的持续、协调和快速增长。

对经济总量的控制与对经济结构的调整，在国民经济管理工作中具有内在的辩证统一性。首先，经济总量与经济结构是国民经济的两个侧面，也是正反面。总量表现国民经济的数量规模，结构表现国民经济的质量特性。只抓总量平衡不重视结构优化，会片面突出数量控制、外延扩张、粗放经营。反过来，只重视结构优化不抓总量平衡，会片面突出重点、忽视一般、非均衡性增长。只有两者都予以重视，两手抓两手硬，国民经济才能保持健康增长。其次，经济总量与经济结构在一定条件下可以形成良性互动格局。一方面，优化经济结构的主要途径是对供给结构进行调节，因而供给管理在结构优化中起着推动作用；另一方面，供给结构的调整离不开需求结构的引导，因而需求管理在结构优化中起着拉动作用。光有总量的平衡而无结构的优化，这种国民经济运行质量是不高的，基础是不稳固的；只有实现结构优化下的总量平衡，这种国民经济运行质量才是高的，基础才是稳固的。

（三）国民经济管理长期任务：促进经济社会全面发展

社会经济发展的内容非常丰富，包含了总量增加和结构完善，涉及社会各个领域。国民经济管理的长期任务就是要推动社会经济的全面发展。从长期看，我国的国民经济管理必须在保持经济持续稳定增长的基础上，促进经济与社会之间的协调发展；在推动国民经济由多元结构转向一元结构的过程中，促进城乡之间、区域之间的协调发展；在处理好人口、资源、环境、技术与经济可持续发展关系的基础上，促进人与自然的协调发展；在全面提升社会成员生活质量的目标引导下，促进物质文明与精神文明建设之间、国家硬实力与软实力之间的协调发展；在积极参与经济全球化的过程中，促进国内经济与国外经济之间的协调发展。以上这些任务只有经过长期努力才能够实现，也只有从长期角度才能判断出任务实现得好与不好，因而也是国民经济长期管理义不容辞的任务。

由于社会经济涉及方方面面，所以在推动社会经济长期发展的过程中，要把解决好阶段性重大问题作为国民经济管理的主要任务，保证国民经济发展具有更为广阔的空间和更为持久的增长潜力。为此，首先需要确定一个合理的社会经济发展战略，通过战略对国民经济长期发展进行理性引导；其次要着力解决在一定时期困扰国民经济长期发展的重大问题，从根本上消除阻碍国民经济长期发展的阻力或隐患。20 世纪 80 年代中国进入改革开放后，经济管理体制僵硬、国有企业活力不够、能源与交通形成发展瓶颈、人口过多、贫

---

① 西方产业组织理论或产业经济学把产业结构与企业结构视为同一。但是在中国国民经济管理实践中，产业结构与企业结构分别指向不同层次、不同性质的问题，二者有很大区分。当然，企业群是形成产业的基础。

困问题、教育落后等成为困扰国民经济发展的重大问题。由于比较好地解决了这些问题，中国经济实现了20年持续增长，国内生产总值年均递增速度高达9%以上。进入21世纪后的一段时间，诸如内需不足、收入分配差距拉大、地区之间不平衡加剧、官员腐败、市民的"就学贵、就医贵、住房贵"、农民的"就业难、就学难、就医难"以及"三农"（农民、农业、农村）问题等开始成为困扰中国国民经济增长的重大问题。只有解决好这些问题，我们才能获得更加持续和稳定的发展。

由于社会经济的全面发展需要以持续、稳定、协调的经济增长为基础和前提，而经济的持续、稳定、协调增长又必须以良好的人文、社会和资源等环境为条件，所以，国民经济管理的短期、中期与长期任务也是相互统一和相互结合的。

小　结

中国目前的国民经济管理是在社会主义市场经济条件下进行的，因此需要对市场经济的一般性和特殊性有基本的理解。市场经济是一种依赖于经济活动主体自发地参与经济活动并从中获利的交换经济系统。市场经济依靠于它的运行机制而发挥资源配置作用，这些机制包括供求机制、产权机制、价格机制、竞争机制、激励机制和信用机制。市场机制对资源进行配置并不具有万能作用，在机制条件不具备、机制缺失以及机制无效的情况下，市场会出现诸多失灵现象。这就需要政府干预，弥补市场失灵。然而同样的，政府干预过度也有失灵问题。因此需要寻求建立一整套防止双重失灵的国民经济管理体系和体制。必须明白，建立有效的国民经济管理体系和体制依赖于一系列前提条件，这些现实的前提条件决定了国民经济管理具有一般属性和制度属性。我国的国民经济管理体系和体制依照现实条件而建立。国民经济管理的主体是政府，但也有其他机构共同参与。国民经济管理的对象是国民经济，国民经济管理的任务分为短期调控总量，中期调整优化结构，长期促进经济社会全面发展。

思考题

1. 什么是市场经济？
2. 社会主义市场经济与资本主义市场经济的区别体现在哪里？
3. 形成市场经济的内在要素及其机制是什么？
4. 各个市场机制之间是什么样的关系？
5. 市场失灵都有哪些表现？
6. 导致市场失灵的原因是什么？
7. 市场经济自身的缺陷能否依靠市场机制自身予以消除？
8. 政府为什么要干预经济？
9. 政府国民经济管理的职能是什么？
10. 政府自身缺陷哪些能够、哪些不能够依靠自身力量予以消除？
11. 为什么市场经济需要有国民经济管理？

12. 为什么要区分国民经济管理的二重属性？
13. 国民经济管理的基本内容是什么？
14. 国民经济管理的短期、中期和长期任务是什么？
15. 经济总量调控与经济结构优化之间是什么样的关系？
16. 国民经济管理是否无所不包？

第二章

国民经济管理模式

由于社会、历史、文化等差异，世界上各个市场经济国家的国民经济管理实践都表现出一定的差异性。经过对这些差异性进行合理的理论抽象，就可以形成对国民经济管理模式的认知。这种认知对改进和完善中国的国民经济管理是十分有益的。

第一节　国民经济管理模式的含义及分类

任何一项社会经济活动都是在一定的社会经济条件下运行并展开的。这种条件实际是各种社会经济因素的有机组合，一定性质、内容和形式的众多因素按照其内在联系方式组成一定外观和特征的条件组。其中，相对固定的或稳定的条件组构成了被称作为制度的那种存在。由这种制度条件组合加上社会经济活动行为自身，就可以构成某种所谓模式的概念。因此从一般意义上说，模式是对一种经常性的、大量的、重复性的和相对固定出现的社会经济行为方式的理论抽象和概括，是对某种社会经济活动运行特征的理论综合。

一、经济模式的一般含义

在经济理论中，有关经济模式的研究基本属于比较经济学的命题。比较经济学把经济模式问题归结为经济分类问题，“它们通常占据经济学大厦的地下室……在体制的比较分析方面，分类恰好是实质研究的一部分。根据类别来对体制进行分类，不仅仅是给不同的事物适当地贴上标签的问题，它是以一般模式的形式对现实经济概念化和理论化工作的一部分”[①]。比较经济学对经济模式的分析运用了两个基本概念：经济制度（economic institution）和经济

① 霍尔索夫斯基．经济体制分析和比较．北京：经济科学出版社，1988：5.

体制（economic system）。一般说来，经济制度是指经济活动当事者之间发生的一种经常性和规律性的关系方式，通常以一定的口头式或契约式的约定表现出来。从宏观层次上说，经济制度是一定生产力水平条件下某种生产关系的全部总和。如果借助法律形式就形成了固定的、强制性的制度安排。不过，法律作为一种上层建筑形式，在这里所起的作用只是作为对经济制度既有客观事实的一种承认和维护。

经济体制或者经济体系、经济系统，是比经济制度概念范围更大更宽的范畴，它们"包括了政治的、社会的和经济的机构、组织、法律、规则和信仰等，它们以一定方式互相作用，直接或间接影响着消费、交换、分配和生产（生产什么、生产多少、怎样生产）"①。比较普遍的定义是，"经济体制是在特定地理区域内进行决策并执行有关生产、收入和消费决策的一组机制和制度"②。

因此，经济模式是对一种特定形式的经济体制的理论抽象和概括。构成经济模式或经济体制的基本要素有：（1）财产所有制要素。这是模式的基础，决定着社会经济资源的控制基础和收入分配的最终结果。（2）决策要素。这是模式的核心，决定着社会经济资源的控制权限并影响着社会经济信息的传递和交流。（3）组织要素。这是模式的载体，决定着对社会经济资源控制和信息传递与交流影响的维护能力。（4）调控要素。这是模式的运作方式，决定了对社会经济资源的实际配置方向、程度和数量。

二、国民经济管理模式及其分类

所谓国民经济管理模式，是指对一个国家或地区在一定时期内对其社会经济资源进行特定方式的决策、组织和调控的理论抽象和概括。相对于其他模式的概念，它突出了总体性、宏观性和操作性的特征，具体表现为：

1. 总体性特征

国民经济活动是一个整体性和系统性的经济体系，因此对国民经济系统进行管理，必然要从总体角度去考虑和进行。任何别的形式的管理都不能代替作为总体性的国民经济管理，因此，国民经济管理模式自然也就具有与企业管理模式、区域经济管理模式、产业管理模式等不同的含义。凡是总体性管理的活动都属于国民经济管理活动，因而国民经济管理模式也就是对总体性管理活动的一种理论抽象与概括。

2. 宏观性特征

宏观是一种相对于微观的经济活动层次划分。在经济理论中，宏观经济活动通常是指一个国家的经济总量投入与产出活动，如投资、消费、进出口等。宏观经济活动并不是微观经济活动的简单加总，而是微观经济的有机整合。市场经济中的微观经济活动主要由微观主体自我组织完成，因此，微观经济的管理也就是微观经济主体的自我具体管理问题。但是宏观经济主体是一个抽象的概念，这个抽象概念决定了不能仅仅从某一微观主体的具体需要出发，而需要冲破既有层次，在更高、更广的视野上去考虑问题。国民经济管理总是站在宏观层次上对社会经济运行加以适当调控的，其管理模式也是从宏观角度对这种管

① 普瑞尔．东西方经济体制比较：研究指南．北京：中国经济出版社，1989：15.
② 格雷戈里，斯图尔特．比较经济体制学．上海：上海三联书店，1988：7.

理行为的一种理论抽象和概括。

3. 操作性特征

虽然国民经济管理模式是一种理论抽象和概括，但这种抽象与概括是针对具有实际意义的管理行为，因而就不能仅仅理解成一种概念。所谓管理行为，就是指管理主体为达到一定目的而采取若干措施的活动。国民经济管理模式是对这种可操作性的管理行为特征所做的理论抽象和概括，因此模式本身也是经验性的，具有实际操作性。

从经验上可知，在世界范围内存在着各种市场经济下的国民经济管理模式。对这些各有差异的国民经济管理模式，按照不同标准可以有不同类型的划分和概括。从分类方法上讲，至少有三种划分方法：

1. 国别分类法

国别分类法即按照各个国家来划分不同的国民经济管理模式。此外，按照区域划分是国别分类法的派生。按此方法可以列出一连串各有特色的国民经济管理模式，如英美模式、德国模式、法国模式、日韩模式、新加坡模式、巴西模式等；或者如欧美模式、东亚模式、拉美模式等。这种分类方法的优点在于：由于是把分析的样本当作浑然一体的研究对象，因此有助于像解剖麻雀似的研究这种模式，能从中得出符合实际的整体性结论。这对了解并掌握一个国家或地区的国民经济管理基本内容和形式有直接帮助。但是这种分类方法也存在明显不足，因为从总体上看，国别分类法是一种经验式的和浅层次的分类方法：第一，由于各国的历史和现实国情差异很大，存在不可比性，因而从中归纳出来的有关模式的基本特点可能是典型的，但不一定是共性的。这对指导其他国家或地区的国民经济管理活动有一定理论价值，但没有太大的实际价值。第二，由于每个国家或地区的社会经济都处于动态变化之中，因此难以用一个固定的模式框架去概括和抽象。不能把一个国家或地区在某一发展阶段上的某种临时做法当作是这种或这类模式的典型做法。以英国为例，第二次世界大战后出现过工党和保守党轮流执政的情况，其国民经济管理路线和方式有较大差异。因此，有研究者称工党执政时的模式为“社会主义经济模式”，而保守党执政时的模式为“资本主义经济模式”①。所谓日本模式或法国模式，在不同的发展阶段也表现出较大的变化。再比如已经比较稳定和成熟的美国国民经济管理模式，从20世纪30年代开始，也先后出现过凯恩斯主义、新自由主义等不同风格和路线。因此，用国别分类法难以分清一个国家或地区内部在不同发展阶段上出现的种种差异和变化，试图用这种方法归纳出来的模式去指导其他国家的管理实践活动更不科学。显然，前面在国民经济管理模式定义中用到“在一定时期内”做限定不是随意加上的。

2. 理论模式分类法

相对于经验式的分类法，理论模式分类法试图用比较严谨的理论框架来划分不同的国民经济管理模式。这种方法的基本思路是：划分模式之前都有一个经济理论范式作为前提，依据这个理论范式再勾勒出模式的基本组合要素和结构，然后再将现实中的情况一一套入进行实证对比，从而勾画出各种不同质的经济模式，比如美国学者采用DIM法所做

① 格鲁奇．比较经济制度．北京：中国社会科学出版社，1985．

的分类[①]。D 表示决策（decision），I 表示信息（information），M 表示激励（motivation）。这种分析模式认为，任何一种经济体制模式都是依照系统控制理念运行的，由决策、信息和激励三个机制组合而成，各个模式的差异只是在于这三种机制的具体表现形式。此外，国内外理论界流行一种未加以充分论证的理论划分方法，给世界上各种不同国家或地区的经济体制贴上某种理论标签，如发达型市场经济、发展型市场经济和转轨型市场经济[②]。理论模式法的优点在于逻辑清晰、划分严谨，但缺点是理论框架如果出现错误会导致整个分析大厦的崩溃。而实际上不同的理论家都有各自的理论框架主张，所谓 10 个理论家会提出 11 种理论观点，很难达成较大范围内的共识。

3. 特征分类法

实际观察表明，每个国家或地区的经济都会遇到财产所有权、资源配置与保护、政府管理等共性问题。无论哪一种模式都必须有效解决这些共同面临的问题。从解决问题的思路出发研究各种模式的实际解决办法的特点以及特殊效果，会满足人们研究模式的最终目的，即寻找出能够解决本国或本地实际问题的途径和方法。一方面，它克服了国别分类法经验性强但理论性弱的缺陷，在一定形式上具有较强的理论论证力；另一方面，它又避免了理论模式法过于主观和简单化的弊病，在一定程度上具有较强的实证力。正是由于理论与经验的有机综合，使得特征分类法比起其他分类法在研究模式以及分类时更为有效。

特征分类法认为，“实际的客观事物有许多不同的特征或属性，这些特征或属性可从客观事物中选择出来标以‘特定类别’，以便使得客观事物能够被描述。这样，有一些属性对许多客观事物是共同的，另一些属性则仅仅对少数客观事物是共同的，而还有一些属性却完全为一个具体的和独特的个人或事物所具有。因此，属性能够被组成一个普遍性递减系列的体系，从普遍性到绝对的单一性。这种见解形成了分类的一般基础”[③]。按照比较经济学的认识，经济体制分类所涉及的最基础的特征或属性有两个：财产所有制和资源配置方式。这样也就形成对模式进行分类的所有制标准和资源配置方式标准[④]。对国民经济管理模式分类的标准，也应当遵循比较经济学的这两个标准。于是，我们就可以给出国民经济管理模式的两个基本分类系列：

根据所有制标准，国民经济管理的微观基础建立在对立的两极财产所有制上：一极是个人的，或曰私人所有制；另一极是公众集体的，或曰社会所有制或公有制。由于国民经济管理的微观基础有这样大的差异，自然导致国民经济管理的形式和内容也有很大的差异，以至形成以私有制为基础的国民经济管理模式和以公有制为基础的国民经济管理模式。不过，现实情况是错综复杂的，从对立的两极向中间衍生出各种程度不等的所有制，当两者到达某个平衡点就会形成一种混合所有制形式。从管理角度考虑，在这类模式中要解决的主要问题集中在：国家如何委托国有企业代理经营国有资产并使国有资产保值增值，国家如何保护私有企业权益并发挥其积极作用，以及如何有效调控所有进入市场的企

---

① 纽伯格，达菲．比较经济体制．北京：商务印书馆，1985.

② 林兆木，等．市场经济体制宏观调控的国际比较．北京：中国经济出版社，1994.

③ 霍尔索夫斯基．经济体制分析和比较．北京：经济科学出版社，1988：44.

④ 同③46.

业的行为。

根据资源配置方式标准，国民经济管理的调控形式和手段、决策权限划分以及组织成为模式中的核心问题。将传统的资源配置方式划分成市场或计划方式，这曾经是持续长达半个世纪的世界性话题。今天，绝大部分计划经济模式已经逐步转型到市场经济模式，因而所有有关资源配置方式的争论已经转变为市场与政府的关系。市场配置资源，政府干预市场。政府以何种方式和何种手段干预市场成为重要问题。从政府主动制定雄心勃勃的发展计划强力引导民间资源，到政府采取相机调控政策防止经济波动熨平经济周期，形成了两种不同的管理路线，即计划管理模式和政策管理模式。这两种模式有时是非此即彼的，但有时是共存互补的。从管理角度考虑，在这两种模式中所要解决的问题是在一定的经济发展阶段中何种管理方式更为有效，以及在一定模式下如何发挥计划和政策的各自优势。

如果对依据两种标准分类的国民经济管理模式进行整合，我们就可以得到如图 2－1 方格图所示的模式组合。从理论上方格图能够标出 9 种模式组合，但是严格地讲，这 9 种模式只是表明 9 种状态，相互之间的边界实际上是模糊的，因而有混合模式。基本模式还是两个对应的模式：从所有制形式看，是私有制管理模式对公有制模式；从政府干预方式看，是计划引导型管理模式对政策调控型管理模式。使用计划引导型或政策调控型的提法不是随意的。因为计划和政策同为国民经济管理的手段和工具，为所有市场经济国家的政府所采用，但是有计划偏好或政策偏好，由此决定是以计划为主还是以政策为主的管理国民经济活动。

政府干预方式		所有制形式：私有制	混合所有制	公有制
	计划方式	AⅠ	BⅠ	CⅠ
	混合方式	AⅡ	BⅡ	CⅡ
	政策方式	AⅢ	BⅢ	CⅢ

图 2－1　国民经济管理模式分类图

9 种模式的划分只是几何逻辑的划分，并不意味着现实情景之中真有 9 种。但是这个方格图的启发意义是非常明显的，它可以告诉我们：模式组合可能是多种多样的，只要条件许可，就可以出现其中任何一种；模式组合又是动态的，如果条件许可，可以由一种模式发展到另一种模式。那么形成模式的条件是什么呢？

三、国民经济管理模式的形成条件

世界上之所以能够存在着多种国民经济管理模式，是由于每种模式存在的条件不同。在这个意义上说，模式的差异性产生于条件的差异性。进一步说，认知这些条件比起理解各种模式更为重要、更有教益。通常而言，影响国民经济管理模式形成的条件至少有如下几个方面。

1. 社会生产力发展水平

以生产资料、劳动手段和劳动力为代表的社会生产能力，是形成一定形式国民经济管理模式的重要物质条件。第二次世界大战之后的日本和法国，以及朝鲜战争之后的韩国，都不约而同地选择了政府计划引导型的管理模式。战争使得这些国家的生产力水平倒退了十几年，因而不得不依靠政府的计划推动力来迅速恢复和发展经济，计划引导型模式显示出独特的优势。同样，在这些国家生产力水平接近或达到世界先进水平之后，又逐步将计划引导型模式转向政策调控型模式。这种模式演变的情况同样也发生在其他一些成功实现了现代经济增长的国家和地区。一国的国民经济管理模式从来就不是一成不变的，其变化的依据之一就是生产力发展水平的提高。随着社会生产力水平的提升，国民经济管理的主体——政府日益扮演重要的角色，但政府对经济的调控方式方法逐步由简单变为复杂，由直接变为间接。

2. 社会生产关系

社会生产关系涉及财产关系、生产者与消费者关系，是形成一定形式国民经济管理模式的重要客观条件。在国家几乎占有和支配全社会财产的条件下，国民经济管理可以轻而易举地采用政府直接支配和分配资源的方式，此时再故意利用其他方式进行管理也只是一种形式主义。比如在计划经济国家，作为市场机制要素之一的价格在日常生活中依然存在，但它并没有真正成为配置资源的手段。同样，金融手段和财政手段在形式上都继续存在，但真正起实质性作用的依然是政府指令性计划。在生产者对消费者取得某种支配关系条件下，政府倾向于贯彻反垄断的需求管理路线；在消费者对生产者取得某种支配关系条件下，政府就可能倾向于贯彻产业保护的供给管理路线。

3. 政治制度

国民经济管理模式在更大范围内服从一国的政治制度。世界上存在多种政治模式，一般分为资本主义与社会主义两种政治模式。在资本主义政治模式中又存在君主立宪民主制和共和民主制，在社会主义国家实行的人民代表大会制度中也存在一党制和一党执政多党参政制。受这些政治模式的影响，国民经济管理模式也有一定的差异，表现为不同党派执政后的管理路线发生变化，比如第二次世界大战后英国工党政府与保守党政府之间、法国社会党政府与右翼党政府之间所奉行的国有化路线与非国有化路线的差异。

4. 国家法律制度

国民经济管理是在一定国家法律框架内运转的，因而它不得不服从国家法律制度规定。现代国家法律制度有所谓单一制、联邦制和邦联制，或者总统制及内阁制。不同的国家法律制度会导致国民经济管理决策和组织方面的差异，强化或者弱化中央对全局或局部领域的管理权限能力。比如美国实行联邦制，中央政府管理国民经济的能力相对有限，多数权限由地方政府分享；由于总统制贯彻政治中立原则，总统在任期可以超越各个党派的政见纷争，反而容易保持政府的日常国民经济管理的相对超脱和独立地位。英国和法国实行内阁负责制，因而政府的日常国民经济管理路线容易受到党派斗争和执政党更迭的影响，表现出管理方式方法的前后摇摆。社会主义国家没有政党轮换的法律制度，因而形成了保持国民经济管理模式比较长期稳定的条件。

5. 传统文化

所谓传统文化，是指一个民族在经过世代相传之后遗留给后人的那些精神财富。由于是祖辈世世代代留下来的东西，因此具有深厚的基础和广泛的影响力。根据经验观察可知，不同的传统文化背景中的国民经济管理行为是存在着差异的。在进行东西方国民经济管理比较分析时可以发现，对于政府与民间、集体与个人两者的态度存在基本文化差异：在渗透着古罗马精神和基督教教义及以文艺复兴文化为背景的西方文化氛围中，因为存在着对超越世俗社会的精神领袖上帝的信仰，世间中的个人包括君主、王公大臣都要在精神方面对上帝臣服，在上帝面前人人平等。在政教合一体制解体之后，平等意识转化为在真理面前人人平等，体现个人主义精神的自由、平等、民主、博爱成为社会的主流意识。个人利益受到推崇，民间利益具优先地位。受这种历史文化传统的影响，早期的西方国民经济管理只限于维护个人利益，政府扮演社会的守夜人角色。只有到了20世纪中期西方社会遭受到第一次世界经济大萧条之后，国家的权威性和政府干预的必要性才开始成为一种社会主流意识。即使如此，西方国民经济管理依然以充分尊重和保障个人的经济权益为基调。反之，在以儒家教义为背景的东亚文化氛围中，依据天人合一的理念，国家最高统治者皇帝以天子身份替天行道爱民施仁政，社会依照君臣父子关系原则有序运行，礼义廉耻孝悌忠信成为社会主流意识形态。尽管经过五四运动，科学与民主观念注入社会意识形态，但是体现了集体主义的民本、纪律、秩序、道德依然还是社会主流意识。以社会、国家、集体及家庭为优先，个人的利益不得凌驾于社会和集体的利益之上，国民经济管理首先依据的是保护社会及集体利益原则。在西方人的眼里，政府对个人即使不是一种限制，至少也是一种不可缺少的恶。而在东方人的眼中，政府对个人至少是一种公正和“青天”，政府官员是老百姓的衣食父母官。此外受传统文化的影响，西方社会的非政府组织在国民经济管理中也扮演重要角色，政府有意让出一定领域让非政府组织去管理。

6. 社会心理

说到底，经济活动是由人去推动的，因此人的因素不可忽视。国民经济管理行动是由众多的实际管理者去推动的，是一个社会群体的集体行为。因此决定国民经济管理模式差异的心理条件主要是社会心理。虽然国民经济管理者的心理受到生理和环境两个方面的决定，心理因素需要由造成心理因素的前提条件进一步说明，但是当一定的假设条件不变时，心理因素是支配国民经济管理者行为的重要原因。因此在理解国民经济管理行动时，也不能忽略关键决策者的心理特征所起的决定性作用。尤其在社会主义国家，由于没有政党轮换制度而只有领导人轮换制度，因此领导个人以及领导集体的心理素质及修养对国民经济管理模式的影响就十分突出。从现有研究状况看，对国民经济管理模式进行心理分析还有待大力探索和加强。

7. 国际环境

一国管理模式的形成也受到国际因素直接或间接的影响。一般说来，国际因素对一国模式形成的影响表现于：第一，少数先进国家模式对多数后进国家的示范效应。后进国家从现成的成功模式中容易获得启示，从而减少模式探索和建立的过程成本。第二，国际压力使得建立自己模式的选择余地大大缩小，国际援助又使得对自己模式的选择没有多大余地。第三，即使自己的模式与国际的普遍趋势相左，但可以通过满足国际社会的其他需要获得补偿，换取对自己独特模式的默认与宽容。

第二节 国民经济管理模式的类型比较

如图 2-1 所示，国民经济管理基本模式是两个对应的模式：从所有制形式看，是私有制管理模式对公有制管理模式；从政府干预方式看，是计划引导型管理模式对政策调控型管理模式。以下是对这两个对应的基本模式的比较。

一、公有制为基础的模式与私有制为基础的模式

理论上说，生产资料为社会全体人民所有的财产制度就是公有制，生产资料为个人所有的财产制度就是私有制。但是理论的定义不能代替真实世界。在现实中，公有制采取了国家所有和集体所有两种实现形式，私有制也采取了个体所有、家庭所有和合伙私营所有等实现形式。除了少量纯粹意义上的国有或私有形式外，还大量出现公有与私有相互渗透、相互包含的混合形式，如合作制、股份制等。依照国际通行原则，在两个不同所有者共同组成的企业中，以某一方股份占到51%以上作为对企业的归属性质的认定标准。在三个以上不同所有者组成的企业中，一般以其中最大的股份占有方或控股方认定企业性质。对于国家控股的企业，一般按照控股的比例计算国有资产。在中国，由于现代企业制度形式的多样化，目前形成了五种形式的公有制经济：国家全资企业、国家股份占51%以上企业、国家控股30%以上企业、集体企业、合作股份制企业。

所有制问题是全部经济关系的焦点与核心，它决定国民经济的根本属性。同时它又是最复杂的经济问题之一，因为它是由多种具体形式表现出来的。这些复杂的具体表现形式使得对经济关系的属性认定和管理日益困难。但无论怎样，企业是国民经济管理的微观基础，无论是公有还是私有，最终都需要摆正国民经济管理的主体——政府与国民经济管理的客体——企业之间的关系。这必然涉及两个方面问题：其一，政府与国有企业的关系；其二，政府与私有企业的关系。

（一）政府与国有企业的关系

市场经济中的国有企业具有发展经济与稳定社会的双重使命，因此经济目标与社会目标是国有企业必须平衡兼顾的。在西方，国有企业更被看成是政治企业，在我国，国有企业被当作是社会主义市场经济体制的基础和主导力量。尽管如此，作为市场经济中的独立法人，国有企业也必须依照市场经济规则运营，成为所有契约关系中的联结点。

一般说来，政府与国有企业的相互关系表现在如下两个方面：

1. 政府对国有企业拥有领导与监督的权利

因为国有企业的出资者是国家，因而国家的组织机构对国有企业拥有领导和监督职能，以保护和实现所有者的权益。这就体现在：国有企业的经营方针由政府确定，国有企业要执行政府计划和相关法规政策，比如法国国有企业还通过计划合同的方式与政府签订合同来完成政府计划任务；国有企业要优先完成政府订货合同；政府对国有企业中的财务、最高管理层人事、最低工资、基本劳保福利、基本定价等方面行使法律规定的决策权

和监督权；政府对国有企业的资产重组拥有审批权；必要时，政府可以独自决定拍卖出售国有企业。

2. 企业拥有相对独立的自主经营权

国有企业作为工商经营组织，在政府授权下具有经营自主权利，主要体现在：企业负责企业内部的经营管理事务，可以对企业内部的人事、用工、工资奖励、福利等事项做出决策；对企业之间的合同协议承担责任，并享有充分的权力；企业独自承担除政府规定以外的一切法律法规责任与义务，包括投资风险和投资收益；企业通过上缴财政税收以体现普通经济法人的责任，通过向出资机构上缴规定的经营利润以体现国有资产所有权益的实现。企业在完成上缴的利税之后，对剩余部分可以自行处置。

从产业领域的分布情况看，国有企业主要分布在基础产业和公用事业（见表 2-1）。尽管该表反映的是历史的情况，但是这种情况持续到今天，大体上还是与历史一致的。这有助于理解如何管理好市场经济中的国有经济。

表 2-1　20 世纪 70—80 年代市场经济国家国有经济分布情况　（%）

国别	总比例		分部门比例						
	70 年代	80 年代	农业	商业、个人服务业	建筑业	制造业	矿业	运输与通信	电力、煤气和自来水
日本	5								
美国	5	1.1							
法国	10	11.2	<5	<5	<50	<50	<50	<75	>75
瑞典	6								
英国	17	3.4	<5	<5	<5	<5	>75	<50	>75
奥地利	27		<5	<5	<5	<25	<25	>75	>75
意大利			<5	<5	<5	<25	<50	<50	>75
韩国	9	10.3	<5	<5	<5	<25	<25	<50	>75

注：“总比例”指国有企业产值占国内生产总值比重，“分部门比例”指国有企业在本部门增值额当中所占的比重。

资料来源：王海平，吴春波．国民经济管理学．北京：中国人民大学出版社，1994：27；世界银行．1998 年世界发展指标．北京：中国财政经济出版社，1999.

在市场经济中，国有企业的比重随着政府所有制政策的改变而变化。这是由于政府采取了两种不同的政策：其一是“非国有化”方针，向私人大规模出售国有企业。出售动机多种多样，如为了克服国有企业效率低下影响经济增长质量、减轻政府财政负担、维护市场自由竞争秩序等。这曾经是英国保守党执政时期的主要政策选择。其二是“国有化”方针，向社会大规模收购私人企业或创办国有企业。其国有化动机是：重新控制关系到国民经济命脉的生产以促使经济按照政府预想方向发展，增加就业岗位，在重点产业领域迅速扶植起具有国际竞争实力的大型企业集团，为处于经济危机之中的私有企业输血解困。

20 世纪 90 年代以后，世界上多数国家都经历了“非国有化”的变革过程。虽然国有企业数量比重已经大大减少，但国有企业并没有完全退出经济活动；而且在关键领域和基础领域，国有企业依然占据着较大比例。同时在国防及一些公共基础领域，因为政府几乎是私有企业产品的唯一采购方，或者政府参股或控股，这种私有企业实际上成了准国有企业或类国有企业。

2008年国际金融危机中，西方发达市场经济国家再一次以金融援助的国有化方式应对危机。危机中，美国、英国、德国等国家动用财政资金对商业银行等金融机构进行注资并对其债务提供担保，以此换取被救助金融机构的优先股或普通股，甚至控股权，并对被救助金融机构高管薪酬和信贷投放等进行干预[①]。(1) 美国政府于2008年9月起相继宣布以相关机构优先股、认股权证或普通股为交换，向房利美和房地美、美国国际集团、花旗集团等大型金融企业注资。此外，还对无自行筹款能力的金融机构进行注资，并有权对注资金融机构的经营和利润分配、高管薪酬进行干预。2009年6月，美国通用汽车公司向美国纽约联邦破产法院申请破产保护，进行破产重整。重整后新通用汽车公司的股份来源于债转股，其中，60%的股份由美国联邦政府持有。上述被救助金融机构和企业的产权结构发生了从私有向部分国有的历史性转变。(2) 英国政府于2008年10月8日宣布用500亿英镑购买主要金融机构的优先股，向金融机构注资；2009年1月又推行了第二轮的注资救助方案。通过一系列措施，英国政府成为诺森罗克银行、布拉德福德-宾利银行、苏格兰皇家银行等大型金融机构的最大股东。这次救助被认为是英国政府将金融机构半国有化。(3) 德国于2009年4月通过《救援兼并法》，允许政府对陷入困境的银行实行国有化，并强调银行国有化是“最后手段”，国有化银行只能在“没有任何其他合理的法律和经济办法来维持金融市场稳定的情况下”才能实施。这是德国自1931年以来首次通过允许政府对银行进行强制性国有化的法案。

（二）政府与私有企业的关系

在目前市场经济体制中，资本主义生产关系居统治地位，私有制经济是这些国家国民经济的主体。因此这些国家国民经济管理的一项重要使命，便是保护和发展私有制经济，并将追逐个人私利的私营企业纳入国家发展正常轨道。在实行社会主义市场经济体制的中国、越南，将发展各种非公有制经济与发展公有制经济作为同等重要的事情，通过立法给予了公有制经济与非公有制经济平等保护权利，因此，也有如何处理好政府与私有企业关系的问题。相对于处理与公有制企业的关系，对私有制企业的管理要较为简单和明确。其总的原则是：指导、扶持、协调、服务和监督。

1. 指导

政府对私营企业的指导分为两类：一类是通过发布政策信息和公布政府发展计划，告诉私营企业国家的意愿以及社会的需要、国家经济发展的重点和实现的基本目标，通过这种指导期望企业朝着政府预想的方向开展经营投资。另一类是通过财政预算和相关税收政策来指导私营企业行为，比如对符合政府要求的企业给予各种政策优惠，借此减少企业经营成本，帮助企业成长；而对不符合政府要求的企业则课以重税，采取若干措施限制其发展。比较典型的例子是日本政府的“行政指导”和“窗口指导”，前者是政府官员通过与私营企业老板的个人会见和接触进行规劝，对私营经济发展施加影响；后者是中央银行通过在私人银行和商业银行发生与央行业务往来时对其进行各种规劝以及贷款贴现率、利

---

① 刘瑞，王岳．从“国进民退”之争看国企在宏观调控中的作用．政治经济学评论，2010（3）．

率、汇率的调整，对私营企业发展施加影响。

2. 扶持

对私营企业尤其是中小企业进行扶持是多数国家的一项重要管理任务。扶持的目的在于维护市场竞争的自由和公平，帮助有发展潜力的中小企业迅速发展壮大成长。扶持的形式多种多样，比如，政府作为贷款担保方向国外银行借款，再以低于市场利率水平贷给企业，用于企业发展；通过政府采购和政府订货为私人资本扩张提供有保障的市场；通过加大对公共设施投资，为私营企业的发展营造良好的市场环境和基础条件；通过减税、退税和财政补贴方式，鼓励私营企业扩大出口和发展符合政府产业政策要求的产品。在韩国和日本，私有企业在很短的时间内从中小型企业发展成跨国家、跨行业的财团，是政府扶植的典范。

3. 协调

政府作为中间人对发生在企业之间和企业内部劳资双方之间的纠纷进行调停；当私营企业在涉及对外关系和跨地区、跨行业投资遇到麻烦时，政府也给予协调和帮助。

4. 服务

政府对私营企业的服务表现是多方面的，涉及信息提供、政策咨询、就业培训、环境保护、法律援助、社会福利服务等方面。

5. 监督

对于私营企业的不法行为、过度竞争、市场垄断、外部不经济等问题，政府也主要通过外部控制的方式进行监督和管理。其外部控制的方式主要是依据法律，采用经济手段和必要的行政手段。一般而言，政府不会像对待国有企业那样干预私营企业内部事务，但在需要时，政府也会对企业内部的劳资冲突、企业之间的合同协议、投资进行裁决和审议，甚至宣布企业内部的有关协议无效，重新按照政府拟定的条件进行协商，直至达成政府方面认为满意的协议。一个典型的例子是20世纪90年代末美国司法部门对世界软件巨头微软公司出售捆绑式软件的违法裁定，以及强令微软总公司一分为二的行政干预。

二、计划引导型模式与政策调控型模式

依据市场经济内部政府干预方式划分，有两种基本的模式：政府计划引导型模式和政府政策调控型模式①。计划与政策，从一般意义上说都是政府管理国民经济的方法和工具。但是由于计划与政策的手段特性不一样，对运用这些方法和工具的制度保障条件要求有所不同，实际管理绩效也有较大差别，因此一些国家偏好计划工具，另一些国家则偏好政策工具。于是在长期国民经济管理过程中就形成了或计划管理优先或政策管理优先的两种模式。

这两种模式既不是从来彼此对立的，也不是从来彼此等同的。从历史角度看，政府计划模式曾经是一国促进经济起飞和快速成长的首选模式，以后政府政策模式又是一国经济

① 在政治经济学中，近十年来国外流行一种相似的国民经济管理模式划分：开发型国家模式（developmental state）与规制型国家模式（regulatory state）。在前者中，政府通常以发展规划和产业政策主动推动经济增长；在后者中，政府通常以宏观经济政策和法律来调控经济环境。

进入成熟和稳定增长时期的主要模式。两种模式中，都存在或政策为辅或计划为辅的补充方式。就是在号称没有计划的美国，一方面在 20 世纪 60 年代曾经有过政府大张旗鼓实施计划管理的经历，另一方面直到现在每年都以总统报告的形式公布经过总统经济顾问班子审慎讨论和预测的经济增长方案和政策主张。这有点类似于中国每年公布的年度计划方案。当然，就其模式的基本特征而言，计划管理与政策管理两种不同类型的国民经济管理模式的区别依然清晰可见。从实证角度看，实行计划引导型模式的国家曾经有日本、韩国、法国、瑞典、荷兰等，实行政策调控型模式的国家有美国、德国、加拿大等。英国曾经有段时间采取过计划引导型模式，以后才改采政策调控型模式。

（一）计划引导型模式

这种国民经济管理模式以政府制定并实施一系列全国性发展计划为其主要内容。计划成为实现国民经济发展战略的重要工具，其中选择、测算和实现一系列计划指标是管理的中心。一般来说，判定一国的国民经济管理模式是否是计划引导型模式的标准是：

第一，存在一个具有权威性的计划机构。该机构负责全国性计划的起草、制定和修改工作，并对计划行动进行必要协调，对计划执行情况进行跟踪、检查和监控。第二次世界大战结束不久，法国设立国家计划署，荷兰设立中央计划局，瑞典设立国家计划委员会。日本于 20 世纪 50 年代中期设立经济企划厅，韩国在 60 年代初设立“超级部”经济企划院，越南在 80 年代设立计划投资部。我国在计划经济时期开始设立了统领全国经济工作的计划委员会；在 20 世纪 90 年代开始建立社会主义市场经济体制后，对原来的计划委员会进行职能改造，成立具有新型计划功能的发展和改革委员会，每隔五年编制中期发展计划，每年编制短期发展计划。

第二，计划行动是一项严肃的管理活动。在计划引导型模式中，计划文件或者经过了立法机构审议批准通过而具有法律效力；或者虽没有经过立法机构批准，但经过了权威机构的论证、制定和公布。任何其他国民经济管理行动至少要参考全国计划的内容，并与其协调和衔接。

第三，存在着较为完整的计划体系。在计划管理程序中，计划体系可依照不同标准划分不同系列。如按照计划时间系列可分成短期计划或预测、中期计划或展望、长期计划或远景计划，其中中期计划是市场经济计划管理的主要形式。按照计划管理层次系列可分成中央计划、地方计划和大型企事业单位计划。虽然多数市场经济国家受制于国家制度限制如地方政府高度自治，并不强制要求地方计划与中央计划保持一致，但地方计划与中央计划实际上需要彼此协调和相互呼应。按照计划范围系列可分成综合性计划和专项计划。

国民经济管理采取计划模式起始于 20 世纪 20 年代末的苏联指令性计划经济（mandatory planned economy）。由于苏联计划经济模式在实现国家工业化和战胜纳粹德国入侵的卫国战争获得了巨大成功，这种计划模式一度成为其他国家纷纷效仿的对象，其影响力遍及东西方国家。但是苏联的计划模式从根本上是排斥和限制市场规律的，因此在正常情况下会造成资源配置严重扭曲和经济效率持续降低。到 80 年代后，僵硬的苏联指令性计划模式已经不能适应变化了的内外部环境，在与美国为首的西方阵营的冷战之中落败，模式最后自动终结。而日本、韩国、法国等国家将计划调节方式同市场经济结合起来，通过探索和改造，形成了市场经济下的计划引导型模式。学术界称其为“指导性计划”（guidance plan）或“政策性计划”（policy plan）模式。这种基于市场经济的计划模式使得这些国家迅速摆脱了战争留下的阴影，将国民经济快速推进到现代化水平。总结这种市场经济下的计划模式，有以下突出特点：

（1）计划性质是指导性和预测性的。与指令性计划性质不同，市场经济的计划调节形式是指导性的。在第二次世界大战结束后，法国、日本、韩国等国都制定和实施了指导性计划。指导性计划不否定市场原则并充分尊重和维护市场主体的自主权，政府计划只是对市场机制的弊病加以弥补，消除盲目竞争带来的消极后果。计划具有指导性而非强制性，因而在实施过程中并不严格要求必须遵守和实施政府计划，而是强调政府计划对经济走势的预测和对市场的引导，因而指导性计划兼有“天气预报”性质。

（2）计划富有弹性并实行战略引导。市场经济下的计划模式通常注重中长期计划，不太重视短期计划。政府计划当局选择国民经济发展的若干重点，提出主要目标和措施，并不分解详细的计划指标层层下达，而是作为一种建议和有指导的信息传递给社会，并在必要时不断修正计划内容。这样就使得计划富有弹性，从宏观上强化了计划的超前指导和预测功能。这样就避免了计划机构陷入具体事务性工作而不能从战略高度思考问题，为其他管理机构的具体管理行动提供了战略指南。

（3）计划制定是民主协商的过程。每当制定新的中长期计划时，政府计划机构都要组织常设和临时性民主协商咨询机构，如法国成立若干个现代化委员会（竖向委员会和横向委员会），日本成立各种计划审议会并就计划议题举办恳谈会。这些常设或临时组建的机构召集了政府官员、专家学者、工会代表、工商界代表、企业家、农民组织代表、消费者组织代表以及海外归侨代表，就计划涉及的各种社会经济问题进行广泛的报告、座谈、研讨和听证。为配合政府计划制定过程，计划机构利用大众媒介宣传和报道，这就扩大了社会公众对政府计划制定的参与范围和规模。虽然每个社会阶层的意见并不都被政府计划机构吸收到最终的计划方案中来，但这种计划民主参与的形式提高了计划决策的透明度和社会参与度。

（4）计划编制和实施注重了科学性和有效性。在编制中长期计划时，除了运用常规方法编制计划方案外，还大量采用了经济计量模型和投入产出分析模型。这些先进的现代计划编制方法对完善计划管理工作起到了推进作用，也使得计划编制更加科学和规范。为了使得精心编制出来的计划在实施过程中发挥应有的作用，一些国家还强化了计划实施的有效性，如法国建立起政府与企业之间的计划合同制，以合同方式落实政府计划内容；日本动用行政力量迫使企业实现政府计划意图；韩国动员社会全部力量去落实计划目标。为完成计划所确定的一些目标而立法也是政府计划实施过程中的常用方式之一。

（二）政策调控型模式

市场经济中另一种比较有特色的管理模式是政策调控型模式。这种模式特征是制定和实施若干经济政策对国民经济运行进行临时干预和调控，经济政策以财政政策和货币政策为主要形式，主要政策工具有税收、政府开支、利率、贴息率、汇率等。政策模式与计划模式的较大区别是：第一，存在着实施政策工具的权威机构，主要是政府财政、中央银行和若干产业职能部门。第二，注重对宏观性和短期性社会经济问题的干预及调控，相对于计划而言缺乏长期持续性和连贯性。第三，不存在如计划体系那样分工明确而组织精密的政策体系，但是在不同层次和范围内政策有所侧重，如宏观经济政策与微观规制政策、制度政策和过程政策等。

美国是实行政策调控型模式的国家之一。其宏观经济政策主要以调控宏观经济总量波动为主，具体制定财政、货币和贸易政策，其微观规制政策以调节企业和居民个人行为为主，具体制定收入、人力、产业、反垄断等政策。美国的货币政策有独特之处：负责货币政策的中央银行联邦储备委员会独立于美国行政当局，只对立法机构——国会负责，保持了政策的独立性。

德国的政策调控型模式以“社会市场经济”为特色。该模式的含义是把市场的自由原则同社会均衡原则相结合。为此形成了两大政策体系：制度政策与过程政策。制度政策的目的在于促进和维护市场竞争，保障和提高市场机制的运行效率，以及维持社会秩序的公平正义。制度政策包括竞争政策、结构政策、对外经济政策、交通能源政策、农业政策和社会政策等。过程政策的目的是稳定价格水平、降低失业率、促进经济增长、保持国际收支平衡等。过程政策与美国的宏观经济政策实际上是一回事，包括财政政策、货币政策、对外经济政策和收入政策等。

英国在其保守党执政时期采用与美国相近的政策调控型模式，而在工党执政时期采取的管理模式又接近法国式的指导性计划模式。实际上，多数国家采用的都是政策调控型模式。

政策调控型模式的基本特点是：

（1）政策管理的基本性质是间接性的。在多数国家中私有经济占绝对比重，因此政府经济政策不能直接进入到企业内部，不能采用行政直接干预的形式。故而政策能够作用的对象只能是企业活动外部市场环境。政府通过调整各种税收征收项目和水平、贷款贴现率和银行存款准备金率来影响商业银行贷款规模和利率水平，使得工商企业根据这些市场参数的变化调整自身行为，来达到调控目的。因此，政府对经济活动实行政策调控的性质基本是间接性的，当然对市场中间变量的影响则是直接的。

（2）政策管理以良好的市场机制运营为基础。政策效应在很大程度上依赖于市场各种要素对政策的联动、互动和自动反应，受政府主观努力程度影响较低，这是政策模式的长处，通常也是政策模式的短处。如果市场机制运行正常，政策效应就可以预见，但如果市场机制运作失常，政策效应就将大打折扣。而计划效应在很大程度上取决于政府的信心和精心组织。因此政策模式比计划模式更加依赖市场机制的良好运行。

（3）政策实施是一个系统配合过程。早期的政策管理不太重视各种政策之间的相互配合，实践很快证明这是导致政策效率低甚至失效的重要原因。以后各国在运用政策调控社会经济活动时强调了政策的配合问题，即政策搭配组合问题。一般而言，政策模式中的财政政策和货币政策有四种基本搭配方式：双紧搭配、双松搭配、一紧一松搭配和一松一紧搭配。此外为了使得政策更加有效，还需要其他相关管理手段的配合。

（4）政策重点和作用由政策主体价值偏好和地位决定。在政策模式中，并不是所有政策的作用都是等量齐观的；在各届政府执政期间里，政策的主导方是有差异的。美国各届政府就因为奉行不同的管理路线，而对财政政策和货币政策各有所好。奉行自由主义管理路线的政府偏好货币政策，奉行凯恩斯主义管理路线的政府偏好财政政策。在实行财政政策调控型模式中，政府财政机构的权威地位明显高于其他国民经济管理职能机构；反之，在实行货币政策调控型模式中，中央银行机构的权威地位又明显高于其他国民经济管理职能机构。

（5）政策调控以短期为主。经济政策调控具有临时性和相机性，以短期问题为主要调控为对象。在实行政策模式的一些国家中，基本上没有长期的政策调控方案；在另外一些国家中，长期政策调控方案实际上变成了政府中长期计划，演变成政策性计划或计划性政策。

三、模式的演化

世界上所有的客观事物都不是一成不变的。国民经济活动是动态的，对这种活动的管理而形成的制度和方法也同样是处于变化之中的。纵观已经成为历史的20世纪，运用前面图2-1模式可以看到：迄今为止，各国在历史上都经历了几个模式的演变过程：英国经历了由BⅠ到AⅢ的模式转化过程，法国经历了由AⅠ到BⅡ的模式转变过程，韩国和日本同样经历了由BⅠ到AⅢ的模式演变过程。而美国，一直把计划视作是冷战对手苏联的一种意识形态宣传而长期加以排斥，一直实行AⅢ模式，但也在20世纪60年代实行过时间不短的AⅡ或BⅡ模式。要充分回答为什么会有模式的演变超出了本章所能容纳的篇幅。作为对模式类型比较的总结，下面对不同模式之间的差异及其优缺点给以概括说明。事实上，在长期的演化过程中，模式逐步变成了混合形式。

（一）公有制模式与私有制模式演化为混合所有制模式

国家资本与私人资本的结合形成混合所有制的演化从德国开始。在19世纪末，普鲁士政府对私人经营的铁路、烟草行业等实行国家收购，组建混合所有制经济公司或国有公司。在这一制度下，一部分股份属于私人资本家，另一部分股份属于国家；国家可以给自己保留多数股权或少数股权，还可以使人同意给予自己某些特权。德国混合所有制经济取得了一定的成效，因此导致了第一次世界大战之后多国开始采用这种制度，第二次世界大战之后，混合所有制经济成为西方国家一种时髦的企业制度创新。尤其是在英国工党主政时期和法国社会党主政时期，混合所有制经济达到了历史上的高潮。就国有企业占各自经济比重而言，20世纪80年代初期，奥地利达到24%，法国达到23%，意大利达到20%，英国达到16.7%，联邦德国达到14%[①]。但是随着20世纪80年代中期新自由主义的兴起，西方发达国家出现“去国有化”浪潮，一直持续到2008年国际金融危机爆发前。国际金融危机爆发之后，西方发达国家为拯救陷入债务危机的私人公司，纷纷出手，以国家注资入股的方式解救问题公司。美国财政部对处于债务危机中的两房企业、美国国际集团、花旗银行都以认股的方式实行混合所有制，对申请破产的美国通用汽车公司以债转股的形式收购，持有了60%的股权。显然从本质上说，西方的混合所有制是国家政策实现的工具，国有化是化解危机的权宜之计，但同时混合所有制也成为市场经济中企业制度模式之一，这显示出非此即彼的模式已经演化为混合所有制模式。

如果将形成两种模式的各种条件抽象掉，单就公有制为基础模式与私有制为基础模式

---

① 让-多米尼克，拉费，等. 混合经济. 北京：商务印书馆，1995.

之间的差异及其优缺点进行比较，可以认为：私有制式与公有制式相比，有利于调动个人及工商组织参与国民经济活动的积极性与创造力，有利于把参与活动的个人责任与个人权益结合起来，有利于增强国民经济的自我积累、自我发展的机能。但是，由于私人所有制决定了参与国民经济活动是以营利为目的，如果某些活动暂时不能提供盈利，或者盈利目标与其社会整体目标相互矛盾，这样在客观上就存在着个人投入如何补偿以及私利与公利如何兼顾平衡的问题。同时，也存在着由于个人所有和垄断经营造成许多具有共享性的国民经济活动不能为社会成员共享的问题。因此采用私有制式在一定程度上会同国民经济的根本目标发生冲突，以至于牺牲国民经济的根本目标，这对国民经济发展是不利的。因而，在国民经济领域实行完全彻底的私有化管理路线并非在所有国家内都受到欢迎，在实践上也没有完全行得通。所以，几乎所有的资本主义市场经济国家都存在着一定数量的国有经济。

与此相比，公有制式能够解决国民经济目标同模式之间的兼容问题。公有制度保证了社会阶层、社会集团、社会阶级之间的利益不存在根本性的对立与冲突，即使在有些时候、有些场合会有矛盾，也是可以解决的。依托于公有制度而形成的国民经济的目标，成为与全社会大多数成员利益内在相连的目标，这会促使大多数社会成员去自觉追求。由于公有制度在社会经济领域占主导形式，国民经济管理就省去了许多不必要的中间环节，集中力量办大事，节省了国民经济管理成本。这是实行社会主义市场经济体制的国家仍然坚持公有制为基础的国民经济管理模式的重要原因之一。

然而，已往的国民经济管理实践活动告知人们，公有制式存在需要改进的地方。第一，如果多数个人参与劳动仍然是为物质生活所迫，那么物质刺激就仍然是必需和必要的，精神鼓励不能代替物质刺激。公有制式要把满足个人的物质需求放在重要位置。第二，如果制度已经建立但具体施行制度的手段和方法不合适，那么也会导致制度运转不起来或运转不灵。公有制式存在的效率不高问题主要不是制度本身不行，而是实现制度的具体方式方法不完善。因此，应当积极探索公有制式实现的方式方法，比如可以通过让个人或私人机构经营或承包公有资产，来增加国民经济活动的效率和效益。第三，如果将公有制式不加区别地在所有国民经济活动领域实行，也会出现一些问题。在与人民日常生活有关的修理服务行业领域，在竞争行业领域，实行全面的公有制式不会带来明显的社会经济效益。这需要保留一定比例的私有制式，以便生产者彼此展开竞争来提高这些领域的发展水平和活动效率，但在引进私有制式的同时，需要对私有制式的消极面加以防范，尤其是不能让私有制式左右了国民经济的根本目标。

未来的模式演变不是非此即彼的选择，而可能是一种组合性的选择。私有经济为基础的模式继续在一些国民经济的关键部位和重要领域保留并发展一定比例的国有经济，引进公有经济模式的某些养分，比如在欧美社会出现了职工持股的合作股份制经济。而公有制为基础的模式将适当降低国有经济比重，在较大范围之内发展非公有制经济，引入私有经济模式的某些成分，比如在中国、越南等国发展多元化的所有制经济。当然，在相当一段时间内，还看不到两种模式走向同一的前景，但两者彼此取长补短式的发展却已经是不争的事实。

（二）计划模式与政策模式演化为混合干预模式

无论政府是用计划方式还是政策方式去管理国民经济，其目的都只有一个：促进国民经济快速发展和高效运行。但世界上各国国民经济发展史表明，政府既想获得国民经济的快速发展，又想获得国民经济高效运行，似乎两者是不可兼得、二者只能择其一的。

如果选用一定数量的指标进行一下历史对比，也许会对两种国民经济管理模式的差异及其各自优缺点有一些初步的经验认识。表 2-2 展示了这种比较的经验结果。所选的 4 个指标代表的比较意义是：国内生产总值年均增长率代表国民经济增长数量，要素投入物占产出增长率比例代表国民经济增长质量，消费者价格指数代表国民经济稳定状况，失业率代表国民经济资源利用状况。对比选择了美国、英国和德国作为政策调控型模式的样本，法国、日本和韩国作为计划引导型模式的样本，时间跨度 40 年。从各组计算的平均值可以看出：

（1）在实现国民经济的数量增长方面，计划模式组明显高于政策模式组。

（2）在实现国民经济的质量增长状况方面，政策模式组的总和要素生产率（71.7%）要高于计划模式组（68.5%）。总和要素生产率通常被看作科技素生产率，它占产出增长率比例的高低可以衡量一国经济增长方式的质量。

（3）在保持国民经济稳定方面，前 20 年政策模式组要优于计划模式组，后 20 年两组则难分高下。

（4）在实现国民经济资源利用方面，计划模式组要优于政策模式组。

表 2-2　两组管理模式的若干指标对比　（%）

项目	时间	美国	英国	德国	政策模式组平均值	法国	日本	韩国	计划模式组平均值
国内生产总值年均增长率	20 世纪 60 年代	4.3	2.9	4.4	3.9	5.5	10.4	8.6	8.2
	20 世纪 70 年代	2.9	1.7	2.6	2.4	3.3	4.5	9.1	5.6
	20 世纪 80 年代	2.9	3.2	2.2	2.8	2.4	4.0	9.4	5.3
	1990—1996 年	2.4	1.6	—	1.3	1.1	1.4	7.3	3.3
要素投入物占产出增长率比例（1965—1985 年）	资本	23	27	23	24.3	27	36	—	31.5
	劳动	27	−5	−10	4.0	−5	5	—	0.0
	总和	50	78	87	71.7	78	59	—	68.5
消费者价格指数	20 世纪 60 年代	2.9	4.1	3.2	3.4	4.2	5.1	17.5	8.9
	20 世纪 70 年代	7.2	14.4	5.0	8.9	9.9	7.4	19.8	12.4
	20 世纪 80 年代	4.3	5.8	2.2	4.1	5.8	1.7	4.9	4.1
	1990—1996 年	3.0	3.0	2.3	2.8	2.1	1.1	5.8	2.6
失业率	1970 年	4.9	2.6	0.7	2.7	1.3	1.1	4.5	2.3
	1980 年	7.0	7.3	3.8	6.0	6.4	2.0	5.2	4.5
	1990 年	5.6	6.7	7.2	6.5	8.9	2.1	2.4	4.5
	1996 年	5.4	8.0	9.0	7.5	12.4	3.4	2.0	5.9

资料来源：世界银行《世界发展报告》（1983、1991、1992、1998）；国家统计局国际统计信息中心．世界主要国家和地区社会发展比较统计资料．北京：中国统计出版社，1991.

以上比较应当说还不完全充分，因为样本数量少，指标数量少，而且6个国家所处的经济发展阶段有所不同。但跨度为40年的数据对比也多少说明这样一个结论：实行政府计划引导型国民经济管理模式，可以取得相对高的经济数量增长和较充分的资源利用绩效，但在提高经济质量增长和保持经济稳定方面则不见得突出。反过来，在保持经济增长稳定和质量提高方面，政策调控型模式也有它的优势，但在加速经济快速增长和充分利用资源方面，政策调控型模式也有它的不足。如果联系到两种模式形成的各种条件，进一步的推论就是：对于发展中的经济实体来说，计划引导型模式是一种可行的选择；而对于已经成熟的经济实体来说，政策调控型模式是一种可行的选择。

上述结论也被变化中的模式实践所证实。今天，各个国家的政府都在采用计划指导和政策调控的方式配置经济资源，引导国民经济健康运行。事实上，在计划引导型模式中就一直存在着为实现计划目标的政策调控，在政策调控型模式中也存在着政策长期化为计划的模式变种。一种你中有我、我中有你的计划性政策或政策性计划混合管理模式正在形成之中。对于国民经济管理而言，模式的形成非一朝一夕，但却没有永远不变的最佳模式，而只有最适用的模式。

以日韩政府配置资源模式演变为例，对于20世纪50—80年代经济高速增长时代的计划与政策究竟哪一个作用更大一直存有争议。在日本国内存在两种意见：一种意见认为日本的经济计划作用大于产业政策，60年代的国民收入倍增计划是其典范；另一种意见则认为日本政策不受计划左右，各个政策部门独立制定自己的政策，政策作用比计划大，由通产省独立制定的产业政策最具说服力。但国际理论界比较一致的意见还是倾向于把20世纪50—80年代的日本列入市场经济中的计划模式。产业政策是一种含有广义计划指导的政策，明显区别于英美的宏观经济政策。但是，20世纪90年代中期以后，日本撤销了经济企划厅，放弃了全国计划编制工作，彻底由计划模式转向了政策模式。而在韩国，经济企划院转变为财经预算部，至今还保留了部分领域编制计划的传统，只是与以前的计划模式有了数量上的差异。据此可以说韩国转向了混合干预模式。

第三节 中国对国民经济管理模式的选择[①]

一、对中国传统模式的基本评价

由于历史条件方面的限制，1949年新中国成立以后，我国选择了CⅠ模式。这是建立在计划经济基础之上的计划模式，这一模式满足了我国国民经济发展初期的管理需要，具有历史的进步意义。但在国民经济日渐成熟的过程中，这种传统模式日益显露出不能满足国民经济高效运行和进一步发展的需要。归纳起来，传统模式的基本特征及消极后果表现在以下几个方面：

（一）过度集中的决策机制导致企业和地方丧失积极性和主动创造力

在传统计划调节模式中，按照指令性计划、统一计划、分级管理原则，从中央到地方

① 此节可以组织学生进行讨论。

再到企业，建立起自上而下、自下而上、上下结合的金字塔形组织结构。中央拥有了大多数经济决策权限，地方分享了部分决策权限，而企业则几乎没有经济决策权限。

实事求是地分析，新中国几乎是在一片战争废墟上开始经济重建工作的，因此计划引导型模式是一种可行的选择。这可以充分利用计划模式的长处集中稀缺资源用于国家发展的主要方向，快速发展国民经济。从 20 世纪 50 年代初期到 60 年代中期，仅仅花了不足 15 年的时间，中国就建立起完整的工业化生产体系，在一些领域达到或接近国际先进水平。此种绩效也与世界上其他同样选择了计划模式的国家相类似。但是中国地域辽阔，地区差异极大，仅大型企业就成千上万个。因此过度集中的决策权限机制大大限制了地方和企业根据自身条件和利益合理组织生产经营的自主能力。当企业和地方经济成长起来之后，体制摩擦大量产生，过度集中的管理模式就日益成为阻碍国民经济进一步发展的制度因素。

（二）比较单一的调控手段使得国民经济管理僵硬

在传统计划模式中，政府对国民经济活动的调控采取如下方式：首先，通过计划和行政系统层层分解计划指标给各个地方和部门管理机构，直至下达到企业；用指标下达、指标使用、指标检查、指标考核的调控方式管理国民经济的日常运行。其次，当指标控制出现漏洞和失灵时，采用行政命令方式加以补救。再次，各项政策手段和经济办法，如财政政策、货币政策、工资、奖金、物价、汇率等，都只作为指标控制和行政命令的对象或载体，本身并无独立的含义和管理价值。最后，强调政治思想教育对国民经济活动的巨大影响力，在物资极度匮乏时用道德力量去激励人们参与经济建设活动。

国民经济管理是一项建立在经济规律基础之上的复杂活动。传统模式恰好忽略了经济规律的存在，试图用革命战争年代的军事指挥和进行大会战的方式来解决复杂的经济问题，但这注定是行不通的。用行政指挥的办法，加上思想教育，在短期内能够解决重大突出问题。人民群众蕴藏着社会正义感和革命热情，在短时期内可以调动起来干一番惊天动地的事业。但是人民群众又是生产者和消费者，存在着普通的和合理的物质与精神文化需求。随着疾风暴雨似的革命和建设高潮过去，社会日常生活步入正轨，消费需求就呈现多样化和多层次趋势。再用行政威力和道德感化就难以维持这种热情，满足国民经济发展新的需求。而对于长期涉及人们切身利益的问题，只能利用经济规律自身的自发作用去逐步化解。

（三）行政条块划分的组织机制割裂了国民经济活动内在联系

在传统模式中，政府按照行政方式组织国民经济活动，分成两个方面，习惯称作“条”和“块”：其一，按照行政部门和行政区划组织宏观经济活动；其二，按照行政隶属关系组织微观经济活动。工商企业，包括国有企业和非国有企业，都分别纳入一个主管行业的政府职能部门属下，形成一种隶属和挂靠关系。

由于中国地域辽阔，按照行政区域划分不同范围的国民经济管理是必要的；同时，根据国民经济主要领域分设若干个行政职能机构也便于行使管理权限。但是这种行政区划不能阻碍地区之间生产要素流动，不能妨碍全国统一大市场的形成。行政职能部门也不能变成部门所有制，不能限制企业根据经济规律进行的跨行业发展与联合。而最终，企业不能变成某级地方政府或某个行政主管部门的附属品，不能任由主管行政部门宰割。尽管在传统模式下，"条块"关系变动过数次，也进行过组织机制创新试验，比如组建跨行业和跨地区的大型联合企业，将中央所属企业大幅度下放给地方政府管理。但是，超经济强制的组织形式最终都没有发展起来，成为一个又一个行政部门附属物。

（四）单一的所有制形式抑制了国民经济内在动力和活力

在传统模式中，受到极左观念影响，认为所有制越公越好，越纯越好，将新中国成立初期尚存的多种所有制很快改成了两种公有制形式：国家所有制和集体所有制。最终形成了比较单一的公有制模式。直到20世纪80年代初才打破这种模式。

中国的社会主义经济制度最初是建立在世界范围内较为落后的社会生产力水平基础上的。公有制与私有制相比是一种更为进步的社会生产关系，但它只能建立在较为发达的社会生产力水平基础上才有优越性和生命力。在广大落后的乡村，农民生产方式尚离不开家庭作坊方式；在城市地带，尽管有了较为发达的产业群，但其他社会服务水平还是落后的。一律用单一的所有制形式将生产力水平千差万别的微观经济单位组建起来，就使得内部的分配机制不能充分调动劳动者以及单位的积极性，就使得个人失去了自己应当承担的那一部分责任和义务。

中华人民共和国成立后不久选择了CI模式，基本上是一种客观历史条件的必然，但这不能推卸某些主观因素的责任。我们本来是有机会纠正这种历史失误的。最大的主观错误有两个，第一个是国民经济管理理论指导上的"左"倾错误，即试图在广大的半自然半商品经济土壤上按照产品经济的构想建立国民经济管理模式。这个理论指导思想并没有获得社会共识，一直有反对和纠正这种理论错误的声音和行动，但都被第二个主观错误压制下去了。这就是长期实行的意识形态极左路线，给任何不疑和批评都戴上反党反社会主义的意识形态帽子。50年代中期出现的百花齐放、百家争鸣局面很快被万马齐喑和报喜不报忧的局面所代替。直到20世纪80年代，对国民经济管理模式的重新选择首先是从解放思想方面开始的。

二、中国传统模式的转型

我国国民经济管理模式的选择经历过多次摸索和反复。在理论提法上，从计划调节为主市场调节为辅的"主辅论"，计划和市场各管一摊的"板块论"，计划与市场你中有我、我中有你的"渗透论""结合论""互补论"，到最后确定建立社会主义市场经济的宏观调控体系。在实践探索上，从企业扩权、放权到还权，直至建立现代企业制度，从地方财政包干、中心城市计划单列到建立大经济区宏观调控体系。在学习国外模式经验上，从最初学匈牙利和波兰的指导性计划模式、南斯拉夫的社会自治模式、法国的指示性计划模式、日本的指导性计划和产业政策模式、韩国的政策性计划模式、德国的社会市场经济政策模式、美国的金融调控模式，以及其他新兴工业国家或地区，如巴西、新加坡、中国台湾地区等模式经验，到最终确定建立具有中国特色的国民经济管理模式。

可以说，过去的改革开放40多年中，我国积极探索了各种国民经济管理方式方法，在理论和实践上都形成了一些成熟的东西，国民经济管理模式的基本框架基本搭建起来。总的目标模式是在市场配置资源的基础上，建立起现代企业制度为特色的所有制模式和形成多种手段相互配合的宏观调控体系模式。所谓现代企业制度，其基本形式是以股份制为代表的有限责任公司制。所谓宏观调控体系，是以计划、财政、金融、社会保障等手段相互配合和相互协调而形成的管理体系。

我国现在已经进入到国民经济管理新型模式的初步完成阶段。公有制基础模式得到了私有制模式的补充，计划引导型模式得到了政策调控型模式的补充。然而，建立新的国民经济管理模式需要有一系列的措施相互配合。其中关键的措施包括重构新模式运行的前提条件和理顺政府与国有企业之间的关系。

（一）重构新模式运行的前提条件

第一，微观经济基础。确立生产者和消费者各自充分的主权。生产者和消费者分别代表了市场经济中的供给方和需求方，缺少任何一方的参与或者任何一方的主权得不到尊重，市场经济都无法正常运转，新的国民经济管理模式也建立不起来。为确立这个微观基础，需要继续大力培育市场主体，建立和完善现代企业制度。

第二，运行环境。首先是市场体系的建立与完善。市场体系是一个完整的系统，从范围上划分有全国市场与区域市场；从内容上划分有各要素市场，包括资本市场、劳动市场、商品市场、金融市场、技术市场等；从形式上划分有期货市场、现货市场等。可以说，市场体系建立到哪里，国民经济管理就跟到哪里。最终目的是市场体系的完善同国民经济管理的成熟协调整合起来。其次还有国民经济管理所需要的法律法规体系。国民经济管理需要在法律框架之内进行，因此建立起完善的市场法规体系也是新的模式所必备的条件之一，政府必须依法办事，行使国民经济管理职能。

第三，管理主体的职能转换。在我国，国民经济管理的主体由政府担任。为了适应新的国民经济管理模式对管理主体的要求，政府经济管理职能必须转变。市场经济中政府经济管理职能的根本特点是服务性管理，而不是行政性命令。但在目前条件下完全不要行政命令也是不可取的。总的职能要求是计划、指导、协调、咨询、监督和调控，在法律框架范围内履行职能。为达到这个转变要求，政府管理机构要进行重大调整，总的思路是：减少专业职能管理机构数量，加强综合管理部门调控能力；适当减少政府对经济事务的干预程度，加大政府对社会事务的干预程度；在保持中央政府对关系全局的事务调控能力的前提下，减少地方政府对经济活动的干预，而强化其对社会事务管理的责任。整个政府机构数量大大缩减，形成高效、精干、廉洁的现代公务员队伍。最终形成小政府大社会的格局。

（二）理顺政府与国有企业之间的关系

在国有企业内部建立起现代企业制度，首先需要理顺政府与国有企业之间的关系。政府与国有企业的全部矛盾集中表现于政企分离问题。

在我国长期以来，国有企业所属的上级政府经济管理部门是企业的具体所有权者，同时也是企业的行政主管部门。这种政府组织集所有权与管理、经营权于一身。作为社会主义的国有制企业，它的所有资产从理论上说统一归社会所有，从形式上说由代表社会利益的国家统一掌管，从实践上说由国家的行政组织政府统一负责管理经营。但进入市场体制之后，国有经济的内在统一性要求与市场经济中企业定位独立性要求之间发生了一定的矛盾。市场经济中的企业，无论具有什么样的所有关系，都必须具有完全承担市场交易责任的能力。相应地，它要具有独立的财产法人地位，拥有独立的生产经营权，承担生产经营风险。进入市场经济的国有企业，在理论上统一归社会所有之说仍然是能够成立的，但在实践上，国家如何统一掌管和政府如何统一管理这些具有独立法人地位的国有企业仍是一项新课题。

要同时满足国有经济的内在统一性与市场经济中企业独立性的要求，基本的形式是所有权与经营权的适度分离。所有权与经营权的分离，曾经是促进资本主义市场经济下社会生产力大发展的制度创新，在社会主义市场经济体制的建设进程中，它同样也是促进社会生产力大发展的制度创新。目前在中国的两权分离改革过程中，解决好所有权的落实形式是问题的主要方面。

所有权依然归国家，国家通过一定的国家组织形式行使这种所有权，是确保国有经济内在统一性的基本前提。所谓产权明晰，是指所有权归国家的明晰。由于国家是一个抽象的概念，因此还要进一步明确行使这种所有权的组织。社会主义国家组织是由它的立法机构、司法机构和行政机构组成的，其中立法机构是国家的权力机构。因此从法律制度上说，国有企业的所有权应当具体由国家立法机构行使，或者由它委托给具体的经济管理组织行使。当然，由于条件的限制，这种所有权的行使总是存在不尽如人意的地方。但是如果由此认为只有通过各种形式把所有权量化到个人，才能避免国家所有而带来的弊端，从而才能实现真正的社会所有，这实际上是不了解个人与社会以及与国家的关系，同时在实践上也只能比国家所有制更糟糕。由于目前社会主义社会生产力水平尚未达到使社会完全占有社会生产资料的程度，所谓人人拥有公共资产总带有一定的集团性、区域性的色彩，因此所有权量化到个人的最佳结果是出现更多的集体所有制企业，其最坏的结果是出现更多的私人所有制企业。这些结果比起国家所有制都更为不利，前者适应不了社会化大生产的客观趋势，后者则走向社会化大生产的反面。进一步说，它保证不了社会主义制度发展的基本方向。作为一个反证，在第二次世界大战之后，西方私有经济中出现了企业职工持有企业股份的制度创新。这种资本量化到个人的变革虽然起到了缓和私有制与社会化大生产的尖锐矛盾和减少劳资冲突的作用，但是它没有改变整个社会私有经济的基本制度构架。

政企不分是计划经济时代留给市场经济的难题。由于企业都是按照行政隶属关系对口组成的，每个国有企业都有自己的政府经济管理部门，所谓政企不分问题，从总的概念说是指国家所有权与企业经营权不分，从具体概念说是指企业的政府主管部门所有权、管理权与企业经营权不分。通过改革，企业获得了经营权，但政府主管部门依然集所有、管理的权力于一身。对待这个事实，不能是简单地取消政府经济主管部门。因为，为了体现国家所有权，无论是由立法机构直接出面还是由委托的行政机构间接出面，都必须要有一个组织机构或人专门对国有资产负责。解决问题的出路有二，第一条出路是在政府经济管理部门内部区分两种职能组织。一种是专门行使所有权的职能部门，目标是促使国有企业的国有资产保值增值，并监督企业的活动。这种政府部门虽然还是企业的主管部门，但目标明确，任务相对简单，部分行业综合行使所有权职责。另一种是专门行使对社会经济活动管理权的职能部门，范围不限于国有企业。以上办法的矛盾性在于政府经济管理之间会产生职能冲突，所以第二条出路是由立法权力机构出面设立行使所有权的组织。国有企业的经济属性在现实生活中是通过法律形式得到肯定并受到保护的，因此由国家立法机关直接出面，代表社会共同利益对国有企业履行所有者的职责也是顺理成章的。以立法机构的名义建立某种形式的国有资产权力组织，其作用类似股份企业之上的股东组织或董事会组织。这样一来，就可以通过国家立法机构组建独立的国有资产权力组织的形式，实现国有资产的所有权与经营权的真正分离：国家立法机构领导下的国有资产权力组织拥有所有权，在国有资产权力组织领导下的国有企业拥有占用权与经营权，而它们的活动都与作为国家行政机构的政府相对独立。由此，政府经济管理部门就成为名副其实的管理职能机构，它可以独立地对各个市场主体进行必要的管理。

三、中国国企改革的成功与不足

（一）中国国企改革的成功及理论

从历史上看，我国社会主义经济的主体国有经济，最初是从没收外国在华资本和官僚资本，以及民族资本的社会主义改造三条途径而形成的。在计划经济时代，国家的巨大投入进一步壮大并充实了这个经济实体。从1957年完成“一化三改造”算起，到1978年改革开放时，以当时的统计口径计算，全民所有制企业的资产总额从924.7亿元增加到7 341.6亿元，20年间我国国有经济资产增加了6.9倍，占社会总产出的比重从57.6%上升到107.2%。到1978年，全民所有制工商企业发展到53.74万家。经过多年的国有经济改制，到2004年，国有企业的总资产达到300 972.55亿元，占社会总产出的188.3%。当年国有及国有控股企业总数为26.3万家。再到2008年，国有企业的总资产增加到398 108.27万亿元，占到社会总产出的132.4%。4年之后，国有企业及国有控股企业总数降为22万家。这就意味着，改革开放后30年，国有企业在数量上虽然减少了约60%，但是国有资产总量却大幅提升了50多倍，国有经济在质量上得到了极大的提升。这表明，我国的社会主义经济主体无论在计划经济时期还是在社会主义市场经济时期都得到了发展壮大，而且在社会主义市场经济时期发展得更快、更好。

我国社会主义经济主体国有经济在市场经济的严峻考验中取得了成功。这种成功不仅在实践中证明了国有经济与市场经济能够兼容，而且在理论上也颠覆了西方经济学教科书的基本教义之一，即市场经济是私有经济。按照这个主流教义逻辑，市场经济中的个人都是经济人，追求自身利益最大化，市场竞争活力依靠这些经济人对自身利益的追求，因此市场结构一定是产权私有，而且要量化到个人，因而市场经济的第一个前提就是私有制。自由市场经济的两个基本特征是生产手段的私人所有制和禁止动用任何来自人际关系的暴力。国有企业因为是社会人人所有而实际上人人都不所有，因此无法在市场经济中生存，如果要生存就必须要借助政府的扶持和依靠垄断地位获得稳定收入。

在中国建立社会主义市场经济之前，并不是没有其他国家尝试过将社会主义与市场经济相结合。最具代表性的是南斯拉夫的市场社会主义。南斯拉夫与中国一样，从开始建立社会主义计划经济，到发现苏联式的计划经济存在许多弊端，然后改行市场社会主义，同样经历了改革。南斯拉夫的改革未能成功，有复杂的内外部因素，但是从它的最基本的公有经济或国有经济的改革来说，它推行的是放弃国有经济，改行的是工人自治经济，实际上是集体经济。这种工人自治的集体经济，强化了微观层面的决策民主，但是却淡化了作为社会化大生产必然产物的宏观层面生产资料公有的制度优势。社会主义公有经济固然包括集体经济，但是其基石在于强大的国有经济。国有经济具有许多优越性，但最主要的还是它是构建强大的社会主义政治力量的物质和经济基础。没有了这个国有经济基础，而依靠自治的集体经济，或是依靠分散的民间资本，社会主义的国家是立不起来的。

（二）中国国企改革成功的原因

中国的国有经济之所以取得成功，有多方的理由值得总结。从国有经济改革的原则确立看，20 世纪 90 年代国企改革提出“政企分开，产权清晰，责任明确、管理科学”的十六字方针非常重要；从国有经济改革的策略选择看，抓大放小，有所为有所不为，是极其智慧的；从经济学理层面看，国有经济的成功是因为采取了适合市场经济一般规律的治理机制和坚持了一定的制度优势。归纳起来如下：

（1）国有经济并不把利润最大化当作唯一经营目的。马克思主义经典作家之所以认为公有经济将是人类最高的经济形态，不是因为意识形态的偏好。实际上在 19 世纪末，就已经出现了俾斯麦式的国有经济，但是他们对此不屑一顾。他们看到的是在资本主义市场经济条件下，得到极大发展的社会化生产力与私人占有之间存在无法克服的矛盾和冲突。这种矛盾和冲突在现实中的一个表现是：私人的商品生产经营目的是商品价值增值，也就是通常说的利润最大化。但是社会大众最关注的是经营者提供的商品使用价值，也即通常所说的满足人类的需要，而不是价值。因此私人企业目标与社会大众目标在现实中必然会发生碰撞。在市场经济条件下，国有企业作为商品生产经营组织自然会从事价值生产，赢利是正常的动机之一。使国有资产保值增值也是经营国有资产的基本要求。但这些都是手段而不是最终目的。由于国家把社会大众目标列为考核目标并转达给国有企业，国有经济就不可能把赢利最大化作为唯一的经营动机了。这就是通常所说的，国有企业要实现经济和社会双效益。2008 年以后，国家推出建设保障性住房政策，以微利限制开发商，以低价提供给急需住房的中低收入人群。民营开发商响应者寥寥无几，而国有企业成为建设保障性住房的主力。2008 年国际金融危机以后，美国开启了医疗保险制度全民化改革进程，因为现存的私人医疗保险制度被认为是极其低效的，原因就在于：“大笔的金钱不是花在提供医疗上，而是花在拒绝提供医疗上!”但美国的医改阻力重重，至今不得。国企对社会的贡献，绝不能只用价值来衡量。

（2）国有经济具有内在的组织协调性和利益共同性，这是抗击外部市场无序冲击的制度优势。马克思主义经典作家分析 19 世纪的资本主义市场经济时就发现，社会化和资本主义占有之间的矛盾表现为个别工厂生产的组织性和整个社会生产的无政府状态之间的对立。如今到了 21 世纪，个别工厂生产的组织性已经扩展为跨国性集团的组织性，这在一定程度上缓和了一国境内的经济对立性，但将境内过剩危机转移至境外则加剧了全球的经济对立性。2008 年由美国次贷危机引发的国际金融危机生动地呈现了这种场景。相反，我国国有经济具备内在的组织性以及形成的利益共同体，再加上社会主义国家强大的宏观调控制度优势，使得市场经济中的企业内部组织性与企业外部竞争无序性对立大大降低。要承认，各个国有企业之间在市场竞争中依然有自身小团体利益，这些也会引发利益之争。但是小团体利益之上有大团体利益，大团体利益之上有国家最高利益，这种内在的组织性和利益共同性决定了利益之争不会发展成为利益对抗。这种制度性安排，其间也包含许多错综复杂的非制度性安排，是目前理论分析尚未完全解释清楚的。但是这种属性是定然存在的。

（3）国有经济采取了市场经济通行的治理方式即两权分离下的委托代理制，从而解决了所谓产权虚置的问题，也就解决了国有经济在市场经济中的经济正当性问题。在苏联式的计划经济中，国有经济组织形式采用依附于行政管理机关的工厂制，这从市场经济的角度来看属于产权不清晰，在市场竞争过程中无法承担独立的责任。经过各种实践探索，中国最终选择了基于两权分离的委托代理制作为国有经济的基本组织形式。这种制度首先设置一个国有资产的总代表将所有权集中，再以委托人身份出资组建或控股国有企业，然后选拔经理人来经营国有企业，并设置权责利相统一的考核体系，层层委托，层层代理。并在委托代理制度下，延伸出各种更加具体的组织形式。通常所说的股份制只是这种制度的其中之一。两权分离的委托代理制可以容纳所有的组织形式，从全资、独资到有限责任、无限责任，等等。委托代理制的运转高度依赖制度安排，随着国有经济治理机制的逐步健全，我们会创造出世界上最优的国有经济组织形式。

国有经济采取两权分离的委托代理制，打破了市场经济即私有制经济的西方主流经济学教条，同时也证明：其一，竞争是市场经济繁荣的关键，其实与产权的性质无关。实际上，社会化大生产出来的产品已经难以辨认是你的还是我的了，私人产权的固化只能起到阻碍社会化大生产发展的作用。只要国有企业产权清晰、经营责任到位，一样可以参与竞争并承担后果。而且，产权的多样化更加有利于竞争的展开。其二，政府监管市场的裁判员身份可以与国有企业的所有者身份隔离开来。现代私有企业制度适应社会化大生产环境，采取股东大会代表投资人利益、董事会委托管理层管理企业的治理模式。只要国有企业的出资人与市场游戏规则的制定者和裁判员隔离开来，同样可以保持竞争环境的公平。其三，只有建立起命运共同体的企业才能获得成功。每个人如果在企业内部专业分工的情况下不放弃自身利益的最大化，就会妨碍企业的利益最大化。企业内部结成利益共同体是私有制企业克服私有产权缺陷的一个创新，它在日本的企业制度中充分显示了竞争优势。我国的国有企业天然地具有这种命运共同体的制度特征，从而产生出竞争力。

（三）国企改革成功但并不近完美

当然，改革开放后国有企业的重新崛起和成功，并不意味着国有企业已近完美。一方面，国有企业官僚化的老毛病还存在；另一方面，国有企业学习私有企业的治理模式也产生出相应弊端，如“大企业病”、“内部人”控制、过分追逐利润而造成对社会责任的漠视等等。进入21世纪之后，国企在规模、产能和增长潜力方面具有竞争优势，但在运营和稳定性方面弱于民企或外企。对制造业、服务业和高技术产业中的三类企业状况做进一步的比较分析后发现，国企、民企和外企各有优势。一般来说，国企的经营效率要高于财务效率。这意味着国企内部的管理还比较粗放，还需要加强精细化管理。

因此，国有企业面临继续改革的任务。只有通过制度创新和治理完善来解决目前国有企业的现实弊端，才能更好地发挥国有企业所具备的无可比拟的制度优势。今天，我们已经不再担心国有经济是否与市场经济兼容，而是担心国有经济能否既保持它的制度优势又能在市场经济中做大做强。如果这个问题解决了，国有企业可以做成百年老店而又基业长青。

党的十八届三中全会提出国有经济的改革取向是大力发展混合所有制。这是对国有经济发展提出的意义更加深远但也是任务更加艰巨的要求。从经济学理层面理解，混合所有制是指两种以上不同的所有制企业采取联营、合作、参股、合资等形式而组建的一种企业经营组织模式。假设有两种不同质的、纯的所有制形式，并各自具有自身的优劣势，那么为了获得市场竞争的成功，两者结合起来发挥联合优势，便是发展混合所有制的主因。这里比较重要的问题是：谁是发起方和主要出资方，谁就是混合所有制的主导方和控制方。

小结

世界上同样都是市场经济国家，但是实行的国民经济管理却差别很大；同是一个国家，但是实行的国民经济管理前后时期差别也很大。从理论上看，这就是国民经济管理模式差异。所谓国民经济管理模式是指对一个国家在一定时期内对其社会经济资源进行特定方式的决策、组织和调控的理论抽象和概括，具有总体性、宏观性和操作性特征。理解国民经济管理模式首先需要具备经济模式知识，掌握划分模式的基本方法。按照国民经济运行中微观组织所有制形式和政府对国民经济干预方式的差异，形成了二维空间的国民经济管理模式划分图，从中可以抽象出四个相关对应模式：公有制为基础的模式与私有制为基础的模式，计划引导型与政策调控型模式。这四种模式各有特色和优缺点，其中关键的问题是如何处理好政府与国有、私有企业之间的关系，经济增长与经济稳定、效率之间的关系。实践中各国都在寻求这些运行模式的最佳结合形式，因此实际上有效的国民经济管理模式多数往往是混合型的。从新中国建立到改革开放之前，我国学习苏联经验，采用的是公有制管理和国民经济计划管理模式，出现过不少问题。改革开放 40 多年，我国渐进地从传统模式过渡转型到更加有效的管理模式，取得了一些领域的成功，形成了中国模式。但是模式依然不完美，还需要健全和完善。

思考题

1. 经济制度、经济体制与经济模式直接的区别和联系是什么？
2. 影响国民经济管理模式形成的条件因素有哪些？
3. 如何划分国民经济管理模式？
4. 私有制为基础的管理模式与公有制为基础的管理模式有何不同？
5. 计划引导型管理模式与政策调控型管理模式有何不同？
6. 中国传统的管理模式与新的模式有哪些区别？
7. 中国国民经济管理模式转型的目标模式是什么？
8. 国民经济管理模式的核心内容是什么？
9. 划分国民经济管理模式的 3×3 方格图表示的理论模式有几种？实际有几种？
10. 计划经济下的国民经济管理模式与市场经济下的国民经济管理模式有何区别？
11. 为什么模式演化的趋势是混合模式？
12. 改革开放之后中国模式取得了哪些方面的成功？
13. 为什么说改革开放之后的中国模式成功但不完善？
14. 如何完善中国国民经济管理模式？

第三章

国家发展战略

国民经济管理的逻辑起点是制定国家发展战略。发展战略的重要性是毋庸置疑的，因为小到一个企业，中到一个地区或产业，大到一个国家，制定发展战略就是顶层设计，战略管理关乎全局和未来。如何根据自身优势与劣势，把握好重大战略机遇，应对严峻战略挑战，制定科学的发展战略，高瞻远瞩地指导未来经济健康发展，是一个国家、地区或企业能够长期持续发展的关键。因此，国民经济管理行动应当首先从制定国家发展战略开始，国家发展战略成为国民经济管理的首要任务。本章主要探讨国家发展战略的内涵、发展战略的演化、国家发展战略分析，并结合中国的实践，分析中国国家发展战略的选择。

第一节　国家发展战略的内涵

一、国家发展战略的概念与性质

（一）发展战略概念的提出

"战略"一词原为军事用语。由于军事含义的战略概念具有广泛的认知价值，因而渐渐被推广应用到社会、经济和政治等领域，作为发展行动的顶层设计。第二次世界大战结束以后，依靠领土扩张获得国家发展的军国主义战略思维难以推行，和平发展渐成世界的潮流，而和平发展的基本内容就是依靠经济建设和贸易往来获得国家发展。一些从殖民地获得独立的亚非拉发展中国家为了早日摆脱落后局面，纷纷把发展经济作为头等大事。作为顶层设计的经济发展战略应运而生。尽管现在"战略"一词还保留了军事术语的味道，但在经济管理理论研究中，军事战略得到了研究者的重视与开发，中国《孙子兵法》中的战略战术理论被广泛应用于商业领域，军事战略案例被引入经济管理分析中[①]。

① 瓦斯康赛洛斯. 军事战略在管理中的妙用. 北京：机械工业出版社，2007.

美国经济学家艾伯特·赫希曼在1958年出版的《经济发展战略》[①]一书中，首次使用“经济发展战略”的概念，从战略意义上研究发展中国家的经济发展问题。此后，经济发展战略的概念得到比较广泛的运用。联合国也先后制定了20世纪60、70、80、90年代的四个“十年发展规划”（从第二个十年发展规划开始，也称为“国际发展战略”）。

中国改革开放以前，较少使用发展战略这个词。但自党的十一届三中全会以后，随着工作重心转移到经济建设上来，中国经济的长远发展问题开始成为理论和决策部门关注的热点，于是出现了研究发展战略的高潮。其中，著名经济学家于光远在1981年提出的“经济社会发展战略”这一概念及一系列相关理论问题[②]，对中国发展战略的研究起了重要的推动作用。

（二）国家发展战略的含义与特性

发展战略就一般的含义而言，是指对发展进程中具有全局性、长远性的重大问题的谋划和抉择。根据不同的主体，发展战略可以分为不同层次，如企业发展战略、地区发展战略、行业发展战略以及国家发展战略。

国家发展战略是指国家对较长时期（如10年、20年或更长）国民经济和社会发展的全局性重大问题的部署和安排，它关系到一国经济和社会发展的前景，是指导国家发展的重要依据。

国家发展战略具有以下三个基本特性：

1. 全局性

国家发展战略的对象是一国范围内社会和经济活动的整体，不是某一部门、某一区域的局部社会经济活动。因而国家发展战略要从宏观的角度，统揽全局，体现国家整体利益和长远发展的利益。

2. 稳定性

国家发展战略所涉及的是关系到一国发展的根本性的重大问题，是对这些问题的长远预见和判断，并需要较长时期才能实现。所以它一般涉及的期限比较长。同时，由于国家发展战略是一国最高层次的战略，是制定其他战略和规划的重要依据，因而其基本指导思想和目标必须保持相当的稳定性。但也应该看到，这种稳定性是相对的，随着发展实践的进展，国家发展战略也要不断补充、完善。

3. 纲要性

国家发展战略是对社会经济发展总方向、总目标、总体步骤和重大方针的描述和谋划。因为是总体谋划，因此它是提纲挈领的，粗线条的。因此在具体实施过程中，国家发展战略需要通过中短期经济计划和政策加以具体化。

（三）国家发展战略的重要意义

国家发展战略对一国的发展前景产生的深远影响越来越被各国所重视。20世纪五

---

① 赫希曼. 经济发展战略. 北京：经济科学出版社，1991. 这是世界上第一部以“经济发展战略”命名的专著。虽然书中没有就“经济发展战略”一词做专门解释，但根据对阿根廷等发展中国家的案例研究，他提出了许多经济发展中关系全局和长远利益的一系列具有创新意义的战略问题及概念，如不平衡增长、联系效应和淋下效应等，被誉为发展经济学的经典著作。

② 李成勋. 经济发展战略学. 北京：北京出版社，1999：59.

六十年代，对发展战略关注得更多的是发展中国家。这些国家为了本国经济早日腾飞而寻找适合本国的发展道路。随着生产力发展，一次又一次技术革命的出现，以及经济全球化的进展，世界上不同国家的经济实力发生了越来越明显的变化。有的国家通过制定和实施合理的发展战略，抓住了机遇，得到了快速发展，完成了追赶发达国家的任务，如日本、韩国、新加坡等。而有的国家由于发展战略的失误，没有把握住发展的机遇，在发展过程中遇到了很大的麻烦。如拉美一些国家，由于政府忽视促进经济发展的长期因素，导致经济发展乏力，对外依赖严重，产生了深刻的经济甚至政治危机。

正反两方面的实践证明，在当今世界经济实力的较量愈加明显、全球竞争愈加激烈的条件下，制定正确的国家发展战略是至关重要的。因此，不仅发展中国家，还有发达国家，都更加关注国家发展战略问题。美国著名战略专家菲利普·科特勒在他的《国家营销》一书中指出："正如公司使用战略规划理论和工具为公司的未来进行导航一样，各国的领袖也应将战略规划和工具用于指导国家的未来发展。"[①] 著名国际事务专家基辛格以中国围棋和国际象棋为对比，认为中国人擅长战略思维。

二、国家发展战略的基本要素

德国著名的军事战略学家克劳塞维茨把战略要素区分为精神要素、物质要素、数学要素、地理要素和统计要素[②]。当然，这些要素在军事行动战略中都是非常重要的，只是如果把它们也引入国家发展战略中来就仅供参考了。"要素"一词，实际指的是构成某个事情或事物的因素和组成部分。要素在系统理论中还与功能相联系，即一定数量和质量的要素组合起来会产生特定的功能。对古今中外各国发展战略实践进行总结，基本可以看到，一个完整的国家发展战略包括以下要素：战略理念、战略目标、战略重点、战略布局、战略步骤、战略措施。制定发展战略就是要对这些战略要素进行具体表述，最终形成一个完整的战略内容。然而战略实践情况是，在大多数时候，战略提出者往往是高层领导者，而这些领导者并不像受过专业化训练的战略设计人员那样，一一陈述战略内容的各个要素。因此，这就更需要专业人员依据高层领导者的战略意图，按照战略要素给出严密完整的战略设计。

1. 战略理念

制定发展战略首先要解决战略理念问题。战略理念是发展战略的指导思想，它决定着发展的基本出发点和基本准则，是对整个发展战略基本取向的高度概括，在整个发展战略中起灵魂作用。古人说："理者，物之固然，事之所以然也。"发展理念是发展行动的先导，是管全局、管根本、管方向、管长远的东西，是发展思路、发展方向、发展着力点的集中体现。发展理念搞对了，目标任务就好定了，政策举措也就跟着好定了。我国改革开放伊始，总设计师邓小平提出了"三步走"战略构想[③]。到了21世纪初，科学发展观成为

---

① 科特勒．国家营销：创建国家财富的战略方法．北京：华夏出版社，2001：4．

② 克劳塞维茨．战争论：第1卷．北京：解放军出版社，1964：247．

③ 邓小平．邓小平文选：第3卷．北京：人民出版社，1993：266．"三步走"，即从1980年起步，国民生产总值翻一番，完成第一步；到2000年国民生产总值再翻一番，人均收入达到一千美元，基本实现小康水平，完成第二步；到21世纪中期，建成中等发达国家水平，完成第三步。

制定发展战略的重要理念。在此基础上，2015 年党的十八届五中全会提出“创新、协调、绿色、开放、共享”的发展理念，是指导我国新时期发展战略的新理念。

2. 战略目标

战略目标是指在较长时期内所要实现的基本任务和预期要达到的总体要求，通常要通过一系列定性和定量的指标来体现，在整个发展战略中起核心作用。它既是战略理念的具体体现，又决定着战略重点、战略步骤和战略措施。战略目标一般由若干个指标来体现，包含绝对数指标和相对数指标。由于国家发展战略目标一般涉及经济、社会、科技、文化发展各个方面的内容，因此战略目标是由多个目标构成的一个目标体系。目标既不是单一的，需要有多个目标分别显示战略发展的各个方向，又不能面面俱到，否则目标过多过细将导致战略意图模糊，战略不易操作。20 世纪 80 年代提出的战略目标就是两个：从 1980 年到 2000 年 20 年间，经济总量（起先是工农业总产值，后来是国内生产总值）增加两倍，人均收入（起先是国民收入，以后是国内生产总值）达到 800～1 000 美元。据此推算，20 年间经济年均增长率要达到 7.2%。实际情况是，经济年均增长率达到 9.8%，人均国内生产总值依照当年汇率达到 949 美元，介于 800～1 000 美元之间。

在实施基本小康社会战略的过程中，对战略目标进行了必要的细化使其更具有指导性和可操作性。到 20 世纪 90 年代，中国国家战略制定机构推出了基本小康社会规划指标体系及测算方法，如表 3－1 所示。

表 3－1　中国国家基本小康社会规划指标体系及测算方法（1980—2000 年）

指标分类	指标名称	单位	小康值	权数
一、经济发展水平	1. 人均国民（内）生产总值	元	2 500	14
二、物质生活水平	2. 人均收入水平			16
	城镇人均生活费收入	元	2 400	6
	农民人均纯收入	元	1 200	10
	3. 人均居住水平			12
	城镇居民人均住房使用面积	平方米	8	5
	农村人均钢筋砖木结构住房面积	平方米	15	7
	4. 人均蛋白质日摄入量	克	72	8
	5. 城乡交通状况			8
	城市居民人均拥有铺装道路面积	平方米	8	3
	通公路的行政村比重	%	85	5
三、人口素质	6. 成人识字率	%	90	10
四、精神生活水平	7. 教育文化娱乐支出比重	%	16	10
五、生活环境和社会保障水平	8. 森林覆盖率	%	15.9	7
	9. 农村安全卫生饮用水普及率	%	85	7
	10. 每千人口拥有医院病床数	张	3	8

注：表中人均国民（内）生产总值、人均收入水平按 1990 年价格计算。

资料来源：刘瑞，等．社会发展中的宏观管理．北京：中国人民大学出版社，2005.

3. 战略重点

战略重点是指对实现战略目标的全局具有决定性影响的环节和因素，在整个国家发展战略中起着关键作用。由于发展本身的不平衡性，在一定时期，必然会出现相对发达和相对薄弱的环节，有相对优势部门和相对劣势部门。选择战略重点，一般有两种情况：一种是根据发展战略目标的要求，抓住一定时期对实现发展目标具有明显先导作用或“起搏”作用的部门或环节，抓住这样的重点，可以推动一大批相关部门的发展，起到“纲举目张”的作用。另一种是抓住对发展目标的实现起制约作用的薄弱环节，解决发展中的瓶颈问题。基本小康社会战略提出的战略重点包括交通、能源、教育、科技。当时来看，交通和能源是制约国民经济发展的瓶颈产业，教育和科技是具有“起搏”作用的行业。

4. 战略布局

战略布局是发展战略在空间上的考虑，是根据发展目标的要求，促进生产要素在区域空间上的合理配置，解决发展过程中出现的区域不平衡问题。像中国这样一个地域广阔、区域差异明显的国家，在发展战略上更应该重视区域布局，促进区域发展的协调。基本小康社会战略布局集中于沿海地区和 14 个开放城市，提出一部分地区和一部分人群先富起来。全面小康社会战略布局集中于西部大开发、中部地区崛起、东北老工业基地振兴，以及京津冀协同发展、长江经济带建设、“一带一路”倡议。

5. 战略步骤

战略步骤是发展战略在时间上的考虑。由于战略涉及比较长的时期，从战略期的起点到终点要经过若干个相互衔接的发展阶段，不同的发展阶段呈现不同的特点，有不同的要求和任务，因此就要规定发展战略实施和推进的各个阶段，以及每个阶段的目标和具体措施。一般地，发展战略大体需要经历准备阶段、发展阶段和完善阶段，战略步骤的安排也要符合这个阶序。“三步走”战略构想直接包含了战略步骤，小康社会战略之后分成基本小康和全面小康两个战略阶段，以及连续用几个五年规划来推进战略的落实，都体现出战略步骤的安排。这使得发展战略的实施按部就班，持续、有序推进。

6. 战略措施

战略措施是指为实现发展战略理念、战略目标和战略重点而需要采取的重大政策和手段，在整个国家发展战略的实施中起到关键作用。战略措施要针对战略目标的要求而设计，同时也需要结合实际情况的变化表现出相当的灵活性。国家发展战略的措施不是单一的，而是多样措施的搭配和组合，如制度创新、产业政策、投资政策、人口政策、资源政策、科技政策、收入分配政策、贸易政策等组成的政策体系。战略措施与战略重点在战略制定中都具有同等重要的地位，但是重要性各有侧重。没有战略重点，战略自然就无从下手，就没有政策；但没有战略对策，就没有了抓手，战略就无法实施。因此制定发展战略时，重点和措施二者不可偏废。需要特别指出的是，体制改革是战略措施而不是目的。

第二节　发展战略的演化

在古今中外各种大大小小的发展战略之中，脱口而出的发展战略和深思熟虑的发展战略都有。然而最值得关注的是那些理论与实践相结合的发展战略。这些战略类型及其流派产生的时代背景以及运用效果固然有很大不同，但就其战略基本理念和构成要素而言，还是可以做适当的科学归类与抽象。限于篇幅，我们不对众多战略流派和类型做全面介绍①，仅就影响广泛深远的三个基本战略类型做出介绍。

一、以经济增长为中心的发展战略

第二次世界大战后，由于有了相对稳定的政治环境以及科学技术的突飞猛进，西方各国掀起了经济增长的高潮。同时，新独立的发展中国家为了早日取得经济上的真正独立，也致力于寻求促进经济增长的道路。这时，以研究发展中国家经济增长为对象的发展经济学应运而生。以罗斯托、刘易斯等为代表的早期发展经济学家都认为，发展中国家要摆脱落后的局面，改变贫穷的面貌，首要问题是促进经济增长，必须把“馅饼做大”。为此，他们围绕着资本积累、工业化和计划化等内容，探索发展中国家经济增长的理论。联合国为发展中国家制定的“第一个十年（1960—1970 年）战略”，也把发展战略的选择定位于国民生产总值的增长，并把大规模工业化建设和资本积累作为实现经济增长的必不可少的手段。为实现经济增长，发展中国家先后采取了以开拓国内市场为导向的“进口替代”战略和以开拓国际市场为导向的“出口替代”战略，也采取了吸引外国资金技术的“开放战略”和优先发展重工业以推进工业化的战略等。

一般说来，这种以经济增长为中心的发展战略的特点是：（1）以追求国民生产总值的增长为主要目标，国民生产总值或国内生产总值成为衡量增长和发展的主要指标；（2）强调工业化是经济发展的主要内容，由此把农业看作落后的产业而不予重视；（3）追求高速度、高指标，并以高积累、高投资作为实现手段，而忽视社会经济效果；（4）大力推行国有化，把国有经济看作实现政府发展意图的主要手段和形式，由此也就忽略和限制了私人资本经营。

以经济增长为中心的发展观以及由此决定的发展战略在 20 世纪 50—60 年代使一些发展中国家加快了经济增长，但同时也产生了一系列意想不到的后果：第一，经济增长并没有使所有的人平等地分享其成果，而是出现了贫富差距加大、社会两极分化的局面。在少数人占有绝大多数财富的同时，城市贫民和大多数农村居民的生活境况并没有得到改善，有的甚至进一步恶化。第二，经济增长的同时还出现了人口爆炸、失业加剧、环境污染、生态失衡、教育发展滞后等社会问题，并且这些社会问题给经济的进一步增长带来了沉重的负担和压力。第三，片面强调经济增长的数量而忽视结构调整，引起了经济结构的严重失调。农业和粮食生产发展不足，能源和基础设施建设落后，城乡经济对立，二元经济结构矛盾突出。实践表明，以经济增长为中心的发展观使发展的道路充满了荆棘，为增长而增长导致了“有增长而无发展”的局面，使部分发展中国家的经济发展陷入了困境。

二、以人为中心的发展战略

20 世纪 60 年代末，针对以往发展战略实施中暴露出来的问题，在对以经济增长为中

① 刘瑞，于海涛．社会经济发展战略流派、范式及中国的组合选择．社会科学研究，2011（4）．

心的发展观进行反思的基础上，人们开始认识到“增长”与“发展”有不同的内涵。虽然增长是发展的前提，但并不是仅靠增长就能解决一切发展问题。经济增长本身不是最终目的，而人的发展与社会进步才是发展的主题和核心。于是，一种新的发展观——以人为中心的社会发展观开始取代以增长为中心的发展观。这一发展观强调“发展目标的社会化”，从人的发展和社会进步的角度，探寻发展的内涵，丰富了发展的内容。新的发展观认为：发展不仅包括物质和财富数量的增多，还包括以物质财富增长为基础的整个社会政治、文化等诸多领域的进步，发展过程自始至终都要关心人的命运的改善。

在这一发展观的影响下，20 世纪 70 年代以后，不少发展中国家开始实行新的发展战略——以人为中心的发展战略。与传统的发展战略相比，这一战略的特点体现在：（1）在战略方针上，认识到经济发展与社会发展、人的全面发展相互协调的重要性，而不是仅把发展的目光集中在 GDP 增长上。（2）在战略目标选择上，开始注重优先满足公众的基本需求，把解决贫困、就业、收入分配、教育等问题纳入发展的视野。（3）在战略重点上，突出了农业的基础地位，并把科技、教育和人力资源开发等社会领域的改革作为推动发展的主导力量。（4）在战略措施上，注重控制人口，建立社会保障体系，通过财政税收政策等扩大社会公共福利，改善收入分配，让广大民众能充分享受社会经济发展的成果。

可见，以人为中心的发展观是针对以增长为中心的发展观所暴露出来的问题而提出的，是对片面强调增长的发展观的修正，但关注的目光仍局限于人类自身的经济和社会活动。而且由于片面强调社会发展，发达国家在经济增长率减速的情况下普遍面临财政收入难以支撑高额社会福利开支的困境，一些发展中国家大量兴建非生产性建设项目，一味追求高福利待遇，超越了经济增长水平，从而造成经济与社会发展的不协调。同时，随着人类经济活动的推进，人类社会面临的另一个问题——自然环境问题显得更加突出。由于工业化、城市化的进展，人口的增加，耕地、淡水、森林和矿产消耗量剧增，能源危机、环境污染和生态破坏成为发展的巨大障碍。

三、可持续发展战略

（一）可持续发展观的提出

20 世纪 60 年代以来，随着环境问题的日益凸显①，一些有识之士开始为保护环境呐喊。如 1962 年美国生物学家 R. 卡逊在《寂静的春天》一书里指出，人类滥用化学杀虫剂将会导致人类赖以生存的生态环境的毁灭性退化。20 世纪 60 年代中期美国经济学家肯尼思·波尔丁提出“宇宙飞船经济观”，把地球看作茫茫无垠太空中的一个小小宇宙飞船，主张建立“循环式”的经济以代替过去“单程式”的经济。1972 年，罗马俱乐部推出的研究报告《增长的极限》，对人类的发展前景表达了深深的忧虑。

---

① 20 世纪 30—70 年代，西方发达国家先后发生了著名的“八大公害”事件，即 1930 年 12 月，比利时的马斯河谷烟雾事件；1943 年，美国洛杉矶的光化学烟雾事件；1948 年 10 月，美国宾夕法尼亚州的多诺拉镇烟雾事件；1952 年 12 月，英国伦敦烟雾事件；1953—1968 年，日本熊本县的水俣病事件；1961 年，日本四日市的哮喘病事件；1968 年，日本爱知县的米糠油事件；1955—1972 年，日本富士山地区的痛痛病事件。参见：李慧明. 环境与可持续发展. 天津：天津人民出版社，1998：9.

1972年，联合国在瑞典首都斯德哥尔摩召开了人类历史上第一次环境会议——联合国人类环境会议。这次会议被认为是人类对环境与发展问题认识的一个里程碑，也标志着可持续发展观的初步确立。大会通过的《人类环境会议宣言》指出："为了这一代和将来的世世代代，保护和改善人类环境已成为人类的一个紧迫的目标。"这一次会议引起了人类对环境与发展问题的全方位关注。

1980年由世界自然保护同盟等组织和许多国家的政府、专家参与制定的《世界自然保护大纲》第一次明确地提出了"可持续发展"的概念及其实现的前景和途径。这个大纲虽然主要是针对自然资源的保护提出来的，但涉及的范围远远超出了单纯的自然资源保护领域，把保护资源与人类发展结合起来考虑，为今天的可持续发展概念奠定了思想基础。

对可持续发展观的形成和发展起里程碑作用的是1983年成立的世界环境与发展委员会（WCED）。该组织在挪威前首相布伦特兰夫人领导下，于1987年向联合国提出了一份题为《我们共同的未来》的报告。这一报告对人类发展与环境保护存在的问题进行了全面和系统的评价，并对"可持续发展"的内涵做了明确的界定和深入的阐述，从战略的高度为人类社会未来的发展与进步探寻最佳途径，为各国采取统一行动提供了基础。

1992年在巴西的里约热内卢召开的有183个国家和70多个国际组织参加的联合国环境与发展大会，是人类有关环境与发展问题认识的又一个里程碑。会议通过了《里约环境与发展宣言》以及作为具体行动计划的《21世纪议程》等一系列有关可持续发展的文件，会议提出一个重要的口号："人类要生存，地球要拯救，环境与发展必须协调。"这体现了可持续发展的新思想被世界上绝大多数国家和组织承认和接受，也标志着可持续发展由理论和概念走向行动。

1992年以来，可持续发展已经成为联合国有关发展问题一系列专题国际会议的指导思想。中国政府高度重视这些大会，并积极行动。1994年，中国政府正式公布了《中国21世纪议程——中国21世纪人口、资源、环境与发展白皮书》，1996年通过的《中华人民共和国国民经济和社会发展"九五"计划和2010年远景目标纲要》第一次明确提出在中国未来的发展中要实施可持续发展战略。

（二）可持续发展的基本原则

尽管人们对可持续发展有着不同角度的理解，但有一个已被国际社会广泛接受的定义，这就是1987年布伦特兰夫人领导的世界环境与发展委员会在《我们共同的未来》这一报告中提出的定义：可持续发展是指既满足当代人的需要，又不对后代人满足其需要的能力构成危害的发展。从这个定义来看，可持续发展包含两个基本点：一是通过发展满足当代人的需要；二是这种发展不能以牺牲后代人利益为代价，要为后代人的发展能力考虑。可见，可持续发展虽然起源于环境保护问题，但已经超越了单纯的环境保护领域。作为一种发展的新思路，它要求人们从全新的角度，处理好经济发展、社会发展与生态环境发展之间的关系，使人口、资源、环境与经济社会的发展相协调。说到底，可持续发展战略观的基本理念是平衡和协调人类社会系统与地球自然系统的关系。

关于可持续发展的原则，人们从不同的角度有多种概括①。这里，我们根据1992年《里约环境与发展宣言》提出的27条原则进行概括，得出以下4条基本原则：

1. 发展原则

可持续发展与“零增长”和“传统式的增长”截然不同，既不是要停止发展以保护环境，也不是依靠大规模资源消耗支持发展。它强调发展的必要性，认为发展是可持续发展的核心。因为只有发展，才能减少贫困，提高当代人的福利水平，为未来的发展提供必要的基础。但是，这种发展不能以牺牲未来的发展能力为代价，要考虑后代人的利益和发展机会。同时，可持续发展强调发展的质量，通过技术的创新及扩散转让，提高可持续发展的能力，减少发展对自然资源的依赖。

2. 公平原则

可持续发展追求的公平原则包含三层意思。一是本代人之间的公平。可持续发展要满足全体人民的基本需要，并给他们提供平等的机会追求较好的生活。二是代际的公平。可持续发展强调发展在保证当代人福利增加的同时，不使后代人的福利减少。三是公平利用有限的资源。由于资源存量是有限的，可持续发展要求不同的国家在利用资源上享有平等的权利。世界上少数发达国家享用大部分资源显然是非常不公平的。

3. 协调性原则

可持续发展从本质上要求人与自然的和谐共处。具体讲，就是要求经济、社会的发展与资源、环境之间相互协调，经济和社会的发展不能超越资源和环境的承载能力。人类在追求经济发展的同时，要适当投资于环境和自然资源的保护和改善，把环境保护作为发展进程的一个有机组成部分，而不应当把环境保护排除在发展进程之外。因为一旦破坏了人类赖以生存的环境基础，发展本身就会受阻。

4. 共同性原则

地球是人类共同而唯一的家园，地球的整体性和相互依存性要求人类共同行动，才能实现可持续发展的目标。尽管各国国情不同，经济发展水平千差万别，但可持续发展作为全球发展的总目标，需要各国本着全球伙伴关系的精神，在贸易政策、技术合作等方面密切配合，共同推动。

（三）可持续发展战略的内涵

一个国家的可持续发展战略，是指为了实现一国经济、社会、生态和环境的协调发展，保持发展的适度和永续性而进行的社会、经济、人口、资源、环境和科技等全方位的部署和谋略，是多个领域发展战略的总称。它需要通过相应的政策、合理的制度以及全民的积极参与来实施。

---

① 比如牛文元在《1999中国可持续发展战略报告》中提出12条可持续发展规则，包括：(1) 人口的出生率应达到并保持基本的动态平衡；(2) 人均财富不应因为时代的更迭而下降；(3) 科技进步的贡献率应当“抵消或克服”投资的边际效益递减率；(4) 土壤的人为侵蚀能力与土壤的保护能力应在时序进程中维持动态平衡；(5) 森林的采伐与森林的营造率必须保持基本的平衡；(6) 草原的牧养量不应当超出草原的载畜量；(7) 海洋生物的捕捞率不应当超出生物种群自然增长中的“可补偿部分”；(8) 耗竭性资源的“开采量”与此类资源的“发现量”（或贮备保有量，或可代替性数量等）之间，应当始终保持动态上的平衡；(9) 环境的污染率与环境的治理率必须保持动态平衡；(10) 人为原因所致的温室气体“发射率”与其“固定率”在动态平衡的原则下得以长久保持；(11) 在“环境与发展”之间寻求积极而合理的平衡；(12) 积极寻求“效率与公平”之间的结合点与均衡点。

结合中国的实践，可持续发展战略包含以下五方面不可分割的内容：

1. 可持续发展战略以经济发展为基础

经济活动是其他一切活动的基础。可持续发展首先要求实现经济的发展，只有经济发展了，才能提高人们的生活质量，增强国家的综合实力，提高社会生产力和科技发展水平，为保护资源和改善环境提供物质基础。当然，强调经济发展是基础，不仅意味着要保持一定的经济增长速度，更为重要的是提高经济增长的质量。对我国来说，要改变原来那种高投入、高消耗、高污染的经济增长方式，实现经济增长方式从粗放型向集约型的转变。

2. 可持续发展战略以资源的可持续利用和良好的生态环境为依托

自然资源和生态环境是人类生存和经济发展的基本保障，它们不仅为经济发展提供基本的能源、原材料和自然环境条件，还直接和间接地影响着人们的生活质量。可持续发展要求经济和社会发展必须与资源和环境的承载能力相适应。发展的同时必须保护和改善地球的生态环境，以持续的方式使用可再生资源，把人口的增长控制在地球的承载能力之内。因此，可持续发展强调发展是有节制的，没有节制就没有发展的持续。同时，可持续发展还把资源和环境的保护看成是发展进程的一个有机组成部分，作为衡量发展质量、发展水平和发展程度的客观标准之一。这是可持续发展与传统发展模式的根本区别。

3. 可持续发展战略以科技进步为杠杆

科学技术对可持续发展起着重要的推动作用。从当今地球所承受的压力来看，没有较高的科技水平支持，可持续发展的目标就不可能实现。因为科技进步是经济发展的重要推动力，是促进经济增长方式转变的关键因素；科技进步加深了人类对自然规律的理解，给保护自然资源和生态环境提供了有效手段；科技进步还是丰富人们物质文化生活，促进社会进步的重要源泉。但是，也应该看到，并不是所有的科学技术都有利于可持续发展，有些技术的发明甚至还加剧了对生态环境系统的破坏。如氟利昂制冷技术在给人类生活带来方便的同时，也破坏了与人类生存息息相关的臭氧层；农药和化肥的使用在提高农业生产率的同时，也造成了大量的污染。因此，在衡量技术进步的标准时，应把是否推动可持续发展放在重要的位置加以考虑，鼓励有利于可持续发展的技术的发明和推广。

4. 可持续发展战略以谋求社会的全面进步为目标

保持社会稳定，推动社会进步，积极促进社会公正、安全、文明、健康发展，是可持续发展的最终目标。因为人作为社会经济活动的主体，作为推动发展的主体，是可持续发展的最终归宿。所以，社会进步以提高人们的生活水平、改善人们的生活质量、促进人的全面发展为主要标志。人类追求的可持续发展是以人为本的自然、经济、社会复合系统的持续、稳定、健康的发展。社会的可持续发展和全面进步要以经济发展为基础，以自然生态系统为依托，社会发展既不能过分超前，也不宜过分滞后，而是要在与经济、自然系统的动态协调中发展。应该看到，当代社会发展不可回避的一个事实是世界上大多数人口仍然处于半贫困和贫困状态，社会持续发展必须要与解决大多数人的贫困问题联系在一起。消除贫困是当前社会可持续发展的重要内容。

5. 可持续发展战略以合理的制度、政策和社会公众的广泛参与为保障

可持续发展战略的实施需要发挥政府、各种社会团体、企业以及个人的积极性，合理

的制度安排、科学的政策引导以及公众的广泛参与是实施可持续发展战略必不可少的力量。不同的国家由于不同的国情，在推进可持续发展战略上所采取的措施不同。一般而言，发达国家比较注重运用经济政策、法律手段和发挥市场机制的作用来推进可持续发展，发展中国家则更多依靠政府的行政力量实施可持续发展战略。

第三节　国家发展战略分析

由于国家发展战略关系到一国的命运和前途，所以制定科学合理的发展战略是政府的头等大事。制定国家发展战略，可以运用SWOT方法提供的基本思路，对一个国家面临的内外环境进行全面系统的分析。在此基础上，结合一个国家所处特定发展阶段的特点，通过全面系统的判断，规范的程序和组织，对发展战略做出分析抉择。

一、国家发展环境SWOT分析

“SWOT分析法”又称“态势分析法”，它是由美国旧金山大学的管理学教授海因茨·韦里克于20世纪80年代初在吸收前人关于组织发展内外部因素分析思路的基础上提出来的[①]。最初，SWOT分析作为企业战略研究中的一种常用的分析工具，被广泛运用在企业战略管理层面上。目前，该方法已逐渐在多个层次上推广运用，如区域发展战略、行业发展战略乃至国家发展战略。

所谓SWOT分析法，是一种综合考虑组织内外部条件的各种因素，进行系统评价，从而选择最佳战略的方法。其中，S（strength）是指组织内部的优势、W（weakness）是指内部的劣势、O（opportunity）是指外部环境的机会、T（threat）指的是外部环境的威胁。可见，SWOT分析法就是将组织内外部条件的各方面内容进行综合和概括，进而分析组织的优劣势、面临的机会和威胁，从而为制定科学发展战略服务的一种方法。表3-2概括了SWOT分析的基本框架和战略制定基本类型。

表3-2　SWOT分析框架和战略类型

外部环境	内在条件	
	strength（力量、优势）	weakness（弱势、劣势）
opportunity（时机、机会）	SO型：进取型战略	WO型：赶超型战略
threat（威胁、挑战）	ST型：应变型战略	WT型：保守型战略

运用SWOT分析法制定国家发展战略，主要有以下几方面内容：（1）分析国家发展的内部条件，包括优势和劣势。（2）分析国家发展面临的外部条件，包括机遇和挑战。制定科学的国家发展战略要求决策者站在全局的高度，高屋建瓴地把握一个国家发展的宏观态势，准确判断影响国家发展的各种内外因素，扬长避短，利用机遇，化解威胁，为国家

① WEIHRICH H. The tows matrix：a tool for situational analysis. Long range planning，1982，(15) 2：54-66.

长期稳定健康发展提供基本思路。

二、国家发展内部条件的分析

对一国发展的内部条件，包括优势和劣势的全面认识，是寻求一国正确发展战略的又一个重要前提。一个企业的优势和劣势往往容易把握、容易发现。一个国家的优势和劣势如何把握，又如何测定呢？

（一）科特勒的国家内在能力理论

美国战略学家菲利普·科特勒在分析国家繁荣或衰退的原因时，提出了“国家内在能力”的基本框架。他认为，国家的繁荣与贫困并不完全取决于自然资源，而是取决于国家的内在能力。影响一个国家内在能力的因素是多方面的，战略决策者不仅要了解这些因素的范围和强度，而且要知道这些因素随时间推进而出现的替代和协同作用。

科特勒提出的影响每个国家内在能力的因素有[①]：

1. 文化态度与价值观

不同的国度存在不同的文化背景差异，这种差异会渗透到方方面面，大到国家发展战略、政治经济制度的选择，小到企业家精神、储蓄态度、家庭观念等，从而对一国发展产生不可忽视的影响。

2. 社会融合性

财富分配、权利分配、文化同种性等都会影响一国的社会融合性。如果所有集团和阶层都对国家政策全力以赴，尽心尽责，无疑会促进国家繁荣和发展。

3. 要素禀赋

一个国家的经济天赋包括自然资源、人口规模、人力资本、物质资本、技术及基础设施，这些要素对加强一国的竞争力都是至关重要的。尤其是人力资本、技术等先进的要素，决定着一个国家达到最高境界的竞争优势的可能性与成功率。

4. 产业组织机构

产业竞争的激烈程度、竞争与垄断关系的处理、企业组织形式的选择，都会影响产业竞争力。如何找到适合本国的产业组织形式，是提高一国国际竞争力的关键。

5. 政府的领导

一个国家政治领袖的远见卓识、政府的战略扶持、行政效率、政策连贯性、政局稳定性，都对一国的发展起重要的推动作用。反之，政府缺乏远见、腐败、军费开支过大、资源不合理配置、政局不稳，都会破坏国家发展的内在能力。

（二）国际竞争力理论

发端于20世纪后期的全球化导致了人们对各国国际竞争力的关注。所谓国际竞争力，是指一个国家在世界经济体系中，在国家这一层次上创造增加值、促进国民财富的可持续增长的综合能力。国际竞争力评价是一个全新的系统量化概念，为考察一国的综合发展能力提供了有益的思路，也是国家发展条件的一个综合评价体系。

国际竞争力的研究最早在1980年世界经济论坛（WEF，当时称为欧洲经济论坛）组

① 科特勒. 国家营销：创建国家财富的战略方法. 北京：华夏出版社，2001.

织的年会上提出。1989年世界经济论坛与洛桑国际管理发展研究院（IMD）合作研究，开始每年发表国际竞争力比较研究报告，在国际上产生了很大影响。到20世纪末，占世界GDP总产出95%以上、包括了所有经合组织国家在内的全球50多个国家和地区参与该项国际竞争力测评。从1996年起，WEF和IMD因在研究方法上的分歧而分道扬镳，开始分别出版各自的国际竞争力报告，即WEF的《全球竞争力报告》，IMD的《世界竞争力年鉴》。

2001年以前，IMD国际竞争力包括八个要素：国内经济实力、国际化程度、政府管理、金融体系、基础设施、企业管理、科学技术、国民素质。2001年以来IMD采用了四大要素体系公布国际竞争力评价结果，它们是：

1. 经济绩效

国内经济（规模、增长、财富、宏观经济指标预测）、国际贸易、国际投资、就业、价格。

2. 政府效率

公共开支、财政政策、制度框架（央行、政府、司法）、商业环境（市场开放和被管制程度、对竞争秩序的维护、资本市场的监管）、教育。

3. 商业效率

生产率、劳动力市场（成本、劳资关系、劳动技能）、金融市场、管理效率、全球化的影响。

4. 基础设施

基本基础设施、技术基础设施、科研基础设施、卫生与环境、价值系统。

三、国家发展外部条件的分析

在全球化潮流不断强化的今天，一国的发展与世界环境息息相关。因此，要制定国家发展战略，必须要分析国家发展面临的外部条件，把握未来的世界发展格局，从中找出世界发展趋势给本国发展带来的机遇与威胁，从而趋利避害，扬长避短。

菲利普·科特勒在分析一国发展的外部条件时，提出了识别一国机遇和威胁的基本思路[①]。他认为机遇可以被定义为某个领域，在此竞争领域内一国可以积聚或获得更多的财富。抓住机遇，一国可以在国际市场上通过向其客户提供最高的价值而获取最大的财富。而威胁是由政治、经济、社会发展的不利趋势产生的挑战。一国对威胁缺乏抵抗能力，就会导致财富的恶化。他列举了下列全球发展的趋势及可能造成的影响（见表3-3）。

表3-3　全球发展的动因与趋势

全球发展的动因与趋势	重要意义
全球相互依存	● 从别国的威胁中寻找机遇 ● 从别国的行动中寻找机遇 ● 容易受外部发展的伤害 ● 奉行进口自由化政策

① 科特勒．国家营销：创建国家财富的战略方法．北京：华夏出版社，2001.

续前表

全球发展的动因与趋势	重要意义
贸易保护主义和不断增多的经济集团	• 通过经济联合加强国家的竞争性 • 地区经济的崛起
跨国公司和跨国经营	• 增加了国际劳动分工 • 发展了一国的跨国合作
政治冲突与部落文化	• 为国家的统一做准备 • 改变国家的同盟
科技的快速发展	• 通过合作创造技术实力 • 找出世界市场上的技术补遗领域 • 解决比较优势的转换
对环境的日益关注	• 出口有利于环境并改善环境的产品

资料来源：科特勒．国家营销：创建国家财富的战略方法．北京：华夏出版社，2001：143.

四、国家发展阶段的分析

大量的理论研究均表明，所有国家或地区的发展都要经历不同的阶段。总起来说，发展阶段是由低向高、由简单到繁杂、由落后向先进推进的，并且各个特定的阶段呈现不同的发展条件和不同的发展需求，由此限定了各个阶段上的发展任务。问题在于，当处于制定发展战略时，如何判定所处的发展阶段，以及如何因地制宜地提出一项合理的国家或地区的发展战略。因此，制定国家发展战略首先必须要认清国家发展的特定阶段。只有对国家或地区的发展阶段做出明确判断，才能相应地提出合理的发展战略。任何脱离实际发展阶段的发展战略，再如何振奋人心，远景喜人，都是没有实际意义且十分有害的。关于发展阶段划分，比较有影响的理论有：罗斯托的经济发展阶段理论、波特的竞争优势发展阶段理论，以及产业演进理论。

（一）罗斯托的经济发展阶段理论

美国经济学家 W. W. 罗斯托在 1960 年出版的《经济增长的阶段》一书中，把人类社会发展的历史划分为五个阶段[①]：传统社会阶段、作为起飞前提的阶段、起飞阶段、成熟阶段和大众高消费阶段。后来，在 1971 年出版的《政治和增长阶段》一书里，他增加了第六个阶段：追求生活质量阶段。这六个阶段的划分，是从生产力发展尤其是工业化过程中的产业结构和消费水平演变的角度进行的，体现了人类历史进程的一个重要侧面。

在罗斯托的六个阶段中，“起飞”是一个中心概念，它“是一个社会历史上具有决定意义的过渡阶段”[②]。罗斯托认为：起飞是稳定增长的障碍和阻力得以最终克服的时期，它需要具备三个条件：一是生产性投资率提高，例如由占国民收入（或 GDP）的 5%提高到 10%以上；二是有一个或多个重要制造业部门以很高的速度发展；三是有一种政治、社会

① 罗斯托．经济增长的阶段．北京：中国社会科学出版社，2001：4-11.

② 同①39.

和制度结构存在或迅速出现，能够最大限度地调动国内资源，为今后的稳定增长开辟道路。简单地说，这三个条件是10%以上的投资率、主导部门和保证起飞的制度。他进一步认为，主导部门的迅速增长是促进经济转变的有力而必不可少的发动机，增长就是通过不同形式、不同主导部门的不断更替而进行。由此，他从产业结构演进的角度提供了研究各国经济增长阶段的一条基本线索。

（二）波特的竞争优势发展阶段理论

1990 年美国著名的竞争战略专家迈克尔·波特在他的《国家竞争优势》一书里，从增长要素的角度，将各国的经济发展划分为四个阶段：生产要素（劳动、土地及其他初级资源）导向（factor-driven）阶段、投资导向（investment-driven）阶段、创新导向（innovation-driven）阶段、财富导向（wealth-driven）阶段①。

在生产要素导向阶段，自然资源、自然环境、一般的廉价劳动力是推动经济发展的主要力量。企业完全以价格条件进行竞争，本身没有技术创新的能力。

在投资导向阶段，从政府到企业都具有积极投资的意愿和能力。企业投资行动频繁，大量兴建现代化、高效率和大规模生产的设备、厂房，并努力在全球市场上寻找更先进的技术，来提高自身的劳动生产率。政府通过引导有限的资本流入正确的产业，发展更有效率的基础设施，激励企业获取外国技术，鼓励出口等，在促进经济增长中扮演重要角色。波特认为，投资导向阶段是多数国家经济发展的门槛，能成功跨越的国家不多，第二次世界大战以来，日本和韩国顺利地跨入了这个阶段。

在创新导向阶段，各种产业和产业环节中的竞争开始深化和扩大，竞争的焦点体现在技术与产品的差异上。依赖生产要素而形成竞争优势的情形越来越少，企业除了利用和改善外国技术外，本身也表现出持续的创新能力。在这一阶段，政府要无为而治，放弃直接干预产业的做法，而进行一些间接的活动，如刺激或创造更多更高级的生产要素、维持竞争的热度等。波特认为，当国家处于创新导向阶段时，对经济总体的变动和外在事件影响的免疫能力也最强。

财富导向阶段是在前三个阶段大量积累财富的基础上，经济走入衰退的阶段。因为处于这个阶段，国内竞争环境趋缓，企业经营战略趋于保守，再投资的意愿降低，经济体系创新速度减慢，人民对其他领域的工作兴趣远大于在产业界的工作兴趣，社会福利的费用大幅超过经济能提供的程度。

可见，波特的竞争优势发展阶段理论着重分析不同发展阶段的要素特征，从推动经济增长的要素变化角度提供了分析经济增长阶段的思路。

（三）产业演进理论

生产活动是人类社会生存和发展的基础，人类社会的发展伴随着产业的演进和进化过程。对产业发展演进规律研究做出重要贡献的有英国经济学家克拉克、美国经济学家库兹涅茨和德国经济学家霍夫曼。克拉克考察了产业发展中劳动力在三次产业间的分布规律，得出的结论是：随着经济发展、人均国民收入水平提高，劳动力首先由第一次产业向第二次产业移动；当人均国民收入水平进一步提高，劳动力便向第三次产业转移。劳动力在产

---

① 波特．国家竞争优势．北京：华夏出版社，2002：534.

业间的分布状况为：第一次产业将减少，第二、三次产业将增加。库兹涅茨在收集和整理20多个国家的大量数据基础上，得出了劳动力和国民收入在产业间分布和转移的一般趋势。霍夫曼揭示了工业化过程中的工业结构演变规律：消费资料工业净产值与资本资料工业净产值之比（霍夫曼系数）在工业化进程中不断下降。

在现实中，人类社会的产业发展过程大致如下。在古代，生产活动主要以农业和畜牧业的第一次产业为主，人类社会处于农耕社会时期。18世纪中叶至19世纪末，蒸汽机和纺织机的发明和应用，带动纺织、煤炭、钢铁、铁路、造船等产业的发展，人类社会进入工业化初期阶段，第二次产业的大机器工业体系得以建立。19世纪后半期，由于电力的发明和应用，第二次产业内部分化出电力、汽车、冶金、化学、石油等工业并得到迅速发展，产业规模进一步扩大，进入以重化工为标志的工业化中期阶段。20世纪60年代，由于原子能、电子计算机、空间技术的开发和应用，一批效率更高、技术更加精密的高端制造和精密加工产业崛起，电子、宇航、原子能、高分子合成材料等成为新兴产业的代表。20世纪90年代，由于计算机技术和互联网的兴起和普及，信息、知识产业迅速发展，产业发展进入后工业化时代。迄今为止按照一般认识，多数发达国家都进入后工业化社会，但是称谓有多种，如服务型经济、知识经济、信息化社会。综上可见，产业演进是有规律的，其总体趋势是：农业—轻工业—重化工业—高附加值加工工业—现代服务业和知识经济。

到后工业化社会，对于工业是否退出国民经济重要产业序列一直存有争议，且再工业化似乎正在兴起之中。2008年国际金融危机爆发之后，一个普遍的共识是有必要重新振兴实体经济，而实体经济的主体是工业。随之，发达国家利用其长期蓄积的雄厚科技创新能力，在经济领域全面发动了新兴工业开发振兴热潮。美国推出《先进制造业国家战略计划》和《国家制造创新网络计划》之后，其制造业振兴计划取得了明显的进展，以“made in USA”为标签的高科技产品开始在国际市场上销售，国内实体经济开始得到恢复和发展。德国推出《德国工业4.0战略》，虽然工业4.0概念还在试验和摸索之中，但是以智能工厂、智能制造、智能物流为核心的现代生产发展目标是清晰可见可行的。此外，英国的《英国工业2050战略》、法国的《新工业战略》、日本的《再兴战略》提出“以3D造型技术为核心的产品制造革命”“人工智能”，韩国的《新增动力战略》、印度提出“物联网政策”“数字印度”“印度制造”，都旨在打造新兴产业。中国也在2015年推出《中国制造2025》战略，明确发展十个新兴产业。此外，中国大力推进“互联网+”的战略来升级和改造传统产业，在一些领域如商业、交通运输业、能源产业取得了一定成效。

第四节 中国国家发展战略选择[①]

从中华人民共和国成立到现在，中国政府制定过大大小小十几个国家发展战略。从历

① 此节可结合最新的发展战略实践组织学生讨论。

史角度看，有的战略成功了，如“三步走”；有的战略彻底失败了，如“大跃进”。这些战略的成败经验教训十分丰富，值得认真总结。

一、从中华人民共和国成立到党的十一届三中全会召开前的发展战略

中华人民共和国成立后，摆在党和国家领导人面前的重任是如何尽快摆脱“一穷二白”的局面，快速推进经济发展和现代化建设进程，实现强国梦。当时，国内展开了关于社会主义工业化道路问题的讨论，虽然没有提出“发展战略”的概念，但通过总路线、总方针等形式，实质上体现了国家发展战略的思想。

新民主主义时期，中国共产党对未来国家发展的设想是先发展新民主主义经济，待经济和社会发展到一定水平后再向社会主义过渡。根据这一战略，国家实施了一些保护新民主主义经济成分的政策，较快促进了国民经济的恢复。

1953 年，随着国民经济的恢复，中国共产党提出了过渡时期的总路线：要在一个相当长的时期内，逐步实现国家的社会主义工业化，并逐步实现国家对农业、对手工业和资本主义工商业的社会主义改造。这个总路线可以概括为“一化三改造”发展战略。在这一战略的指导下，第一个五年计划取得了相当的成就，国民经济总体实力得到明显提高。但后来由于“左”的路线的干扰，党和国家的工作重点偏离了经济建设中心，发展战略的选择出现失误，有的发展战略也没有得到有效实施。

20 世纪 50 年代末，中国经过三年经济恢复和“一五”计划的成功，经济发展比较顺利。但是两大阵营的斗争和竞争相当激烈。为了尽快提高经济实力，在斗争中赢得主动，中国提出了“超英赶美”和“大跃进”的战略。这一战略体现在“鼓足干劲、力争上游、多快好省地建设社会主义”的总路线上。通过大规模的群众运动，集中动员人、财、物等资源，重点发展重工业，尤其是增加钢铁、粮食等重要产品的产量，来实现社会主义工业化。由于提出的目标急于求成，严重脱离实际，结果造成了国民经济的大倒退。不得不进行三年调整。但是，这种调整只是对失调的比例关系的暂时性调整，没有在战略指导思想上做彻底的反思。

1964 年 12 月，中国提出了“四个现代化”的战略目标，并提出现代化建设的两步走战略：第一步，用大约三个五年计划的时间，建立我国独立的、比较完整的工业体系和国民经济体系；第二步，力争在较短的历史时期内，实现我国的工业、农业、国防和科学技术现代化，使我国经济走在世界的前列。但是，这一战略提出不久就被“文化大革命”所打断。现代化建设的目标和分两步走的战略步骤均成了泡影。

1976 年粉碎“四人帮”后，摆在新的领导人面前的首要任务是迅速扭转国民经济的停滞和混乱局面，全面恢复各项经济事业。但是由于未能全面清理长期存在的“左”的错误，在战略部署中又盲目提出新的“洋跃进”目标和“赶超”世界先进水平的高指标，致使国民经济发展又陷入徘徊状态。

总体来看，这一阶段的国家发展属于传统的发展战略。战略指导思想是充分发挥社会主义制度的优越性，在经济实力上快速赶超发达国家；战略的主要目标是高速发展国民经济；战略重点是发展重工业，用重工业生产的生产资料逐步装备农业、轻工业和其他产业部门，逐步建立独立的、完整的工业体系和国民经济体系；战略措施主要是通过高度集中

的计划体制，自力更生，动员全社会的资源，大规模地投入资金、生产资料和劳动力，来促进经济的高速增长。

上述发展战略的形成，除了取决于国内经济状况和政治指导思想以外，也与当时面临的国际政治经济格局分不开。中华人民共和国成立之初，西方国家对中国实行封锁和禁运政策，中国只能和苏联和东欧社会主义国家发展关系，以苏联的发展模式为样板，选择本国的发展道路。同时，中国的工业尤其是重工业落后，严重制约着国民经济发展，这一国情也使以重工业为重点取得显著成效的苏联发展模式容易被中国所接受。

二、党的十一届三中全会后的发展战略

中国发展战略的真正转变是从1978年党的十一届三中全会开始的。十一届三中全会彻底纠正了“左”的指导思想，明确提出把党和国家的工作重点转移到经济建设上来。随后，中国的国家发展战略发生了深刻的变化。改革开放40多年，在国家总体发展战略引导下，各个阶段和时期还制定了局部性和区域性的发展战略，如西部大开发、东北老工业基地振兴、中部地区崛起、“走出去”战略、新型城镇化、京津冀协同发展、长江经济带建设、“一带一路”倡议、乡村振兴战略、制造业2025等。这些战略作为国家总体发展战略的有机构成部分，围绕国家总体发展思路制定，有力地推进了国家总体发展战略的实施。

（一）“三步走”及新“三步走”战略

1982年党的十二大正式确定了中国新的发展战略。战略目标是：从1981年到20世纪末的20年，在不断提高经济效益的前提下，力争使全国工农业的年总产值翻两番；战略重点是要解决好农业、能源、交通、教育和科学发展问题，战略步骤上分两步走：前10年主要是打基础，积蓄力量，创造条件，后10年进入一个新的经济振兴时期。战略对策有：集中资金进行重点建设，坚持国营经济的主导地位和发展多种经济形式，正确贯彻计划经济为主、市场调节为辅的原则，坚持自力更生和扩大对外经济技术交流等。

1987年党的十三大根据邓小平同志的现代化战略构想，对中国发展战略做了进一步的概括，提出中国现代化建设的“三步走”战略。第一步，实现国民生产总值比1980年翻一番，解决人民的温饱问题；第二步，到20世纪末，使国民生产总值再翻一番，人民生活达到小康水平；第三步，到21世纪中叶，人均国民生产总值达到中等发达国家的水平，人民生活比较富裕，基本上实现现代化。至此，中国新的国家发展战略已经基本形成。

1992年党的十四大重申了“三步走”的战略。1995年，中国提前实现了国民生产总值比1980年翻两番的目标。经过全党全国人民的共同努力，到20世纪末我们实现了“三步走”战略的第一、第二步目标，人民生活总体上达到了小康水平。中国实现了从温饱到小康的历史性跨越。

随着时间的推移，21世纪上半叶的发展思路逐步清晰。为了更好地衔接第二步和第三步战略目标，根据邓小平关于分阶段、有步骤实现我国现代化的战略思想，1997年党的十五大对原来“三步走”战略中长达50年的第三步战略目标做了进一步具体化，提出了新“三步走”发展战略：第一步，从2000年到2010年，国内生产总值翻一番，使人民

的小康生活更加宽裕，形成比较完善的社会主义市场经济体制；第二步，从2010年到建党100周年时，使国民经济更加发展，各项制度更加完善；第三步，从2021年到中华人民共和国成立100周年时，基本实现现代化，建成富强民主文明的社会主义国家。

（二）科学发展观与全面建成小康社会战略

进入新世纪，2002年党的十六大在对国内外形势做出科学判断的基础上，指出21世纪的头20年，是我国现代化建设必须紧紧抓住并且可以大有作为的主要战略机遇期。在新“三步走”战略的基础上，进一步详细描绘了21世纪上半叶，尤其是头20年的战略目标：集中力量，全面建设惠及十几亿人口的更高水平的小康社会，使经济更加发展、民主更加健全、科教更加进步、文化更加繁荣、社会更加和谐，人民生活更加殷实。这是对我国现代化进程进入到全面建设小康社会阶段的正式宣告。全面建设小康社会的“全面”有两重含义：一是覆盖的全面，即使十几亿人口共享建设成果；二是建设领域的全面，不仅是经济发展和提高物质生活水平，而且要实现社会的全面进步。

针对我国经济高速发展中暴露出的自然、经济、社会三大系统之间严重的不协调和失衡现象，2003年10月召开的党的十六届三中全会，审议通过了《中共中央关于完善社会主义市场经济体制若干问题的决定》。《决定》提出，要完善社会主义市场经济体制，做到统筹城乡发展、统筹区域发展、统筹经济社会发展、统筹人与自然和谐发展、统筹国内发展和对外开放的要求，“坚持以人为本，树立全面、协调、可持续的发展观，促进经济社会和人的全面发展”。科学发展观是社会主义现代化建设指导思想的重大发展，体现了我国在发展理念和发展思想上的重大进步。党的十六届四中全会进一步提出构建全体人民各尽所能、各得其所而又和谐相处的社会主义和谐社会的战略思想。

在科学发展观和构建社会主义和谐社会战略思想的指导下，2007年党的十七大报告阐述了全面建设小康社会的新要求：在优化结构、提高效益、降低消耗、保护环境的基础上，实现人均GDP到2020年比2000年翻两番。同时，在社会主义民主、文化建设和社会事业发展、人民生活改善、生态文明建设方面都提出了更高的要求。2012年党的十八大在十六大、十七大确立的全面建设小康社会目标的基础上，进一步明确要“确保到2020年实现全面建成小康社会的宏伟目标”，并对全面建成小康社会提出了新的要求：在发展平衡性、协调性、可持续性明显增强的基础上，实现国内生产总值和城乡居民人均收入比2010年翻一番；人民民主不断扩大；文化软实力显著增强；人民生活水平全面提高；资源节约型、环境友好型社会建设取得重大进展。从“全面建设小康社会”到“全面建成小康社会”，虽只有一字之差，但体现了我们实现国家发展战略的坚定信心。

（三）“中国梦”与全面建设社会主义现代化国家的“两阶段”战略

党的十八大以来，以习近平同志为核心的党中央开启了国家发展战略的新阶段①。2012年11月29日习近平在参观《复兴之路》展览时发表重要讲话，首次提出了实现中华民族伟大复兴的“中国梦”目标。中国梦的本质是国家富强、民族振兴、人民幸福。这个目标既继承了“三步走”战略有关国家繁荣富强的内容，又把国家繁荣与人民幸福紧密连在一起。“中国梦”是中国在小康社会建成后下一步的奋斗目标，是对中国社会主义现代

---

① 刘瑞. 从“三步走”到“一带一路”：习近平的国家经济战略创新. 企业经济，2015（9）.

化发展目标的高度概括。

2017 年党的十九大报告阐述了实现“中国梦”的路线图与时间表，提出了新时代国家发展战略的具体设想：首先，报告重申了“两个一百年”奋斗目标：到建党一百年时建成经济更加发展、民主更加健全、科教更加进步、文化更加繁荣、社会更加和谐、人民生活更加殷实的小康社会，然后再奋斗三十年，到新中国成立一百年时，基本实现现代化，把我国建成社会主义现代化国家。其次，按照党的十九大的部署，实现社会主义现代化国家的目标分两个阶段安排：第一个阶段，从 2020 年到 2035 年，在全面建成小康社会的基础上，再奋斗十五年，基本实现社会主义现代化。第二个阶段，从 2035 年到本世纪中叶，在基本实现现代化的基础上，再奋斗十五年，把我国建成富强民主文明和谐美丽的社会主义现代化强国。

社会主义现代化强国目标包含着丰富的内涵，这一目标体系具体包括富强、民主、文明、和谐、美丽五个基本维度，是一个涵盖物质文明、政治文明、精神文明、社会文明、生态文明的目标体系。

实现“两个一百年”奋斗目标的重要途径，是要贯彻创新、协调、绿色、开放、共享的发展理念，建立现代化经济体系。为此，党的十九大报告结合当前我国社会经济发展实际，提出了以下六大战略举措：(1) 深化供给侧结构性改革。把提高供给体系质量作为主攻方向，加快建设制造强国，发展先进制造业，支持传统产业优化升级，加快发展现代服务业，显著增强我国经济质量优势。(2) 加快建设创新型国家。要强化基础研究，加强应用基础研究，加强国家创新体系建设，强化战略科技力量。建立以企业为主体、市场为导向、产学研深度融合的技术创新体系，加强对中小企业创新的支持，促进科技成果转化。(3) 实施乡村振兴战略。建立健全城乡融合发展体制机制和政策体系，加快推进农业农村现代化。(4) 实施区域协调发展战略。加大力度支持革命老区、民族地区、边疆地区、贫困地区加快发展，强化举措推进西部大开发形成新格局，深化改革加快东北等老工业基地振兴，发挥优势推动中部地区崛起，创新引领率先实现东部地区优化发展，建立更加有效的区域协调发展新机制。(5) 加快完善社会主义市场经济体制。着力构建市场机制有效、微观主体有活力、宏观调控有度的经济体制。(6) 推动形成全面开放新格局。要以“一带一路”建设为重点，坚持引进来和走出去并重，遵循共商共建共享原则，加强创新能力开放合作，形成陆海内外联动、东西双向互济的开放格局。

小 结

国民经济管理的逻辑起点是制定国家发展战略。发展战略是关于国家如何发展的顶层设计，是国家对较长时期国民经济和社会发展的全局性重大问题的部署和安排，具有全局性、稳定性和纲要性特点。完整的国家发展战略包括战略理念、战略目标、战略重点、战略布局、战略步骤和战略措施等要素，这些要素在发展战略中承担不同的功能。自从第二次世界大战结束以来，全球的发展战略观经历了以经济增长为中心、以人为中心到实现可持续发展的深刻演变。我国也受到国际社会的战略观念转变的影响，从以经济建设为中心、建设小康社会、实现“三步走”，到全面实现现代化，推出了一系列国家发展顶层设计。制定发展战略需要用到国家发展环境 SWOT 分析方法，要深入分析国家发展的内外条件，并依据发展阶段做出战略类型选择。只有做出发展战略的正确选择和实施，才能从根本上保证国民经济管理的成功。在制定和实施国家发展战略方面，我国积攒了丰富而又深刻的经验与教训。

思考题

1. 从 20 世纪后半期的世界范围看，国家发展战略理念经过了哪些演变？
2. 社会经济发展战略与军事战略有何不同？
3. 单纯追求经济增长的战略有何缺陷？
4. 单纯强调以人为中心的战略有何问题？
5. 可持续发展战略的基本内容是什么？
6. 一项国家发展战略包含哪些基本要素？各个要素之间的关系是什么？
7. 请给出一组战略性命题与战术性命题的对比清单。
8. 如果自己设计一项区域性发展战略，应当采取哪些步骤？
9. 从新中国成立到改革开放之前，我国制定过哪些发展战略？
10. 自改革开放以来，我国制定了哪些总体性、局部性和区域性发展战略？
11. 自新中国成立以来我国制定和实施经济发展战略有何经验教训？
12. 国家战略与企业战略有何联系与区别？
13. 我国 21 世纪的最新国家发展战略是什么？
14. 结合实际，分析我国制定国家发展战略面临的内部条件和外部环境。

第四章

国民经济决策与规划

国家发展战略形成之后，下一步就是要通过规划加以落实。从战略到规划，这期间有一个决策的问题。从一般管理过程看，决策具有相对独立性，在任何管理环节都有决策行为。作为国民经济管理行动中的决策，同样也贯彻于国民经济发展战略制定、规划或计划编制、经济预测、信息管理、组织与调控等全过程之中。不过，国民经济决策属于重大决策行为，尤其在完成了国民经济顶层设计行为之后，国民经济决策成为影响后续行动最重要的一环。因此有必要把国民经济决策放在本章进行讨论。

第一节　国民经济决策

国民经济管理决策在先，管理行动在后。好的决策能够产生运筹帷幄而决胜于千里之外的效应，收到事半功倍的效果，而不好的决策则会一着不慎，满盘皆输。因此，深刻认识和理解国民经济决策的特征及其重要意义，对提高和完善国民经济管理的科学性与自觉性至关重要。

一、国民经济决策

决策就是选择。著名的管理学者赫伯特·西蒙说过，管理就是决策。这种把决策等同于管理的观点反映出决策的重要性。从国民经济管理角度来看，国民经济决策是有关未来各种国民经济管理行动方案所做的选择和决定。人们在经济管理活动中，要对经济和社会发展目标、发展规划、行动方案、方针政策、重大战略措施等一系列问题做出决定和选择。这些研究、选择、拟订、编制、寻求活动就是国民经济决策的内容。国民经济决策职能作为国民经济管理工作的重要职能，具有其他职能所不具备的特征。

首先是预见性。它是在行动之前对国民经济应当向何处发展、怎样发展所做的事先安排和决定，它是创造性的管理活动。其次是指导性。它对整个国民经济活动有直接的指导性。再次是择优性，即对未来经济活动的目标和通向目标的多种途径，做出符合客观规律的合理的抉择，寻求能获取最大经济效益的行动方案。最后是影响全局性。国民经济决策一旦做出，无论正确与否，也无论是就具体性还是一般性问题进行决策，后果都是非常全面、广泛和深远的，牵涉社会上下和海内外各方利益，造成的影响都是全局性的。

一般而言，国民经济决策涉及广泛领域和各个层次，属于重大决策。凡是重大问题，都需要进行相关决策。归纳起来，主要包括以下几方面决策内容：

（1）确定国民经济与社会发展的战略目标。一般是指在整个国民经济范围内，通过国民经济各部门、各地区、各单位共同努力所应达到的国民经济总体发展的重要目标和关键目标。

（2）确定实现这一目标的一整套方针政策和管理路线。方针政策与管理路线关系到国民经济发展全局，因此必须放在国民经济决策位置上加以考虑。

（3）选定国民经济发展的远景规划和计划方案。未来国民经济运行需要规划引导，规划制定是否合理恰当，同样关乎国民经济发展全局。起草、编制、实施规划，均属于国民经济决策内容之一。

（4）确定重大项目和投资。国民经济与社会发展需要通过重大项目去落实，因此国民经济决策包含对重大项目以及投资的内容。重大项目选择和投资安排是决策中十分关键的内容。

（5）应对重大突发事件。国民经济实际运行中经常会发生突发性重大经济事件如金融危机，重大公共问题如流行性疾病疫情、重大自然灾害如严重地震、国外突发事件冲击。对这些突发事件需要国民经济决策予以应对。

二、国民经济决策分类

国民经济是一个错综复杂的整体，它包括经济、社会发展的各个方面、各个层次和所有过程，国民经济决策可以从不同角度进行分类：

1. 按决策的重要程度，国民经济决策可以分为战略性决策和一般性决策

战略性决策是关于国民经济中涉及全局性、长远性和方向性问题的决策，如一定时期内经济发展的目标、重点、政策、措施、重大项目以及重大事件应对等，都属于战略性决策。凡是企业、部门、地区层次涉及全局性政策的问题，如技术革新方向、产品结构调整等，也需要进行国民经济战略决策。一般性决策，是指在日常管理工作中，对个别或局部问题进行的决策。一般而言，只要这些决策在内容和方向上符合总体方案和方针政策要求，且已经形成了良好的决策运作机制，就可以由各个管理组织自行做出。

2. 按决策的时间长短，国民经济决策可以分为长期决策、中期决策与短期决策

长期决策一般指十年和十年以上的指导性、纲领性的决策。其基本任务是：确定经济发展的目标、速度、比例结构和效益之间的关系，制定调整经济活动的法律、法规等。长期决策能指出方向、规定实施道路，起“航标”作用。中期决策一般是指两年以上、十年以下的决策，主要是五年左右的相关问题决策。中期决策是在长期决策的基础上加以制定

的。它的基本任务是确定中期内经济发展的方针、目标、任务、政策措施、重要工程项目等。中期决策既是长期决策的具体表现，又是短期决策的基础，保证了经济决策实施的连续性。短期决策是指一年及一年以下的经济活动相关问题决策，是具体指导经济发展的行动决策。短期决策是中期决策的具体化，对中、长期决策的贯彻落实起保证作用。同时，在某些情况下，短期决策又是修改和校正中期决策乃至长期决策偏差的调整部分。

3. 按决策的管理层次，国民经济决策可以分为中央政府决策（包括中央各个管理职能部门的决策）和地方政府决策两个层次

按照统一领导与分级管理相结合的原则，中央与地方之间划分了必要的决策权限范围。一般涉及全局性和重大性问题的决策归属中央决策权限范围，地方政府不能越权，并且要积极贯彻和落实中央决策；而涉及区域性和局部性问题的决策则归属地方政府决策权限范围，中央政府不宜专权，干预过多会挫伤地方政府的积极性，造成消极后果。政府决策在国民经济管理过程中属高层次决策，举足轻重，关系重大，是影响其他主体决策的前提和基础。企事业单位及个人的决策不属于国民经济决策范畴，理当自主进行，但是会受到政府决策的强烈影响，由此会产生积极或消极两种后果。因此如何有效发挥政府决策的积极作用，如何防范和补救政府决策失误给个人、集体和社会带来的损失，是国民经济管理中一个重要命题。

三、国民经济决策合理性

国民经济决策属于国民经济管理主体的主观选择行为，是统驭全局的最高层决策，是关于整个国民经济战略部署的长远大计，国民经济决策正确与否，直接关系到社会主义现代化建设事业的成败。同时，国民经济决策影响后果是客观存在且广泛而又深远的，牵涉到各方利益。如何使得决策者的主观良好愿望与客观达成的效果统一起来，是国民经济管理行动的一个焦点。这里没有绝对的和科学的标准，只有合意的原则。一般而言，主观努力与客观效果都得到统一的决策，是合理的决策，它会给国民经济运行带来好处；反之，主客观得不到统一的决策，是不合理的决策，必然会给国民经济运行造成伤害。

国民经济决策行动受制于一个国家的政治制度及其治理机制，不同的国家制度有不同的决策程序及原则，因而对国民经济决策的合理性有不同的要求。我国实行中国共产党领导的单一制国家政治制度，属于中央集权体制，凡是事关国家命运的重大事项决策由党的领导集团做出并负责，国民经济决策同样如此。但是在国家治理机制上实行统一领导下的分级管理，中央与地方政府在决策权限上有分工，因而形成了集中体制下的国民经济决策分层决策机制。所谓大权中央独揽，小权地方分散。因此处理好中央集权与地方分权的关系，建立起合意的权力、责任、义务相匹配的国民经济决策机制，始终是国民经济管理制度改进的重要内容。

依照决策层次、范围，可以形成一个合理的决策逻辑框架，如图 4－1 所示，逻辑图表明，第一，随着决策层次上升，决策负责的范围也扩大，反之，则缩小。第二，随着决策范围的扩大，决策的权力、责任、利益也相应增加，反之，则减少；第三，如果没有相应的权力、责任、利益匹配，就会出现决策的混乱。决策就会出现缺位、越位和错位现象。对此需要高度重视，避免出现决策行为的逻辑混乱。

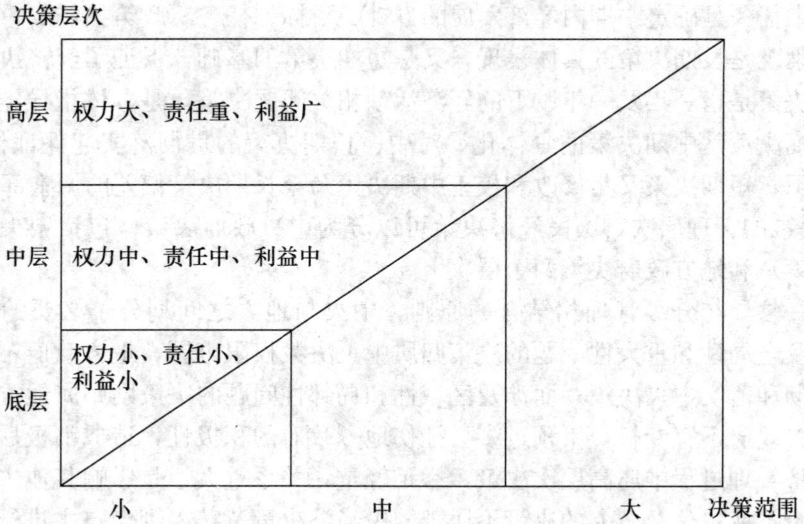

图 4-1 国民经济决策逻辑划分

四、国民经济决策程序和方法

国民经济决策作为一种管理活动，其形成是一个动态的过程。任何一项正确的国民经济决策，都是在掌握大量信息的基础上，经过系统研究、分析论证、思考判断做出的，它要按照一定的步骤、程序和方法进行。由于国民经济决策涉及不同领域不同决策对象，具体的决策程序会有一定差别，个别程序甚至有一些特殊性规定，但是大多数情况下，均要求程序公开、透明，责任可追索。建立起规范的决策程序是十分必要的。

（一）建立规范的决策程序

决策程序就是对决策过程所做的制度规定和组织安排，也可以说是决策过程的制度化。能否合理地组织这一过程，对于能否产生合理的国民经济决策意义重大。一般说来，规范的国民经济决策程序包括如下步骤：

1. 确定目标

确定目标是决策的首要问题，为此要全面地调查、了解国民经济系统内部条件及外部环境的资料，系统分析国民经济发展的历史、现状，预测未来可能的演进趋势，指出具有全局性的要害所在。摆明了问题，确定目标就成了整个决策的关键。它在管理过程中居于主导地位，目标错了，整个工作趋于失败，前功尽弃。目标的确定必须明确具体，并规定具体实施时间以及目标实现程度的衡量标准。

2. 拟订方案

拟订方案目的在于提供一些可供选择的可能方案。因为任何一个问题的解决，客观上都存在着许多种途径和办法。决策的实行在于选优，如果只有一种方案，没有选择也就无所谓决策。此外，不同的方案可以启发人们思考，特别是意见不同的方案，能使决策者兼听则明，有利于科学决策。

3. 评估方案和选优

所谓评估就是要对拟订的各种预选方案的可行性及其可能存在的潜在问题进行分析、

权衡和论证。方案的评估是为选优做准备的，选优要在全面权衡各方面的利弊、得失，反复比较、正确评价的基础上进行。现代管理学的研究成果表明，由于现实生活中各种满足决策的条件很难尽善尽美，因此，在实际决策中不必刻意追求穷尽所有备选方案做出最优选择，而应以寻求次优选择或满意选择为目的，并且采取渐近方式去实现理想决策方案。一般说来，一项涉及国民经济重大问题的决策需要不少于三个备选方案。其选择的结果可能是两种情况，或者是其中比较适中的方案被选中，或者是在所有备选方案的基础上进行重新加工和补充，形成较为满意的方案。

4. 实施方案及监督

一个正确的决策按以上程序制定出来以后，还要组织和控制具体实施，决策的实施取决于广大执行者对决策意图的透彻理解。因此，应把决策目标落实到每一个执行单位，明确具体责任。此外还要对决策进行监督、检查，其目的就是为了及时发现实际执行情况与决策目标之间的偏差，采取措施加以调整。决策是一个连续的动态过程，每一步骤、每一环节都不能随意越位，但由于实际情况是复杂的，有时根据需要可做适当的变更。

（二）采用科学的决策方法

要正确地进行国民经济决策，除了建立规范的决策程序和遵循必要的决策规定之外，还需要运用多种决策方法。

1. 专家决策法

专家决策法也叫德尔菲法。该方法利用专业领域资深行家长期形成的专业知识和经验，以问卷征询的方式将这些专家的意见收集起来加以客观化和系统化整理，并反复征询，最终提炼出有集中性和代表性的观点和意见。该法广泛用于社会经济决策、预测领域，因为简易、实用和重视行家里手的权威意见而得到认可。但是该方法也容易受到专家知识背景、征询专家个数偏差等不利影响，导致结论与实际不完全吻合。所以在使用该方法进行决策时，还需要通过其他方法的应用来相互印证。

2. 可行性研究

可行性研究是在建设之前对建设项目进行的全面考察、鉴定和评价，从而为项目投资决策提供可靠依据的一种科学方法。可行性研究的基本任务，是对某一项目的所有方面进行尽可能详细的调查研究，从技术可行性、经济可行性、环境可行性（又称环境影响评估）各方面进行系统分析、论证及效益评价，判断该项目或方案是否可行并提出实施建议，为决策提供可靠的依据。

3. 线性规划法

线性规划是运筹学的重要分支，主要研究在现有的人力、物力、财力条件下，如何寻求目标函数的最优化。线性规划法可用于资源最优分配方案，是解决国民经济决策中一系列问题的有效方法。

4. 其他优化方法

在国民经济决策中，还有许多其他优化方法。如运用数量经济学方法，编制宏观经济数学模型，研究国民经济一些重大经济任务的优化问题。如人口发展模型、能源模型等。还有许多具体决策方法，如费用效益分析法、决策树技术以及不确定决策时使用的概率方法等。

总之，国民经济决策，应尽可能地综合运用各种方法，并与预测技术等结合起来，提高决策工作的科学性和准确性。

第二节　国民经济管理目标的选择

同任何管理过程一样，国民经济管理基本形式就是设定管理目标，依据目标选择管理手段，实现对国民经济宏观调控的过程。没有科学正确的国民经济管理目标，就无法对国民经济实施科学管理。国民经济管理目标是国民经济管理活动的依据，是对宏观经济活动进行计划、组织、指挥、调节、控制和监督等一系列活动的方向标。前面研究的国民经济决策，其核心内容就是对国民经济管理目标做出选择。

一、国民经济管理目标及特性

国民经济管理目标是宏观经济管理部门依据一定的价值判断而设定的国民经济运行的理想状态。它是对国民经济管理活动目的所做的规定，是国民经济管理活动的方向规定和数量要求，是选择国民经济管理手段的重要标准和依据。

国民经济管理目标具有如下基本特性：

1. 全局性

国民经济目标都是关系国民经济发展全局的，关系宏观经济总体运行的。在市场经济条件下，微观层次的生产经营活动不属于国民经济管理的范围，所以也没有必要在宏观层次为其设定管理目标。国民经济管理目标与社会经济发展战略和国民经济发展目标有着直接的联系。

2. 综合性

国民经济管理目标要表明对国民经济总体运行状态的愿景。因此，这种目标必须具有综合性。国民经济管理目标是多方面活动的内在规律要求的集中反映。它决定着整个经济和社会发展方向，各方面的经济和社会活动都是以它为依据，围绕着它来进行。

3. 系统性

为了保持国民经济良好的运行状态，国民经济管理必须要有相应的一系列管理目标。各个目标之间有机联系，构成目标体系。国民经济目标可以分解为各方面的具体目标，各个具体目标之间是相互关联、互为依存的，同时也有着内在的从属关系。有些目标之间也存在目标冲突，需要在目标系统中加以统筹兼顾，保持系统性平衡。

4. 科学性

国民经济管理目标不是只凭人们主观意愿而任意确定的，而是要有客观依据，并经过反复论证、测算后集思广益而确定的，因此它的主客观性是统一的。这种主客观性的统一表明了国民经济管理目标的科学性。首先，确立的目标具有真实性，目标应反映国民经济运行过程中存在的矛盾和问题，目标实现就是解决这些矛盾和问题。其次，确立的目标具有可操作性，经过管理努力可以实现，而不是不切实际的空口号。最后，确立的目标具有一定的先进性，不是落后于形势变化的目标。目标需要与时俱进。总之，尽管目标是人们主观的产物，但是，它必须符合客观过程的要求，必须具有科学性。

二、国民经济管理目标体系

由于国情差异，各国对国民经济管理目标有不同取舍。中国国民经济管理目标主要由经济目标和社会发展目标等组成。

（一）经济目标

1. 经济目标的内容

经济目标包括促进经济增长、增加就业、稳定价格总水平、保持国际收支平衡。这些目标通常也被看作宏观经济政策目标。不过，我国的经济目标符合国情内在的规定性。

（1）促进经济增长。

经济增长是增强国家综合经济实力和提高人民群众物质文化生活水平的物质保证。没有经济的增长，其他一切都谈不上。因此，经济增长就成了国民经济管理的首要目标。经济增长目标的实质，是加快经济增长速度，这在我国也是具有现实可能性的。至于达到怎样的经济增长速度，将取决于该时期的各种条件。中国作为发展中大国，对经济增长率也有一定的底线要求。经济增长速度不能过低，比如通常要高于发达国家的经济增长速度。但是，追求一定的经济增长速度具有质量方面的要求，增长速度要与经济效益和产出效率保持协调。不是追求短期内的经济快速增长，而是追求长期的经济可持续发展。

（2）增加就业。

对人口大国来说，增加就业目标始终是迫切需要关注的问题。我国人口众多，劳动力资源比较充沛，这是发展经济的有利条件，但同时也带来了不利的一面。中国面临三方面的增加就业问题：其一是安置城镇中的新增就业人口，其二是安置农村剩余劳动力，其三是安置失业人员再就业。这是增加就业目标所要着重研究解决的问题。就业是民生之本，解决就业问题既是当务之急也是一项长期任务。创造就业岗位，开拓就业市场，挖掘就业潜力，完善社保机制，努力增加就业，特别是再就业，把失业率控制在可承受的范围内。

（3）稳定价格总水平。

市场价格是受价值规律和供求规律调节的，具有自发性。对于价格水平的涨落，生产者与消费者感受不一致，人为的操控价格将会导致价格不能正确地反映市场规律性变化。扭曲的价格水平会导致资源的错配。而价格总水平的相对稳定，有利于建立良好的市场预期，保持持续的经济增长，不断改善人民生活水平，保持社会的基本安定。因此，负责任的政府总是把保持价格总水平的相对稳定视为基本职责，尤其是防止严重的通货膨胀或通货紧缩出现。在通货膨胀和通货紧缩之间，国民经济管理选择合意的价格数量波动。也就是说，管理价格水平不等于价格绝对不能变动，更不是价格冻结，而是允许价格总水平变动在市场各界均能接受的范围之内。

（4）保持国际收支平衡。

国际收支平衡是指一国在一定时期内国际收支的对比状况。国际收支的内容，一般包括经常项目、资本项目和平衡项目。经常项目是国际收支主要的和基本的项目，其中主要有：贸易收支、非贸易收支（包括运输、港口、保险、通信、旅游、劳务等收支）。资本项目是指一国在一定时期内对外资本的流出流入情况。我国由于改革开放，资本项目的重要性日益突出。平衡项目又称储备项目，主要是指国际收支中经常项目和资本项目的收支出现逆差或顺差时进行平衡的项目。平衡项目的内容主要有黄金、外汇、普通提款权和特别提款权等。国际收支对于国内的货币循环、资金循环和社会总供求都有直接的影响。国际收支出现过大的逆差或顺差，都不利于经济的稳定发展。所以，对国际收支的管理目标，应当是基本平衡，略有节余。

2. 经济目标的意义

通过长期的市场经济实践，经济增长率、通胀率、就业率和国际收支被普遍认为是国民经济管理最重要的四个变量。四个变量彼此相互联系、相互影响、相互制约，而且往往难以同时达到人们期望的理想状态，国民经济管理的艺术，在于能恰当处理上述四方面的关系，寻求一个最佳平衡点。

在西方宏观经济理论中，有所谓菲利普斯曲线和奥肯定律对其中三个经济变量的解释。所谓菲利普斯曲线，是指失业与通货膨胀之间存在着交替现象。这条曲线表明通货膨胀率高时，失业率低；通货膨胀率低时，失业率高。在通常情况下，失业率低同时意味着经济增长率高，反之意味着经济增长率低。因而引申到宏观经济目标选择上，就是要在降低失业率、促进经济增长与避免价格水平上涨触发通货膨胀之间做出平衡考虑。所谓奥肯定律，是指当实际 GDP 增长相对于潜在 GDP 增长（美国一般将之定义为 3%）下降 2%时，失业率上升大约 1%；当实际 GDP 增长相对于潜在 GDP 增长上升 2%时，失业率下降大约 1%。在通常情况下，潜在 GDP 被视作经济所生产的最大产值，潜在 GDP 故而也称充分就业 GDP。

但是，大量经验证明，这两个理论并不足以说明所有国家的国民经济运行实际。因此不能直接套用这两个理论指导国民经济管理实践。对于中国而言，在经济高增长的同时能够保持较低的通货膨胀，在失业率较低的同时，既能够实现经济高增长，也能够实现较低通货膨胀。在某些时候，通货膨胀率较高有特殊的原因，并不是因为追求经济增长原因导致的。

将经济目标明确为四个基本目标，具有很深的含义：一是内涵丰富，覆盖面广。经济增长是衡量经济全面发展的主要指标，是一个宽泛、综合的概念，投资和消费需求的增减最终会体现到经济增长的变化上来。增加就业能够更加充分地利用劳动力要素，而且能促进城乡居民收入增长，这既是经济健康发展的标志，也是社会公平和稳定的体现。稳定物价是经济健康、平衡发展的保证，财政政策和货币政策的变化一般都会引致物价的变动。国际收支是在一定时期内一个国家或地区与其他国家或地区之间进行的全部经济交易的系统记录。随着开放型经济迅速发展，保持国际收支平衡，实现外部平衡，可以为内部平衡（物价稳定和充分就业）创造良好的条件。二是借鉴了国际经验。大多数西方学者认为，现代市场经济条件下，政策目标主要集中在效率、稳定和公平三个问题上。通货膨胀（或紧缩）、失业以及国际收支失衡，都会导致利益在不同主体之间的重新分配，造成经济不平等、影响稳定和公平。因此，为履行好现代市场经济的政府职责，各国基本上都将促进经济增长、增加就业、稳定价格总水平、保持国际收支平衡列入基本的宏观调控目标体系。三是有利于促进政府职能转变。四个基本目标具有宏观性、战略性，是第一层次的目标，把它们作为宏观调控目标体系，国家计划的着眼点将更加集中到抓大事、谋大局、促发展上来。同时，为在宏观调控下更好地发挥市场配置资源的基础性作用，处理好速度和结构、质量、效益的关系，实现经济发展和人口、资源、环境相协调，各种经济政策还有不同的具体目标，即其他辅助性指标。这些指标也非常重要，宜在各项工作任务中列出。

（二）社会发展目标

社会主义国家的政府比起资本主义国家的政府承担了更为繁重的社会管理职能，因而除宏观经济管理目标外，像中国这样的社会主义国家还规定了许多社会管理目标。根据中国国情以及国民经济管理实践，我国实际上已经形成了一个社会发展目标体系。

1. 人口控制

计划生育是我国的国策之一，实行人口控制的目标具体体现为降低人口自然增长率和婴儿死亡率。这两个目标分别反映社会主体的发展状况与水平。降低人口自然增长率的目的是控制新增人口规模以免超过社会经济的承受能力。对婴儿死亡率目标控制的目的是要增强国民体质，改善医疗护理水平，改进人的营养水平，并希望通过这个目标来促进卫生医疗、体育锻炼等事业的发展。

2. 调整居民收入差距

实现社会公平是社会主义制度的基本目的，内容非常丰富。纳入国民经济管理的社会目标主要是调节个人收入水平和缩小收入分配差距。这两个目标反映人民的生活水平和社会公平状况。个人收入水平是衡量人民生活水平是否提高的最重要指标，一般又按城市与乡村两方面细分成城镇居民人均收入或职工平均工资收入、农民纯收入。缩小收入分配差距主要是将居民高收入与低收入之间的差距保持进而缩小在合理的限度以内。

3. 保持社会稳定

发展是硬道理，但是稳定压倒一切。在社会经济转型过程中如何防止出现管理真空，避免社会动乱，是国民经济管理工作中十分重视的问题之一。为了国民经济有一个良好的运行环境，需要对社会的不稳定因素加以防范。比如降低犯罪率，消除社会隐患，维护市场经济秩序等。

4. 环境保护

实行环境保护为我国又一国策。由于环境污染主要集中在产业地域和城市区域，因而环境保护的主要目标是保持一定的人均居住面积、城市绿化面积和降低“三废”率。这些目标反映了人们的生活居住环境变化情况和质量高低。人均居住面积同时分成城镇和农村两个方面，便于根据城乡差距进行实事求是的管理。废气、废渣、废水成为污染环境的直接媒介物，控制环境污染就是降低“三废”率。

三、国民经济管理目标选择

（一）国民经济管理目标间的关系

国民经济管理目标是一个多元化体系，每一个目标的实现都有利于国民经济的正常运行和发展。但在现实中，国民经济管理活动往往存在着多个目标，或者是多种目标的组合。在国民经济目标之间相互统一关系的背后，还有其相互矛盾和冲突的一面。国民经济管理目标间的相互关系可以分为以下三类：独立关系、互补关系和互逆关系。

为实现国民经济管理目标体系中任一目标，就必须使用一个或数个国民经济管理手段。这些手段与管理目标并不是直接的对应关系，其外力会影响其他管理目标。这种波及效果可分为三类：（1）完全没有或可以忽略的影响；（2）产生与国民经济管理目标一致的积极影响；（3）产生与国民经济管理目标不一致的消极影响。

充分认识管理目标间的相互关系，是设定管理手段的前提。在现实的国民经济管理过程中往往是复数个管理目标对应着复数个管理手段，因而管理目标之间呈现出的是比上述三种关系更为复杂的组合关系，两个目标之间大多是部分互补，部分互逆，或部分独立。如果两个目标间是互逆关系，为了更好地实现其中一个目标，必须对第二个目标有所舍弃。原因很简单，对一个管理目标的刻意追求，必然会以牺牲另一个目标为代价。否则，为同时实现这两个目标，就必须追加手段。在国民经济管理实践中常常会因管理目标的互逆，而造成管理效果的递减。

基于国民经济管理目标间存在以上关系，国民经济管理目标的选择，应恪守和遵循如下几条基本原则：

1. 发展战略导向原则

就是说，国民经济管理目标的确定，必须以一定时期的经济社会发展战略为依据，并为其实现服务。发展战略与宏观经济政策之间的关系，简而言之，就是一种决定与被决定的关系，后者服从和服务于前者。比如，在当前和今后一个较长的历史时期内，宏观经济政策的制定和调整，就要充分体现确保国民经济稳定快速健康发展，促进经济结构进行战略性调整，以及不断提高广大城乡居民物质文化生活水平等方面的战略性目标及基本要求，并以此作为衡量经济政策目标选择是否正确、是否恰当的重要标志。

2. 国情原则

就是说一定时期的国民经济管理目标，应该与中国的基本经济制度、发展阶段、运行模式和其他的基本国情，以及该时期需着力完成的根本任务、需解决的主要困难和问题等等相适应，而不能照搬别国的什么“模式”。

3. 短期与中长期管理效应的有机结合原则

国民经济管理目标的确定和实施，不能仅仅着眼于眼前的调整，而需将其置于国民经济中长期可持续发展的框架中来加以全盘考虑。把短期的政策性调节同经济的中长期发展有机结合起来，使短期政策效应有利于而不是有损于经济的长期发展。

（二）国民经济管理目标的选择

国民经济管理目标的选择，包括重点目标、目标方向和目标度量的选择。

1. 重点目标的选择

重点目标一般是能够解决国民经济运行中的主要矛盾，并起到提纲挈领、纲举目张作用的目标。重点目标的实现，能够带动相关方面的发展，促进经济的持续稳定增长。重点目标不可能孤立存在，因此，还必须与非重点目标结合起来。

2. 目标方向的选择

任何一项目标都存在着正向和逆向两种方向。此外，还存在一种情况，即保持平衡状态和原有水平。不管哪种情况，都需要正确确定目标方向，以求目标选择符合客观实际。

3. 目标度量的选择

确定目标度量也是目标选择的内容。确定目标度量，就是在目标方向既定的条件下，确定其量的界限，使目标量化。目标量化，做到准确无误是很难的，但是大致符合实际是可以办到的。

第三节　国民经济规划

在实施国民经济发展战略中，国民经济发展规划担负着重大角色。在社会主义市场经济体制建设过程中，曾经一度对市场经济条件下是否还需要规划产生过疑问。但是随着社会主义市场经济体制的形成，人们越来越清醒地认识到：国民经济规划实际上发挥着经济宪章的作用；规划有助于实现经济和社会的协调发展；规划不仅能够解决市场失灵，也能够解决政府失灵；规划具有经济伦理作用①。国民经济规划是社会经济发展战略的具体化，是对战略的具体落实。继续在市场经济条件下推进规划和计划管理是中国特色社会主义市场经济一大亮点，也是市场经济条件下坚持计划主导型管理模式的具体展现。

一、计划与规划的区分与规划性质

“计划”和“规划”在语义上基本相同②。一般说来，计划与规划指的都是同一件事情，二者并无本质区别，人们在使用时可以通用。计划和规划是人们对事业的未来发展所做的部署和安排，是人们未来行动的准则和目标。列宁说：“任何计划都是尺度、准则、灯塔、路标等等。”③ 但是由于国民经济管理行动的差异，计划与规划在实际管理操作中出现了细微的差别。第一，时间上的差异。计划一般用来称呼有关短期的或近期的未来行动方案部署和安排，而规划则是用来称呼有关中长期或远期的未来行动方案部署和安排。第二，管理程度上的差异。受传统体制的影响，我国目前有些政府计划还与强制性和指令性有一定联系，而规划则基本没有这种联系，它完全是一种前瞻性、指导性、弹性的计划。在我国的有关文献和人们的口语中，习惯于将长期的（远景的）、纲要性的、重大的、专项性的计划叫作“规划”。计划可以指以年度计划为主要形式的短期计划，以五年计划为主要形式的中期计划，也可以指期限一般在十年以上的长期计划。规划由于期限较长，涉及的不确定因素较多，所以只是一个比较概略的远景计划，是纲领性的和轮廓性的远景计划。而中短期计划，各项因素的随机性相对较少，人们对经济发展的动态估计和预测也相对准确，因此，中短期计划不仅明确规定计划期内所要达到的各项计划指标，使长期计划得以具体化，而且还规定实现具体计划指标的措施和途径。

早在20世纪90年代中期我国编制第九个国民经济和社会发展五年计划时，就提出了计划向规划的转变。当时中央政府提出市场经济条件下的国家计划不同于计划经济时期的国家计划，要着力体现国家计划的宏观性、战略性和政策性。《关于国民经济和社会发展“九五”计划和2010年远景目标纲要的报告》提出计划要体现发展社会主义市场经济的要

---

① 刘瑞，武少俊．社会经济发展战略与规划：理论，实践，案例．北京：中国人民大学出版社，2006：156-164.

② 钟契夫，许光建．中长期发展规划的基础理论和方法．北京：中国计划出版社，2002：183-191.

③ 列宁．列宁全集：第41卷．2版．北京：人民出版社，1986：378.

求："要注重市场在国家宏观调控下对资源配置的基础性作用，突出国家计划的宏观性、战略性和政策性，发挥社会主义能够集中力量办大事的优势。计划指标总体上是预测性、指导性的，着重提出经济、社会发展的方向、任务以及相应的发展战略和措施，提出反映经济社会发展和结构变化的总量指标，以及若干具有全局意义的重大项目，其他一些指标和项目在今后的年度计划中安排。"以后根据计划变规划的实践经验，逐步形成了具有中国特色的国民经济规划性质：

第一，国民经济规划总体上是指导性的。要求中长期规划是粗线条的（不求详尽）、有弹性的（目标是一个容许浮动的区间）规划。详尽和具体特点在年度计划中反映。这就与计划经济下的国家计划总体上是指令性的、强制性的有了根本性区别。

第二，国民经济规划是宏观性的。规划在内容方面突出把握宏观大局，在实施规划方面突出依托宏观经济手段，在目标确定和政策选择方面突出国家的全局利益。这就与计划经济下的国家计划事无巨细、指标分解到微观主体、计划细化到微观领域相区别。

第三，国民经济规划是战略性的。规划要与战略保持统一，编制中长期规划实际上就是制定发展战略，年度计划不过是中长期发展规划或发展战略的具体化。这就与计划经济下的国家计划与发展战略相互脱节有了区别。

第四，国民经济规划是政策性的。规划要与政策保持协调，各项政策不仅是保障规划目标实现的手段，同时在编制规划时也要把制定政策同时考虑进来。通常，中期规划汇编成了一个政策集合。这就与计划经济下的国家计划与宏观经济政策相互脱节有所区别。

第五，国民经济规划是预测性的。规划的主要目标和实现情况都需要做出预测和判断，规划不仅要提出终极目标，也要提出阶段目标并依照规划进程实时更新下一步目标，给出任务完成情况分析和建议。这些预测为市场主体和各级各部门机构提供了权威性意见。而指令性计划是不具备这种功能的。

由于从"九五"计划期开始就努力实现从计划经济体制向市场经济体制的转型，经过"十五"计划时期，国民经济计划越来越变成市场经济的规划。所以到 2010 年编制第十一个中期计划时，中长期计划就更名为中长期规划，从形式上完成了从计划经济的计划向市场经济的规划的过渡。与此同时，主管计划管理的机构也逐步实现了计划委员会（1998 年以前）→发展计划委员会（2003 年以前）→发展与改革委员会（2003 年以来）的过渡。

二、国民经济规划体系

国民经济发展规划的任务和内容，要通过一定的规划体系和规划指标体系具体体现，因此，建立一个科学完整的规划体系和规划指标体系，是顺利实现规划任务的重要条件。

规划的内容与体系在不同社会制度、经济体制和社会环境下是不相同的。在我国社会主义市场经济条件下，中长期规划的内容，在一个相当长的时期内将以国民经济发展为主要内容，同时，还要不断加强社会发展的内容，例如人口控制、教育事业发展、劳动就业、居民收入、生活消费、社会保障、环境和资源保护、城市建设与管理、国防科技等。

国民经济发展规划由反映经济社会各方面活动的规划所组成，各个组成部分之间相互联系、相互制约，形成一个有机整体。所谓国民经济发展规划体系，就是国民经济规划各个组成部分有机结合的统一整体。依靠这个相互衔接、相互补充的规划网络即规划体系，才能对国民经济社会发展进行有效的规划。国家规划可以从不同的角度，按照一定的系列，形成一定的体系：规划的内容一般包括分析规划期国民经济和社会发展的总体态势，阐明国家对规划期经济和社会发展的基本方针，提出规划期经济和社会发展的重要目标，制定实现规划目标的重大政策措施。

在一个相当长的时期内，我国中长期规划的内容将包括以下五个方面：(1) 宏观经济的发展规划。宏观经济的发展是整个社会活动范围内市场总供求的动态均衡状况及变动趋势，这显然是国家发展规划应关注和部署的最重要的内容。(2) 经济社会的协调发展规划。经济社会的协调发展是一个国家可持续协调发展的重要层面，其范围很广，但就中长期发展规划，特别是对中国这样的发展中大国来说，主要有三个方面的内容：一是产业的协调发展，二是区域的协调发展，三是经济与社会的协调发展。(3) 制度的改革与发展规划。一定时期体制改革的方向、内容、方式、步骤等的部署和安排，是国家中长期发展规划体系中不可或缺的内容。对我国来说，建立和完善社会主义市场经济体制，为国民经济和社会发展提供强大动力和体制保障，是今后五年乃至更长一段时间的战略任务。(4) 对外开放发展规划。在现代市场经济中，国际资本市场、国际贸易、国际交往日趋多样化、综合化、一体化，一个国家的发展越来越依赖于国际环境和对外关系状况，对外开放发展规划很有必要。从世界各国对外开放发展规划的实践来看，主要有两个方面的内容：一是对外贸易发展规划，二是利用外资发展规划。我国第十个五年计划要求大型国有企业实施“走出去”战略，各个大型国有企业也就制定了向国外拓展的企业对外开放发展规划，有的企业已经取得了巨大成效。(5) 国家公共资金和资源的动员运用计划。在社会主义市场经济条件下，国家仍有必要直接掌握一定的资金和物质力量，用以引导全社会资金和资源的流向，弥补市场的缺陷，适时调节市场供求，保证国家重点生产建设的顺利进行和整个国民经济的协调发展。这类计划主要包括：政府收支（包括财政预算收支和不纳入财政预算管理的预算外收支）、财政投融资、政策性金融、国家外汇收支、国家统借外债和重要基础性商品的国家订货、国家储备、国家投放计划等。

中长期规划体系可以按不同的标识划分，比较重要的有以下几种：

1. 按规划涉及的领域分为：经济发展规划、科技发展规划、社会发展规划和生态环境保护规划

实行经济、科技、社会、生态环境协调发展的“四位一体”规划，是国民经济发展进入新阶段的客观要求和必然趋势。经济的发展要靠科学技术的进步，经济、科技的发展又是社会事业发展的物质基础，生态环境保护满足可持续发展需求，四者是相互促进和相互制约的。只有具备了这样一个内容完整的规划体系，才能促进国民经济的全面发展，更好满足人民的物质文化生活不断提高的需要，并为人的全面和可持续发展创造良好条件。

2. 按规划涉及的对象分为：综合规划、专项规划和项目规划

(1) 综合规划。综合规划是国家对规划期内国民经济的主要活动、科技进步和社会发展所做的全面规划、部署和安排，如五年期的国民经济和社会发展规划纲要，就是国家综合规划的基本形式。

(2) 专项规划是专门为了解决国民经济和社会发展中某一关键问题而制定的规划。

（3）项目规划。政府对于建设周期比较长、投资规模较大、影响较深远的建设项目，有必要做出独立的规划，纳入中长期国家规划体系，实行重点项目规划和监管。一般这些项目属于公共基础设施、重要经济社会项目、重大科技攻关项目、生态建设和环境保护等。例如，三峡工程项目规划、南水北调工程项目规划、西气东输工程项目规划、西电东送，等等。

3．按照规划主体的不同分为：中央规划、地方规划、行业规划和企业规划

（1）中央规划是指由国家规划职能部门制定的全国规划。各个中央政府职能机构编制的规划均属于中央规划范畴。

（2）地方规划是指以县级及以上地方人民政府制定的涉及综合和行业性质的规划。地方政府各个职能部门制定的行业规划均属于地方规划范畴。在特定时期，经过全国人大和国务院批准的重要地方规划也可以上升为国家战略和规划。

（3）行业规划是以特定行业为对象编制的中长期规划。

（4）企业规划主要是指大型企业或企业集团编制的规划。市场经济条件下，市场主体根据自身发展需要，通常也制定企事业规划。但是不是所有的企事业规划都要纳入国民经济规划体系。只有涉及国计民生重要领域的大型国有企事业单位才依据国家部署，编制相应的发展规划，以便于与国家发展战略保持协调。

目前我国国民经济计划的最高管理职能部门是国家发展和改革委员会，它会同其他中央管理部门编制的各个规划构成中央政府发展规划系列。地方政府规划也由地方发展和改革委员会负责编制。

应当看到，国民经济规划体系并非一成不变的。近20年来，涉及地理区位和土地环境资源的所谓空间规划崛起。由于卫星遥感技术和大数据技术的利用，空间规划越来越在国民经济规划体系中扮演重要角色，有可能与涉及产业发展和公共管理的发展规划并列为两大规划体系。

三、国民经济规划指标体系

目前我国国民经济计划管理的主要形式是选择、确定和落实国民经济规划指标，指标管理成为国民经济计划管理的主要内容。规划指标是规划内容、任务、目标的具体化和数量表现。国民经济发展战略和各项规划，需通过相应的规划指标来体现。一个完整的规划指标，通常是由指标名称和指标数值两部分组成。指标名称反映了经济和社会发展内容的特征，如国民生产总值、主要产品产量等。指标数值是指标名称的具体数字，它可以是绝对数，也可以是相对数。

（一）指标的意义

中长期规划的内容，例如目标、任务，既可以进行定性分析，也可以进行定量分析。规划指标是进行定量分析的工具。规划指标是规划内容、目标、任务的具体化和数量表现，国家发展规划指标是对国家未来社会经济发展的目标、规模、速度、结构、效益和效率等总体性活动的特征和状况的数量界定。规划指标的应用实际上深化了规划中的定性分析，给定性分析以明确的数量概念。这对中长期规划是非常重要的。我国的中长期规划不可能没有指标。

（二）指标的特点

1. 指标的数量

在计划经济时代，国民经济规划指标是比较详尽的，可以说无所不包。但是从 20 世纪 80 年代中期起，随着国民经济计划管理体制的改革，计划指标分成了指令性与指导性两大类。从“七五”计划开始，政府大幅削减了指令性指标、实物性指标和生产性指标。例如，1979 年以前，国家计委管理的工业指令性计划产品有 120 多种，到 1998 年只剩下 5 种。目前只保留了极少数指令性指标，如货币发行量、有价证券发行总量、借用国际商业贷款，以及少量的重要生产物资分配额和社会指标。

2. 指标的性质

规划指标按其性质的不同，可以分为指令性指标和指导性指标。指令性指标是由国家下达的具有强制性和约束力、必须保证严格执行的指标。指导性指标是不具有强制性、主要运用经济手段促使其实现的指标。计划经济体制下，计划作为配置资源的唯一手段，是指令性的。国家通过指标的层层分解和下达直接指挥企业的生产活动。计划需要对大量的指标进行测算，由于客观环境中的不可知因素大量存在，具体指标数值往往难以准确预测。指标越细，就与客观实际的误差越大，削弱了计划的科学性，降低了计划的权威性，使基层单位丧失了生产经营活动的主动性和活力，限制和束缚了社会生产力生动活泼的发展。在社会主义市场经济体制下，中长期规划总体上是指导性的，指导性指标是规划指标的主要形式。指标的作用大大改变。规划指标主要是向国内外表明政府对规划期发展目标的预期，表明政府宏观经济政策的基本取向，表明政府宏观调控的基本方针和政策目标，对市场主体起信息导向作用。规划指标一般也不分解下达。

但由于国家计划经过人民代表大会审议通过，具有法律效力，是政府经济社会管理工作的基本依据，政府的有关部门有责任采取各种必要的政策措施，努力保证规划的实施和规划目标的实现，因此，对各级政府和有关职能主管部门而言，计划具有一定的约束力。另外，少数规划任务和规划指标对某些主管机构和地方政府，如财政收支、货币发行、耕地面积、人口增长、粮食收购等，在一定情况下带有指令性计划指标的某些特征。

3. 指标数值的确定

计划经济时期，计划指标是指令性的，国家通过计划指标的完成情况来考核各级政府和各个企业的工作业绩。因此，指标数值的确定是明确的、唯一的。在市场经济下，国家计划是指导性的，计划指标主要是表明国家的意图，引导各个市场主体的行为。计划指标也失去了确定唯一的数量规定的必要性，国家计划中的大部分指标可以用一个区间值来表现。

（三）指标的内容

国家发展规划的各项指标不是彼此孤立的，而是互相联系的，从而构成一个完整的国家发展规划指标体系。根据规划指标在规划中的作用，可以把规划指标分为以下三类：

1. 目标性指标体系

宏观经济目标是国家在宏观经济管理方面所要达到的国民经济运行状况的预定目的。

这一预定目的通过目标性规划指标进行反映。目标性规划指标是以科学预测为基础，体现政府宏观调控意图的计划指标。

（1）反映宏观经济发展总量目标的综合指标。包括：反映发展规模的总量指标、反映发展总水平的人均量指标、反映宏观经济发展状况的相对指标。

（2）反映结构协调发展的结构指标。包括：反映各产业特别是三次产业构成情况的结构指标、反映区域关联和区域差异的结构指标、反映收入分配状况的结构指标、反映消费支出构成情况的结构指标、反映投资积累构成情况的结构指标。

（3）反映社会发展规划目标的评价指标。包括：反映物质基础设施建设情况的指标、反映人口和人力资源情况的指标、反映精神文明基础建设情况的指标。

（4）反映社会环境和社会保障发展规划目标的度量指标。包括：反映劳动力就业状况的指标；反映社会保险普及情况的指标；反映环境保护程度的指标；其他指标，如反映困难救济、打击刑事犯罪、维护公共安全等方面规划目标的指标。

（5）反映国际关系发展规划目标的各项指标。包括：反映对外贸易发展规划目标的指标、反映利用外资发展规划目标的指标、其他国际关系方面的规划指标。

目标性规划指标对各级政府、各有关职能部门具有一定的约束力，是制定各种宏观经济政策和综合运用各种经济调节手段的出发点和归宿。政府有关部门应通过间接调控和必要的协调，促进重要目标性规划指标的大体实现。

2. 核算性指标体系

国民经济核算体系（SNA）是中长期发展规划指标体系设计的统计核算基础，因此，设计中长期发展规划的指标体系，必须全面研究和利用国民经济核算体系，使规划指标体系的设计具有可操作性的统计核算基础。中长期规划的核算指标体系应以国民经济核算体系为基础，由如下几组指标系列组成：

（1）反映宏观经济总量关系的核算指标。主要包括：总供给与总需求指标、总储蓄与总投资指标、金融资产与负债指标、国际收支指标。

（2）关于国民经济结构分类的核算指标。包括：产业部门分类指标、机构部门分类指标、其他各种经济特征分类指标。

（3）反映结构协调发展能力的指标。包括：产业关联度、产业高级化水平、区域产业均衡化程度、高科技产业规模、生态产业比重等。

（4）评价国家国际竞争力的核算指标。包括：综合竞争力指数；要素竞争力指数，如产业竞争力、企业竞争力、科技竞争力、基础竞争力、金融竞争力、人力资本竞争力、政府管理竞争力和国际化竞争力等竞争力指数；平衡竞争力指数。

3. 调控性指标体系

国家发展规划是国家进行宏观经济管理的行动方案，各级政府应当运用一切可以运用的手段和工具促进规划目标的实现。反映国家可以利用的手段和工具的指标构成调控性规划指标体系，其中最重要的是国家公共资金与资源的动员运用指标。

调控性指标体系不是固定不变的，可以根据各个时期国民经济发展和宏观调控的需要，适当调整指标设置。目前我国调控性规划指标主要有货币发行量、银行信贷规模、有价证券发行规模、财政收支差额、当年新增中长期债务总规模、国家外汇、国外借款和重要商品的国家订货、国家储备及投放的指标，还包括生产领域和社会发展领域中少数指令性规划指标。通过对这些指标的确定，国家运用直接掌握的一定资源手段，引导全社会资源的流向，对市场进行即期调节，补救和矫正市场的波动性、盲目性和短期行为，保证重点建设项目，促进中长期规划目标的实现。一般而言，具有敏感性的调控指标并不定期公布，而适合于内部性和不定期掌控，便于灵活应对经济运行中的局面，提高国民经济管理的灵活性和效率。

从第十一个五年规划期开始，规划文件对外公布了主要的预期性和约束性两类指标。这两类指标均属于目标性指标，但是预期性指标具有核算性功能，而约束性指标具有调控性功能（见表4-1、表4-2）。

表4-1　　中国国民经济和社会发展第十一个五年规划主要指标

类别	指标	2005年	2010年	年均增长（%）	属性
经济增长	国内生产总值（万亿元）	18.2	26.1	7.5	预期性
	人均国内生产总值（元）	13 985	19 270	6.6	预期性
经济结构	服务业增加值比重（%）	40.3	43.3	[3]	预期性
	服务业就业比重（%）	31.3	35.3	[4]	预期性
	研究与试验发展经费支出占国内生产总值比重（%）	1.3	2	[0.7]	预期性
	城镇化率（%）	43	47	[4]	预期性
人口资源环境	全国总人口（万人）	130 756	136 000	<8‰	约束性
	单位国内生产总值能源消耗降低（%）			[20]	约束性
	单位工业增加值用水量降低（%）			[30]	约束性
	农业灌溉用水有效利用系数	0.45	0.5	[0.05]	预期性
	工业固体废物综合利用率（%）	55.8	60	[4.2]	预期性
	耕地保有量（亿公顷）	1.22	1.2	−0.3	约束性
	主要污染物排放总量减少（%）			[10]	约束性
	森林覆盖率（%）	18.2	20	[1.8]	约束性
公共服务人民生活	国民平均受教育年限（年）	8.5	9	[0.5]	预期性
	城镇基本养老保险覆盖人数（亿人）	1.74	2.23	5.1	约束性
	新型农村合作医疗覆盖率（%）	23.5	>80	>[56.5]	约束性
	五年城镇新增就业（万人）			[4 500]	预期性
	五年转移农业劳动力（万人）			[4 500]	预期性
	城镇登记失业率（%）	4.2	5		预期性
	城镇居民人均可支配收入（元）	10 493	13 390	5	预期性
	农村居民人均纯收入（元）	3 255	4 150	5	预期性

注：[ ] 内均为5年累计数。

表 4-2　　中国国民经济和社会发展第十二个五年规划主要指标

类别	指标		2010 年	2015 年	年均增长（%）	属性
经济增长	国内生产总值（万亿元）		39.8	55.8	7	预期性
	服务业增加值比重（%）		43	47	[4]	预期性
	城镇化率（%）		47.5	51.5	[4]	预期性
经济结构	九年义务教育巩固率（%）		89.7	93	[3.3]	约束性
	高中阶段教育毛入学率（%）		82.5	87	[4.5]	预期性
	研究与试验发展经费支出占国内生产总值比重（%）		1.75	2.2	[0.45]	预期性
	每万人口发明专利拥有量（件）		1.7	3.5	[1.6]	预期性
资源环境	耕地保有量（亿亩）		18.18	18.18	[0]	约束性
	单位工业增加值用水量降低（%）				[30]	约束性
	农业灌溉用水有效利用系数		0.5	0.53	[0.03]	预期性
	非化石能源占一次能源消费比重（%）		8.3	11.4	[3.1]	约束性
	单位国内生产总值能源消耗降低（%）				[16]	约束性
	单位国内生产总值二氧化碳排放降低（%）				[17]	约束性
	主要污染物排放总量减少（%）	化学需氧量			[8]	约束性
		二氧化硫			[8]	
		氨氮			[10]	
		氮氧化物			[10]	
	森林增长	森林覆盖率（%）	20.36	21.66	[1.3]	约束性
		森林蓄积量（亿立方米）	137	143	[6]	
人民生活	城镇居民人均可支配收入（元）		19 109	＞26 810	＞7	预期性
	农村居民人均纯收入（元）		5 919	＞8 310	＞7	预期性
	城镇登记失业率（%）		4.1	＜5		预期性
	城镇新增就业人数（万人）				[4 500]	预期性
	城镇参加基本养老保险人数（亿人）		2.57	3.57	[1]	约束性
	城乡三项基本医疗保险参保率（%）				[1]	约束性
	城镇保障性安居工程建设（万套）				[3 600]	约束性
	全国总人口（万人）		134 100	＜139 000	＜7.2‰	约束性
	人均预期寿命（岁）		73.5	74.5	[1]	预期性

注：[ ] 内均为 5 年累计数。

海南省经国务院批准，从 2015 年开始将属于空间类型的六个规划合并，实行“多规合一”改革。在改革之前，海南省的空间类型规划存在六大规划并行的局面。主体功能区规划、生态保护红线规划、城镇总体规划、土地利用总体规划、耕地保护规划、海洋功能区划，分别由发改委、环境保护、建设、国土、林业等相应政府职能部门负责编制实施。这种多规并行造成了规划重叠、指标不统一、规划效率低等问题。实行“多规合一”之后，六个空间类规划合并为一个总体规划，协调了空间规划部署行动，规划指标简化统一，有利于一张蓝图干到底。类似的规划改革也在厦门、宁夏、广西等地推进。

四、国民经济规划方法

从总体上讲，国民经济规划方法分成预测方法、编制方法、实施方法和评价方法。

（一）预测方法

预测方法一般有传统方法和现代数量预测方法。传统方法主要依赖国民经济管理专家的丰富阅历经验和知识，对未来国民经济主要参数的变化趋势做出预测。对传统方法进行改良的德尔菲法，把专家个人的意见整合成集体意见，消除了因专家之间的个人差异而带来的预测不准问题。现代数量预测方法利用了数量经济模型、统计数据和计算机技术，对国民经济活动进行趋势外推和模拟演示。趋势外推法是使用最多的数量方法。在进行具体趋势推断时，采用的外推工具有移动平均数法、时间序列分析法等。趋势外推法优点是方法简单、计算方便、数据易得，其缺点是因基于历史数据而向后推，带来的不确定性因素增多，而使得推断精确度下降。模拟法是比趋势外推法更先进的预测数量方法，利用了系统动态学原理，但模型构造复杂，建模条件严格，因此并不常用。各种预测方法并不存在高下之分，主要是看它们是否能够满足既定条件下的预测目的和要求，往往实用的方法就是最好的方法。

（二）编制方法

编制方法按照其内容和特点可以分为两类，即传统的经济规划方法和现代的经济规划方法。传统的经济规划方法是在充分发挥人们认识客观经济规律的主观能动性的基础上，对经济运行中的关系以简单的比例关系测算或推算的规划方法。现代的经济规划方法是突出表现国民经济系统的动态非均衡发展趋势，以系统论为基础，以电子计算机为工具，揭示经济主体之间复杂联系的规划方法。其中也包括那些国内外近期开发推出的且有较好应用前景的，但尚未广泛实际运用的能代表创新趋势的规划方法。

传统的经济规划方法如下：

1. 系数法

系数法又称比例法。所谓系数即指两个或多个经济变量之间相对稳定的依存关系的数量表现，利用这一数量来推算规划期的有关规划指标。

2. 定额法

定额法又称技术经济核算法，或称参数法。所谓定额，一般是指在一定技术条件下，人力、物力、财力的利用或消耗所应达到的标准。

3. 速度比例法

速度比例法即用某一单项指标在过去规划期的动态速度来估算计划期的动态增速，并根据规划期的条件和其他有关的规划指标予以适当调整后作为规划指标。举例来说，将“七五”计划中国民生产总值的动态增速结合“八五”计划中有关的计划指标予以调整，即作为“八五”计划中国民生产总值增速的计划指标。

4. 因素分析法

单项计划指标的制定中，除上述三种方法之外，还有因素分析法。因素分析法是把质的分析与量的计算有机结合起来确定计划指标。质的分析即运用经济学理论分析影响某项计划指标的因素，进而计算诸因素对该项计划指标的影响程度。由此推算出最终的计划指标。比较而言，这一方法尽管操作起来较复杂，但是，由于此法考虑了其他因素对计划指标的影响，并依据关系式进行量的测算，因而，这样形成的计划指标比前述三种明显具有更高的实际应用价值。

5. 目标推算法

目标推算法也称最终年指标推算法。不过这两种计算公式虽相同，但是内容与用途各异。前者一般适用于长期规划的计算，后者一般适用于中期计划的计算。所谓目标推算法，是根据党和国家所制定的长期战略目标中的定量部分，从后往前推算，计算出为达到战略目标，国民经济应按什么样的速度和轨迹发展。

最终年指标推算法的含义与目标推算法相同，只是最终年一般指的是中期计划中的最终年，而且要在计算出计划期最后一年的主要产品产量与生产总量指标后，才能用最终年指标推算法计算计划期要达到的经济水平发展速度。当最终年是指长远规划的目标年份时，它就与目标推算法相同。

6. 综合平衡法

综合平衡法就是根据客观经济规律的要求，从全局出发，统筹兼顾，合理分配全社会的人力、物力、财力资源，使社会总供给与总需求平衡，实现国民经济各部门和社会生产各环节的有计划按比例协调发展。综合平衡是建立在单项平衡和局部平衡的基础上的。所谓单项平衡是单一产品的资源供给和需要的平衡，而局部平衡是对某个部门、行业、地区以至企业各项活动的平衡。综合不是单项平衡和局部平衡的简单汇总，而是有机综合，但单项平衡和局部平衡是综合平衡的基础，应服务于综合平衡。综合平衡法的基本形式是编制国民经济平衡表，用以建立和协调国民经济各方面的比例关系。综合平衡法在计划经济时代以编制综合财政信贷计划为主要内容，同时各个单项平衡计划如财政收支、信贷收支、外汇收支和物资供销计划与其相配套。实行市场经济体制以后，由于综合平衡方法的编制基础有所改变，经济平衡协调发展思想被别的发展理念所取代，所以按照综合平衡方法编制的计划基本放弃。在积极贯彻落实科学发展观的今天，如何重新运用综合平衡法建立起基本的规划平衡体系是值得重视和探讨的命题。

现代的经济规划方法如下：

1. 投入产出分析方法

投入产出分析方法是研究经济系统各部门、各行业及企业内部各个产业之间的经济技术联系和相互依存关系的数量经济分析方法。投入产出分析最初是由美国经济学家列昂惕夫提出的，该方法具有极强的综合平衡功能，而且既适用于宏观经济，又适用于微观经济，在世界经济范围内得到广泛的研究和应用。

2. 经济计量方法

经济计量方法是研究经济运行及其结构变动趋势的测定方法，它根据一定的经济理论，运用数理统计方法，对实际经济统计资料进行计量分析，以预测未来和规划政策。经济计量学有“理论经济计量学”和“应用经济计量学”之分。“理论经济计量学”偏重于研究模型参数的估计方法和检验方法，主要工具是数理统计；“应用经济计量学”则是在一定经济理论指导下，根据实际统计资料，运用经济计量方法、研究各种具体经济问题的学科，它主要通过各种函数形式（如需求函数、消费函数、生产函数、投资函数）来研究各种需求和生产问题。

3. CGE 模型

CGE 模型是可计算全部均衡模型（computable general equilibrium）的缩写，这是一个以全部均衡论为基础，并可以实际操作、计算和应用的经济数学模型。它主要包括三个组成部分：生产供给模型、最终需求模型、价格决定模型。

4. 系统动力学方法

系统动力学（system dynamics）最初是在工程技术中应用，在被引介到社会经济管理领域以后得到了广泛的应用。国内外都研究出比较成功的系统动力学模型来解决社会经济问题，较典型的是 1970 年美国麻省理工学院的福莱斯教授在罗马俱乐部会议上阐述了用系统动力学的方法对世界发展的平衡与长期发展趋势进行研究的必要性与可能性，对世界资源的枯竭提出了警示。系统动力学理论是建立在系统论、自动控制理论和信息论的基础上，即依靠系统论分析系统的结构和各个层次，以及自动控制论中的反馈和调节原理、信息论中信息传递原理来描述系统。同时系统动力学又建立在电子计算机系统仿真的基础之上，将所研究的对象通过计算机进行仿真或模拟，分析结构，研究趋势，找出规律性的东西，它适合分析和研究复杂的社会经济系统。系统动力学的研究方法是首先把对象结构分析清楚，特别注意结构的内在联系，即结构中各主要因素的相互作用——因果关系。结构分析清楚了，反映了客观实际情况，就可通过因果反馈图和系统流程图建立系统动力学方程，所有方程的组合就构成了系统动力学模型。

（三）实施方法

国民经济计划的实施依靠的是一系列国民经济管理手段，所以国民经济计划实施方法就是各种国民经济管理手段的运用，包括国民经济政策、国民经济立法，以及行政的、经济的、法律的、思想道德的手段。总之，一切的国民经济管理手段都可以用来实施国民经济计划。

（四）评价方法

对国民经济计划实施结果进行评价总结，也是非常重要的管理内容。评价的基本形式和内容就是度量和比较在上下计划期间国民经济的变化。根据评价要求，此方法可以分成综合评价方法和单项评价方法。综合评价方法通常采用一组国民经济指标，进行必要的加权处理和计算，得出一个综合值来。对这个综合值进行排序或前后比较，就能反映出计划期间国民经济的实际变化情况。单项评价是就国民经济计划中提出的某些特定目标和任务进行重点评价。这些评价必须根据计划要求，紧密围绕专项要求进行前后对比或者是横向比较。

五、国民经济规划管理过程

根据我国制定中长期规划的实践，特别是改革开放以来制定规划的实践，规划的管理过程一般包括前期研究，规划草案的编制，规划的审核、批准与调整，规划的发布和下达实施，规划实施中的检查、监督与考核以及规划后评价等主要阶段。

（一）前期研究

中长期规划对前瞻性和战略性体现比较充分，初步规划方案的制定要求也比较高。要进行科学的规划，首先必须做好规划的前期工作，提出各种初步的规划思路。前期研究的意义非常重大，其工作扎实与否和质量高低，直接关系到以后的规划编制、审核和实施。过去传统规划对前期研究不够重视，现在需要给予充分重视，因此，整个规划的编制工作重心需要前移。中长期规划前期研究一般是从新规划期的前两年时间开始的。

规划的前期研究的主要任务是：（1）对正在实施的规划进行评价和总结，包括规划目标和任务完成情况，当期国民经济和社会发展的成绩、经验和问题等。（2）对下一个规划期面临的主要矛盾、国内和国际政治经济环境的变化、进一步发展的基本条件、需要解决的主要问题、需要采取的重大措施等进行研究，提出中长期规划的基本思路和设想。

随着社会主义市场经济体制的建立，规划前期工作越来越多地借鉴市场经济规划管理经验。除规划部门继续履行规划管理工作职责外，还采取了如下改进工作：内部选题调研、外部课题委托、公开课题招标、组织规划座谈和听证、公开征集建议①。

（二）规划草案的编制

国务院各部门和各地区及有关企业集团接到国家规划部门编制规划的通知后，结合自身的实际情况，提出自己的规划建议。在此基础上，国家规划部门首先研究编制分项规划草案，经过反复协调和综合平衡后，研究编制国民经济和社会发展主要规划指标草案和总体政策框架，对于重大规划的起草工作，可抽调一部分研究人员参与起草或协商定稿。在征求各主要综合部门意见后上报国务院。然后，根据国务院的指示精神，规划部门再遵循工作流程进一步修改规划。

规划一旦制定并实施后，一般就不再变动。但经济现实情况是处在不断变化的过程之中的。显然不变的规划难以应付多变的实情。而实情的多变又无法控制，人们所能做的只是以多套规划方案来应付多变的实情。一旦出现新情况时，就需要对规划进行必要的调整。

（三）规划的审核、批准与调整

按照一般做法，全国中长期规划经过内部编制完成之后，首先要举行各种会议充分听取各地区、各部门和有关企业集团的意见；然后将经过调整后的规划草案提交国务院内部审议，经调整后再交党中央全体委员会审议。经过这两次重要的实质性审议和修改后，最后正式提交全国人民代表大会审议。在得到全国最高权力机构的批准后，中长期规划就完成了必要的法律审批程序，成为具有法律效力的文件。

规划草案编制后，应检查规划是否存在与客观实际的偏差，如果存在较大的偏差就应采取适当的纠正措施，包括草案的调整和目标的调整。事实上，规划调整是经常存在的。规划所涉及的期限越长，不确定因素也就越多，所进行的调整也会越重要。对于长期规划来说，情况显然是如此。即使是五年规划，也应根据情况进行调整。

---

① 钟契夫，许光建．中长期发展规划的基础理论和方法．北京：中国计划出版社，2002：99.

在规划审核调整阶段，召开全国性的规划会议是非常必要的，只有让各地、各部门、各企业集团主要领导人都知道这一时期规划的有关问题，充分让各地、各部门、各企业集团发表不同的意见，考虑它们的利益要求，才能减少规划执行过程中的盲目性和困难。在听取了各方面的意见之后，规划起草委员会对规划草案做出调整、修改和补充。所以，在制定规划过程中，中央与地方、规划部门与其他经济管理部门、国家与企业间协商、协调的过程，也就是各种信息交流的过程，是加深对经济社会发展的认识，不断修正、摒弃片面的、不切实际的认识和估量，更接近真理的过程，因而可以使国家规划的决策更具有科学性、可行性。

（四）规划的发布和下达实施

国民经济和社会发展规划草案经全国人民代表大会批准后，由国务院负责组织各级政府、经济管理机关和企业贯彻执行。第一步是规划的下达，即把国家总规划分解下达到各部门和各省区市，并逐级采取不同形式下达到实施规划的各个单位。

组织规划实施是国民经济规划管理工作的关键阶段。保证国民经济和社会发展规划任务的顺利实现，是政府、企业和广大劳动者的共同职责。组织国民经济规划实施工作的内容包括规划下达的形式、规划实施的社会机制的运用、规划实施过程中的协调工作、规划实施的信息管理及规划实施中的控制等。

（五）规划实施中的检查、监督与考核

编制、下达和实施规划，只是国家规划管理工作中的一部分，要保证规划目标的实现，还必须对规划实施情况进行经常的、系统的检查和监督。规划实施的检查和监督就是规划管理机构为了及时发现规划实施过程中存在的问题而对规划实施的重要环节进行跟踪观察。规划实施的考核就是规划管理机构对规划执行的地区、部门、单位完成指标情况的考查。规划实施中的检查和监督是评估考核规划管理过程中必不可少的环节。因为编制规划是规划全过程的开始，从搜集规划信息时起，到产生规划时止，只是完成了规划的第一步——有了规划。只有当规划变成现实时，才是完成了规划的整个过程。所以，有了科学的规划，不等于万事大吉，只有在规划的实施过程中，及时了解规划任务的落实情况和执行中存在的问题，加强对规划执行情况的监督检查，使规划目标能够按质按量地完成，才是一个科学的、完整的规划进程。按照预定的规划目标，检查其实际完成的程度，保证实现规划目标和任务，是科学的规划产生以后的头等重要的任务，这也是为什么强调必须检查监督规划完成情况的主要原因。为了使国家规划执行得很好，要充分总结规划制定和实施中的成功经验，吸取失败的教训，很有必要对规划实施进行评估与考核。

（六）规划后评价

规划后评价是在规划实施一段时间或规划结束后，对规划的目标、效益、影响和守法等情况所进行的系统的、客观的总结和分析。通过对规划活动实践的总结分析，确定规划预定的目标执行或完成的情况，主要的效益指标完成的情况，对于经济发展和社会进步的影响如何，规划执行当中的守法情况如何；通过分析评价，找出规划执行过程中出现的问题并提出改进意见，分析规划成败的原因，总结经验教训，并通过及时有效的信息反馈，为未来新规划的决策和提高新规划的科学性提出建议，从而能够提高规划的合理性、有效性、适宜性、科学性和预见性，全面贯彻综合规划的意图。

规划后评价是一项新的评估工作①。一般说来，对规划中的工程项目进行评估工作的条件已经成熟。因为各个工程项目实施单独编制，具有明确的项目负责人和明确的项目目标等评估因素，因此进行项目完成以后的评估管理是完全可以做到的。然而对于规划本身进行评估，由于存在许多不确定因素，评估对象模糊，评估因子含糊，因而进行规划后评估具有一定难度。但是加强规划后评估对完善规划管理工作具有积极意义，因此应当积极探讨和推进该项工作。

上述初步规划方案的前期研究，规划草案的编制，规划的审核、批准与调整，规划的发布和下达实施，规划实施中的检查、监督与考核，规划后评价是密切联系、不可分割的一个统一过程，表明了规划制定和实施的科学程序。

从 2008 年起，我国中央和地方政府开始对五年中期发展规划实施情况开展中期评估，从而加强了规划实施的有效性和提高了规划指导的科学性。图 4－2 是依据我国从“一五”计划到“十二五”规划的规划目标值和实际值之间的差距而绘制的，从中可以看出我国中期计划（规划）实施绩效情况②。

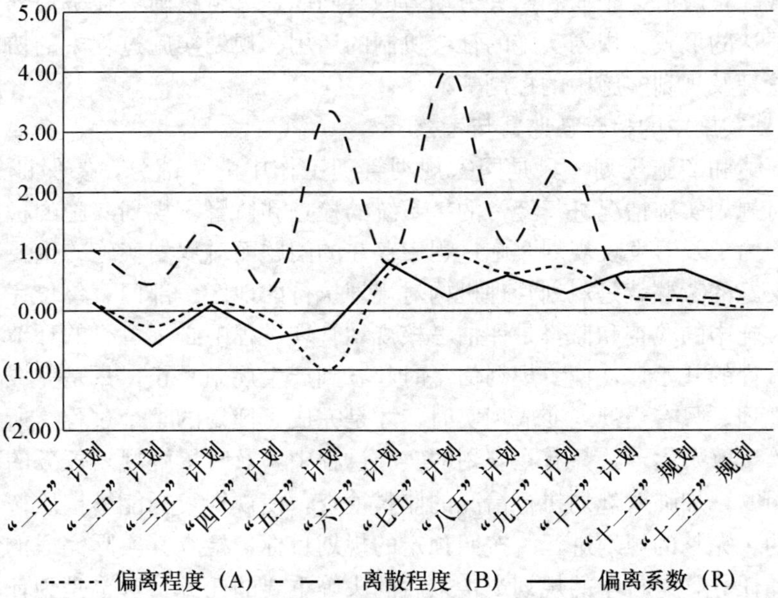

图 4－2　中国中期计划（规划）实施绩效图（1952—2015 年）

小　结

国民经济决策与规划是相互联系的国民经济管理行动。国民经济决策属于重大决策，是有关未来各种国民经济管理行动及方案所做的选择和决定。国民经济规划是对未来国民

① 钟契夫，许光建．中长期发展规划的基础理论和方法．北京：中国计划出版社，2002：第五章．

② 李善同，周南．“十三五”时期中国发展规划实施评估的理论方法与对策研究．北京：科学出版社，2019：第 4 章．

经济和社会发展所做出的方案与设计。国民经济决策涉及的内容包括目标、方案、投资、项目等。其中选择国民经济管理目标是最重要的决策内容，我国国民经济管理目标分成经济目标和社会发展目标，包括促进经济增长、增加就业、稳定价格总水平、保持国际收支平衡、人口控制、调整居民收入差距、保持社会稳定和环境保护等。要避免国民经济决策发生重大失误，必须遵循合理的决策程序和采用科学的决策方法。我国社会主义市场经济条件下的国民经济规划，具有指导性、宏观性、战略性、政策性、预测性属性。要充分发挥规划对国民经济和社会发展的引领作用，需要建立和完善一整套各个规划组成部分有机结合的规划体系和规划指标体系，需要采用实用有效的规划方法和工具，也需要不断的改进和完善我国的规划管理体制，需要按照规划的全过程完善每个环节的管理工作，提高规划管理绩效。

思考题

1. 国民经济决策的意义是什么？
2. 国民经济决策与预测、规划之间是什么样的关系？
3. 完善国民经济决策应当从哪些方面着手推进？
4. 以实际生活中一项重大决策给国民经济发展带来的负面影响说明如何改进决策。
5. 中外国民经济管理目标有哪些异同？
6. 市场经济条件下为什么还需要规划和计划？
7. 计划经济体制下的计划与市场经济体制下的规划有何异同？
8. 规划、计划与指标、方案是什么样的关系？
9. 规划体系和指标体系应当包括哪些内容？
10. 规划方法有哪几种？
11. 规划后评价实施的重点和难点在哪里？
12. 什么是“多规合一”？
13. 如何评价中期规划的实施绩效？
14. 如何评价短期计划的实施绩效？

第五章

国民经济组织与调控

在市场经济条件下，既要充分发挥市场机制的作用，又要加强宏观管理和调控。这是实现国民经济正常运行的重要保证。按照国民经济管理目标要求制定出来的规划，需要通过组织行动加以落实。同时，国民经济管理主体要密切监管国民经济运行，对出现严重干扰国民经济有序有效运行的问题，采用适宜的手段加以调控干预。于是，国民经济的组织与调控，便成为国民经济管理过程的有机组成部分。国民经济管理通过组织形式而落到实处，又通过调控而发挥其有效性。

第一节　国民经济管理组织

国民经济管理组织通常是指政府部门中从事经济管理的机构，以及在这些机构中按照职责分工行事的工作人员。从更宽泛的意义上讲，它包括所有参与国民经济管理活动的政府组织和非政府组织及其工作人员。国民经济管理组织是政府经济职能得以有效发挥、经济管理目标得以实现的体制保证。

一、建立国民经济管理组织的原则

国民经济管理组织是基于民主集中制原则之上的严密体系。这一基本原则要求国民经济管理组织的建立及其职能的划分既要有利于充分调动各个层级的积极性和创造性，建立合理的分层管理和分工协作关系，又要做到统一指挥、协调行动。经过对长期经验教训的总结与归纳，我国就国民经济管理组织如何建立和健全形成了一些基本原则。

1. 政企职责分开原则

市场经济条件下，政府的主要经济职能是进行宏观调控，减少对经济活动的直接行政干预和微观事务管理。政府在制定经济发展规划、确保社会稳定和发展、完善市场经济的微观基础、承担提供公共服务等方面发挥重要作用，而不应介入一般竞争性的领域，以避免既当裁判又当运动员，陷入具体的事务而不能有效地承担其公共服务的职能。

2. 精简原则

所谓精简，一是指机构数量要少，机构规模要小，机关人员要少，机构层次要少；二是指机构的职能配置要合理，将管不了、管不好也不该管的事务分离出去；三是指机关人员素质要高，精简机构，必须依靠精干的人员来运作。

3. 统一原则

市场经济条件下的国民经济系统是庞大而复杂的有机整体。一方面，各参与主体应充分发挥主观能动性，各显其能；另一方面，预定的经济管理目标只有在国家统一调控下各部门协调行动才能得以实现。这就要求组织的设立必须体现统一原则：下级服从上级，地方服从中央，部分服从整体，局部服从全局；行使基本职能的部门要上下对口设置，保证统一指挥，政令畅通和信息及时反馈。

4. 合理分工原则

各个国民经济管理组织都有自己的职责和分管业务，建立相应的组织也需要经过必要论证和法定程序。随着国民经济环境的变化，有些组织的功能在退化，有些组织的功能则需要强化。因此，要随时根据变化的形势及时调整国民经济管理组织，保证各个组织之间的分工明确和职责清晰，避免组织重叠与功能重复。

5. 效能原则

在信息化时代和市场经济条件下，国民经济管理更是要讲求效能。国民经济管理活动一方面要考虑投入与产出之比，要求以最少的人力、物力、财力消耗获得最大的经济效益和社会效果；另一方面要提高效率，克服官僚主义，不断改善运行程序，明确办事规则，加强立法，提高效能。

二、政府经济管理组织

国民经济管理组织是实施管理任务的载体。各个载体之间相互联系、相互制约，从而形成国民经济管理的组织系统。这个系统既包括政府组织，又包括非政府组织。我国国民经济管理的政府组织系统根据职能分工和行政区划两条线划分形成，从而形成所谓条块关系。

当前，我国政府经济管理组织的主要划分情况是：(1) 按照行政区划分成国家（国务院）、省（含自治区、直辖市和特别行政区）、地市、县、乡镇五级。国务院是我国的中央人民政府，是最高国家权力机关的执行机关和最高国家行政机关。以国务院为塔尖，按照中央和地方政府两个系统组成严密的管理网络，往下各个层级的经济管理部门也依此组建集权管理模式的金字塔形组织结构。其纵向层级结构如图 5-1 所示[①]。(2) 各级国民经济管理组织又按照职能分工原则分成两大部门：综合部门与专业部门。专业部门承

① 夏海. 中国政府架构. 北京：清华大学出版社，2001：11.

担经济行业的管理任务，综合部门承担协调专业部门之间的关系和进行整体性经济管理的任务。

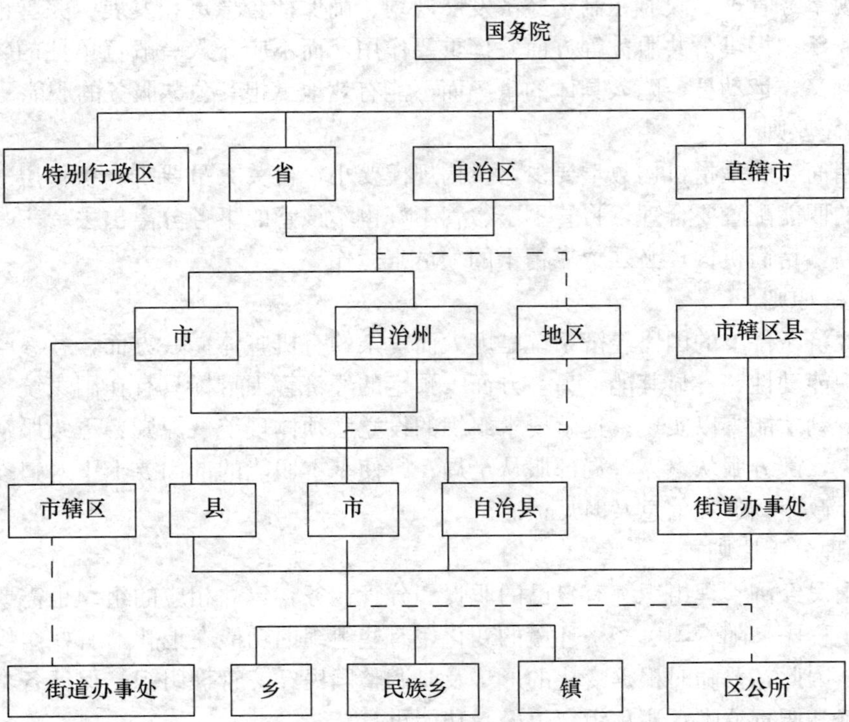

图 5-1　中国政府纵向层级结构简图

注：(1) 地级市范围内的县级市系由省直辖，地级市代管；(2) 不设区的市也可设立街道办事处；(3) 虚线部分为派出机构。

我国总体上推行的是单一制国家制度下的集权化管理组织形式，这种组织形式具有管理职责明晰、组织动员能力强和运行效率较高的基本制度优势，但是面对日趋复杂的市场经济环境，也需要做出必要的调整。世上没有一成不变的组织结构。进入 21 世纪之后，为适应社会主义市场经济体制对政府职能转变的要求，从中央到地方都在进行调整。

(一) 中央国民经济管理组织调整

改革开放以来，我国一直在对源于计划经济时代的中央管理组织架构进行不断调整。1998 年的国家机构调整是适应国民经济体系进入市场经济体制轨道的第一次重大调整。基本形成了面向市场经济体制的国民经济管理组织架构。这个架构基本上由四个部门系统构成。

1. 宏观调控部门

主要包括行使战略与规划、投资项目审批、体制改革、财政收支和财税政策、货币发行和金融政策等宏观调控职能的机构。目前主要组成部门是国家发展和改革委员会、财政部、中国人民银行。

2. 专业经济管理部门

保留必要的专业经济管理部门对重要的行业实施监管，涉及国有资产、交通运输、国土资源、农田水利基础设施、城市建设、内外贸易、商务部、信息化、工业化等领域。设立若干专业性部、委员会、办公室、局等，分别承担各自领域的行业规划、指导、政策、监督和监管少数部直属国有企业单位的职能。目前主要的机构是商务部、自然资源部、交通运输部、工业和信息化部、国有资产监督委员会等。

3. 社会发展管理部门

民生和社会发展在经济社会发展中的位置日益重要，涉及十分广泛的领域，如科学技术、教育、劳动与人事、社会保障、文化、体育、卫生、人口、民族、宗教等。因此通过设置和整合必要的部委办局，分别承担各自领域的行业规划、指导、政策、监督和监管少数部委直属国有事业单位的职能。目前主要有科技部、教育部、文化和旅游部、人力资源和社会保障部、卫生健康委员会、体育总局等。

4. 政务部门

这些部门是履行国家基本行政职能不可缺少的机构，包括国防、外交、安全、司法、监察、统计和审计等领域。目前主要有国防部、外交部、公安部、司法部、监察委员会、统计局等。

进入 21 世纪之后，为适应市场经济发展需要，中央政府率先推动了数次国民经济管理机构的重大改革，带动地方政府机构改革。比较大的改革分别发生在 2003 年、2008 年和 2018 年。改革的基本思路是在贯彻国民经济管理组织建立原则的基础上，推进重复职能管理合并和尽量精简组织，组建更具有包容性和灵活性的大部制。经过多次大调整之后，国民经济管理组织架构趋于稳定，其中也有持续的细节调整，不断适应环境需要，完善国民经济管理组织架构。经过调整，正部级机构由原来的 60 多个减少到目前的 20 多个。

（二）地方国民经济管理组织调整

在改革开放时代，为推进地方经济发展和调动地方政府经济管理积极性，我国先后对纵横交错、条块结合的五级政府经济管理系统做了改进，出现了一些在保持原来基本组织框架不变但管理权限有变化的例外做法。这些调整主要分为：

1. 计划单列市

全称为“国家社会与经济发展计划单列市”，是指在原来行政建制不变的情况下，省辖城市在国家计划中列入户头并赋予这些城市相对于省一级的经济管理权限。列为计划单列市的国民经济与社会发展规划直接与国家规划对接，不经过省级规划部门平衡审核。因此计划单列市的国民经济管理地位提高，国民经济管理权限扩大。计划单列市改革经过几次调整，目前享有此地位的城市主要是非省会城市如辽宁省大连市、山东省青岛市、浙江省宁波市、福建省厦门市和广东省深圳市。这些城市都是区域经济中的中心城市，具有极大的城市吸引力和活力。有的省比照计划单列市改革做法，也对省辖县实行计划单列县。

2. 省直管县

省-市-县三级管理层级一直是区域经济管理的主要形式。改革开放以来，围绕如何促进县域经济发展成为区域经济管理体制改革的主题。20 世纪 80 年代曾推行过市管县，但是由于资源向城市过度集中导致县域经济发展受到影响，省直管县的改革随之推出。因为各地县域经济差异较大，省直管县的具体模式有多种，有强县扩权、扩权强县、财政省直管县、行政省直管县和全面省直管县。一般说来，省直管县是在现行管理体制不变的前提下，将部分经济和社会管理权限直接下放给改革县（市），而不必经过县所在市的平衡审核。目前，财政省直管县是主要形式，在现行的行政管理体制下，县级财政管理体制由省辖市管理变为直接由省级管理，县级财政收支直接与省财政平衡。列为财政省直管县的县级政府拥有了更大的财政自主权和支配权。

此外，还依照需要参照类似做法对大型中央企业实行计划单列企业集团改革，对省会城市实行副省级城市行政待遇等。

三、非政府组织的地位与作用

“非政府组织”一词于1949年在联合国首次使用。通常，非政府组织是指处于政府与市场之间的社会组织，代表着社会中某个群体、阶层、集团的利益。在戈登·怀特看来，非政府组织是“国家和家庭之间的一个中介性的社团领域，这一领域由同国家相分离的组织所占据，这些组织在同国家的关系上享有自主权并由社会成员自愿结合而形成以保护或增进他们的利益或价值”[①]。莱斯特·M. 萨拉蒙总结了非政府组织的五个基本特征，即组织性、非政府性、非营利性、自治性和志愿性[②]。

随着市场和政府机制的相继失灵，非政府组织作为现代市场经济中的第三种力量，于20世纪80年代在全球范围内得到迅速发展。在现实经济运行中，不仅有市场失灵现象，也有政府失灵现象。而且人们进一步发现，两种失灵现象又分别表现出两种情况。以公共物品和私人物品为例，第一种情况是指市场机制在提供公共物品上的失灵或政府在提供私人物品上的失灵。此时，两种失灵可以互为补缺，非政府组织也就没有存在的必要。在第二种情况下，市场失灵表现为市场即使在提供私人物品时也有一些功能缺陷，比如当信息不对称而使消费者无法确保商品品质时，“消费者协会”就应运而生；政府失灵表现为政府即使在公共事务方面也存在不足，如政府政策往往体现的是大多数人的利益，而疏忽了某些弱势群体或其他特殊群体的需要。可见，正是由于市场失灵和政府失灵的第二种情况的出现，促进了非政府组织的迅速发展。

在现代经济社会中，非政府组织正发挥着日益重要的作用。萨拉蒙曾指出，非政府组织极大地推动了20世纪意义深远的经济和社会发展，这种发展的程度要远远超过19世纪民族国家所创造的发展程度。具体地讲，非政府组织的重要作用主要表现为：

1. 促进了政府与民众之间的联系和社会对话

良好运行的非政府组织将会成为政府与民众之间的固定纽带和桥梁，广大民众的各种意见和要求可以借助代表他们利益的非政府组织向政府反映，这对改进政府工作是一个促进。通过非政府组织，民众可以更积极地与政府组织进行各种对话，一方面向上如实反映对经济社会问题的看法和解决的设想；另一方面向下转达政府工作意图，帮助人们充分理解政府组织行为。

---

① 何增科. 公民社会与第三部门. 北京：社会科学文献出版社，2000：3.
② 萨拉蒙，等. 全球公民社会：非营利部门视界. 北京：社会科学文献出版社，2002.

2. 推动了经济参与和经济民主

许多经济社会发展事务单纯依靠政府是不易完成的，需要广大市民的积极参与，即所谓人民事情人民办，而以有组织的活动处理社会事务会有更高的社会效率。非政府组织有利于促进广大民众对经济社会发展事务的参与和提高积极性。它的作用越大，对经济参与和经济民主的发展贡献就越大。

3. 对维护特定人群阶层或集团的利益有一定贡献

市场经济发展起来之后，利益多元化必然会导致部分社会集团或阶层的利益受到侵害。除了求助于经济社会立法予以仲裁、寻求保护外，通过代表自己利益的集体行动维护自身合理合法权益是一个重要途径。消费者协会的维权活动就是一个很好的例子。行业协会对抗非法仿制、盗用商标等不正当竞争和市场欺诈行为的斗争也属此类。

4. 满足了社会各个阶层、集团的特殊兴趣和爱好

人们的兴趣爱好是广泛而有差异的，通过发展各种兴趣或爱好的非政府组织，可以为维护本阶层与本集团的正当权益提供条件。这种组织也完全能够用自己的活动来维护和促进有关集团或阶层的特殊利益，通过发展非政府组织的固有特性，就能够满足不同社会成员在兴趣、休闲、运动等方面的特殊利益。

5. 拓宽了对经济社会发展的资金投入渠道

非政府组织常常通过建立经济社会发展基金的方式，来筹集经济社会发展所需资金，增加对感兴趣的经济社会活动的投入，支持这些活动的发展。在资金来源有限的情况下，通过非政府组织的渠道扩大了对社会发展的投入，弥补了政府组织投入的不足，对国民经济发展十分有利。

总之，非政府组织与政府、市场之间的相互合作，可以发挥其各自优势，形成内在合力，互相起到补充和平衡的作用，更好地促进社会经济发展。表 5－1 列举了非政府组织、政府、市场的优势和劣势。由表可知，非政府组织、政府和市场各有其优势和劣势。比如在提供公共服务方面，相比政府，非政府组织的优势在于更接近服务对象并对其需求做出反应，以及更适合处理高风险的社会问题。

表 5－1　非政府组织、政府、市场的优势和劣势比较

每一部门最适合的任务（E=有效果　I=无效果　D=取决于环境）				对提供服务者服务质量的期待（H=高　L=低　M=中等水平）			
	政府	市场	非政府组织		政府	市场	非政府组织
最适合政府				**政府部门优势**			
政策管理	E	I	D	稳定性	H	L	M
管理实施	E	I	D	处理中心问题以外的能力	H	L	M
实行公平	E	I	E				
防止歧视	E	D	D	不受偏爱的影响	H	M	L
防止剥削	E	I	E	**市场的优势**			
提高社会凝聚力	E	I	E	对迅速变化和形势做出反应的能力	L	H	M
最适合市场							
经济任务	I	E	D	革新的能力	M	H	M

续前表

每一部门最适合的任务 （E=有效果　I=无效果　D=取决于环境）				对提供服务者服务质量的期待 （H=高　L=低　M=中等水平）			
	政府	市场	非政府组织		政府	市场	非政府组织
投资任务	I	E	D	模仿成功的倾向	L	H	M
产生利润	I	E	I	放弃过时或失败项目的倾向	L	H	M
提高自足的能力	I	E	D				
最适合非政府组织				愿意冒风险	L	H	M
社会的任务	D	I	E	产生资本的能力	M	H	L
需要自愿劳动的任务	D	I	E	职业专长	M	H	M
产生微利的任务	D	I	E	获得规模经济能力	M	H	L
提高个人的责任心	I	D	E	**非政府组织的优势**			
加强社区	D	I	E	向公众服务的能力	L	M	H
提高对他人福利的责任心	D	I	E	同情心和责任心	M	L	H
				对问题的全面处理	L	L	H
				产生信任的能力	M	L	H

资料来源：奥斯本，盖布勒．改革政府：企业精神如何改革着公营部门．周敦仁，等译．上海：上海译文出版社，2006：262-264.

第二节　国民经济管理人员

在国民经济管理中，人是最重要的和最宝贵的因素。由于国民经济管理组织制度的安排不同，不同的管理人员担负着不同的管理角色，从而形成不同的管理风格类型。这些管理风格是否符合国民经济管理工作的需要，则主要取决于管理任务和管理环境，也因此对国民经济管理人员提出了规范素质的客观要求。

一、国民经济管理人员的角色定位

从社会学角度看，人在社会中扮演一种社会角色，是人的一种社会位置的分派。人们在纷繁复杂的社会中同时扮演着多种角色，形成所谓“角色丛”现象。

在我国，国民经济管理人员的角色定位总体上是“公仆”。公仆角色是社会主义国家制度对政府官员的本质规定，包含了制度属性和道德规范的要求，其本质是全心全意为人民服务。《中华人民共和国公务员法》第一章第四条规定，公务员制度坚持以马克思列宁主义、毛泽东思想、邓小平理论、“三个代表”重要思想、科学发展观、习近平新时代中国特色社会主义思想为指导，贯彻社会主义初级阶段的基本路线，贯彻新时代中国共产党的组织路线，坚持党管干部原则。我国长期推行的国家干部制度以及当前实行的国家公务员制度，都是按照人民公仆的角色形象要求每一位政府机关的工作人员为人民服务的。公仆角色的建立除了制度规定外，更需要长期的培养教育和自我思想改造。

由于在国民经济管理组织内部存在着管理分工，国民经济管理人员的角色是多种多样的。根据其角色分工，一般可以把他们分成若干种类：第一，按照经济管理决策层次，分为最高决策人员、中层决策人员、基层决策人员，还可以根据在决策过程中发挥实际作用的情况，分为名义上的决策人员、事实上的决策人员；第二，按照经济管理职责范围，分为总指挥、情报分析员、计划员、组织者、监督者；第三，按照素质和能力类型，分为行政型管理人员、技术型管理人员和职业型管理人员；等等。

二、国民经济管理人员的决策风格

（一）决策风格的理论基础

管理角色定位说明了国民经济管理人员的一般性问题，但要说明个性问题，还需要进一步了解其决策风格。所谓决策风格，是指管理决策者集先天心理素质和后天阅历修炼而成的内在个性和行为特征。这种决策风格没有好与不好的区别，只有与管理组织环境和角色是否合适的差异。决策风格通常容易被人忽略，但其实它是隐含在管理之中的重要内在因素。在日常生活中，一个人的性格往往决定其命运。决策风格在管理组织中也具有这样的作用。

在众多的管理决策类型研究成果中，美国南加州大学管理学教授罗和梅森提出的“管理决策风格”（managerial decision style）概念最具有认知价值。他经过长期的实践和研究，归纳出指示型、分析型、概念型和行为型四种类型的管理决策风格，并设计了测定的方法 DSI（decision style inventory）。四种类型的基本特征如图 5－2 所示[①]。

图 5－2　管理决策风格的类型特征

罗和梅森指出，管理决策风格是“隐含在管理成功中的因素”。这也就是说，管理决策风格只是管理人员取得成功的一个基本条件，而并不意味着具备某种风格就一定能取得相应的实际成效。根据他的调查，具有不同决策风格的管理人员表现出的行为特征各不相同：（1）指示型管理人员绝不能容忍模棱两可状态，而是关注管理任务和技术问题，以系统、有效的方式实现管理目标，追求管理速度和满意结果，关心组织内部的事物和短期目标，要求严密的操作和控制。这种类型的管理人员的不足之处是易于独断，追求权力，对

① ROWE A J，MASON R O. Managing with style，a guide to understanding，assessing and improving decision making. Jossey-Bass Publishers，1987：56-57.

信息和多种方案兴趣不高。(2) 分析型管理人员能够容忍模棱两可状态，也关注管理任务和技术问题，善于通过分析、计划和预测工具实现管理，善于抽象概括思维，尽量追求解决问题的最佳方案，重视办事效率，富有挑战性和创造力，对信息和多种方案感兴趣，并能适应新的管理环境和情况。(3) 概念型管理人员也能容忍模棱两可状态，但关注与人有关的问题，探索新的优化方案、制定新的战略和承担风险，重视对事物系统性和全面性的认识，同时考虑诸多备选方案，重视发挥下属的管理积极性和主动性，而不是依靠发号施令进行管理，更关心长期问题。(4) 行为型管理人员对模棱两可极不容忍，然而同样关注与人有关的问题，关心和支持下属，愿意同人们商讨各种问题，欢迎各种建议，对人热情，不以强迫命令而以规劝方式进行管理，重视人的积极性的调动与发挥，不实行严密控制，把管理建立在满足人的需要的基础上①。

(二) 我国国民经济管理人员的决策风格

以 A.J. 罗的 DSI 方法为基础的一项研究调查证明②，我国国民经济管理人员的决策风格表现为以分析型为主、指示型为辅，具有任务倾向，以及逻辑与演绎思维的特点。其最主要的特征是：追求实际工作绩效，希望下属和同事多出成果、办事迅速；喜欢灵活而具有挑战性的工作；当要解决工作中的某个问题时，首先是对问题进行认真分析，要求准确而完整的统计数据；而当不能确定自己应当干什么的时候，一般先寻找事实；善于时间管理，能按预定计划区分任务的轻重缓急；通常对问题做出现实的和直截了当的决断；在工作结束时尽量避免留下“尾巴”。尽管具有任务倾向，但还是愿意与其他人集体聚会讨论工作中的问题，力求营造良好的工作环境，谋定而后动。

由此可以看出，我国政府经济管理人员的决策风格是比较务实的，工作态度是严肃、认真、负责、积极的。之所以形成这种管理决策风格，其原因有以下两点：

第一，我国经济长期实行行政命令式的管理决定了政府经济管理人员相应的管理风格。经济管理人员承担着全面规划、指导、组织和调控经济运行的使命，必须掌握各种信息及资源，认真仔细地分析与研究不同的经济问题，并对发生的问题做出决断。此外，他们对国民经济运行和社会发展重大决策负有直接责任，因而必须追求严格控制，追求速度和效率，关注任务和目标，关心技术性问题，不能容忍出现模棱两可的状态，但也有发号施令和独断的倾向。

第二，我国长期推行政府主导管理路线。因此对进入政府经济管理部门的人员提出相对较高的素质要求，在人事制度上也注意保证优秀人才的遴选，这样就使得绝大多数政府经济管理人员的管理素质要明显高于其他人员。因此，政府经济管理人员具有较多的理性思维的特点，如既善于抽象、概括和演绎，又善于归纳、分析和总结。

三、国民经济管理人员的素质要求

所谓素质，从广义来讲，就是人的根本性质，是人的生理解剖特点、个性心理特点以

① ROWE A J，MASON R O. Managing with style，a guide to understanding，assessing and improving decision making. Jossey-Bass Publishers，1987：4.

② 刘瑞. 政府经济管理行为分析. 北京：新华出版社，1998：70-72.

及社会意识品质所构建起来的一个整体，即人的各种身心特点的系统。具体对管理人员而言，其素质是生理、心理、社会及职业诸种因素所决定的个人行为特征和能力之总和。我国国民经济管理人员的素质要求大体包括七个方面，如图 5-3 所示。

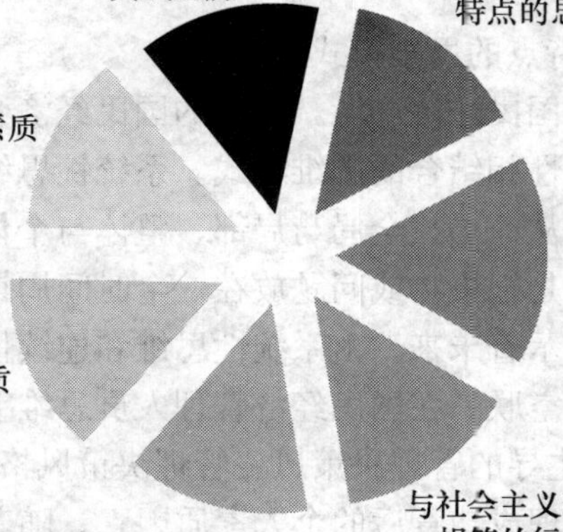

图 5-3　国民经济管理人员的素质结构

1. 与社会主义现阶段要求相符的行为价值观

行为价值观主要是指人们对生活、工作、任务的基本看法和态度，其与时代要求相符与否，直接决定着管理人员投入工作的热情和努力程度。现阶段我国的国民经济管理人员应具备的价值观是：社会主义市场经济观念、集体主义思想、效益观念、创新观念、为社会履行职责和义务的观念、为人民服务的动机，以及严格按照法律履行经济管理职责的观念等。

2. 知识素质

这是指国民经济管理人员必须具备的理论修养和知识体系。理论修养，是经济管理人员素质高低的重要标志。作为一名合格的国民经济管理人员，首先要掌握马克思主义哲学的基本理论，其次要坚定地信仰并根据客观实际情况运用马克思主义经济理论，最后要了解和拥有一定的现代市场经济理论。

从知识体系来看，国民经济管理人员应具备高于现阶段社会平均的知识水平及合理的知识结构。合理的知识结构包括：宏观经济理论知识、经济管理技术和方法知识、主管业务部门或行业的知识、中国经济发展的历史知识、国际经济发展的一般经验和教训知识、不断更新的现代科学知识等。因为在国民经济管理决策过程中大量地涉及综合性问题，所以知识结构的综合性对于从事政府综合经济管理工作的人员显得尤其重要。

3. 技能素质

技能是指干好工作应具备的技巧和才能，包括工作技能、表达技能和公共关系社交能力。工作技能是处理国民经济管理工作的技巧，包括熟悉专业知识，了解国家相关经济制度、政策、法律、条例及其变化，及时发现和正确处理各种国民经济管理问题等。做好经济管理工作还必须具备较强的表达能力，即能用简洁、易懂、准确的语言表述自己的思想，并易于被别人接受。这对于提高国民经济管理工作效率，获得广泛的理解与支持将起到积极的作用。良好的公共关系社交能力不仅是单纯的经济管理技能，还是一种政治能力。在社会主义国家里，国民经济管理人员所处的角色地位决定了他们必须同社会各界保持最密切的关系，这对于巩固政府的地位和影响，保护人民群众的切身利益有着直接的联系。

4. 以系统性和连续性为特点的思维模式

要想成功应对错综复杂的国民经济环境，合格的国民经济管理者需要具备综合性的思维模式，这就是系统性和连续性相结合的思维模式。系统性思维就是把事物或问题放在一个相互联系的整体中去看待，从而寻找全局与局部、整体与个体之间的内在联系，找到问题的解决办法。连续性思维就是把事物或问题放在一个时间周期中，把它看成既是现实的产物，又是历史的产物，更预示着未来。由系统性思维和连续性思维构成的纵横交织的思维模式，是客观经济世界的时空联系在国民经济管理人员思维上的综合表现。

5. 以分析型和概念型为主导的管理决策风格管理决策风格

管理决策风格是隐藏在管理成功背后的个人素质因素。随着我国政府经济管理模式的转型，在行政命令管理占主导的体制下产生的指示型管理决策风格越来越不能适应新形势。因此，必须在继续保留和发挥分析型风格积极因素的同时，重视培养国民经济管理人员的概念型风格，对问题要有全局性的总体认识，富于创新和承担风险，关注办事质量和效率，关心长期问题。

6. 必要的管理工作实践经历

国民经济管理人员必须具备综合管理的能力，而这种能力的培养就要求保持适度的工作岗位流动性。通常国民经济管理人员要想从一个部门的实际工作中获得在该部门的全面经验，没有五年左右的时间是不行的。从一般要求看，每一个国民经济管理人员都必须要有与本角色有关的工作经历。合理的设想是：一个国民经济管理人员至少应当取得两种工作经历。对于综合性管理人员，在此以前至少要有一种在本系统内专业性管理工作的经历；对于从事专业性管理人员，在此以前至少要有一种在本系统外同类专业的管理工作经历。

7. 身体素质

身体素质主要是指健康的体魄、敏捷的思维以及吃苦耐劳的心理素质等。

第三节　国民经济调控体系

市场经济条件下，国民经济管理的重要任务之一就是遵循一定的经济准则对经济运行实施调控。国民经济调控是一项复杂的系统工程，调控的主体、客体、目标、手段和政策等各种要素错综复杂地联系在一起，共同构成国民经济的调控体系。

一、国民经济调控的含义

国民经济调控是控制论理论在国民经济领域的具体运用。控制论（cybernetics），其英语词源出希腊语，原意为舵手或掌舵术。1948年，美国数学家罗伯特·维纳出版名著《控制论》，标志着这门学科的诞生。根据维纳的定义，控制论是在机构、有机体和社会中的控制和通信的科学，是研究各类系统的调节和控制规律的科学。他的研究表明，无论是自动机器，还是神经系统、生命系统，以至经济系统、社会系统，撇开各自的质态特点，都可以看作一个自动控制系统。控制机构发出指令，指令作为控制信息传递到系统的各个部分（控制对象）中去，由它们按指令执行之后再把执行的情况作为反馈信息输送回来，并作为下一步调整控制的依据。因此，控制论思想首先是将信息与控制紧密联系在一起：为了保证控制就需要信息，而信息也只有用于控制才具有价值。整个控制过程就是一个信息输入和信息反馈的过程，控制论就是通过信息的变换和反馈作用，使系统能自动按照人们预定的程序运行，最终达到最优目标的学问。控制论为人类认识和改造世界提供了新的科学思想与方法。

20世纪50年代，英美等国开始将控制论方法应用于社会经济系统，"经济控制论"一词最早于1952年在巴黎召开的世界控制论学术大会上提出。经济控制论是以控制论和经济学为源头出发的两条支流交叉汇集而成的，是把控制论的基本概念、基本理论与方法应用于经济领域一门边缘学科。它的两个基本特征是：(1) 把控制论的基本理论与方法应用于社会经济领域，就是要把一个社会经济系统（小到一个企业，大到一个部门、一个国家乃至整个世界）看作一个具有反馈调节，特别是信息反馈的控制论系统；(2) 要对社会经济系统进行定量的描述与处理，就要建立模型并进行数量分析和模拟仿真，做出经济调控或决策，以求达到最优或次优控制。国民经济调控就是在一般控制理论及其应用理论的影响下，对国民经济管理过程的一种重新认识和改进，国民经济调控系统如图5-4所示。

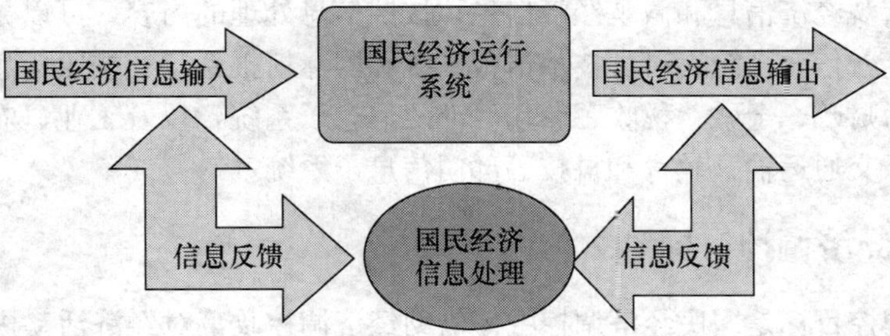

图5-4 国民经济调控系统示意图

所谓国民经济调控，就是指国家政府为弥补市场缺陷而运用调节手段，对特定时期的国民经济运行中出现的问题进行即时干预，以达到既定政策目标的行为。完整的国民经济调控包含宏观调控与微观规制。但是一般情况下，国民经济调控重点在宏观调控。所谓宏观调控，一般是指国家为实现国民经济总供给与总需求的平衡，保证国民经济持续、稳定、协调地发展，运用经济、法律、行政手段对国民经济在宏观层面上所实施的调节与控制。所谓微观规制，一般是指国家针对市场主体行为在微观层面上所做的政策规定、标准、限制等。

在我国社会主义市场经济条件下，国民经济调控的目的是消除经济发展过程中的不健康和不稳定因素，防止经济出现大起大落，促进国民经济又好又快地全面协调可持续发展，真正抓住利用好中国经济发展的机遇期。根据国民经济管理的内部分工，国民经济规划针对国民经济运行中的普遍性问题加以长期安排和解决，而国民经济调控则是针对国民经济运行中暴露出来的暂时性和随机性问题进行相机安排和解决。显然，两种管理方式均是必要的：规划施行按部就班的程序性管理，调控施行灵活多变的随机性管理。二者相互补充，根本目标都是相同的。

由于国民经济各个行业、部门、地区之间形成了纵横交错的关系，不仅其内部诸要素之间相互联系、相互影响，而且还受到自然、社会、政治以及国际经济等外部因素的干扰。同时，国民经济调控的基础工作非常复杂，不但要收集、整理、分析各种经济信息，还需对经济发展形势做出正确的判断和决策。故此，要对国民经济进行有效的调控，必须建立并不断完善调控体系。

二、国民经济调控信息

信息是进行调控的首要条件。所谓经济信息，是指反映经济活动情况及其变化特征的各种消息、数据、情报、知识、资料等的统称，反映的是各种经济关系的内在联系。而国民经济调控信息系统则是对国民经济管理所需要的经济信息进行搜集、加工、存储、传递和反馈的有机整体。一个健全的国民经济调控信息系统是沟通各管理层次、各经济环节的纽带，对于建立健全国民经济调控体系有着重要的意义。它可以使国民经济调控机构更及时、更准确地获得有关经济运行的信息，并据此做出判断和决策；也能使国民经济调控机构把各项政策、计划、任务等信息准确而迅捷地传递到各市场行为主体，以影响微观经济活动；同时，又可以把各种调控措施实施的结果迅速地反馈回国民经济调控机构。

在国民经济中，可以从不同的角度对经济信息系统进行分类考察。如按照信息所反映的范围，分为宏观经济信息和微观经济信息；按照信息处理的内容，可以分为社会经济统计信息系统、金融信息系统、科学技术情报系统和国际情报系统；按照信息所反映的部门类别，可以分为财政、金融、税收、劳动等部门信息子系统，以及工业、农业、商业、信息产业、能源、交通运输、教育和科技等部门信息子系统。

三、国民经济调控目标

国民经济调控目标是国民经济调控主体借助经济调控政策对经济活动进行干预的最终取向或要达成的目的。由于经济管理主体的价值判断各不相同，不同时期的经济发展状况也千差万别，这就决定了经济调控目标的差异性，从而形成一个多层次、多方面的国民经济调控目标系统。

国民经济调控涉及诸多方面的内容，但总体上都是围绕一个总目标——保持社会总供给和总需求的基本平衡。这是保持国民经济持续、稳定、协调发展的基本条件，也是促进社会经济目标实现的基本保证。如果社会总需求过分大于总供给，会造成市场上商品供应紧张、物价攀升和通货膨胀，人民实际生活水平下降，社会矛盾激化，甚至造成社会经济危机。与此相反，如果社会总供给过分大于总需求，会造成生产相对过剩、劳动者大量失业、企业开工不足、通货紧缩和经济的停滞乃至衰退。此外，社会总供求的平衡不仅包括总量平衡，还包括结构平衡。总量平衡是结构平衡的前提，结构平衡是总量平衡的基础，二者是相互依存、相互制约的关系。总量平衡主要是价值平衡，结构平衡则要求做到产业结构、产品结构和地区结构等与消费结构的相互平衡。

总的说来，国民经济调控目标与国民经济管理目标尤其是规划中的调控性指标保持一致，其内容大体相同。但是由于国民经济调控更加注重短期问题，注重国民经济运行过程中随机发生的问题，因而调控目标具有比较明显的随机干预性质，相比起一般的国民经济管理目标更为灵活和具体。

四、国民经济调控手段

国民经济调控目标的实现，必须借助各种调控手段。一般而言，国民经济调控的手段体系可以分经济手段、法律手段和行政手段。

1. 经济手段

这是由国家制定的、与价值范畴相关联并用以调整各种经济利益关系的手段，其具体形式表现为价格、税收、利率、汇率、工资率、货币供应量等。经济手段具有以下明显特征：(1) 引导性。经济手段不直接操纵市场主体的经济行为，而通过对各市场主体经济利益关系的调节来影响其经济行为，从而达到调控的目的。(2) 价值形式性。在市场经济条件下，各市场主体的经济利益关系通过价值形式得到反映，经济手段正是因为采取了价值形式才成为最主要的调控手段。(3) 环境依赖性。经济手段的有效运用，必须具备一定的经济环境，比如作为独立的市场行为主体的企业，完善的市场体系，顺畅的价格关系，等等。

2. 法律手段

国家依靠经济立法和执法来调控经济的行为和措施，即法律手段。市场经济中，各行为主体都依赖市场来调整其行为。为保证各方机会均等地分享市场的效能，抑制特权对市场机制的破坏，国家通过制定各种经济法律和法规，实现市场经济的有序化和规范化，调整各方利益关系，为国民经济正常运行和健康发展提供法制环境。法律手段的特点是：(1) 权威性。法律是国家立法机关及其授权机构确立的规范市场主体行为的庄严承诺，具有最高和最后的约束力。(2) 稳定性。由于法律具有普遍的约束力和强制性，而且其制定的过程比较规范，只规定经济活动中最为稳定的关系，一旦制定就不会轻易改动。(3) 公开性。法律一经确定，就要求有充分的透明度，为市场主体提供获取信息的机会，做到人人知法，人人守法。

3. 行政手段

所谓行政手段，是指国家凭借政权的力量和权威，通过发布指示、命令、规定、政策等行政方法，直接调控社会经济活动的行为。其实质是以政府的权威为后盾，按照下级服从上级和地方服从中央的组织原则，直接干预经济活动和调控经济运行。行政手段的特点是：(1) 直接性。行政手段通过指示和命令等形式直接规定市场主体的经济行为。(2) 强制性。行政命令和规章制度等一经颁布，就必须强制执行，对市场主体有很强的约束力。

五、国民经济监督系统

国民经济调控主体除了确定经济目标，并组织相应的力量和采取适当的政策措施去落实目标外，还应依照法律法规及其他市场规则的规定，对管理工作的进度、绩效进行考查和反馈，对各经济主体的经济活动进行监察和指导，以规范其行为，保障国民经济调控机制的高效运转，提高国民经济的整体效益。这就是国民经济监督。市场经济在客观上要求各经济主体的活动是规范有序的，既需要各种法律法规、规章制度和其他市场规则来明确和约束，又离不开经济监督系统的监督。

由于国民经济监督的内容涉及多个方面，监督形式也相应地具有多样性。各种不同的监督形式共同构成国民经济监督系统。从监督主体看，有法律监督、党委监督、行政监督、社会舆论监督和群众监督系列；从监督内容看，有工程项目监督、企业监督、人事监督、市场监督系列；从监督方式看，有业绩考核监督、财经监督、审计监督、评估监督系列；从监督的时间次序看，有事前监督和事后监督系列；如此等等。其中，监督主体系列是实施监督行动、决定监督成效的关键系列。建立健全经济监督体系，对于增强企业自我约束和自我发展能力、形成良好的市场环境和秩序，进而有效地将企业的微观经济活动纳入国家经济发展战略的轨道具有重要意义。

第四节　财政政策

国民经济调控有多种政策手段，包括财政政策、货币政策、收入政策、国家规划、产业政策、价格政策等。各种政策手段对经济运行的作用机制及其效果是不同的，但运用得最多和最有效的还是财政政策和货币政策。在我国当前的经济发展阶段，要积极发挥国家发展规划、计划、产业政策在国民经济调控中的导向作用，综合运用财政、货币政策，提高国民经济调控水平。

一、财政政策的调控功能

财政政策是指一国政府在一定时期内为实现特定的经济发展目标，运用国家财力调节国民经济运行的间接控制工具和行为准则。财政政策通过对国民收入的再分配，不仅调控宏观经济，也直接影响微观经济，从而调控整个国民经济的运行。

财政政策的调控功能表现在：(1) 总量调节。财政政策主要通过调节总需求的变化进行需求管理，使总供给与总需求趋于平衡。同时，它也可以用于供给管理，即通过减税或削减开支来刺激投资，扩大生产，增加供给。(2) 结构调节。国民经济的持续、稳定发展，有赖于社会供求结构的平衡和社会经济结构的优化。通过改变财政收入与支出构成(其中消费和投资的比例)，可以调节总供给结构与总需求结构的平衡；通过对投资大、风险高的高新技术产业实施财政政策扶持如贴息或优惠税收，可以改变和提升社会经济结构。(3) 利益调节。市场经济条件下必然会出现经济利益在各地区、各部门和社会各阶层间的差距，这就要求运用财政政策来调节社会经济利益关系，通过财政收支调节社会资金和收入分配，实现较为公平合理的经济利益关系。

二、财政政策目标

财政政策作为国民经济调控政策体系中的一项主要政策，其目标既与国民经济调控的总体目标有相一致的地方，又不完全等同于总体目标。具体而言，财政政策的政策目标主要有三个，即经济的稳定发展、资源的有效配置和收入的公平分配。

1. 经济的稳定发展

顾名思义，经济的稳定发展是指既要保持经济增长率的实质性提高，又要使经济系统协调、持续地发展，实现较高的经济效益。在我国，经济的稳定具有更深刻的内涵，它是社会和政治稳定的基础；"中国的问题，压倒一切的是需要稳定"①。财政政策的目标是通过经济稳定实现效率、公平、社会稳定。

2. 资源的有效配置

人力、物力、财力等社会资源广泛地散布在国民经济庞大而复杂的系统中，因此必须通过恰当的调节机制来将社会资源动员并组合起来，使其效用最大化，最大程度地增进社会福利。财政政策可以通过财政分配，来引导社会资金的流向、调整财政资源的投向，实现资源的有效使用和合理配置。

3. 收入的公平分配

所谓的收入公平分配，是指确定合理税负，运用财政政策实现社会各不同阶层在收入上的相对平等。财政政策的主要功能之一就是通过调节国民收入的再分配，调节社会经济利益关系，保证收入的公平分配，促进社会经济协调发展。

三、财政政策工具

财政政策工具是为了实现财政政策目标所采用的具体操作手段，主要有财政支出、税收、国债和财政预算。我们以一个三部门的简单宏观经济模型来说明财政政策及其对经济的影响。

$$Y=C+I+G \tag{5-1}$$

$$C=C_0+c(Y-T) \tag{5-2}$$

$$T=T_0+tY \tag{5-3}$$

模型中，Y 表示国民收入，C、I、G 分别为消费、投资、政府支出，C_0 和 c 依次为自主性消费和边际消费倾向，T、T_0、t 顺次为税收、税基和税率。c、t 为行为参数，C_0、T_0 为外生变量。

综合上面四个公式，有：

$$Y=\frac{1}{1-c(1-t)}(C_0-cT_0+I+G) \tag{5-4}$$

由公式（5-4）可知，各个经济变量对国民收入都具有"乘数效应"。根据公式（5-4），将 Y 对相应的经济变量求导数，可以得到各自的乘数效应公式：

$$\text{政府支出乘数：}K_G=\frac{dY}{dG}=\frac{1}{1-c(1-t)} \tag{5-5}$$

---

① 邓小平．邓小平文选：第3卷．北京：人民出版社，1993：284.

税收乘数：$K_T=\dfrac{dY}{dT_0}=\dfrac{-c}{1-c(1-t)}$ (5-6)

类似地，还可以推导出政府的财政预算乘数、转移支付乘数。公式（5-5）的经济含义是，假定经济变量都不变，当政府支出每变动一个单位国民收入 Y 的变动数量。由于 $1-c(1-t)>0$，政府支出乘数 K_G 为正值，即增加政府支出可以提高国民收入水平，减少政府支出会降低国民收入水平。这表明增加政府支出具有扩张效果，而减少政府支出具有收缩效果。其他乘数也同此道理。可见，政府支出、税收、财政预算、转移支付的变动都会对国民经济产生重要影响，据此而产生了财政政策效应。政府支出、税收、财政预算和转移支付正是财政政策用以调节和影响经济的工具。

1. 政府支出

政府支出是从支出方面体现财政政策的工具，支出的种类、结构、项目以及数额的变化都会对国民经济产生重要影响，包括政府购买（含政府消费和政府投资）和转移支付两部分。政府支出的增加或减少，通过乘数效应引起国民收入以更快的速度上升或下降，从而对经济进行反周期调节。通常，运用财政投融资手段可以将关系国计民生的产业实行国有化或国家控股经营，实现产业结构的合理化和高级化，而运用转移支付手段可以调节地区结构，缩小地区经济发展的不平衡。

2. 税收

税收是财政收入的主要来源。国家按法律规定强制地对经济单位或个人无偿征收实物和货币，从而参与国民收入分配和再分配以取得财富。所得税和关税是最主要的税收形式。

税收是实施财政调控的又一重要工具，通过调节经济总量、调节经济结构、调节收入的分配和调节国际收支来影响国民经济的运行。例如，由于税收的乘数效应，政府通过减税可以刺激国民收入增加，增税则可以限制国民收入增加。政府也可以采用关税手段保护新兴产业和幼稚产业，用减免税收、财政贴息或加速折旧等办法对有关产业给予扶持，以此来调节社会经济结构。政府还可以通过征收所得税、遗产税调节收入分配。此外，国家政府通过出口退税政策来鼓励出口，通过对进口商品征收高额关税来限制进口，以保持贸易收支的平衡进而实现国际收支的平衡。但是税收的征收也要顾及纳税人的收入情况，征税过低不能保障政府的正常开支需要，不利于国民经济发展；征税过高会挫伤纳税人的生产经营积极性，同样不利于国民经济发展。因此需要寻求税收与国民经济发展之间的最佳平衡点。

3. 国债

国债是国家政府为筹集财政资金而发行的一种政府债券，是政府向投资者出具的、承诺在一定时期支付利息并到期偿还本金的债券债务凭证。它是国家信用的主要形式，同时又是具有有偿特征的宏观调控工具。国债作为重要的宏观调控工具，其作用主要体现在国家政府通过发行国债弥补财政赤字，促进经济稳定发展，同时积极引导社会资金流向，调节国民收入的使用结构和产业结构。此外，政府利用国债的发行或回购可以调节货币供应量，发行国债可以减少货币供应量，回购国债可以增加货币供应量。

4. 财政预算

预算是国家财政收支的年度计划，包括中央预算和地方预算。作为一种财政政策工具，预算主要是通过年度预算的预先制定和在执行过程中的收支追加追减变动来实现对经济的调节功能。预算可以通过预算收支的总规模来调节总供求的平衡关系，还可以通过预算支出结构的变动来调节国民经济结构。在实际操作中，预算的作用通过预算差额，即赤字预算、盈余预算和平衡预算来实现。赤字预算是财政支出大于财政收入的计划，是一种扩张性财政政策。盈余预算是财政支出小于财政收入的计划，是一种紧缩性财政政策。而平衡预算则是指财政支出和财政收入大致相当的计划，属于中性的财政政策。

四、财政政策的传导机制

政府如何运用财政政策工具去实现财政政策的目标，这就是财政政策的传导机制。它可以用图 5－5 来表示。其中涉及纳税人、征税对象、税种、起征点、税率、减免税等因素和环节。

财政政策工具 ⟶ 财政政策操作工具 ⟶ 财政政策中间目标 ⟶ 财政政策最终目标

图 5－5　财政政策的传导机制

由于财政政策的传导过程十分复杂，从操作工具的变动到最终政策目标的实现有一定的时滞。在这个过程中，为了及时调整财政政策操作工具变动的方向与幅度，必须引入能够给出必要信号的中间变量，这就是财政政策的中间目标。中间目标是在运用财政政策操作工具实现最终目标之前必须达到的目标，包括财政盈余、财政平衡和财政赤字。灵活地运用操作工具可直接调控并实现中间目标，由此进一步调校以实现最终目标。可见，引入中间目标的意义在于，不仅可以避免操作工具的作用结果偏离最终目标太远，而且可以标志财政政策的作用方向。

政府在运用财政政策时应注意到两个问题：从时间上看存在时滞问题，从空间上看存在偏差问题。上述两个问题的存在给财政政策的实施造成一定的困难，并产生不良后果。由于财政政策的实施需要经过法律程序批准，其决策时滞一般较长，但财政政策可以直接影响需求，因而其效应时滞一般较短。偏差指的是使用财政政策工具达到的实际效果和预定目标之间的差距。在财政实际工作中，财政政策的时滞并非越短越好，但偏差通常是越小越好。

第五节　货币政策

货币政策作为国民经济调控的两大主要政策之一，是一个国家货币当局或中央银行根据国民经济形势和目标的要求，运用货币政策工具实现货币政策操作目标和中间目标，从而实现最终目标的总方针和措施。

一、货币政策的调控功能

货币政策不仅本身是一项重要的需求管理政策，而且会对其他需求管理政策的有效实施产生重要影响。由于它可以直接影响货币供应量，更为直接和迅速地影响总需求，所以货币政策在国民经济调控政策体系中处于关键性地位。

货币政策的调控功能主要体现在：首先，通过调节货币供应量以保持社会总供求的平衡。社会总需求是通过货币来表现的，社会总需求的增加内在地要求货币供应量增加。因此，要保持社会总供求的平衡，就必须先保证货币的总需求量与货币的总供给量大体相等。其次，保持价格稳定。通货膨胀是各国经济发展中普遍面临的一个重大问题，而其产生的原因非常复杂。但不管通货膨胀的起因如何，都表现为较多的货币追逐较少的商品。通货膨胀归根到底是一种货币现象。因此，货币政策就必然成为治理通货膨胀的最有效的工具。最后，采取货币政策与财政政策、价格政策等其他调控政策协同配套的方式，"松""紧"搭配，以促进国际收支平衡，进而保证国内经济目标的实现。

二、货币政策工具

货币政策工具是指一国政府或货币当局直接控制的，能通过金融途径影响经济单位的经济活动，进而影响经济政策目标的经济工具。通常，货币政策工具可以分为一般性货币政策工具、选择性货币政策工具、行政工具和道义劝告等。

一般性货币政策工具包括再贴现政策、公开市场业务和法定存款准备金率，它们是货币政策的基本工具，可以影响整个经济活动。选择性货币政策工具是指对某些特定部门或领域的信用实施控制，从而控制整个信用规模的货币政策工具。从实践上来看，选择性货币政策工具主要有消费信用控制、证券市场信用控制、不动产信用控制与优惠利率等。行政工具是指凭借行政权力，通过信用分配、贷款总规模、流动比率、利率上限、特别存款等方式直接干预商业银行等金融机构的业务活动。而道义劝告又被称为"窗口指导"，是指中央银行通过发表正式声明或私下谈话，表明其对经济形势的判断和对各家银行的希望，以影响银行的业务活动并使其符合政策目标的要求。本节主要通过货币供给的一般模型来分析三种一般性货币政策工具。

下面六个公式所组成的货币体系，既包括活期存款，也包括通货和定期存款；既考虑了法定准备，也考虑了超额准备，是货币供给的一般模型或基本模型。

$$M_1=C+D \tag{5-7}$$

$$B=R+C \tag{5-8}$$

$$R=r_d\cdot D+r_t\cdot T+E \tag{5-9}$$

$$C=k\cdot D \tag{5-10}$$

$$T=t\cdot D \tag{5-11}$$

$$E=e\cdot D \tag{5-12}$$

以上公式中，M_1、B、C 分别表示货币供应量、基础货币和流通中的现金，D、T、R、E 依次为活期存款、定期存款、商业银行的存款准备金与超额准备金，r_d、r_t 分别为活期存款准备金率与定期存款准备金率。解货币供给的一般模型可以求得：

$$M_1=\frac{1+k}{r_d+k+e+r_t\cdot t}\cdot B=m_1\cdot B \tag{5-13}$$

公式（5-13）中，m_1 即为货币乘数。显而易见，影响货币供应量 M_1 的变量有三类，分别表现了三个部门的行为：其一是基础货币 B 和法定存款准备率 r_d、r_t，表现为中央银行的行为；其二是超额存款准备率 e，表现为商业银行的行为；其三是通货比例 k 和定期存款比例 t，表现为公众的行为变量。在现实经济中，中央银行正是通过变动这三类变量来调节货币供应量的，即变动基础货币，或变动法定存款准备金率和利率。公开市场业务、再贴现率政策和法定准备金率是中央银行实施货币政策的三大政策工具，也被称为货币政策的“三大法宝”。

公开市场业务是指中央银行在金融市场上出售或购进政府债券，以影响基础货币 B，从而导致货币供应量和利率的变化，最终影响产出水平和物价水平。

再贴现率是中央银行向商业银行提供贷款时所收取的利率。再贴现率政策是指中央银行调高或降低再贴现率来影响商业银行的贷款数量和存款准备金，进而影响货币供应量和利率。其作用机制是：若再贴现率提高，则商业银行向中央银行借款的成本也随之提高；相应地，商业银行将减少向社会的贷款数量，从而基础货币也减少。另外，为降低机会成本，商业银行在此时还将增加超额准备，从而减弱货币乘数效应，货币供应量也将因此减少。反之，当再贴现率降低时，其作用机制也相反。

由公式（5-13）还可以知道，货币乘数 m_1 和法定存款准备金率 r_d、r_t 成反比。因此，当中央银行降低法定存款准备金率，商业银行的超额准备金将增多，从而增强商业银行的贷款能力；同时，由于 r_d 和 r_t 降低，货币乘数 m_1 将增大，货币供应量也将因此增加。当中央银行提高法定存款准备金率，将产生相反的政策效果。

无论是再贴现率的变动，还是法定存款准备金率的变动，一方面将对商业银行的贷款行为产生较大的影响，从而引起货币供应量和市场利率的变动；另一方面还被社会公众视作政府变动货币政策的信号，从而影响人们的预期，使其与利率的变化相联系。

三、货币政策的传导机制

货币政策的传导机制，是指运用货币政策工具影响中间目标进而对总体经济活动发挥作用的途径及过程的机能。由于从货币政策的实施到政策目标的最终实现要经历较为复杂的过程，中央银行很难立即观测到货币政策行为对最终目标的影响，因此必须引入能及时反映此过程中货币政策作用信息的中间变量，即货币政策的操作目标和中间目标。货币政策的制定首先应将最终目标转换成中间目标（如货币供应量、银行信贷量、长期利率），再根据中间目标的要求设定操作目标（如存款准备金、基础货币、短期利率），最后依据操作变量的变化及时调整货币政策工具。货币政策的传导机制如图 5-6 所示。

货币政策工具 ⟶ 货币政策操作目标 ⟶ 货币政策中间目标 ⟶ 货币政策最终目标

图 5-6　货币政策的传导机制

各项货币政策工具的作用机制不同，其发挥作用的条件和环境要求也不一样。因此，中央银行在一定的政策目标下，对货币政策工具的选择及操作效率取决于本国货币政策实施的经济环境。根据西方国家的经验，货币政策有效发挥作用的基本前提是：中央银行相对独立；商业银行等金融机构对中央银行的政策意图反应灵敏，并采取及时和理性的应对行为；企业是真正意义上的企业；价格关系理顺；利率市场化；汇率自由化；等等。

具体地分析，再贴现政策发挥作用应该满足的条件首先是商业票据的普遍使用以及票据承兑与贴现业务的普遍开展，其次是商业银行对中央银行再贴现业务的依赖。公开市场业务的实施条件是首先要有足够数量的有价证券，而且种类多元化，以便有选择地操作。其次要有健全、发达的金融市场，以保证各种金融工具的流通。而存款准备金率通常被认为是最猛烈的货币政策工具。由于存款准备金率较小幅度的变动，不但会通过改变超额准备金的数额和货币乘数的大小引起货币供应量较大幅度的波动，而且会影响到利率总水平，因此它还对其他货币政策工具的效果产生重要影响。基于以上原因，中央银行只在需要较大幅度地扩张或收缩货币，而且其他货币政策工具操作不能达到预期目标的情况下才使用存款准备金率。

第六节　国民经济调控政策协同

国民经济调控政策各自具有不同的调控功效，其作用方向、时间和程度也各异。因此，在实践中不可能单独地使用某一项政策，而应该将各项调控政策协同配合，充分发挥其协同效应。

一、调控政策的协同分析

调控政策的协同，既包括同一调控政策及其内部各要素间的协同，又包括不同调控政策间的协同。前者是指政策目标和政策工具之间的配合，以及各项政策工具本身的协调配合。比如货币政策的协同，包括货币政策与其政策目标的协同，以及再贴现率、存款准备金率、公开市场业务等政策工具的协调和搭配。而调控政策内部的协同，要取决于相关政策的特点和政策目标的特殊性。如运用货币政策调节总供求，当经济衰退时，货币政策应采取降低再贴现率和存款准备金率，或在公开市场上购进有价证券的方法，以增加货币供应量，从而刺激需求和供给的增加。但政策工具的效应往往是双重的。比如，中央银行在公开市场上购进有价证券，采取扩张性政策，促使商业银行扩大放款，但商业银行却往往为了金融安全而不愿冒险。此外，即使调低利率，但投资者可能预期市场前景暗淡、利润率不高而不愿意从银行增加投资贷款，从而抑制了供给的增长。因此，在既定的目标下要重视各种政策工具的综合功效。

至于不同调控政策之间的协同，则显得更加复杂，其操作难度也更大。各种调控政策间的协同主要可以分为三类：(1) 经济调控政策目标的协同。为了实现国民经济调控的总目标，一定时期内不同的政策工具可能被同时启用，以从不同的角度保证总目标的实现。因此，各种政策工具的目标要协调一致，而不应出现矛盾或相互抵触。(2) 经济调控政策工具的协同。这涉及各种政策工具的主辅协调配合、功能协调配合、力度上的协调配合和时间上的协调配合等方面。首先，因为在特定的时期需要解决特定的问题，所以需要采取以解决该特定问题的政策工具为主、其他政策工具为辅的形式。其次，由于作用效应和影响力度不尽相同，不同调控政策的调控力度也不一样。拿财政政策和货币政策的协调配合来说，一般根据调控力度上的差异而采取“双紧”、“双松”或“一紧一松”三种搭配形式。所谓“松”的调控政策是指以刺激总产出（总收入）为目标的调控政策，如扩张性的财政和货币政策，而“紧”的调控政策是指旨在减少总产出（总收入）的调控政策。如紧缩性的财政和货币政策。最后，调控政策的时滞长短不一，为了有效地发挥相关调控政策的协同合力，必须认真安排它们在时滞上的协调配合。(3) 经济调控政策的载体之间的协同。如在实际经济管理工作中，货币政策的执行主要由其载体即中央银行负责，而财政政策的执行则相应地由财政部门负责。银行部门和财政部门在业务与机制方面的诸多联系与互补，使得货币政策和财政政策必须相互协调配合，才能实现最终国民经济调控目标。

二、加强调控政策协同的对策

既然国民经济调控政策的协同对于政策目标的实现有着重要的积极意义，而且各种政策协同的内容和方式又表现出多种类型，那么研究如何加强各项政策之间的协调配合也就非常必要。

首先，要仔细研究各项政策之间的内在联系，为正确处理其相互关系铺垫理论基础。以财政政策和货币政策为例，二者都是国民经济调控的最基本的工具，各种经济调控目标的实现都与它们密切相关。这两种政策作用的发挥均以货币运动为基础，通过作用于货币资金的供求关系影响总供求，进而体现政府部门的调控意图。因此，财政政策和货币政策有着内在的联系，是一个问题的两个方面，其中任何一种政策的运作方式、范围、对象、作用力度和方向，都必然会影响到另一种政策。但另一方面，两种政策毕竟在载体、运作方式、时滞、范围、对象、作用力度和方向等方面存在差异。财政政策的行政色彩相对较浓，其目标更强调社会效益；货币政策所引起的社会资源流动则更多地以市场配置为主，更多地体现市场机制以及交易性、偿还性和营利性。可见，在制定和执行财政政策和货币政策时要严格依照上述特点进行，否则违反了客观经济规律将有损于两种政策的协同。

其次，要密切关注各项政策之间可能产生的矛盾，以及时采取相应对策。比如经济增长政策和经济发展政策虽然在总体上是一致的，但两者之间仍然存在矛盾甚至相互干扰。如果一味地或过度地追求经济增长，将其孤立起来必然会造成环境的恶化、贫富分化，最终破坏经济的持续稳定增长。因此，在经济增长达到一定程度后，要转到关注经济发展上来。只有经济增长是实实在在的、有效率的，人民的福利水平得到了切实的提高，才能真正走上经济发展的轨道。

最后，要审慎分析各项经济政策对调控目标的交叉作用。如财政政策和货币政策对社会总供求平衡的影响，可能存在三种情况：财政预算赤字时，货币发行量大于、小于或等于货币需求量对总量平衡的影响；财政预算盈余时，货币发行量大于、小于或等于货币需求量对总量平衡的影响；财政预算平衡时，货币发行量大于、小于或等于货币需求量对总量平衡的影响。因此，应该根据各种不同的情况下具体的交叉作用运用调控政策，实现预定的经济目标。

我国国民经济调控体系经过 40 多年的建立和完善，从学习和借鉴西方发达国家的经验开始，逐步探索和形成了一套适合我国特殊国情的做法，同时逐渐形成独有的中国特色宏观调控范式①。

小 结

国民经济活动需要通过设立相应的组织来管理和调控。国民经济管理组织基本形式分为政府组织和非政府组织两类。在我国，政府组织遵循政企分开、精简、统一、合理分工和效能原则设置，基本分成条块两个系统；政府组织按照行政区划分成国家（国务院）、省（含自治区、直辖市和特别行政区）、地市、县、乡镇五级管理，又按照职能分工原则分成综合部门与专业部门。顺应发展需要，政府组织不断调整，形成了多种具体形式。政府组织是由内部职能规定和处于一定职能岗位的个人构成的，因此需要关注政府管理者的角色分派、个人素质和个人管理决策风格，这些因素会对政府管理作用产生影响。在政府组织之外，经过授权的非政府组织也对国民经济发挥管理作用，在政府、市场之间起到优势互补的作用。依照系统论理论，国民经济管理组织的建设形成了一个对国民经济调控客体、目标、手段和政策等要素构成的系统工程和体系。国民经济调控又称宏观调控，这个调控体系包括调控信息系统、调控目标系统、调控手段系统和监督系统。需要根据发展趋势不断健全每个调控子系统。特别是要充分利用财政政策手段和货币政策手段的各自优势，发挥政策协同效应，实现对国民经济有效调控。

思考题

1. 国民经济管理组织建立的基本原则是什么？
2. 进入 21 世纪之后我国国民经济管理组织变动的主线是什么？
3. 国民经济管理人员的管理角色与管理风格是什么样的关系？
4. 国民经济管理人员应当具备什么样的素质？
5. 非政府组织能否弥补市场与政府“双失灵”？
6. 国民经济调控与宏观调控有何关系？
7. 在国民经济调控体系中，规划或计划与财政政策、货币政策是什么关系？
8. 财政政策的调控功能是什么？
9. 货币政策的调控功能是什么？
10. 财政政策与货币政策如何综合协调？
11. 我国的宏观调控与西方国家的宏观管理是否存在差异？
12. 如何完善我国的宏观调控体系？
13. 我国宏观调控与微观规制之间有何联系与区别？
14. 根据以往调控经历，我国国民经济调控的经验与教训有哪些？
15. 我国的宏观调控是否已经形成独特的模式或范式？

---

① 刘瑞. 中国特色的宏观调控体系研究. 北京：中国人民大学出版社，2016.

第六章

国民经济监测与预警

国民经济管理的逻辑过程起始于国家发展战略的制定，除了决策、规划、组织、调控等环节，还需要对国民经济运行实行监测与预警。这不仅是调控的需要，也是为下一轮的国民经济管理开启做准备。不仅如此，上一轮的国民经济管理行动究竟如何、任务是否完成、目标是否实现，也需要进行评估，确认其管理绩效高低。作为一个完整的管理过程，国民经济管理行动始终处于一个从战略、决策、规划、组织、调控、监测、预警，到绩效评估的循环过程。循环过程周而复始，国民经济管理水平和绩效也在其中不断提升。需要特别指出的是，国民经济调控建立在国民经济运行监测基础之上，因此从国民经济管理过程逻辑上看，对国民经济运行实施监测与预警要先于国民经济调控。然而为了叙述上的方便，本书先介绍了国民经济的组织与调控，因为调控必须依托于国民经济组织机制运作，离开组织架构调控就无法操作。国民经济监测、预警、预期管理和绩效评估则从方法论角度看是有内在相关性的，所以把监测、预警、预期管理和绩效评估放在一章加以介绍。

第一节　国民经济监测与预警的理论依据

国民经济监测与预警建立在对国民经济运行的理论分析基础之上。对国民经济运行的理论分析概括起来就是关于经济周期的认识。所谓经济周期（又称商业循环），是指经济活动沿着经济发展的总体趋势所经历的有规律的扩张和收缩。历史经验及有关理论研究已充分表明，国民经济的周期性波动，是以工商业为主体的现代经济总体发展过程中不可避免的经济现象，是经济系统存在和演变的表现形式。同时，经济周期性波动由于其强度上的差异，对国民经济的稳定发展存在着不同程度的破坏影响。研究经济周期的目的不在于消灭也不可能消灭经济周期，而是使我们对它加深认识，以便找出其规律性和有效的方法、措施以降低经济波动的程度，使国民经济更加稳定、持续地发展。经济周期理论研究历史较长，各类理论繁多，内容十分复杂。下面只就有关经济周期研究情况做简要的介绍。

一、经济周期理论

经济周期理论的研究有相当长的历史。这些理论产生于不同历史时期，因而其研究的历史背景、角度和方法并不一致。一般来说，大多数理论主要关心经济周期的成因分析，即通过逻辑的或经验的研究，试图找到影响经济周期发生的一种或几种主要因素，以便找到调整经济过程、平抑经济周期性波动的良方。经济周期理论另一个发展趋势则注重建立经济模型，以探索描述经济周期的发生过程、特征和其中蕴含的数量关系。下面只是简要介绍其中一些有代表性的理论或观点，使我们对经济周期有一个初步的印象和了解。

（一）经济周期解说

1. 经济周期内生理论

将经济周期性波动的原因归结为经济体系内部因素的解释皆为内生理论。但是对于经济体系中究竟是一个还是多个因素导致经济周期性波动，则众说纷纭，对制度性因素和政策性因素各具多大影响作用也是仁者见仁智者见智。

马克思主义学派对资本主义经济周期有过系统性解释。其主要观点是：（1）资本主义经济存在周期性生产膨胀和收缩交替运动现象，每个周期经历停滞、复苏、繁荣、危机等阶段。（2）资本主义经济周期出现的根本原因是资本主义经济内在的矛盾，即社会化大生产与生产资料私人占有之间的矛盾。这个矛盾引起相对于资本有机构成提高后的人口过剩和相对于平均利润率下降后的资本过剩。从而消费者的有限需求增加赶不上生产者的供应扩张，生产过剩是危机的实质。（3）形成经济周期的物质基础是固定资本的周期性更新和补偿。经济周期始于大规模投资，终于大规模投资，周而复始。但是在这个循环之中，周期性投资扩大和减少形成极大的生产力破坏和资源浪费，是通过牺牲社会资源和利益来强制性地建立新的经济平衡关系。（4）资本主义经济周期无法依靠自身力量消除，只有改变私有制经济关系，才能消除资本主义经济周期。

凯恩斯学派对市场经济周期也有系统的解释。其主要观点是：（1）1929—1933年的世界经济大萧条显示，非自愿失业的存在是导致经济波动的原因，而导致非自愿失业的原因则是市场有效需求不足。供给并不自动创造需求。（2）市场需求中的消费需求受收入影响，而作为收入的主要部分，工资收入具有粘性，对刺激需求影响有限。投资因为有乘数效应而对需求拉动作用明显。因此解决市场有效需求不足问题的关键是投资。（3）投资多少取决于货币利率和资本边际效率。但是，货币需求的交易动机、预防动机、投机动机受到流动性偏好影响，容易使其跌入所谓“流动性陷阱”而不能形成投资。只有资本边际效率预期高时则投资增加，预期低时则投资减少，对经济波动形成影响。（4）当私人投资不足时，由政府机构扩大公共资金投资规模可以起到刺激需求和稳定市场的作用。利用财政政策来“熨平”经济波动从而消除经济周期。

2. 经济周期外生理论

用一些外部推动力（外生力）的循环行为来解释经济活动周期性质的理论就称之为经

济周期外生理论。所谓外生力，一般理解是，在一种理论或模型中，若某一变量的值不能用该理论或模型来解释或推出，就可称此变量为外生力或外生变量。在理论研究中，一般把重大自然因素、战争、重大政治因素以及重大新技术发明等看作影响经济活动或过程的外生力或外生变量。有关理论认为，这些外在因素总是以一种或多或少偶然的方式发生，它们使经济活动出现波动，使波动循环具有不同的时间间隔。有时若干因素在相同的时期内同时发生作用，就会导致较严重的经济波动。人们把这些因素与经济周期的形成联系起来加以研究，就形成了各种经济周期外部推动说。例如，经济周期的自然成因说、战争成因说、创新成因说等。

用货币政策行为解释经济周期的理论也属于外生理论。这个理论认为，由于货币在现代经济体系中的重要、基础作用，因而要对经济周期做出正确的解释，必须把货币因素看成其主要因素之一。这个理论的主要观点可归纳为：(1) 如果没有一个弹性货币供应，经济周期将不会发生；(2) 所有具有银行体系的国家，其货币供应都是有弹性的，即可膨胀和收缩；(3) 货币供应膨胀和收缩一旦发生，会引起整个经济的积累性扩张和收缩，即使没有其他原因的存在，也足以形成经济周期；(4) 银行体系的正常行为并不是用一个稳定的利率去控制货币供应，而是不断刺激这种扩张和收缩。因此，经济周期实际上是由这个国家银行体系创造的货币供应变动的结果。这个理论认为，经济周期的突出特征之一是商品生产量和价格水平同时发生波动。一般来说，扩张时期以当期生产量和价格同时增长为标志，收缩时期则变为以二者同时缩减为标志。

3. 经济周期心理说

这种理论认为，所有经济现象都是人行为的结果，都有其心理影响的作用，因而所有人类行为的假设和分析研究，都必须是以人们所具有的某种心理作为基本依据的。这种理论进一步认为，在经济活动的扩张、收缩过程中，既有物质性的原因——实际经济状况的变动，更有人们心理变化方面的原因——人们对未来实际经济状况的看法的变动。一般来说，研究经济周期的经济学家大都注意到其中的心理方面因素，只是重视程度或着重点不同而已。如有人把心理因素视为研究的给定条件，即认为它虽然是非常重要的，但只是作为货币因素或其他因素的补充，它本身不能作为基本成因因素。也有人在未忽略其他主要客观因素的同时，更强调把企业家的心理反应作为经济周期中的主要因素。他们认为，即使生产要素供求的变动可以产生经济波动，但如果缺乏心理因素，其波动过程只能是短促的；波动幅度也只能限于外界波动的最初反应，因而不足以充分解释经济周期的形成。后一种观点正是所谓经济周期心理说。

一般来说，经济周期心理说强调心理因素，但在其解释经济周期过程中也包括了有关投资和银行信用创造的因素。它对经济周期理论做出的主要贡献在于，说明了经济波动与心理的乐观波动和悲观波动之间的一致关系。但是由于这样的解释是建立在经济中已发生的实际物质性变化基础上的，故难以把经济周期完全归因于心理因素。心理因素有助于解释经济扩张和收缩的积累性，却难以说明波动循环转折点的产生，而这个问题却是经济周期最核心、最困难的问题。

4. 经济周期综合因素说

大多数经济周期的研究者一致认为，经济周期的发生是一系列因素综合性的结果。但在具体研究过程中，许多人则把其研究重点或对象放在了如何从众多因素中找到一种或几种最主要的因素上，而主要因素的不同形成了不同的理论学说。所谓经济周期综合因素说则是指：在研究中必须确实将经济周期看作若干因素综合作用的结果，并着重分析具体情况下各种因素发生作用的可能性及作用方向和作用大小。综合因素理论的产生，实际上与各种不同学说的出现及它们对经济周期成因不同方面的研究有关，正是这种理论竞争推进了对经济周期解释充分性的积累，由此将各种学说放在一起加以综合研究、对经济周期成因加以综合解释具备了可能性和必要性。

经济周期综合因素说的最典型代表是美国经济学家哈伯勒的《繁荣与萧条》[①]。哈伯勒认为，解释理论意义上的经济周期，不能简单求之于诸如由天时而产生的农业灾害、疾病、地震、国际贸易通道阻碍等外在因素，因为这些外在因素一般不会影响到整个经济体系。理论意义上的经济周期只能用基于经济体系自身的那些活动来解释，如货币供求、成本与价格的差额等。因此，哈伯勒认为，每个周期各有其特征，它们作为历史上不同个体，都参与了当时的社会和经济结构，如技术知识、生产方法、资本集约程度、人口状况、消费者习惯和偏好、银行制度、政府干预情况等，因而任何两个实例都不会完全相同。当然即使如此，仍需要和有可能做出一个具有高度概括性、涉及经济周期最重要因素的理论。各经济周期之间必然有些类似的特征。这些类似的特征就构成了周期的基本要素，它们对于帮助说明周期起因是非常有用的。

哈伯勒的所谓综合说明是分为若干部分来具体进行的。首先是扩张和收缩过程，重点说明为何这一过程是积累和自行加强的；其次说明扩张和收缩过程为什么必然要终结，发生向下和向上转折；最后再分析经济周期在国际方面的问题。

（二）经济周期理论模式

1. 短波周期理论

短波周期理论是由美国经济学家基钦（Joseph Kitchin）在 1923 年首次提出的，所以短波周期又称基钦周期。短波周期是指那种平均长度为 3～4 年的经济周期波动。短波周期理论主要研究投资需求的波动及其对经济增长的影响，是分析经济波动时经常用到的一种理论。

2. 中波周期理论

中波周期理论是由法国经济学家朱格拉（Clèment Juglar）在 1861 年首次提出的，所以中波周期又称朱格拉周期。中波周期是指那种长度为 9～10 年的经济周期波动。中波周期的长度为波动幅度较大的相邻两次波峰（或波谷）之间的时间间隔，通常包括 2～3 个短波周期。中波周期理论研究的着眼点在于银行信贷对经济增长的影响，从经济运行的现实来看，这类周期的大幅波动对社会生产、就业、收入分配乃至产业结构的变动都有很大影响。

3. 中长波周期理论

中长波周期理论是由美国经济学家库兹涅茨在 1930 年提出的，所以中长波周期又称库兹涅茨周期。它是指长度为 17～25 年的经济周期波动。中长波周期理论研究的着眼点

---

① 哈伯勒．繁荣与萧条．北京：商务印书馆，1963.

在于房屋建筑、人口增长率和消费的变化对经济增长的影响。因此，中长波周期也称为“建筑周期”。

4. 长波周期理论

长度为50～60年的经济周期波动为长波周期，长波周期理论是由苏联经济学家康德拉季耶夫（Nikolai Kondratieff）在1925年提出的，因此长波周期又称康德拉季耶夫周期。长波周期理论研究的着眼点在于资本积累过程和技术变化对经济增长周期性的影响。

二、我国经济周期的基本原因

显而易见，经济周期性波动的形成几乎涉及国民经济系统的所有方面。但对于理论研究来说，必须从众多因素中抽象出主要的、有代表的因素来进行描述或说明。同时，在研究我国经济周期理论时，还必须认真考虑国情的不同，如社会制度、经济体制、经济发展阶段及自然、国际环境，甚至文化历史等。国情的不同，自然会影响到经济波动特点。在众多因素中，一般又可分为内在和外在原因。大多数观点认为，自然条件、社会政治状况和经济制度、人们对经济运行的主观作用等，对经济增长都有一定的影响，但这些因素并不是不断地形成经济周期波动的决定性因素。因此，可以把它们都看作外在原因。

那么，在我国国情及社会主义市场经济条件下，形成经济周期性波动的本质或内在原因是什么呢？概括起来主要有下面几种观点：

第一种观点是从物质技术基础的角度出发，用固定资产更新周期来解释经济周期形成的原因。认为由于我国的技术水平、生产要素以及产业部门的技术要求，固定资产更新周期波动常常与结构失衡和要素供给短缺结和在一起，从而对经济增长形成生产力的自然约束。在其具体研究中，可设想把固定资产更新周期分为投资周期、投产周期、价值周转周期和实物替换周期分别进行研究。这种观点认为，以上四种周期是交替运行的，而投资的高峰点将是四种周期的高峰汇合期。

第二种观点是依据马克思主义关于固定资产补偿理论来考察经济周期的成因。认为马克思主义关于生产消费资料的生产部门实物补偿数量的大小逐年不同的观点，以及实物补偿与价值补偿之间不平衡将导致经济危机产生的观点，完全可以用来分析市场经济条件下的经济周期波动问题。这种观点的基本结论是，我国现行经济制度和市场条件下，在投资方面往往容易自然形成一种“投资扩张欲望”，从固定资产投资看，这种扩张经过一段时间后，必然受到资源短缺或市场需求不足等限制，导致投资紧缩。这种扩张—紧缩—扩张的循环往复便是我国经济周期形成的基本内在原因。

第三种观点则从供求关系的角度研究。这种观点认为，不管形成经济波动的根本原因是什么，从最直接、直观的原因看总是一个总供给和总需求的平衡问题。在总供给不变的情况下，经济波动的原因主要取决于总需求的变动，即市场有购买能力需求的变动；而在总需求不变的条件下，经济波动的原因则主要取决于总供给的变动等。这种观点还认为，由于总需求主要由消费需求和投资需求所决定，而根据我国的实际情况及消费特点，往往消费需求相对比较稳定，因此，总需求波动只能通过剧烈的投资波动表现出来，即总需求的扩大与收缩就意味着投资的增加和下降。

对中国经济是否存在周期性波动还有一些值得认真考虑的观点。比如认为中国经济周期波动并不明显，因为中国经济处于结构转型阶段，结构性调整使得经济波动不受内在因素影响，而是受到结构调整和改革政策的影响，因而只有在中国经济转型结束之后，经济周期性波动规律才表现出来。还有观点认为中国经济周期实际上是政治周期，因为中国经济受政治影响比较突出，而政府换届往往引发一轮新的政策出台与调整。这样，经济周期性波动实际上是政治周期性波动。这些解释因为还缺乏足够的理论逻辑解释，只是对现象的描述和简单推论，因而还是不成熟的。

总而言之，关于中国经济周期性波动问题有各种解释。每种解释和分析的理论及角度不尽相同。由于中国社会主义经济体建立的时间不长，西方资本主义发达经济体建立已经有数百年历史，并且在社会主义经济体制建立的历史进程中，中国经济依次经历了计划经济体制和市场经济体制，所以中国的经济周期规律还难以充分地展示出来。这还需要积累经验，长期观察，抽取数据，寻求合理的逻辑解释框架，才能得出令人信服的结论。在国内理论解释尚未成熟之前，借鉴国外成熟经验或者利用目前经验性观察结论对国民经济运行进行分析，需要小心谨慎，既不能照搬国外结论犯教条主义错误，也不能仅凭以往有限经验断言犯经验主义错误。理论来自实践，只有经过反复实践之后，有关国民经济的周期理论才能日趋成熟。

第二节　国民经济监测

在具备了一定的理论知识基础上可开展国民经济运行监测活动。所谓国民经济监测，是指国家对国民经济实际运行过程和管理过程进行监督、观测、计量、分析和评估。其基本目标是保持国民经济的持续、稳定增长。它是国民经济管理过程的一个重要环节和有机组成部分之一。

一、国民经济监测的基本内容

依据各个方面对国民经济运行情况的了解需求，需要纳入国民经济监测的内容非常多。但是监测的内容有些是常规性的，有的是临时性的、应急性的。因而，对国民经济运行情况的监测，主要立足于确立常规性的监测内容和体系建设。一般而言，国民经济监测常规内容包括以下几个方面：

1. 计量分析国民经济总量指标的运行轨迹和状态

即应用各种分析手段和方法，研究实际经济状态的稳定性及其变化趋势，力求及时和提前在总体上掌握国民经济运行的动向，为制定调控经济运行方案和政策提出有力的支撑依据。

2. 评估国民经济管理体系运行过程及其效果

以监测结果和结论督促政府各部门、各地区在制度和法律规定允许下，严格、全面地履行其管理职能并相互配合，充分执行落实宏观政策和措施；并分析和测定宏观经济政策和措施的实施效果，评估国民经济管理总体状况。

3. 分析国民经济系统环境的变化

由此研究对策、缓解冲突、寻求机遇。这里监测和分析的对象，既包括国内经济环境的重大变化，也包括国际经济环境的重大变化。

4. 预报引起重大经济波动和严重偏差的国民经济警情

预报警情是非常重要的内容，能够及时预报经济危机爆发可能出现的时间、行业和影响程度，就能减少经济损失，防止经济危机蔓延，并为化解危机提供帮助。

二、总量和结构监测内容

在国民经济运行监测中，有关总量和结构的监测既是整个监测的重点，更是所有其他领域、其他行业监测的分析基础。一般来说，在社会主义市场经济下，经济关系相对复杂，经济运行有较大的弹性或波动性。从长远意义上看，有意识地加强总量与结构的监测，准确把握国民经济演变的总体态势，并在此基础上研究和实施具体的宏观经济政策，是中国社会主义市场经济条件下国民经济管理的一个十分重要的特征。

具体说，总量和结构监测的主要内容如下：

1. 监测宏观经济运行的总体态势

反映经济总体态势和结构的主要指标有：总需求和总供给的平衡状态及趋势；主要产业结构、分配结构、就业结构、金融结构、贸易结构等；主要比例关系，如投资与消费的比例、地区经济增长之间的比例、城乡收入增长之间的比例等；主要经济水平指标，如经济发展水平、就业水平、物价水平、宏观经济效益水平等。

2. 监测和分析宏观经济景气的态势

经济景气是经济学中用来描述宏观经济处于何种活跃程度一种度量概念，景气波动是市场机制作用下宏观经济运行的客观反映。一般来说，景气波动分为扩张期和收缩期两个阶段。景气波动是经济增长趋势总体、全面的综合反映。在景气扩张阶段，经济增长加速，供给和需求两旺，投资需求尤为活跃，资金周转顺畅，经济效益提高，产品结构协调。而在景气收缩期，经济增长滞缓，需求尤其是投资需求急剧收缩，资金周转缓慢，失业人数增加，等等。因此，监测和分析宏观经济景气的波动趋势，尤其是监测景气波动的转折点（景气波动的波峰和波谷），由此分析和提出相应的经济政策、措施，对顺利推进国民经济管理工作是十分重要的。

3. 模拟和评估宏观经济政策的实施效果

任何时候国家的宏观经济政策对国民经济的影响总是存在的，其影响也是十分巨大的。因此，在宏观经济政策出台前，应利用各种方法、模型对其实施的过程和影响进行充分的模拟、计量，尽量选择那些效果显著、风险小、易操作的政策方案。而在经济政策出台后，必须紧密跟踪、检测政策的实施过程、效果，做到及时反馈有关信息，跟踪研究补充和配套办法，克服不利的种种因素，使政策的实施达到预想的效果。最后，在政策实施一定时期后，还要定期、全面地分析和评估经济政策的实际效果，不断积累有关经验。

4. 跟踪和预测国际经济环境的变化趋势

在经济全球化趋势的影响下，一国的国民经济运行和发展越来越与国际经济环境密切相关。因此，国民经济管理的一个重要课题，就是要跟踪和预测不断变化的国际经济环境，特别是有关国际经济的重要演变趋势，从中做好抓住机遇、迎接新挑战的理论分析、政策准备。尤其要加强对那些与我国经济贸易关系密切、资本流入流出量大的国家和地区经济的跟踪和监测。

三、总量和结构监测指标体系的构造

描述国民经济运行轨迹和状态的趋势，通常是在经济周期理论基础上，通过构造和应用宏观经济指标来表示。因此，在具体进行经济总量和结构监测时，也主要是通过构造监测指标体系来做分析。

（一）建立和选择经济总量和结构指标体系的基本原则

从分析目的和方法看，构造指标体系一般应遵循的原则是：（1）能全面反映国民经济运行和景气循环波动的基本态势，反映社会经济活动主要方面的实际状态；（2）能较好满足描述国民经济运行走势，又能联系经济政策和调控措施；（3）具有较大信息含量，并且信息可观察、可获取；（4）指标体系中各指标之间要各有侧重，能反映、跟踪不同的目标、期限，满足国民经济管理的全面需要；（5）能较明确地反映不同阶段经济结构和社会经济发展战略的演变，反映与这些变化相适应的宏观经济调控对象和手段的演变。

（二）总量和结构监测指标体系的预选

在我国较短暂的市场经济条件下，国民经济监测管理实践活动还处于探索阶段，指标体系还不够成熟。依据国内外经验和理论分析，纳入经济总量和结构监测的指标应当包括如下指标，并在指标收集时进一步区分为月度、季度和年度指标数据，以便满足各方需要。

1. 反映生产供给变动的重要指标

如国内生产总值及增长率，主要基础工农业产品（粮食、棉花、原煤、原油、钢材、发电量等）产量及增长率，外贸进口总额和主要进口产品总额及其增长率等。

2. 反映市场需求变动的重要指标

如全社会固定资产投资完成额及增长率，各种经济成分（所有制）和主要投资方向的投资额及增长率，社会商品购买力和社会商品零售额及增长率，外贸出口总额及增长率，银行贷款规模、财政支出、货币发行量、职工工资总额、农产品收购价格等。

3. 反映供求平衡和市场状态的指标

如综合反映社会总供求平衡状况的零售物价总指数，居民生活费用价格总指数，工业品出厂价格指数，各种证券价格指数，各种重要产品（煤炭、钢材、建筑材料、原油、粮食等）的库存量等。

4. 反映财政、信贷、外汇变动及平衡状态的指标

如财政预算的收支规模及平衡差额，全社会税收总额及增长率，银行各种存款、贷款总额及增长率，货币流通量及增长率，国家外汇收支及结构等。

5. 反映经济效益的指标

如各重要产业和产品的产品销售率、资金利税率、成本利润率、劳动生产率等。

6. 反映经济结构的指标

如投资和消费的比例、财政收入占国内生产总值或国民收入的比例、各种产业结构、

地区经济结构、各种能源结构与国内生产总值增长之间的比例，以及投资结构、分配结构、就业结构、所有制结构等。

以上反映国民经济运行状况的各类指标，是在符合监测指标体系设计原则的基础上的预选，在研究和实际应用中应不断加以完善和修改。研究和应用的难点主要在于如何在经济周期理论基础上，准确地揭示出各种重要指标之间联系的规律性或数量关系。

四、国民经济监测的基本方法

为进行有效的国民经济监测，一是要准确掌握国民经济运行的动向和态势（定性分析），二是要准确掌握国民经济运行具体现象的规模和数量（定量分析）。因此，把定性分析和定量分析充分结合起来，是顺利进行国民经济监测的充分必要条件。简单地说，所谓定性分析，是指以基本经济周期理论、近期实际经济状况、重要的经济和政治政策为依据，对国民经济运行状态、未来趋势进行方向性的分析和判断。所谓定量分析，是指在经济周期理论基础上，应用各种经济数学方法对经济运行趋势进行模拟预测和分析。世界各发达国家的经验及我国的实践表明，经济数学方法与计算机的结合在国民经济监测中具有极其重要的意义和作用。一般来说，定量分析应以定性分析作为前提，预测和判断的基本前提、数学模型的基本形式等深层次问题，往往是由定性分析来确定，只有两者的有效结合才能取得较好的效果。常用的国民经济监测方法主要有以下几种：

1. 专家推断法

这是一种通过组织有关专家对当前国民经济运行及其今后发展趋势分析和推断的意见进行调查的方法。例如，通过组织相关专家会议、专家小组会议、专家调查法等活动进行。对于专家分析和推断的意见和结果，应采用一定的统计方法进行整理、归纳和综合汇总，得出最终的结果。国家发改委、国家信息中心经常组织“季度工业景气调查”，采用的就是专家推断法。组织者采用问卷调查的方法，了解有关专家关于影响工业生产的主要因素如能源、原材料、交通、资金、市场销售等变动情况及未来趋势的分析判断，在此基础上对调查进行整理、综合，最后做出季度工业生产景气的预测结果。国家统计局还分别建立了“专家信心指数”“企业家信心指数”“消费者信心指数”等指标，从不同角度预测未来国民经济运行趋势，帮助国民经济管理决策者判定形势，做出选择。

2. 时间序列分析方法

这是指根据时间序列统计数据中反映出来的经济变量的演变过程及其规律性，并参考当前已经呈现出的各种信息来分析和推断经济中深层次矛盾及未来演变趋势的一种统计分析方法。时间序列分析方法已形成较为成熟的方法体系，常用的方法有：移动平均法、指数平滑法、增长曲线模型、ABIMA 模型等；特别是在短期分析和预测中，时间系列分析方法效果更加显著。例如，在月度、季度国民经济监测中，先利用移动平均法对时间系列数据进行季节性调整，即把它分解成几种因素。如反映时间序列的一般趋势；由于季节、节假日、其他固定情况等不同而对原始数据产生规律性影响的季节因素；由于偶然的非正常性情况而影响原始数据的不规则因素；等等。然后利用规律性较强的趋势因素建立相关的数学模型，如增长曲线模型、ABIMA 模型等，最后利用模型进行分析和预测。

总之，在国民经济监测过程中能利用的方法很多，如计量经济学、投入产出分析、系统动力学等，需要专门的课程介绍。一般来说，进行国民经济监测的基本程序是：(1) 确定监测的目的和目标并分析和确定影响其的主要因素；(2) 进行信息收集、加工整理，建立有关数学模型；(3) 进行充分的定性分析，在此基础上结合数学模型的结果，进一步分析和推断国民经济主要变量的状态和演变趋势。

第三节　国民经济预警

世界各国经济发展的历史经验表明，任何国民经济系统在其长期运行过程中都可能出现严重的波动或偏差，从而使得整个经济系统的结构或机制遭受到巨大的损害。实践多次表明，在国民经济系统出现较大波动时，纯粹市场机制的自我调节作用往往十分有限，甚至会推波助澜。只有国家采取强有力的干预政策或措施，才能扭转局面。因此，为了防患于未然，避免或减缓较大经济波动和偏差带来的影响和破坏，加强有关国民经济监测中的预警工作，未雨绸缪，及时预报可能出现的重大警情，就显得十分重要。

简单地说，所谓国民经济预警，就是在经济周期理论的基础上，通过有关统计和经济数学方法对国民经济运行过程中可能发生的重大波动或偏差做出及时、准确的预报和分析，为宏观经济调控提供准确的预警及排警建议。

一、国民经济预警的基本内容

简单地说，国民经济预警的内容主要包括：明确警情、寻找警源、分析警兆、预报警度。

(一) 明确警情

所谓警情是指那些能够引起国民经济波动并值得警觉的重要经济事实和现象。国民经济预警首先要设定能够明确警情含义的相关指标。根据有关研究和经验，常用的警情指标主要有两类：一类采用的是有关增长速度的指标，一般称之为甲类警情，如农业生产增长率、能源生产增长率、原材料工业增长率、国内生产总值增长率等；另一类采用的是有关经济发展质量的指标，称之为乙类警情，如通货膨胀率、零售物价指数、财政赤字率、失业率、资金利税率、库存品的增长率、投资完成量增长率等。另外，也可将一些反映重大比例关系和重大结构关系的指标考虑为乙类警情。

在确定一定范围的警情指标后，最困难、复杂的工作是如何选择、分析和揭示出有关同类指标、不同类指标之间的一致性或规律性。因此，对于各类警情指标，应该应用各种定性和定量分析方法寻找和划定出各类指标的安全区域和警情区域。这是一项十分复杂、烦琐的工作，必须对每一个指标的特点、含义、变化规律和不同指标之间变化关系的长期历史经验和演变加以充分分析和跟踪，适时加以确定和修正。

(二) 寻找警源

所谓警源是指导致国民经济警情发生的根源，或称为“火种”。一般来说，宏观经济警源主要分为四类：(1) 自然警源，即指由于自然条件变化如自然资源储量的锐减和重大自然灾害的发生等，引起宏观经济的巨大波动的情况。(2) 外来警源，主要指国际政治、经济关系变化而引起的国内经济的大波动，如战争、贸易条件的急剧变化，国际封锁和制裁等等。(3) 非经济性警源，主要指国内政治社会环境发生重大变化而引起国内经济的巨大波动，如发生政治运动、发生影响社会安定和民族团结的重大事件等。(4) 国民经济系统的内生警源（经济警源），主要指由于重要的宏观经济变量发生重大、持续的变动引起经济的巨大波动，如货币过量供给引起通货膨胀，生产、收入结构失衡引起严重的失业问题，经济政策制定或执行的失误等。

经济警源引发国民经济警情的过程往往是复杂的，既可能有主动作用也可能有被动作用，既有直接影响也有间接影响。从更广泛的意义看，任何国民经济的重大波动，一般是上述四类因素交织在一起相互影响、共同作用，导致警情发生和发展的。因此，寻找警源是整个预警过程中最困难、最关键的环节。必须充分运用经济理论、各种模型方法、统计数据进行反复的分析、测算，合理地区分不同警源的特征和变化规律，从而正确地寻找出重要的警源及其规律性。

（三）分析警兆

所谓警兆是指区分安全和警情的分界标志或标准。一般来说，由警源发展到警情是一个由量变到质变的渐进过程。可以把这个过程分为警情的孕育、发展、扩大、爆发等阶段。因此，在找到或确定警情及变化的规律性后，合理确定警情爆发前的警兆分界标准就是十分自然的了，这也是预警工作进入实际操作的重要环节和前提。

从经济预警的角度分析，警兆可以分为两大类，一大类是景气警兆，主要用来表示经济的景气或警情程度，一般由警情指标中的所谓“先行警情指标”和有关警源指标构成。而景气警兆指标又可分为两小类，即恶性景气警兆和良性景气警兆。那些引起一系列指标产生警情的警兆就是恶性景气警兆；反之，那些引起一系列指标产生景气高涨的警兆就是良性警气警兆。另一大类则是动向警兆。一般这类警兆不直接表示经济景气或警情的程度，而是表示由警源过渡到警情过程中非常可能产生的各种外部现象，如信贷规模过大、价格波动过大等。一般来说，同一警情指标往往对应着多个警兆指标，而同一警兆指标又可能对应多个警情指标。对于重要的警兆指标也应按区域进行分析，争取找到其变化的规律性。

（四）预报警度

预报警度是预警的最终目的，也是施行经济政策干预和控制的主要依据和基础。大致的原则是：根据警兆演变的情况，联系警兆报警区间进行分析；进而参照警情的警限或警情等级，充分运用定性和定量方法分析警兆报警区间与警情警限的实际情况；并结合专家意见和历史经验，预报实际警情的严重程度。在预报研究中应注意区分两种情况，一种是自然灾害警度预报，另一种是非自然灾害警度预报。在预报警度研究方面，有关自然灾害预报的很多原则经验和做法（如天气预报、水情预报、地震预报等）值得国民经济预警加以借鉴和学习。

二、预警分析系统的功能与建立程序

上面介绍了预警的基本内容。从科学或理论研究角度看，预警系统的研究主要集中于定量分析方面，即所谓预警定量分析系统（下面简称预警系统）。许多国家特别是发达国家，在预警系统方面有相当的研究和经验。

（一）预警系统的功能

简单地说，预警系统的中心功能就是预报国民经济运行走向的景气状态。从逻辑分析上看，每一种景气状态都对应着一种经济运行状态，即一种供给和需求相互关系的状态，这种关系状态的数量化、规律化乃是预警定量分析的最终目的。

从预警的过程来看，预警系统必须有层次地、结构性地具备如下基本功能：首先必须较好地实现对现实国民经济运行过程的数量监测；其次对所监测的结果进行准确的识别和分析；最后根据对所监测的结果识别和分析得到的数量特征，判定现实经济运行过程属于何种景气状态以及预示着何种景气状态的到来。

（二）预警系统建立的程序

上面对预警系统功能的介绍已在一定程度上揭示出预警系统的基本结构，下面将更加具体地介绍其一般建立的程序或结构的内容。

1. 预警系统的指标体系

预警依赖于监测，监测离不开指标。预警系统指标体系的确立是最重要、最基础的部分；既要考虑到指标能够反映国民经济运行特征，又要考虑到指标体系演变数量波动的一致性。因此，指标体系的确立既需要有关经济理论的充分准备，更需要对各种相关指标的历史演变数量特征做出详细考察和分析，最终选择出那些具有重要经济特征和规律性强的指标。

2. 不同景气状态区间数量特征的确认系统

一般来说，不同景气状态之间性质上的差异通常表现为指标体系数量上的差异。从定性分析角度看，这些差异主要表现为三个方面：（1）从单一指标来看，其演变在不同景气状态下的取值和走势应是不同的；（2）从整个指标体系综合角度看，其综合数量特征在不同景气状态上的取值和走势应是不同的；（3）从不同指标间数量关系特征和变动趋势上看，它们在不同景气状态上看也应是不同的。总之，正是这些差异的存在及其演变一定的规律性，为预警系统的形成提供了可能性的客观基础。应该指出的是，就目前有关研究的成果而言，在有关景气状态数量特征及研究方法上仍没有形成成熟的理论。例如，所谓综合指数预警方法，是将所谓先行指数的综合指数和扩散指数的转折点作为区间景气状态的标准，其景气状态的划分也较为粗糙，一般只分为扩张和收缩期两种状态。所谓指数综合评分法（如交通管制信号灯法）是以对每一景气状态规定临界值的方法来区分各景气状态区间的。此外还有其他方法。

3. 变量预处理系统

应该认识到，各特征变量的具体观察值既有其产生的具体客观原因，也存在人为的观测误差。而从方法角度看，预警成功的关键在于对各经济指标（变量）循环波动之间数量关系稳定性的充分揭示。因此，如何修正或剔除指标或变量中存在的观测误差或特殊因素（如季节因素、重大政策因素、重大自然因素等）引起的明显偏差，就成为预警系统中最重要的技术部分。有关部分的内容将涉及数理统计、时间序列、计量经济学等。

4. 景气判断系统

有了上面的基础，接下来的工作就是根据观测各特征指标（变量）的数量特征或所预测到的数量特征，结合所确认的各景气状态数量特征，判断或确定现实国民经济运行处于何种景气状态和即将进入何种景气状态。同时，对各种景气状态下可能采取的宏观经济对策进行深入的分析或模拟，并进行各种宏观经济政策实施后效果的分析和预测。

三、国民经济预警方法简介

在我国理论研究和实践中已出现过多种经济预警方法，下面主要介绍其中的三种。

（一）综合指数预警法

所谓“综合指数预警法”是指依据某种综合性的扩散指数（diffusion index，DI）和综合指数（composite index，CI）所提供的预警信号进行预警的方法。具体说就是其预警信号是根据所谓先行指标的综合指数和扩散指数来确定的。同时，另一重要指数——同步指标的扩散指数和综合指数则确定了预警信号所指的时间和检验预警信号的真伪。这种方法的基本思路是把整个经济运行过程区分为两类不同的景气区间：一是景气区间，二是不景气区间，其意义在于预测经济运行状态何时进入景气区间、何时进入不景气区间（见图 6-1）。

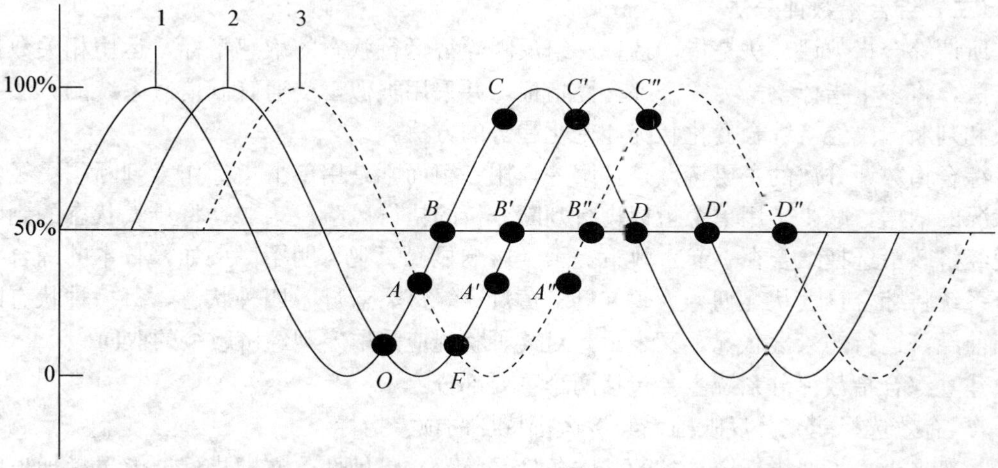

1：先行指标扩散指数　2：同步指标扩散指数　3：滞后指标扩散指数

图 6-1　标准的景气循环示意图

简单地说，所谓扩散指数是指一定时期内扩张指标序列个数占全部有效指标序列个数的百分比。具体说就是在预警分析中，通常分别计算先行指标扩散指数、同步指标扩散指数和滞后指标扩散指数。具体的计算方法是，如果某序列在某个时期的数值与前一个时期相比增加了，则记为“+”号，如果持平记 0.5 个“+”号，否则不记“+”号。对其他同类序列中的各指标进行同样处理，然后求出相同时间段上“+”号个数占全部序列个数的百分比，由此形成一个新的时间序列即扩散指数。

在此基础上，进行预警的基本过程为：(1) 观察先行指标扩散指数的走向，以确定景气阶段或不景气阶段是否继续，即指数是否穿过 50%线。如先行指标扩散指数在 A 点的位置表明状态仍处于不景气阶段；若运行到 B 点，则由先行指标扩散指数可确定状态走出谷底进入景气阶段；若进一步先行指标扩散指数运行到 C 点，说明经济运行将结束景气阶段而进入不景气阶段。(2) 观察同步指标扩散指数的走向及与先行指标扩散指数的关系，特别是转折点时差上的关系，由此可说明先行指标扩散指数所预言的运行状态可能会在何时出现。(3) 观察滞后指标扩散指数的走向及与先行指标、同步指标扩散指数的关系。如当滞后指标扩散指数到 B 点时，说明全部经济活动确已走出谷底，进入景气状态。滞后指标扩散指数对于调整政策的时间选择是有参考价值的，它表明经济扩张或收缩能量何时消失。当经济扩张力量消失殆尽时，应及时采取扩张性经济政策，而在经济收缩力量已经耗尽时，则必须采取收缩性经济政策避免经济走向过度繁荣。

而所谓综合指数是指根据同类指标中序列循环波动程度，并考虑各序列在整个经济活动中重要性的加权（有时也不加权）综合编制而成，以反映总体经济循环波动程度的指数。一般来说，综合指数既能用来判断经济波动的转折点，也能从数量上反映经济波动的程度。在进行预警分析时，通常分别编制其先行指标综合指数、同步指标综合指数和滞后指标综合指数（具体编制方法这里不做介绍）。在此基础上，根据综合指数所提供的预警信号进行预警分析和判断的过程与上面扩散指数预警的步骤基本类似，同时由于综合指数的演变一般比较平缓，其转折点的判断也就相对比较容易。

（二）综合指数评分法

所谓综合指数评分法是指，选择一组反映经济运行状态的敏感指标，运用相关数据处理方法，将多个指标整合为一个综合性指标，并采用类似于交通管制信号系统的方法，来反映和判断国民经济综合变化状况和变化趋势的方法。

综合指数评分法的主要特点是：第一，用一组而不是用单个指标作为判断国民经济景气状况的依据，减少了用单个指标进行判断分析的错误风险；第二，将景气状态的判断及宏观经济政策选择结合在一起，政策提示及影响显得直观、明了。例如，日本的综合指数评分系统将综合景气状况划分为“红灯、黄灯、绿灯、蓝灯”四种状态，每一种状态既表示当前经济运行的景气状况，又表示针对这种状况应采取宏观经济政策的取向。

建立综合指数评分系统主要包括两个重要部分：

1. 有效选择能充分反映国民经济运行特征的预警指标

一般来讲，入选指标应具备的基本条件是：(1) 灵敏性，亦即指标能够灵敏地反映经济运行的主要方面、主要特征等；(2) 超前性，即指标的变化能够提前反映出实际经济运行的方向，类似先行指标；(3) 稳定性，即对所选指标历史变化幅度进行不同状态划分后，其划分的标准能够保持相对的稳定性。

从上面三个指标入选条件可知，有效地选择出一组指标是综合指数评分法成败的关键，也是最困难的工作，因为往往很难有同时满足三个条件的指标；即使某些指标在一定时期内满足条件，随着时间的推移也会发生变化而变得不再满足条件。因此，入选指标往往在一段时间后需要进行调整。

2. 指标景气状态区间的划分和临界点的确定

所谓景气区间的划分，是指人为事先确定如何将国民经济运行状态划分成几个不同的判断区间，而所谓临界点是指判断各监测指标和综合景气状态的数量标准。例如，根据实际经济发展的特点和国家政策干预经济的程度，可将判断区间划分为“过热、热、稳定、冷、过冷”等状态，临界值也应根据实际运行及需要的特点具体而定。

总之，综合指数评分法的优点在于其思路清晰、形式直观、方法简单可行。其缺点在于入选指标的可靠性、稳定性难以满足。因此，在选择有关指标时可以采用各种方法和思路，既可在现有的指标中进行挑选，也可利用各种统计方法创造出新的、意义明确的指标，以满足有关的三个条件。而对于指标景气状态区间的划分，也需要随着实际形势发展的需要，不断进行调整，以满足对宏观经济形势把握和调控需要为宜。

（三）计量经济模型法

计量经济模型法的基本原理是：首先，根据宏观经济理论，确定计量经济模型的基本形式，选择能够反映国民经济运行特征的变量，准确确定模型的自变量和因变量，并做出有效的模型估计、检验。其次，对有关因变量体系历史上的数量特征进行综合分析，将各历史时期的系统数量特征区分为不同类型；由此分析和决定每种景气状态各因变量的取值范围、综合全部因变量的数量特征的取值范围、各因变量的取值在全部因变量取值中的重要性或地位。再次，在第一步的基础上对因变量的预测值做出综合分析，并与第二步得出的各景气状态特征进行综合比较，判断预测期国民经济运行将处于何种景气状态。最后，针对预测期的景气特征，在计量经济模型中引入政策变量，模拟或预测经济政策的变化对预测期景气状态改变的结果。

与前两种方法比较，计量经济模型法的长处是能够直接计算出预测期经济运行状态的数量特征，而不只是报告景气或不景气、过热或不过热等。同时它还能报告出经济过热是什么类型，如是投资过热还是消费过热等，其详细程度视模型的规模而定。因此，这种方法非常有助于在国民经济管理中选择有效的宏观经济政策，并进行详细的政策模拟和评估。而计量经济模型法的短处是，计量经济模型的建立完全依赖于理论，相对我国现有经济理论的不成熟的现状而言是一个主要困难。另外，由于没有在经济周期波动分析的基础上进行预警分析，这种方法不能直接得出预测期运行状态处于经济波动的哪个阶段，经济运行是否已走出谷底进入景气运行状态，或者经济运行是否已走出景气状态进入不景气状态等。

第四节　国民经济预期管理

20 世纪 70 年代以来，伴随着理性预期学派的兴起，国民经济管理部门开始重视预期管理。依照理性预期理论的看法，传统的菲利普斯曲线描述了通货膨胀和失业率之间此消彼长的关系。然而，人们发现通货膨胀的预期会影响到事实上的通货膨胀。较高的通货膨胀预期会令企业和消费者提高对物价的预期，在定价过程中会倾向于制定和接受较高的价格。因此，在失业率不变的前提下，更高的通货膨胀预期提高了事实的通货膨胀率。预期对经济的影响不仅仅在物价领域，政策的有效性、金融风险等都会受到预期的影响。本节将从预期管理的理论基础和预期管理的具体应用两个角度探讨国民经济中的预期管理问题。

一、预期管理的理论基础

经济研究中的不少话题都存在跨期决策问题。消费和储蓄的选择问题事实上是一个当期和未来的消费选择问题。资本资产的价值是未来期望收益的折现。当经济中存在跨期问题时，也会自然的涉及对未来变量的估计问题。对未来变量的估计问题事实上就是我们所探讨的预期问题。在确定的环境中，预期取决于对确定信息的处理。理性假设条件下人们能够正确地处理确定的信息并得到正确的预期结果。其预期结果也会得到自我实现。而非理性的人不能正确地处理信息，因此可能做出不正确的预期。在不确定的条件下，预期就是在现有信息基础上的对未来变量的数学期望的估计。在理性的条件下，决策者会根据现有信息做出无偏的估计。我们将这种预期称为理性预期。理性预期是指人们可以充分利用所有可以获得的信息来形成自己对于未来的预测。在不确定的条件下，随着时间的推移，会产生新的外生冲击，因此这个期望未必是未来实现的结果，然而只要在做决策的时间点上它是无偏的估计，它依然是理性预期。预期会影响到微观个体的决策，进而会影响到宏观经济。例如，如果微观决策主体对于未来的通货膨胀率采用适应性预期，则过去的通货膨胀率就成为对未来通货膨胀的预期。适应性预期是指，人们是根据当前所获得的信息形成对未来的预期，这种预期是当前信息的一种惯性。需求面外生冲击所产生的短期通货膨胀推高了下一期的菲利普斯曲线，从而导致了通货膨胀的螺旋式上升。如果微观决策主体对于未来的通货膨胀率不采用适应预期而是采用理性预期，则外生冲击所产生的短期通货膨胀不会影响到下一期的菲利普斯曲线的位置，从而不会导致通货膨胀的螺旋式上升。

国民经济管理部门若能够影响微观决策主体的预期，则能影响到宏观经济。例如，如果央行主动宣布并让微观决策主体相信，央行将采取手段稳定通货膨胀，则微观决策主体会降低对未来通货膨胀率的预期，从而拉低菲利普斯曲线，物价水平则自然得到稳定。传统的需求管理模式会导致通货膨胀率和失业率的此消彼长。也就是说，如果想降低通货膨胀率，代价就是提高失业率。而上述预期管理的模式是一种无痛的通货膨胀管理方式，即允许在不提高失业率的情况下降低通货膨胀。央行在不降低失业率的前提下，通过预期管理制止了通货膨胀的螺旋式上升。

二、预期管理的具体应用

（一）通货膨胀预期管理

央行通过传递稳定的政策信号，改变决策主体对未来通货膨胀率的预期，已实现降低通货膨胀率的目的。这一政策要想有效果，取决于微观决策主体对央行政策信号的信任程度。其关键点在于央行过去政策信号与实际货币政策操作方式的匹配程度。同时，货币学派认为，稳定的单一货币政策是保证市场形成稳定预期的关键。即央行事先给定单一货币政策规则，并坚决执行。例如，央行事先宣布以某一通胀率作为货币政策的目标，当通胀率高于这一目标则通过加息等手段收回货币，反之则增加货币供给。

（二）景气预期管理

若探讨短期的国民收入决定问题，我们可以得到如下等式

$$Y=C+I+G+NX \tag{6-1}$$

式中，Y 代表国民收入/产出，C 代表消费，I 代表投资，G 代表政府购买，NX 代表净出口。

在消费和投资的决定问题中，凯恩斯主义者和新古典主义者有较大争议。新古典主义者倾向于相信消费 C 取决于长期收入，而投资 I 主要由利率决定。凯恩斯主义者认为短期经济中的消费 C 由当期的可支配收入决定，而投资 I 由动物精神（animal spirit）决定。市场上对景气的预期会影响到投资者的投资欲望。在经济低迷时政府应该营造积极向上的市场氛围，引导企业扩大投资，从而拉动国民收入。

（三）金融风险预期管理

金融体系依赖于杠杆的存在。例如，银行不可能将存款的 100%留作准备金。因此，金融系统理论上无法抗击挤兑等大规模外生冲击。同时，在金融体系内“谣言”可以自我实现。即使对于一个不存在问题的银行而言，如果市场上弥漫该银行即将倒闭的“谣言”，则会诱发挤兑，从而导致该银行倒闭。此时，金融监管部门应该采取预期管理的方式，遏制不实谣言的蔓延。与此相对应的情况是，当金融市场主体过于激进时，监管部门应该提示风险，引导市场形成谨慎的行为方式，以避免形成更大的金融泡沫。

第五节　国民经济管理绩效评估

在社会主义市场经济条件下，既要认识到国民经济管理的必要性及意义，也要认识到国民经济管理过程是一个复杂的系统工程。在整个国民经济管理过程中，不仅要正确地确定管理的基本目标、内容，选择和运用适合国情的管理形式、手段和方法，有效地组织和实施对国民经济的管理，而且必须经常地对整个管理过程的绩效进行分析评估，及时总结经验、教训，提高整个国民经济管理水平。

一、国民经济管理绩效的界定及特点

简单地说，国民经济管理绩效，也可称为国民经济管理效应，是指国民经济管理过程中各种投入的代价与其产生的积极效应的对比，表明了国民经济管理方式对管理对象产生怎样的干预效果、对国民经济运行结果产生了怎样的影响。

而从国民经济管理目标与管理方式的相互关系看，国民经济管理绩效意味着某种管理方式对实现管理目标的影响程度。换言之，是指方式变量的变化引起目标变量的变化程度。也可以说，如果使目标发生既定的变化，方式变量需要发生怎样的变化。

依据上面两个不同的解释，我们可以把国民经济管理绩效用下面更具体的形式表达出来：

$$\text{国民经济管理绩效}=\frac{\text{管理方式产生的效率}}{\text{管理方式各种投入的代价}} \tag{6-2}$$

或

$$\text{国民经济管理绩效}=\frac{\text{既定管理目标变量}}{\text{管理方式达成的目标变量}}=\frac{\text{管理目标值}}{\text{实际目标值}} \tag{6-3}$$

显然，国民经济管理绩效的实际评估较为复杂，特别是难以数量化，下面具体谈谈国民经济管理绩效的基本特点：

1. 管理绩效的多样性

现实国民经济运行的复杂性，决定了国民经济管理目标因管理手段的不同形成不同的方式组合，具有分别独立、互补和互逆的关系。这种关系同样体现在其绩效之中，形成了多样形式的管理效果。也就是说，国民经济管理绩效的计量并不像一般计量经济效果那样，投入与产出之间是单一的对应关系。同一种管理方式，完全可能产生不同的管理效果。因此，这一特点对不同的管理目标来讲，其作用既可能会缩小管理目标与现实目标之间的差距（这种效果可称为目标适应效果），也可能进一步扩大这种差距（可称为目标背反效果）。除此之外，管理绩效还有主要效果和次要效果之分。

2. 管理绩效的递减性

一般来说，国民经济管理绩效是伴随着管理方式、手段作用时间的长短和强度变化的。如在某种管理方式或手段刚出现时，往往其投入量大、作用条件相对充分，管理主体及管理对象比较重视，加上各级管理机构出于各种原因所产生的“政策放大”效应，这时管理方式或手段的作用强度大、影响范围广，因而管理效果最大。随着其执行时间的延续，有关内部机制和外部条件将逐渐衰弱或弱化，管理效果呈递减趋势，以至最后消失。也可以说，国民经济管理过程及效果具有很强的时效性和相机性。

3. 管理绩效的非量化性

与管理绩效相比，其他经济效果的投入和产出相对来说较易量化，因而其经济效果可以直接计算出来。而在现实国民经济管理过程中，既有秩序性的管理内容，也有过程性的管理内容；既有纯经济活动，也有非经济活动。因而除了部分管理内容可进行定量分析外，许多管理效果都很难做出准确的量化计算。当然这并不意味着国民经济管理绩效定量分析无足轻重，实际上恰好说明管理绩效影响的多样性、深刻性。因此，必须采用多种计量方法，通过界定管理绩效的多种标准或设计出管理绩效的评价体系，把种种管理的直接效果、间接效果计算出来。

二、计量国民经济管理绩效的影响因素

国民经济管理过程的复杂性告诉我们，要准确计量出其管理绩效，分析和界定其管理绩效的影响因素是十分重要的。国民经济管理过程一般可分为管理决策和实施两个部分，要提高管理的科学水平和绩效，则必须从完善决策和实施过程两个方面进行。简单地说，决策问题是首要问题、战略性问题（抽象性），实施问题是手段方式问题、战术问题（具体性）。

从国民经济管理过程的决策角度看，其主要影响因素有：

1. 国民经济管理主体对经济运行状态判断的正确性

面对实际国民经济运行状况，不同的认识基础、利益关系和价值判断，可能得出完全不同的分析结论，这些基本的分析和认识结论必然影响到管理决策方案的制定。如实际中我们看到，对于某时期经济运行是否“过热”，常常至少会出现三种结论：肯定、否定、既不肯定也不否定。由此相应形成三种不同的决策方案：收缩性管理、扩张性管理、“积极不干预”管理。历史经验说明，国民经济陷于重大困难状态往往是与不正确的管理决策联系在一起的。

2. 国民经济管理决策科学化的水平

归根到底，人是国民经济管理过程中的主体，因此管理科学化水平主要取决于：(1) 人们对国民经济运行规律、国情、科学技术等的认识深度。简单地看，这主要取决于领导者的水平，但实际上取决于整个国民的文化水平、经济发展水平。(2) 经济理论研究的科学水平。目前我国独立的经济理论体系尚未形成，这是影响管理决策水平的一个重要因素。(3) 管理决策科学程序的水平。管理决策程序的科学化是提高管理决策的制度性、基础性因素，特别是重大国民经济管理决策的出台，必须坚持科学民主集中决策程序和科学论证。不断完善科学民主集中决策程序和科学论证机制将是一个长期过程。

3. 各类管理主体的参与程度

国民经济管理是一个多主体参与的过程。一般来说，主要包括：国家（广义主体）、政府（本义主体）、管理机构（实施主体）和社会团体（参入主体）等；各主体在国民经济管理决策中，发挥着不同的作用或功能。简单地说，广义主体主要是进行最终决策；本义主体提出管理的目标和方案；实施主体组织实施；而参入主体通过反映意见表达不同团体的利益关系，达到管理方案的调整。可以看出，多主体的参与，可以使国民经济管理方案容纳各方面的意见，反映各方面的利益关系，使之更具可行性。它有利于国民经济各主体、各环节的相互协调，尽量减少不必要的抵触情绪和抗干预行为。它也有利于各方面、各环节的相互理解，相互制约，使管理决策走向民主化。

从国民经济管理组织实施阶段来看，其主要影响因素有：

1. 管理方式及手段的作用特征和作用条件

其中最主要的是要考虑管理方式及手段的投入——效率的对比情况及条件。在管理目标既定的情况下，当然要选择投入小、效率大的管理方式及手段，这对管理绩效的评估有着至关重要的作用和影响。此外，提高各种方式及手段之间的配合、协调程度，也是提高整体管理绩效的重要方面。

2. 管理实施过程中的资源投入量

实施国民经济管理过程，也是伴随着财力、物力和人力资源投入的过程。在其他条件不变情况下，各种资源投入量与管理绩效是成正比例关系的。如财政、货币、价格、税收等经济调节手段的应用情况；即使是一些制度性、法规性和规劝性的管理方式，也是如此。因此，在实际实施管理过程中，在选择管理目标、方式及手段时，应注意核算和选择资源投入的强度和规模与其需要之间的一致性、吻合性，提高资源的使用效率。

3. 管理机构及人员的效率与素质

显然从事现代国民经济管理，要求其管理机构及人员不断提高和掌握现代管理手段和方法，使其管理效率和素质能适应不断变化的国民经济运行状态和要求，只有这样才能进一步增强处理实际问题的能力，提高管理绩效。

4. 管理过程中外部条件变化的因素

国际、国内环境的变化，也会对管理绩效产生较大的影响，甚至在特殊情况下起到十分重要的影响。在有利情况出现的条件下，会起到加速实现管理目标的作用；在不利情况出现的条件下会延缓管理目标的实现。有关外部条件包括：经济体制、政治体制、社会观念、人们心理、社会价值及舆论、国际政治及经济环境等。因此，实施管理要尽量适应国民经济运行变化的实际情况和需要，既不能落后，也不能超前。

三、国民经济管理的滞后效应

从经济管理方式和手段的实施到对实际经济运行产生显著的影响效果，显然需要一定的时间，即会产生滞后效应。从广泛意义上说，滞后效应也是一种管理效果，是国民经济管理效果特殊的表现形式。

从实践角度看，当管理目标确定后，就有一个管理方式和手段开始时间的问题。其开始时间和发生实际影响时间并不是相同的，而是一前一后，这个时差被称为“效应滞后”时间。显然，管理效果的滞后，是由管理方式和手段作用的滞后引起的。

下面简要分析一下国民经济管理效应滞后的基本原因：

1. 由技术性因素引起的滞后

这主要是由不以人的主观意志为转移的客观原因引起的，如为实现一定的经济增长目标，采用扩大和追加投资的手段，而投资本身不会立即形成现实的生产力，不会迅速增加国内生产总值。基本建设周期需要时间即投资效应的滞后时间；同样，人力资源开发、科学技术研究及应用也需要长短不一的时滞等。

2. 由制度因素引起的滞后

即由于某些体制和管理制度原因引起的管理效应滞后。任何管理方式和手段都是在一定的体制和制度背景下发生和传导其效应的。如中央银行的公开市场业务和贴现政策，是以商业银行体制及经营原则为背景，并通过特定的金融制度和市场来调节货币及资金的流向和流量的。因此，管理效应总是要借助于一定的制度和体制来发生和传输，一定的过程必然形成相应的“滞后”。

3. 由管理对象的反应引起的滞后

任何管理效应归根到底是通过企业和个人对国家管理方式和手段的接受和反应来实现的。面对不同的管理手段和背景，企业和个人有时会做出迅速反应，有时会做出缓慢反应，有时甚至根本没有反应；另外，在反应或作用的时间长短方面也会出现不同的情况。与上述两种滞后相比，这种滞后较难把握。一般来说，秩序管理手段的反应和作用往往时间长、反应缓慢、滞后时间长；而对像价格、利率、税率、贴现率等管理方式或手段的反应和作用，管理对象的反应往往较为迅速、时间较短、滞后时间短。

4. 由指令传递和信息反馈引起的滞后

国民经济是一个多部门、多层次、具有错综复杂内在联系的系统，各种管理方式和手段的实施、发生作用、效果显露、修正再实施等过程，总是要经过一定的指令分解、传递和信息反馈的过程，这必将在一定程度上造成管理效应的滞后。一般来说，这类滞后的性质与管理主体的工作效率有着密切的关系。

由此可看出，国民经济管理效应的滞后现象，在一定程度上是客观存在的，也有可以改进或消除的部分。在实施国民经济管理时，应充分考虑其客观存在性，给管理方式和手段出台一定的提前量，使其管理目标达到预期的时效。

还需要指出的是，与管理效应滞后相对应的还有一个效应超前的问题。它是指在管理手段尚未正式投入或未发生作用之前出现的管理效应。其产生的原因主要有两个方面：一是管理对象在管理方案未正式实施前，根据其经验和分析，主动估计到管理主体在近期可能出台某些管理政策和手段，而事先做出相应反应，预先调整有关行为。二是还在管理方案酝酿制定过程中，由于相关人员（如管理主体、大众传媒等）事先透露了有关内容或信息，使得管理对象预先迅速做出对自己有利的行为措施。一般来说，第一种情况较为正常，而第二种情况则往往是不正常的、消极的。

四、国民经济管理绩效的评估

对国民经济管理绩效进行评估是一项高度复杂而又责任重大的工作，也是世界性的难题。因为完成一项国民经济管理工作是系统化和集体化行为。在长长的行为链中，每一个节点都有可能对整体性的国民经济管理行为带来难以预料的后果。因此首先需要将各个行为节点的职能和责任划分清楚，才能据此开展绩效评估工作。我国近年来加强了对政府管理的绩效评估工作，建立了重大决策和事项方面的问责制度，取得了一些经验性的认识。一般说来，国民经济管理绩效评估分阶段和任务，有以下几种：

1. 重大建设项目绩效评估

对经济社会重大项目的实施情况，由项目审批方启动开展项目过程监督和结果稽查。对比项目立项任务书和相关承诺，逐一核查，确定项目完成进度和任务落实程度，从中发现是否存在违规或违法情况，并据此做出相应处置和改进方案。

2. 规划中期评估

在实施国民经济发展中期规划过程中的第三年，开展对中期规划的检查评估工作。评估工作三方结合，即规划实施部门自评、上级主管部门评估、委托第三方机构他评。通过规划中期评估，发现、分析和纠正问题，其目的是更好地促进规划后期的顺利推进和完善。

3. 行业建设绩效评估

政府对大量属于公共产品提供的行业也开展了行业类型的评估。如教育部组织的对本科高校的全面评估，进入 21 世纪以来已经开展了三轮，分别是办学合格评估、办学水平评估和审核评估。同时对研究生专业办学也开展了学科建设评估。这些绩效评估结果对外公布，有力地起到了以评促建、以评促改的作用。

随着科学国民经济管理制度建立健全，开展更加广泛和更加深入的绩效评估工作会日益增加。这对提高国民经济管理效率和水平将会起到推动作用。

小　结

对国民经济运行进行监测、预警，是为了实施预期管理和宏观调控。监测与预警需要用科学的经济周期理论做指引。经济周期是指经济活动沿着经济发展的总体趋势所经历的有规律的扩张和收缩。形成周期性波动原因既有经济系统内部（投资、就业等），也有外部（战争、自然灾害、重大政治事件、技术突破、政策等），代表性的理论有马克思主义周期论、凯恩斯周期论、货币周期论、心理周期论等。不同的理论形成不同的周期模式，应用于我国经济周期分析需要实事求是。监测分总量和结构两个方面，通过设立必要的监测指标体系和采用合理的监测方法，来计量分析国民经济总量指标的运行轨迹和状态，评估国民经济管理体系运行过程及其效果，分析国民经济系统环境变化，预报国民经济警情。国民经济预警分为明确警情，寻找警源，分析警兆和预报警度。通过建立科学的预警系统和采用科学的预警方法（综合指数预警法、综合指数评分法、计量经济模型法）来实现预警。由于经济波动越来越受到市场心理预期的干扰，因而国民经济管理加强了预期管理。预期管理依据一定的理论分析和经验，集中在通货膨胀、经济景气和金融风险三个方面，引导市场主体做出理性选择，目的在于避免经济波动受到非理性干扰。最后，所有的国民经济管理行动都需要进行必要的绩效评估，以此来改进和完善管理行为。鉴于国民经济管理行为是复杂的集体性行动，具有绩效的多样性、递减性、非量化性等特点，开展绩效评估需要创新性探索。国民经济管理逻辑流程如图 6-2 所示。

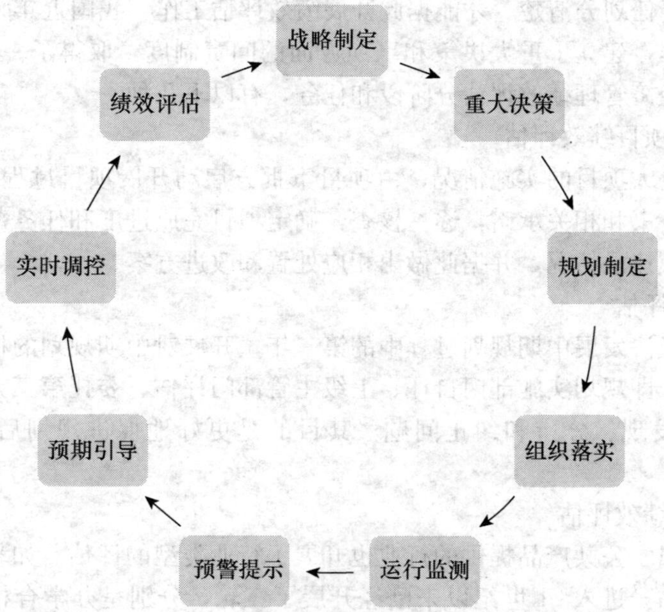

图 6-2 国民经济管理逻辑流程示意图

思考题

1. 何为经济周期？如何认识经济周期？
2. 经济周期与经济景气之间是什么样的关系？
3. 关于经济周期的理论解释都有哪些代表性观点？
4. 如何认识和分析中国经济周期的特点？
5. 国民经济监测的基本内容是什么？
6. 总量监测与结构监测主要使用哪些指标？
7. 经济预警的意义是什么？
8. 简要介绍经济预警的基本内容。

9. 举例说明可以同时广泛应用于国民经济决策、规划、监测、预警等各个领域的某种方法。

10. 举例说明预警系统中的先行指标、同步指标和滞后指标。

11. 为什么要加强国民经济预期管理?

12. 国民经济预期管理的重点在哪些方面?

13. 国民经济管理绩效的含义及主要影响因素是什么?

14. 进行国民经济管理绩效评估可以采用哪些方法?

15. 国民经济预警中的交通管制信号系统是什么含义?

16. 国民经济绩效评估的难点在哪里?

第七章

总量调控（上）：供给管理

从本章开始，我们将介绍国民经济管理的具体内容。一般来说，国民经济管理首先实施的是总量调控。根据世界各国管理实践，尤其是我国的管理实践，总量调控分成三个逻辑层次：供给管理、需求管理和供求平衡管理。其中，供给管理与需求管理同为国民经济总量管理的两个侧面，具有同样重要的地位及作用。而两个侧面的管理最终将落实到供给与需求的平衡上。努力实现一定条件下的总量平衡才是总量调控的基本目的。本章首先讨论供给管理。需要事先说明的是，在不同的教科书中，有的使用社会总量、社会总供给或社会总需求，有的使用经济总量、经济总供给或经济总需求。从国民经济管理角度看，这些总量均是在市场上形成的，应该统称市场总量、市场总供给或市场总需求。为避免无谓的纷争，本书视三种提法内容一致，统一使用总量、总供给或总需求。

第一节　总供给的形成及核算

供给管理侧重于对形成总供给的那些因素（如投入要素成本、生产率、制度规定等）实施管理。然而现实中的供给要素总是分散在经济生活的各个角落，人们不可能凭直观就感受到总供给，还需要理性知识。为此，经济理论发展出一系列成熟的概念和核算工具来把握所谓总供给。实行供给管理首先需要了解和掌握这些概念和核算工具。

一、总供给的概念

总供给是指一个国家在一定时期内向全社会提供的可供使用的最终产品和服务的总量。从实物形态上考察，总供给可分为物质产品和非物质的服务性产品，包括一定时期全社会提供的消费品、投资品、库存增加、净进口产品以及服务产品总量；从价值形态考察，总供给可分为社会总消费、社会总储蓄和政府总税收。在研究总供给时，通常用广义的国民收入即国内生产总值（GDP）或国民生产总值（GNP）进行分析，因为国民收入的创造过程也就是总供给的形成过程。

（一）国内生产总值

GDP 是指一个国家或地区的所有常住单位在一定时期内（通常为一年）所生产的全部最终产品和劳务的市场价值总和。在理解这个概念时，需注意以下几点：第一，常住单位是指一国经济领土范围内具有经济利益中心的单位和个人。经济领土是指一国政府所控制或拥有的地理领土，它是在本国地理范围的基础上，加上本国驻外机构并扣除外国驻本国的相应机构之后所形成的地理区域；利益中心是指在一国经济领土内拥有一定的经营场所并持续经营或居住一年以上的单位和个人。第二，GDP 是一个市场价值概念，全部最终产品的市场价值就是这些产品的价格乘以相应产量之后的加总，为了避免重复计算，中间产品价值不计入 GDP。第三，GDP 是一定时期生产的最终产品价值，是一个流量概念，且它仅指市场活动导致的价值。家务活动、自给自足等生产活动不计入 GDP。

（二）国民生产总值

GNP 是指一个国家或地区在一定时期内本国生产要素所生产的全部最终产品（包括商品和劳务）的市场价值，它是一定时期内本国 GDP 与来自国外的净要素收入之和。用公式表示就是：

$$\begin{aligned}\text{GNP} &= \text{GDP} + \text{来自国外的净要素收入}\\ &= \text{GDP} + (\text{本国居民在国外获得的要素收入} - \text{国外居民在本国获得的要素收入})\end{aligned} \tag{7-1}$$

GNP 与 GDP 是两个既有区别又有联系的概念：首先，两者的区别是，一方面，从概念的内涵来看，GDP 是一个生产概念，而 GNP 是一个收入概念。另一方面，从核算原则来看，GDP 是与“国土原则”联系在一起的，凡在本国国土上创造的收入，不管是否属于本国公民，都应计入 GDP；GNP 是按“国民原则”核算的，即凡属于本国居民创造的收入，不管收入是否在国内创造，都应计入 GNP。其次，两者的联系是，GDP 和 GNP 都是描述经济活动的总量指标，对于一个封闭经济来说，由于国外净要素收入一项为零，所以两者是相等的。一般来说，发达国家的 GNP 大于 GDP，发展中国家的 GNP 小于 GDP。20 世纪 90 年代以前，GNP 作为一个总量指标被美国等西方国家所广泛采用，90 年代后，欧美国家开始把 GDP 作为总产出的计量标准。

（三）国民生产净值和国民收入

任何产品价值中不但包含原料、燃料等投入的价值，而且包含机器设备等资本品的折旧。如果从最终产品价值中扣减掉资本品的折旧，则得到国民生产净值（NNP），公式为：

$$\text{NNP} = \text{GNP} - \text{资本品折旧} \tag{7-2}$$

这里需要注意的一点是，尽管 NNP 比 GNP 能够更真实地反映国民收入的实际情况，但是由于资本折旧很难准确地予以估计，所以我们通常仍采用 GNP 和 GDP 来核算国民收入。

这里的国民收入（NI）是狭义的国民收入，指一个国家或地区在一定时期内所生产的产品和劳务的净产值，包括物质生产部门和非物质生产部门所生产的全部净产品价值和劳务价值。用公式表示就是：

$$\begin{aligned} NI &= GNP-\text{资本品折旧}-\text{间接税净额} \\ &= NNP-\text{间接税净额} \end{aligned} \tag{7-3}$$

（四）总供给的概念体系

总供给不是一个单纯的概念，在宏观经济理论研究和实证分析中，通常要用到各种不同的总供给概念，这些概念共同构成总量供给的概念体系。

1. 潜在总供给

潜在总供给是指一国在一定时期内，由国民经济各部门最大限度可能提供的用于最终消费物质产品和服务产品价值的总和。国民经济各部门“最大限度可能”是指在“既定技术条件下可以达到的最大生产潜力”。这个既定技术不仅指生产工具技术，而且还包括生产要素的结合方式以及体制等因素。这是指在充分利用现有生产力条件下所能生产并提供的最大限度的物质产品和服务产品的价值总和。但是，在实际经济生活中，由于种种原因使生产条件闲置，难以提供最大限度的潜在供给，也就是一部分可能提供的产品没有生产出来，即使生产出来的产品也未必都能成为现实的总供给。已经生产出来的潜在总供给包括以下几个部分：（1）将为消费者购买的用于消费的物质、服务和精神产品；（2）将为企业购买的用于投资的物质、服务和精神产品；（3）将为政府和国外单位购买的用于投资和消费的物质、服务和精神产品；（4）存货增量，包括实物形态的消费品和投资品①。

从长期来看，推动经济在几十年内增长的因素是潜在总供给，潜在总供给是实际产出的一种临界值，当实际总供给小于潜在总供给时，价格总水平具有相对的粘性，比较平稳；当实际总供给大于潜在总供给时，价格变得松动并开始迅速上升。在实证分析中，潜在总供给的增长源泉分为两类：投入（劳动、资本和土地）的增长和技术的进步，运用经济计量学方法可以测算各种因素对潜在总供给的数量贡献。

潜在供给反映了一个国家或地区在一定时期内，在充分利用可利用资源的前提下所能实现的最大产出。潜在产出就是潜在供给，实际产出就是实际供给。当潜在产出与实际产出相等时则说明，经济潜力得到充分的挖掘和发挥，经济处于理想的运行状态；若实际产出低于潜在产出，则说明社会上的资源并没有得到充分的应用，经济潜力没有完全发挥出来；若实际产出高于潜在产出，则说明可能有资源要素过度使用的情况，会导致经济过热、通货膨胀等情况。但是通常情况下，实际产出都是围绕潜在产出上下波动的。计算和分析潜在产出，对于一个国家或地区目前所处的阶段、未来的发展趋势有重要意义；并对制定合理的政策目标，采取有效的调控手段，让其发挥产出经济增长的潜力，实现经济的可持续发展有重要意义。

2. 有效总供给、无效总供给与优质总供给

有效总供给是指一定时期内全社会实际购买的社会产品的总量，包括消费者的购买量、生产单位购买量、政府购买量和向国外提供的商品量。有效总供给从需求角度来考察

---

① 蒋学模．高级政治经济学：社会主义本体论．上海：复旦大学出版社，2001：410-411.

现实总供给，它是总供给概念体系中唯一可以直接观察的量，是估算潜在总供给的基础。与有效总供给概念相关的还有无效总供给和优质总供给。无效总供给显然指的是没有社会购买力对应的那部分供给，意味着这部分供给产出来之后没有市场销售而立即转化成库存或打折促销，即便如此也没有多少需求。短期性的无效供给与市场波动有很大关系，但是如果无效供给持续存在则表明经济体系中存在着功能性障碍。因为市场不需要的产品和服务还在源源不断地生产出来，必定是一种资源错配机制在支持和维持着这种无效供给。因而需要寻找问题症结，从制度上解决无效供给存在的根本性问题。优质总供给是指质量好、需求大但是受制于产出规模和水平限制而供给不足的产品和服务。优质供给首先是有效供给，但是比有效供给更受市场青睐。优质供给与有效供给也是相对的，并无严格划分标准，一般是由即期市场需求来判定的。优质供给一上市立即遭到抢购，价格持续上涨和需要排队订货来获得。

总结以上所说，总供给概念是一个包含潜在总供给和有效总供给的概念体系。潜在总供给规定了国民经济活动的可能性边界，它代表了在特定技术水平下由社会现有资源（包括资源数量、质量和效率）所生产的最大产出水平。实现总供给在潜在总供给的约束下实现，一般地，它有两个层次的含义：第一，生产者愿意而且能够生产的商品和劳务数量；第二，消费者愿意而且能够购买的商品和劳务数量。第一个层次的内容没有考虑市场需求的因素，对于生产者来说，他们的商品和劳务可能会被按照自己的意愿和能力生产出来。这部分商品和劳务是现实存在的，但能否在市场上被消费者购买却是另外一回事情。第二个层次的内容考虑到了市场需求的因素，是从消费者角度来看待的实现总供给，即生产者的供给在市场上得到了实现。这一点对维持经济生活的正常运行十分重要，因为只有消费者在市场上接受了生产者的商品和劳务，生产者才有可能获得销售收入，并将其销售收入进一步转化为生产资料的补偿和要素所有者的收入，最终转化为市场需求。这说明：在交易中被消费者认同的那部分供给才是真正具有现实意义的供给，这部分供给被称作有效供给。

在有效供给概念中，消费者的选择始终是一个被强调的核心，一个消费者愿意而且能够实现的供给数量，即代表了一个社会资源得到了有效配置的产出数量。因此，下列情况都不属于有效供给的范畴①：第一，存在着需求者强迫性购买，即供给的产品和服务质次价高，背离了需求者的意愿；第二，存在着需求强制性替代，即需求者缺少充分的选择；第三，需求者的购买意向不能得到启发，潜在购买欲望受到供给的限制；第四，市场不能出清，存在着资源闲置的供给；第五，存在着社会福利损失的供给。有效供给概念暗含了对消费者利益的强调，只有满足了消费者的利益，供给才是真实有效的。

二、总供给的形成

总供给的规模和水平取决于许多因素，如生产的发展规模和水平、各种服务性产业的发展规模和水平、各种商品的进口规模和水平以及各种商品的储备可动用规模和水平等。但其中最根本的是物质生产的水平及发展速度，只有提高生产能力，才能增加有效供给。

① 张耀辉．我国供给调控的理论与政策研究．北京：中国财政经济出版社，2000：20.

和同一时期的生产商品总量相比，进口商品总量和动用商品库存数量是很小的一部分，特别是对于我国这样一个大国，决不能把国内供给建立在依靠进口的基础上。各种非物质性服务产业也要建立在物质生产的规模和水平的基础上。物质生产部门有极大的发展，才能从需要和可能两个方面为非物质性服务产业的发展创造条件。在社会主义市场经济条件下，决定总供给的因素主要有以下几个：

（一）经济的增长水平和速度

总供给状况实际上是整个国民经济运行在流通领域的反映，它必然受经济总量增长速度的影响和制约。一般来说，经济增长速度越快，由它所决定的市场供给量就越充足，从而市场需求的满足程度也就越大，反之亦然。因此，下列凡是能够引起经济增长的因素，也必然是总供给变动的决定因素。

1. 资本投入量

资本投入与经济增长的关系，主要是通过投资率和投资效率的高低来反映。所谓投资率就是指投资额占国内生产总值的比率。在短时期内，经济增长的其他因素是相对稳定的，经济增长率主要取决于投资率的高低。一般来说，投资对经济增长从而对总供给增长的作用具有两重性。一方面，投资通过一定周期形成生产力后可以增加社会的生产能力，从而提高该国的国内生产总值水平，增加市场供给总量；另一方面，投资支出本身就构成了等量的投资需求，形成对其他关联部门的推动。根据投资乘数理论，初始的投资通过一系列的连锁反应，最后由它所带动的国民收入增加额会数倍于投资本身。因此，一般称投资是经济增长的第一推动力，未来的经济增长率与投资率成正比关系。所谓投资效率就是指单位投资所带来的国内生产总值的增加额，它的高低在微观上反映企业的技术状态、有机构成和劳动生产率的变化；在宏观上反映产业结构是否合理，比例关系是否协调，流通是否顺畅等。因此，提高投资效率，就可以在不增加或少增加投资的情况下，增加国内生产总值和总供给量，反之亦然。

2. 劳动投入量

劳动力是生产力中的主体要素，它对经济增长和总供给具有直接的影响作用。但是，孤立的劳动力并不能构成现实的生产力，也就是说，只有当劳动者成为某一经济单位的就业人员时，才构成对社会经济实际劳动量的投入。因此，要保持一定的经济增长速度和市场供给量，就必须使新增的劳动力得到相应的生产装备，使全体劳动者的生产效率得到一定的提高。同时，劳动力对经济增长和总供给的影响，还可以通过劳动力质量的高低反映出来。劳动力质量是一个综合性的概念，一般包括劳动者的身体素质和科学文化素质两个主要方面。随着科学技术的进步和社会的发展，劳动力的质量尤其是劳动者的科学文化素质在经济增长中的重要作用将越来越大，从长期的趋势来看，加快经济的发展速度和增加总供给的主要途径，应该是不断提高劳动者的质量。

3. 科学技术进步程度

科技进步是现代社会推动经济增长的最关键因素。这是因为，一方面科技进步是提高劳动生产率的最主要措施。经济增长虽然需要投入的增加，但无论是劳动力还是资金和资源等，其数量都是有限的，加快科学技术的进步可以使有限的投入获得尽可能多的产出。另一方面，科学技术不仅作为附着性因素，通过其他生产要素决定和影响经济增长，而且在现代经济发展中，它越来越成为独立的产业。科技成果商品化和知识产业的产值已直接构成国内生产总值的重要内容。因此，一个国家的科技进步程度必然成为加快经济增长、增加总供给的重要决定性力量。

（二）产业结构的变动

总供给包括供给总量和供给结构两个方面。经济增长水平和速度主要是影响市场供给的总量，而产业结构对总供给的影响既表现在总量方面又表现在结构方面。从总量上看，如果产业结构合理，各种比例关系协调，整个国民经济就能在和谐、有序的状态下运行，那么经济增长速度就快，市场供给也必然充足；反之，产业结构严重扭曲，比例关系失调，经济运行就会出现紊乱，随之而来的也必然是增长速度的下降和市场供给的贫乏。从结构上看，产业结构的状况对总供给结构的作用会更加明显，作用力度也会更大。

（三）价格的变动

总供给与商品和劳务的价格存在着非常密切的联系。一般来说，在其他因素不变的情况下，供给是价格水平的函数，而且两者成正相关关系，即某种商品或劳务的价格越高，生产者就越愿意多生产，该种商品或劳务费的供给量就越多；反之，降低某种商品或劳务的价格也会相应地减少该种商品或劳务的供给量。同时，价格的比例或相对价格也在一定程度上决定着供给的结构，因为生产者都会尽力去生产价格高的而不愿生产价格低的商品与劳务，从而使供给结构大体上与价格比例相适应。因此，价格水平对商品与劳务的供给量有着重要的作用。

（四）对外经济联系的程度

随着市场经济的发展和经济国际化趋势的加强，一国对外经济联系的程度已成为影响经济增长和总供给的极为重要的因素。通过对外经贸往来，一国经济可以突破国内资源和国内市场的限制，进一步利用国际资源和国际市场，从而改变国内的供给总量和结构。对外贸易对总供给的影响主要表现在进出口两个方面。从进口看，进口商品往往是国内生产和生活所必需的，或者是更为便宜或优质的原材料和先进设备。这样，就能够在一定程度上弥补本国资源的不足和克服产业结构的不平衡，消除或削弱经济发展中的“短线”制约，增加国内市场供给量，改善供给结构。从出口看，它一方面会直接减少某些出口商品的国内市场供应量，但另一方面则可能通过出口商品的前向与后向连锁，带动与此关联程度较高产业的发展，从而增加该产业的商品市场供给量。可见，出口商品的数量与结构的变化，也会引起国内市场供给总量与结构的变动。

除以上主要因素外，一个国家自然资源的丰富程度，商品流通环节的购、销、调、存、运等，也都会直接或间接地对总供给产生影响。

三、总供给的测算

在开放经济模型中，总供给具体包括两个部分：国内供给和国外供给。国内供给是指国内一定时期内所生产的全部最终产品和服务总量，由农业、工业、建筑业等提供的最终产品和交通、邮电、通信、商业、服务业等提供的服务所组成。测算方法是：首先计算国内生产总值，然后扣除其中“不可分配部分”（主要是林业、畜牧业中自然增长部分），所剩余的全部商品和服务总量即为国内供给。需要注意的一点是，虽然出口的产品和劳务由本国生产，但它们最终是提供给外国居民使用的，因此，不能算作本国总供给的内容。国外供给是指国外生产活动对国内市场提供的供给，包括商品进口和服务进口。

测算总供给时要考虑到价格和汇率的影响。通常用两种价格来衡量总供给：一种测算方式是按当年价格计算，以反映当年国民经济的现实供给能力；另一种测算方式是按不变价格或可比价格计算，以反映国民经济供给规模的实际增长状况。

在 SNA 体系中，一般用 GDP 来衡量总供给，测算 GDP 的方法有三种。

（一）生产法

这是从生产方面测算 GDP 的一种方法，也称部门法或增加值法。其计算步骤是：先计算各生产部门的增加值，然后将所有生产部门的增加值加总即得到全社会的 GDP。其中，各部门增加值的测算方法是，从一定时期国民经济各部门生产的总产品价值（总产出）中，扣减掉生产过程中消耗的中间产品价值（中间投入），所得到的差值就是该时期国民经济各部门创造的增加值。计算公式为：

各部门增加值＝各部门总产出－中间投入 （7－4）

GDP＝各部门增加值之和 （7－5）

或把上面两式写成：

GDP＝社会总产出－中间投入 （7－6）

其中，社会总产出为本期全部社会产品的价值。它的统计口径不仅包括物质生产部门，而且包括非物质生产部门的产出。中间投入不仅包括生产中所使用的原料、能源等中间消耗，而且包括诸如利息、广告费、保险费等服务性支出。

（二）收入法

收入法又称分配法，是根据各种生产要素在初次分配中应得到的收入份额来计算 GDP 的一种方法。计算公式如下：

GDP＝固定资产折旧＋劳动者报酬＋生产税净额＋营业盈余 （7－7）

固定资产折旧是指为补偿本期生产经营过程中固定资产磨损所提取的价值，包括基本折旧基金和大修理基金两个部分。劳动者报酬主要包括三种形式的收入：职工工资（实物和货币）和奖金收入、农民的劳动报酬和副业收入、劳动者个人的社会保障收入。生产税净额是指各单位向政府缴纳的生产税与政府向各单位支付的生产补贴相抵之后的差额。大体上相当于间接税，一般是在生产单位利润形成之前缴纳的。营业盈余是指生产单位总产出中扣减掉固定资产折旧、劳动者报酬和生产税净额之后的余额，其主要部分为生产单位利润，但非经营性单位没有营业盈余。

（三）支出法

支出法又称使用法，是根据 GDP 的最终用途来计算 GDP 的一种方法。从最终用途看，一定时期内 GDP 可分为总消费、总投资和净出口三个部分，用公式表示就是：

GDP＝总消费＋总投资＋净出口 （7－8）

式中，总消费是指一国常住单位在一定时期内对物质产品和服务的最终消费，具体可分为个人消费和社会消费。总投资是指一国常住单位在一定时期内用于固定资产形成和流动资产增加的价值之和，分为固定资产投资和库存增加两部分。净出口是指一国一定时期出口和进口的差额。将总消费、总投资和净出口加总就得到按支出法测算的 GDP。这种方法同时也被用于测算经济总需求。

以上三种 GDP 的核算方法各自具有独立的经济意义。用生产法计算的 GDP 是在生产过程中形成的总量，可以用来研究和分析国内各经济部门的结构状况及其动态变化。用收入法计算的 GDP 是在分配过程中形成的总量，可以用来研究和分析个人收入和社会收入之间的收入构成状况，为调节国民收入在国家、集体和个人之间的分配关系提供理论依据。用支出法计算的 GDP 是在最终使用过程中形成的总量，可以用来研究和分析积累和消费的关系，以便确定科学积累率和合理的消费率。三种 GDP 的核算方法可以相互印证，无论是生产法、收入法还是支出法，计算出来的 GDP 应该相等，但是，在实践中由于资料来源途径不同或者统计上的误差，用三种方法测算的 GDP 往往不完全相等。

尽管 GDP 作为核算总供给的指标得到了普遍认同，但这个指标也有其固有的缺陷。原因是这个指标所包含的一些因素与个人幸福没有明显的关系，或者一些本来与个人福利有关系的因素没有包括进去。因此，GDP 并不能精确核算实际意义上的国民福利。具体来说，GDP 指标包括以下几种重要缺陷：第一，在利用 GDP 核算总供给时，这个指标并没有反映家政和闲暇之类的“产出”。闲暇可以提供精神上的满足，烹饪或墙壁装饰之类的家务劳动也具有一定“价值”，因此，考虑到这些因素，计算 GDP 时应加上一个正数的纠正量。第二，大量地下经济活动的产出和价值没有计入 GDP。地下经济活动有两种，即非法的活动和合法的活动，如毒品贸易之类的非法活动。由于社会舆论认为这些活动是“坏处”而不是“好处”，所以统计人员在核算 GDP 时把它们排除了。再如家庭保姆、木匠之类的活动，它们属于合法的并且能生产有价值的物品和劳务的活动，但由于这些活动难以精确统计，所以在 GDP 核算中也往往不能包括这些因素。第三，一些经济活动所造成的“坏处”没有从 GDP 中扣减掉。有些经济活动如火力发电、造纸等除了为社会提供有价值的商品和劳务之外，还会对环境造成危害，在用 GDP 核算总供给时并没有考虑到这些活动的社会成本。经济学家们越来越相信，从 GDP 中扣减掉这些“坏处”的经济成本将有利于精确衡量国民福利。考虑到 GDP 指标的上述缺陷，经济学家们主张用“经济净福利”以及“绿色 GDP”的概念来矫正 GDP，并认为依靠像“经济净福利”或“绿色 GDP”这样更加全面的国民产出衡量尺度，可以使社会更加清楚地认识到它所应该优先解决的问题。因为社会除了追求物质增长目标之外，还有诸多更加广泛的目标，这些目标可以在更加完整的意义上提高人们的生活质量。

第二节　生产函数及生产率的测定

确定总供给及其增长比较实用的方法就是利用生产函数来计算生产率。现代经济学理论在这方面取得了比较丰富的成果。国民经济管理者可以将这些成果直接拿过来分析总供给，并确定供给管理的基本目标及途径。

一、生产函数

（一）定义与性质

生产函数是指投入与产出之间的技术关系。具体来说，生产函数表示一定时期内，在技术水平不变的条件下，生产中所使用的各种生产要素数量与它们所能生产的最大产量之间的关系。生产函数的一般形式是：

$$Q=f(X_1,X_2,\cdots,X_n) \tag{7-9}$$

式中，Q 为产出量，X_1，X_2，…，X_n 为生产要素，$f(X_1, X_2, \cdots, X_n)$ 一般要求连续、可微，且偏导数连续可微。一种常用的生产函数形式是：

$$Q=f(K,L) \tag{7-10}$$

式中，Q 为产出量，K 为资本，L 为劳动。

生产函数一般具有如下性质：

1. “技术水平不变”

表示生产函数中投入与产出的函数关系不变，即既定投入量只能生产一个最大的产量。如果技术水平发生变化，则产生新的函数关系。“最大产量”表示生产函数中的投入与产出关系是一种最优意义上的函数关系。在给定投入的情况之下，如果由于非生产技术的其他原因，如管理水平差、生产积极性低下等造成实际产量低于可能的最大产量，生产函数并不描述这种“低效率”的投入产出关系。这种最优关系的一个直观解释是，如果想要增加产出就必须增加投入。

2. $f(0,K)=f(L,0)=0$

这种性质的含义是，生产过程中要有产出，劳动 L 和资本 K 缺一不可。

3. $\frac{\partial f}{\partial K}>0$，$\frac{\partial^2 f}{\partial K^2}<0$，$\frac{\partial f}{\partial L}>0$，$\frac{\partial^2 f}{\partial L^2}<0$

这就是生产要素的边际收益递减规律，该规律说明，在生产技术不变的前提下，当一种生产要素固定时，随着另一种生产要素投入量的增加，产出也相应增加，但增加的速度逐渐减慢。

在实证研究中，选择 Q、L、K 时。可参照以下原则：(1) 符合理论要求的产出指标 Q 可以是实物指标，如总产量；也可以是价值量指标，如总产值、增加值等。(2) 劳动投入指标 L 的选取，应该依据行业性质、计酬方式而定，劳动总量指标可以选取职工人数、年人时数、工资总额等。(3) 资本投入指标 K 应按生产过程中资本的实际贡献量计算，这就需要计算资本设备的折旧和实际利用率。

（二）几个常用的生产函数

以下几种形式的生产函数，在国内外经济分析中经常运用：

1. 固定投入比例生产函数

固定投入比例生产函数是指在每一产量水平上任何要素投入量之间的比例都是固定的生产函数。以 Q、L、K 分别表示产量、劳动投入和资本投入，a、b 分别表示固定的劳动生产系数和固定的资本生产系数，则固定投入比例生产函数的形式为：

$$Q=\min\left(\frac{L}{a},\frac{K}{b}\right) \tag{7-11}$$

固定投入比例生产函数属于规模报酬不变的生产函数。在这种形式下，产出量 Q 所需要的劳动投入量 $L=aQ$，所需要的资本投入量 $K=bQ$，两者之比 $\frac{K}{L}=\frac{b}{a}$ 为常数，在保持产量不变的情况下两种生产要素之间完全不可以替代。

2. 柯布-道格拉斯生产函数

柯布-道格拉斯生产函数的形式为：

$$Q=AL^{\alpha}K^{\beta} \tag{7-12}$$

这种生产函数的特点是：(1) 参数 α，β 分别表示劳动和资本的产出弹性，$0\leqslant\alpha\leqslant1$，$0\leqslant\beta\leqslant1$。(2) $\alpha+\beta$ 决定生产函数规模报酬的性质，当 $\alpha+\beta=1$ 时，规模报酬不变；当 $\alpha+\beta<1$ 时，规模报酬递减；当 $\alpha+\beta>1$ 时，规模报酬递增。(3) 劳动和资本投入可以替代，且替代弹性等于 1。

3. 常替代弹性（CES）生产函数

常替代弹性（CES）生产函数的形式为：

$$Q=A(\delta K^{-\rho}+(1-\delta)L^{-\rho})^{-\frac{v}{\rho}} \tag{7-13}$$

式中，A——效率参数，反映技术进步程度，$A>0$。

δ——分布参数，反映资本密集程度，$0<\delta<1$。

ρ——替代参数，$\rho>-1$。

v——规模报酬参数，$v=1$，表示规模报酬不变；$v>1$，表示规模报酬递增；$v<1$，表示规模报酬递减。

常替代弹性（CES）生产函数中，劳动和资本替代弹性为常数 $\frac{1}{1+\rho}$。

（三）几个基本概念

从上面生产函数形式的描述中可以看出，在生产函数的实证和理论研究中，需要用到以下基本概念：

1. 产出弹性

弹性是指一种要素投入的相对变化所引起的产出的相对变化，产出的劳动弹性和产出的资本弹性的计算公式为：

$$\text{产出的劳动弹性}=\frac{\frac{\Delta Q}{Q}}{\frac{\Delta L}{L}}=\frac{d(\ln Q)}{d(\ln L)} \tag{7-14}$$

$$\text{产出的资本弹性}=\frac{\frac{\Delta Q}{Q}}{\frac{\Delta K}{K}}=\frac{d(\ln Q)}{d(\ln K)} \tag{7-15}$$

2. 边际替代率

要素的边际替代率表示，在保持产量不变的条件下，增加一单位的某种生产要素可以替代另一种生产要素的数量。劳动 L 对资本 K 的边际替代率为：

$$MRTS_{LK}=-\frac{\Delta K}{\Delta L} \tag{7-16}$$

3. 资本-劳动投入比

又称为劳动装备技术系数，即$\frac{K}{L}$。根据资本-劳动投入比是否为常数，可以把生产函数分为固定比例生产函数和可变比例生产函数，对于后者，依据资本-劳动投入比是否大于 1，又可把生产进一步划分为资本密集型生产和劳动密集型生产。

4. 替代弹性

这是一个经常用到的弹性概念，由希克斯在 1963 年提出，是劳动装备技术系数$\frac{K}{L}$关于边际替代率 MRTS 的弹性系数：

$$\sigma=\frac{d\ln\left(\frac{K}{L}\right)}{d\ln(MRTS_{LK})}=\frac{\left(\frac{dK}{K}-\frac{dL}{L}\right)}{\left(\frac{dW_1}{W_1}-\frac{dW_2}{W_2}\right)} \tag{7-17}$$

式中，W_1 为劳动的价格或工资率。W_2 为单位资本的价格或租金。σ 表示生产要素之间替代的难易程度，$\sigma=0$ 表示两种生产要素完全不可替代，生产要素以固定比例相结合，$\sigma=\infty$ 表示两种生产要素具有完全替代性。替代弹性常用于测定生产要素相对价格如何影响要素的投入比例。

二、生产率的测定

生产率是指生产的产品或劳务的数量与所耗费的资源数量之比，表明经济投入与经济产出之间的效率。在生产率的测算上，我国过去常常采用的方法是经验分析法和系数推算法。经验分析法即通过对我国经济增长的历史过程进行研究，在大量数据分析的基础上找出经济增长速度变动的规律性，据以估算经济增长率；或者是根据国民经济发展战略目标和规划来估算经济增长率。系数推算法就是根据与经济增长速度有直接联系的某项系数（如能源弹性系数、电力弹性系数、运输弹性系数）来估算经济增长率。尽管上述测算方法在我国国民经济的分析研究中曾经起到过非常重要的作用，并且至今仍具有很大的参考价值，但是，社会主义市场经济的发展使得经济增长过程中的变数越来越多。因此，传统产出增长率的测算方法在适应性和精确性方面的局限性越来越大。

现代生产率分析理论的建立始于 20 世纪 50 年代，其代表人物是索罗和丹尼森，经过近半个世纪的努力，经济学家已经建立起一套以现代经济增长理论为基础、多种评价方法并存的生产率测算评价体系。在实证研究中，被经济学家们普遍采用的生产率测算方法有全要素生产率法（the index for total factor productivity，TFP）、索罗（Solow）余值法和丹尼森增长因素分析法。

（一）全要素生产率法

经济理论认为，劳动生产率以及资本、土地的生产率仅仅只是“单要素生产率”，它们只能分别衡量某一种生产要素的产出-投入比。而要衡量全部投入要素生产率的变化，就要把产出量与生产过程中的所有投入要素联系起来。因此，产出量与所有投入要素的加权综合值之比就是全要素生产率，其数学表达式为①：

$$TFP=\frac{Y}{\sum_{i=1}^{n}W_iX_i} \tag{7-18}$$

式中，TFP 为全要素生产率，Y 为产出量，X_i 为第 i 种生产要素投入，W_i 为相应的加权值。

如果假设生产过程中只有资本 K 和劳动 L 两种投入要素，则有：

$$TFP=\frac{Y}{W_L\cdot L+W_K\cdot K} \tag{7-19}$$

考察连续时间的情况，对上式两边关于时间 t 求导数，就得到 TFP 增长率（v）的微分指数法测算公式：

$$v=\frac{d(TFP)}{TFP}=\frac{dY}{Y}-a_L\cdot\frac{dL}{L}-a_K\cdot\frac{dK}{K} \tag{7-20}$$

式中，

$$a_L=\frac{W_L\cdot L}{W_L\cdot L+W_K\cdot K},\ a_K=\frac{W_K\cdot K}{W_L\cdot L+W_K\cdot K}$$

a_L，a_K 分别表示劳动的产出弹性和资本的产出弹性。

如果把上式与下面将要介绍的索罗余值法相比较，则会看到两者在形式上完全相同，并且由微分法计算的全要素生产率等于由索罗余值法计算的技术进步率，这也就是为什么经济学家们常常把全要素生产率称为技术进步率的一个主要原因。表 7-1 是丹尼森对全要素生产率所做的国别分析结果。

表 7-1　　全要素生产率的国别分析　　（%）

国别	*TFP* 增长率	*TFP* 增长率占总增长率份额
美国（1953—1971 年）	4.82	54.96
加拿大（1950—1967 年）	1.94	39.19
法国（1950—1962 年）	3.46	73.62
意大利（1950—1962 年）	3.94	70.36

① 肖耀球．技术进步机理与数量分析方法．长沙：国防科技大学出版社，2002：107-108.

续前表

国别	TFP 增长率	TFP 增长率占总增长率份额
联邦德国（1950—1962 年）	3.49	55.66
英国（1950—1962 年）	1.27	53.36
日本（1953—1971 年）	4.86	55.16

资料来源：朱军．经济增长支撑条件研究．北京：冶金工业出版社，2001：47.

从表 7－1 中可以看出，在 1953—1971 年的美国经济增长中，全要素生产率提高占 54.96%，要素投入（就业和资本存量的增加）对经济增长的贡献为 45.04%。除加拿大外，其他发达工业化国家的全要素生产率提高占总增长率的份额都在 50%以上，法国和意大利两国都在 70%以上。

（二）索罗余值法

在生产率的分析方面，索罗第一个把技术进步因素引入生产函数中，并建立了著名的索罗增长速度方程，并将此作为技术进步率测定的出发点。索罗在实证分析中采用的生产函数形式为：

$$Q_t = A_t \cdot F(K_t, L_t) \tag{7-21}$$

式中，A_t 为技术进步因素。

对上式两边先做对数变换，然后对时间求导得：

$$\frac{dQ_t}{Q_t} = a + \alpha \cdot \frac{dK_t}{K_t} + \beta \cdot \frac{dL_t}{L_t},$$

或者简记为：

$$G_Q = G_A + \alpha \cdot G_K + \beta \cdot G_L \tag{7-22}$$

式中，$a=\frac{dA_t}{A_t}$，$\alpha=\frac{\partial Q_t}{\partial K_t}\cdot\frac{K_t}{Q_t}$，$\beta=\frac{\partial Q_t}{\partial L_t}\cdot\frac{L_t}{Q_t}$；$\frac{dQ_t}{Q_t}$，$\frac{dK_t}{K_t}$，$\frac{dL_t}{L_t}$分别表示产出增长率、资本增长率和劳动增长率；$\alpha$，$\beta$ 分别表示劳动的产出弹性和资本的产出弹性。这便是索罗增长速度方程，根据这一模型，产出增长率可以分解为资本增长率和劳动增长率的加权再加上技术进步率，这里的技术进步率即索罗“余值”或“残差”。若资本、劳动和技术进步对经济增长的贡献份额分别为 E_K，E_L，E_A，则：

$$E_K = \frac{\alpha \cdot G_K}{G_Q} \times 100\% \tag{7-23}$$

$$E_L = \frac{\beta \cdot G_L}{G_Q} \times 100\% \tag{7-24}$$

$$E_A = \frac{(G_Q - \alpha \cdot G_K - \beta \cdot G_L)}{G_Q} \times 100\% \tag{7-25}$$

尽管索罗余值法为生产率的理论研究和实证分析提供了一种全新的思路，但是，经济学界一直对这种测算方法存在争议。争论焦点之一是增长速度方程中的技术进步到底是什么，因为索罗并没有指出技术进步的来源。争论焦点之二是增长方程中规模收益不变和中性技术进步（技术进步的同时保证资本与劳动在总产出中的份额稳定）假设。针对这些问题，丹尼森等人对索罗的理论和实证分析技术做了进一步的拓展和深化。

（三）丹尼森增长因素分析法

丹尼森通过对美国 1929—1957 年经济增长情况的统计分析，对索罗余值进行分解，并提出了自己的增长因素分析方法。他把索罗的增长理论和生产率测算方法从以下几个方面做了拓展：（1）丹尼森把索罗余值进一步分解，把投入要素的范围扩大，分析中引入诸如教育、经验等特殊因素；（2）丹尼森把劳动、资本做了细分，分析中考虑到了劳动力年龄和性别构成状况以及建筑物、设备等不同的资本形式对生产率的影响；（3）放宽了索罗增长速度方程的规模报酬不变的假设，把规模报酬递增引入分析。丹尼森把美国经济增长的因素归结为以下几种：

1. 要素投入的增长

（1）劳动力要素。根据丹尼森的测算，在 1929—1957 年，国民收入年均增长的 2.93 个百分点中，劳动力投入的增长每年贡献 1.57 个百分点，他把劳动力投入对经济增长的影响分解为以下几类：1）就业人数的年均增长率对经济增长的影响；2）缩短工时的影响；3）正规教育年限的增加对经济增长的影响；4）年龄性别构成的影响等。

（2）资本要素。丹尼森把资本要素投入分为两类：存货的投入量、非住宅性建筑和设备的投入量。在具体测算时，他以期初和期末的平均数来计算存货价值，并以 1958 年的价格作为不变价，求出各年的价格指数；而非住宅性建筑和设备的价值则分别计算出它们的总值和净值，然后求出各自的价格指数。在 1929—1957 年国民收入年均增长 2.93 个百分点中，资本投入的增长每年贡献 0.43 个百分点，由于土地的增长对经济年均增长的贡献为 0，因此，包括劳动力、土地和资本投入在内的要素投入的增长在 1929—1957 年对经济年均增长的贡献为 2 个百分点。

2. 资源配置的改善

在丹尼森的测算中，资源配置的改善主要是指劳动力由低效率部门向高效率部门转移的状况，包括农村剩余劳动力的转移和独立经营者的再配置。

3. 规模节约

丹尼森认为，规模节约主要取决于市场范围的扩大，他的估算结果是，在规模收益不变的条件下，当除规模因素之外的其他因素的增长使国民收入增长 1%时，由此产生的规模节约对经济增长的贡献约为 0.1%。

4. 知识进展

如同索罗余值一样，丹尼森在计算知识进展对经济增长的贡献时也采用余值法，即将经济增长率扣减掉他所给出的其他因素对经济增长的贡献之后的余额。经测算，在 1929—1957 年国民收入年均增长 2.93 个百分点中，资源配置的改善、规模节约和知识进展每年贡献 0.93 个百分点。

（四）中国学者的研究

我国经济学家曾多次对经济增长因素进行过测算，表 7-2 是我国经济学者史清琪等利用索罗余值法对增长因素贡献的测算结果。

表 7-2　增长份额的测算结果

指标	1980—1994 年（全国）		1995—2000 年（全国）	
产出年均增长率（%）	9.54		8.00	
劳动投入年均增长率（%）	2.79		1.25	
资金投入年均增长率（%）	13.9		12.6	
资金产出弹性	0.3	0.35	0.3	0.35
劳动的增长份额（%）	20.5	19.0	11.0	10.0
资金的增长份额（%）	43.7	51.0	47.3	55.0
技术进步的增长份额（%）	35.8	30.0	41.8	35.0

注：1995—2000 年是按“九五”计划测算的。
资料来源：朱军．经济增长支撑条件研究．北京：冶金工业出版社，2001：55.

经过比较分析，他们认为资金产出弹性取 0.35 更为合理，以此计算，“九五”期间劳动力对经济增长的贡献比 1980—1994 年减少 9 个百分点，技术进步的贡献份额为 35%，远低于发达国家 50%～70%的水平。表 7-3 是分阶段生产要素对经济增长的贡献度和贡献率，表 7-4 是分阶段制度因素和技术因素对全要素生产率的贡献率。

表 7-3　分阶段生产要素对经济增长的贡献度和贡献率

阶段	GDP 增速（%）	资本存量		劳动力		全要素生产率	
		贡献度	贡献率（%）	贡献度	贡献率（%）	贡献度	贡献率（%）
1978—2001 年	9.7	5.0	51.9	1.3	13.5	3.4	34.6
2002—2008 年	11.0	6.4	58.6	0.4	3.2	4.2	38.2
2009—2013 年	8.9	6.8	76.8	0.2	2.3	1.9	20.9
1978—2013 年	9.8	5.6	57.1	0.9	3.3	3.3	33.7

表 7-4　分阶段制度因素和技术因素对全要素生产率的贡献率　（%）

阶段	全要素生产率	劳动力转移	对外开放溢出效应	人力资本提高	科技进步	其他影响因素
1978—2001 年	3.4	1.10	0.97	0.68	0.27	0.38
2002—2008 年	4.2	0.97	1.02	0.77	0.77	0.67
2009—2013 年	1.9	0.80	0.72	0.84	0.80	−1.24
1978—2013 年	3.3	1.01	0.90	0.70	0.41	0.28

进入 21 世纪之后，一些中国经济学家不断跟进，采用更加综合的计算方法计量更新的数据，取得了一批研究成果。比较有代表性的研究者及其研究成果有：张军《增长、资本形成与技术选择：解释中国经济增长下降的长期因素》，郭庆旺、贾俊雪《中国全要素生产率的估算：1979—2004》，王小鲁等《中国经济增长方式转换和增长可持续性》，蔡昉《中国经济增长如何转向全要素生产率驱动型》，祝宝良等《我国经济增长潜力和动力》。

综合各家计算结果，中国经济增长的要素贡献份额存在着如下变化：劳动产出率贡献份额持续下降，资本产出率贡献份额依然居高，技术产出率贡献份额经历一个曲线，近年来出现份额减少的情况。蔡昉在 2016 年 1 月第七届中国经济前瞻论坛上做主旨演讲时表示，根据计算结果中国全要素生产率的增长速度 1995—2009 年每年以 3.9%下降，到了 2011—2015 年为 3.1%。这些情况表明，中国经济还是投资驱动型增长模式，需要进一步加大科技进步，向创新驱动型增长模式转变。

第三节 供给管理基本内容

总量供给是一个与经济增长紧密联系的概念，进行供给管理的主要目的就是通过实施有利于经济增长的中长期经济政策如产业政策、投资政策等，调节供给能力进而增加有效社会总产出。

一、供给管理的目标

供给管理的目标是优质的经济增长，只有实现这种优质的经济增长，才能保障物质产品和服务的持续增加，有效供给的扩大，无效供给的减少，现实供给接近潜在供给；同时它也意味着经济规模和生产能力的扩大，反映一个国家或地区经济实力的增强。

经济增长不完全等同于经济发展。一般认为，后者的含义比前者更为广泛和丰富，二者是既有联系又有区别的两个概念。它们的区别是：经济增长仅指物质产品和服务产出量的增加，而经济发展除包含产出量增加外，还包含经济结构的演进、经济体制的变革、社会生活质量的提高等内容。它们的联系是：经济增长是经济发展的前提，没有经济增长，经济发展就缺乏必要的物质基础而难以进行；经济发展为经济增长创造新的条件，没有经济发展，经济增长则会因缺少健全的机制而受到阻碍。只有以经济发展为目标，使经济增长符合经济发展的要求，把二者统一起来，国民经济才能持续、快速、健康地发展。

经济增长服从于社会生产的目的。社会主义的生产目的，要求社会能生产出数量日益增多、质量不断提高的社会产品，以保证满足社会和人民日益增长的物质和文化生活的需要。因此，不应当把经济增长理解为单纯是物质产品和服务数量的增加，还应包含物质产品和服务质量的提高。社会主义的经济增长，应当是充分有效地利用各种资源和技术，使社会物质财富不断积累和扩大，产品质量不断改善和提高，各种服务日益增多和完备，从而使人民生活不断提高的过程。

经济增长是可以度量的。在社会主义市场经济体制条件下，经济增长既表现为实物形态的社会产品的增加，也表现为价值形态的社会产品的扩大，因而经济增长可以用实物和价值两种指标度量。但是，要反映一个国家或地区经济增长的总体动态，就需要使用以货币为统一计量单位的价值指标。

我国在传统计划管理实际工作中，用来供给管理的综合指标主要是物质产品平衡表体系的工农业总产值、社会总产品、国民收入等。物质产品平衡表体系（material production system，MPS），也可称为东方体系，为苏联和东欧的社会主义国家所采用，我国在 1994 年以前也采用这种体系。这种体系把国民经济体系分为物质生产部门和非物质生产部门，物质生产部门的劳动创造价值和使用价值，非物质生产部门的劳动属于非生产性劳动，不创造价值和使用价值。在这种理论的基础上，MPS设定了两个基本核算指标，即社会总产值和国民收入。社会总产值是一国物质生产部门在一定时期内生产的以货币来衡量的产品价值总和，它是该时期内一国中间产品消耗、折旧、工资、利息、租金及利润之和。国民收入是一国物质生产部门在一定时期内生产的产品总值中扣减掉中间消耗和折旧之后的剩余，即当年物质生产部门劳动者新创造的价值之和，由工资、利息、租金和利润构成。其中，工农业总产值是工业和农业两大物质生产部门在一定时期内所生产的全部产品的价值总和，其优点是指标含意容易理解，计算比较简便。但它存在着很大的局限性，这主要表现在这一指标无法全面反映包括建筑业、运输邮电业和商业在内的整个物质生产部门的发展变化，同时由于原材料等中间产品的价值被多次重复计算，也使指标数值被夸大，包含着虚假成分。社会总产值是所有物质生产部门在一定时期内生产的全部产品价值的总和，它虽然全面反映了物质生产部门的活动成果，但仍存在着重复计算的缺点。国民收入是所有的物质生产部门在一定时期内新创造的价值总和，它扣除了物质消耗部分，不存在重复计算问题，可以比较全面准确地反映物质生产的增长。但上述指标都不反映非物质生产部门的活动。

为了克服上述指标的缺欠，也为了和国际上国民经济核算体系SNA接轨，便于国际比较，在1995年以后我国已经不再应用MPS这类指标，而采用国民生产总值和国内生产总值等类指标。

二、供给管理的手段

供给管理的目标是政府通过各种调控政策的实施，促进经济发展进而增加社会总产出。我国与发达国家相比较，由于在经济体制、经济结构和经济效益等诸方面存在着先天性不足，因此，经济发展过程中必将困难重重。为了使经济增长与日益扩大的需求规模和日益多样化的需求结构相适应，必须综合运用多种政策工具和手段对总量供给进行调控。

（一）增加研发投资，促进科技进步

马克思主义政治经济学认为科学技术是第一生产力。这从本质上揭示了科技进步与科技创新对经济增长和产出增加的促进作用，促进科技进步的有效途径是增加人力资本投资和研发投资。实际上，人力资本只是一种潜在的生产能力，这种潜在生产能力只有与一定的研发投资结合起来才能形成实际的生产能力，表现为科技创新和科技进步。按照联合国教科文组织对研发活动所下的定义，研究和开发就是为了增加知识的总量，以及运用这些知识去创造新的应用而进行的系统的、创造性的工作。用于研究与开发活动的投资即研发投资。

从20世纪80年代开始，西方经济学家重新发现了研发投资对长期经济增长的促进作用，并把研究与开发作为新经济增长理论研究的中心之一。把研究与开发引进经济增长模型开始于罗默的有关研究。他的结论是，人均收入的增长率与研发的社会投入成正比；技术进步来源于社会有目的的研究和开发活动，如果经济社会能不断因为研究和开发产生新思想，那么，经济增长率就能长期保持正值。在对经合组织国家经济增长的实证分析中，罗默的观点得到进一步证实，实证结果表明研发投资与生产率增长呈现高度的相

关性。

目前国际上把研发投入占国内生产总值的比重是否达到一定数量，作为衡量一个国家是否进入创新型国家的重要标志。从我国具体情况来看，我国研发投资的统计时间序列很短，而且慢于国内生产总值的增长速度，20 世纪 90 年代中期以来，研发投资占国内生产总值的比重在 0.5%～1.0%左右，远低于发达国家 3%左右的水平，偏低的研发投资水平构成我国长期经济增长的制约因素。从“十二五”规划期开始，我国把研发投入占比列入国民经济和社会发展目标，持续增加投入，力争到“十三五”规划期末，研发投入占比提高到创新型国家水平。由于研发投入的持续增加，会极大促进技术对经济增长的贡献，促使新产业、新业态、新模式的出现，促使经济增长的成本降低和效率提升。

（二）增加就业

总供给变化与失业（或就业）之间的关系非常密切，这种关系可由奥肯定律描述。奥肯定律认为，当实际 GDP 相对于潜在 GDP 每下降 2 个百分点，则失业率就上升 1 个百分点。根据奥肯定律，经济学家们相信，失业率很高的时期，就是实际 GDP 低于潜在 GDP 的时期，因此高失业率往往伴随着高水平的生产损失或高水平的生产停顿。在高失业时期的损失是现代经济中有文献记载的最大浪费。

有关我国总供给变化和失业之间的关系的研究，国内经济学者在这方面已经取得不少成果。近几年来，由于国有企业改革步伐的加快和国内通货紧缩趋势的影响，我国就业不足和由此带来的生产不足的状况有所加剧。据估计[①]，1993 年全国城镇失业人员为 540 万～600 万人，真实失业率为 3.3%～3.7%；1997 年上升为 1 310 万～1 510 万人，真实失业率为 6.8%～7.8%；1998 年实际失业人员为 1 540 万～1 600 万人，真实失业率为 7.9%～8.3%；1999 年实际失业人员为 1 600 万～1 650 万人，真实失业率为 8.6%～8.9%；2000 年实际失业人员为 1 670 万～1 730 万人，真实失业率为 8.8%～9.2%。高失业状况的存在对我国经济增长造成了很大冲击，具体表现如表 7-5 所示。

表 7-5　中国实际失业率引起的经济损失占 GDP 的比重　(%)

年份	实际失业率	损失量占 GDP 比重
1996	5.1～6.0	0.23～2.25
1997	6.8～7.8	4.05～6.30
1998	7.9～8.3	6.53～7.43
1999	8.6～8.9	8.10～8.78
2000	8.8～9.2	8.55～9.45

资料来源：胡鞍钢，等．中国挑战通货紧缩．北京：中国计划出版社，2001：153-155.

进入 21 世纪以后，我国开始逐步进入老龄化社会，这意味着我国开始从劳动力资源丰富和廉价的发展中国家，逐步转变为劳动力短缺的中等发达国家。人口多、年轻化引发

① 全国真实失业人员包括以下三部分：一是以青年为主体的登记失业人员，二是各单位（国有、集体和其他单位）下岗职工中未就业人员，三是农村劳动力在城镇就业中的失业人员。

的高失业状况将不是我国常态，而由于人口老龄化引发的青壮劳动力相对不足状况则成为常态。如何应对市场经济条件下特有的结构性失业将是我国今后供给管理所面临的一个重要问题。

（三）加强人力资本投入

在生产过程中，影响产出的因素很多，包括资本投入、技术水平和劳动投入等，其中，劳动力结构与人力资本构成对总量供给的影响非常重要。1988 年经济学家卢卡斯在《论经济发展机制》一文中尝试用人力资本对经济的长期增长做出解释，此后人力资本对产出的作用便成为新经济增长理论研究的中心之一。卢卡斯认为，人力资本实际上是一种“特定的知识”，人力资本与“一般知识”的区别在于它是关于“特定人的知识或一个民族的特殊文化”。同时，人力资本也不同于劳动力，它必须通过教育、培训和保健等方面的投资才能形成。例如，教育和保健有助于增进劳动者个人的工作能力，从而使单个劳动者具有比过去更高的效率；劳动力的合理流动能解决各地区、各部门劳动力的余缺调剂和劳动者用其所长的问题，从而提高全社会劳动力资源的利用效率。卢卡斯用他的人力资本理论证明了以下观点：人力资本投资是经济增长的发动机，拥有大量人力资本的国家会取得较快的经济增长速度，人力资本水平低下是欠发达国家经济增长缓慢的原因之一。

我国具有重视教育、重视人才培养的悠久文化传统，从国家到家庭对人力资本投资一直比较重视。因而从全世界范围来看，我国经济增长与高素质的人力资本增加是分不开的。但是我国一段时间由于政府财力有限，对人力资本的投入不足，导致经济增长速度不快。为此，国家制定教育相关法规，将教育开支占到国内生产总值比重 4%列入发展目标，长期持续推进教育投入，最终在 21 世纪初实现了这个目标。我国九年制义务教育普及，高等教育从精英教育发展到大众教育，从教育小国发展为教育大国。

（四）调整产业结构

产业结构是影响经济增长速度和效益的重要因素之一，因为产业结构从总体上反映了国民经济中各类产业的构成状况及其比例关系和关联状况。要使经济增长步入持续、稳定和协调的快车道，必须调整和优化产业结构，保持产业结构的合理性。产业结构的调整之所以会促进经济增长和总供给的增加，原因是不同产业部门有着不同的产出增长率以及对整体经济增长的贡献率。为了实现经济的高速增长，当资本和劳动力等资源由增长率较低的部门向增长率较高的部门转移时，增长率较高的部门就会得到较多的资源供给，其发展将带动整个国民经济的发展和总供给的增加。

表 7-6 中的数据，是我们对三次产业增长之于总量（GDP）增长拉动作用的一个简单估计。数据显示，改革开放的第一个 10 年（1978—1989 年），第二产业对总体经济增长的拉动作用最为显著；20 世纪 90 年代以来，第一产业增长对于总体经济增长的拉动作用减弱，第三产业增长对于总体经济增长的拉动作用增强。再者，从三次产业增加值在 GDP 中的比重或三次产业贡献率来看，1991 年以来，第一产业贡献率迅速下降，2006 年仅仅为 5.9%；第三产业贡献率稳步上升，目前已经达到 40%的水平；第二产业贡献率基本维持在 50%左右的水平。中国产业结构变动对经济增长影响的上述变化，符合世界各国经济发展中产业结构升级促进增长质量提高的一般规律。

表 7-6　　产业结构与经济增长关系的回归结果　　（%）

	1978—1989 年	1990—2000 年	2001—2006 年
第一产业	0.26	0.13	0.10
第二产业	0.50	0.40	0.55
第三产业	0.24	0.45	0.32

注：记 G 为国内生产总值指数，G_A、G_I、G_S 为第一、二、三产业增加值指数，则三次产业增长对 GDP 增长的弹性或拉动作用用 β_1、β_2、β_3 可以通过以下对数线性方程估计：$\ln G=c+\beta_1\ln G_A+\beta_2\ln G_I+\beta_3\ln G_S$。

（五）推进制度变革

20 世纪 70 年代和 80 年代的新制度经济学家试图从制度方面来寻找促进经济增长的源泉和动力，新制度经济学的增长理论以美国经济学家诺斯及其合作者关于所有权与经济增长关系的论述为主要内容，基本观点包括：其一，技术进步、资本积累、规模经济、人力资本投资（教育）等并不是经济增长的原因，而是增长本身。经济增长的关键是制度，一种能够提供个人刺激的有效的组织需要在制度上做出安排和确立所有权，以便造成某种机制使每一活动的社会收益率和私人收益率近乎相等。其二，所有权的实质是有助于确立每个人占有、使用和转让生产出来的财富的权利的法律、规定、惯例和条例。不同社会之间的区别只在于所有权体系保障的个人或集团占有、使用、转让和分享其努力成果的程度的不同。其三，产权的界定和变化是制度变化的诱因和动力。新技术的发展必须建立一个系统的产权制度，以便提高创新的私人收益率，使之接近于社会收益水平。其四，新制度经济学经济增长理论强调人口数量对经济增长的影响。人口数量的增加会导致收益递减。推行制度创新，建立并行使新的产权制度，使产权结构更为有效，可以有效解决由于人口增长造成的资源压力增大问题，促进经济增长。

新制度经济学把制度因素内生化，用现代产权制度理论说明制度变迁与经济增长的关系。这种制度变革促进经济增长的观点在我国得到了证明。改革开放之前，我国实行单一的公有产权制度和僵化的计划经济体制，1953—1978 年，按可比价计算的国民收入年均增长率为 6%。虽然经济增长保持中等速度，但是效益和效率没有显著提高，人均国民收入年均增长率仅为 3.9%，国民经济处于相对落后的状态。改革开放 40 多年来，我国不断推进制度改革和完善，建立了公有产权制度为主体和多种非公有产权制度并存的产权制度，从计划经济体制转型为市场经济体制，使我国社会主义生产力得到了极大的发展。1978—2017 年，按可比价计算的国内生产总值年均增长率超过 9%。在经济快速推进中，人均国内生产总值按可比汇率计算从 250 美元增加到 8 600 美元，我国从一个弱小的经济体发展到了世界第二大经济体。因此，制度变革对经济增长的推动作用十分明显。

马克思主义政治经济学认为经济制度是所有社会生产关系的总和，也就是说，所谓制度变革是社会生产关系不断适应社会生产力发展所做出的调整和适应。制度不能预设，只能服从社会生产力发展的需要。制度变革是否有效，取决于调整后的生产关系是否能促进生产力的发展。能够促进生产力发展的制度变革，一定会带来制度性成本大大降低。所以在衡量制度变革时，一定要看它能否促进生产力发展，能否减少制度性成本。

三、供给管理的重点

供给管理的目标是促进经济增长，增加供给。前面分析中已经指出，在总供给中存在着潜在供给、有效供给、优质供给和无效供给之分。无论如何，扩大有效供给，增加优质供给，从而长期扩大潜在供给，减少无效供给始终是供给管理的重点。然而对于每一个特定发展时期的供给管理重点而言，要结合当期的国民经济发展面临的形势和问题，依据任务而提出。

我国在进行“十三五”发展规划时，提出了把供给侧结构性改革作为规划期主线。围绕这个主线，“十三五”时期供给管理的重点是“三去一降一补”，即去过剩产能、去库存、去杠杆，降成本，补短板。这五个供给管理重点针对的是经济运行出现的新变化和新问题。经历经济高速增长之后，我国经济进入中高速增长的新常态阶段，我国钢铁、煤炭、电力、水泥、焦炭、造纸、制革和印染等产业的生产能力开始严重过剩，其过剩产能导致产品库存积压严重；由于不断加大金融杠杆，致使地方政府债务、企业债务、家庭债务以及银行不良贷款率均有不同幅度的上升；由于人口红利开始消失、资源开采受环保限制以及营商环境变化，企业的人工成本、经营成本及财务成本都有所上涨；而我国经济在许多领域依然存在发展的短板。2016—2020 年，供给管理计划围绕着五个重点任务，推动中国经济迈向新台阶，争取到 2021 年，供给侧结构性改革取得全面成效，建党一百年时实现全面建成小康社会的第一个百年目标。据此，供给侧结构性改革以及五大任务的完成，是一个阶段性的供给管理过程。完成这个任务之后，可再依据新的形势，提出下一步的总量调控目标，进一步为到 2049 年新中国成立一百年时把中国建成社会主义现代化国家的第二个百年目标打下牢固基础。

小 结

供给管理侧重在对形成总供给的那些因素（如投入要素成本、生产率等）实施管理。总供给是指一个国家在一定时期内向全社会提供的可供使用的最终产品和服务的总量，总供给存在有效供给与无效供给、潜在供给与优质供给之分。经济增长水平和速度、产业结构变动、价格变动、对外经济联系程度等因素决定了一个国家或地区总供给规模大小。管理工作中，通常使用国内生产总值等总量指标定义总供给。计算总供给的方法有生产法、收入法和支出法。三种方法从不同角度核算总供给，理论上相等但是实际上有误差。生产函数法是计算总供给的简易实用方法，它表达的是投入与产出之间的技术关系。从各种不同的生产函数表达形式中，可以获得一些重要的经济学观点和结论。全要素生产率是衡量总供给增长的核心效率指标，因此提高全要素生产率是供给管理的重要任务。供给管理的目标是实现稳定和高效的经济增长，为了达到目标，需要增加研发投资以促进科技进步、增加就业、增加人力资本投入、调整产业结构和推进制度变革等。各个时期的供给管理依据形势和任务而各有侧重，我国“十三五”规划时期的供给管理重点是“三去一降一补”。

思考题

1. 如何理解总供给?
2. 计算总供给有哪些基本方法?
3. 形成总供给的因素有哪些?
4. 用什么样的方法确认生产率各个部分贡献率大小?
5. 影响我国经济持续、稳定、高效增长的因素有哪些?
6. 如何增加有效供给和优质供给?
7. 如何减少无效供给?
8. 在经济增长过程中，制度重于、优于技术的说法是否正确?
9. 供给管理的目标与手段是什么?
10. 如何调控供给?
11. 供给管理的基本思路和重点是什么?
12. 我国在供给管理上有哪些经验教训值得总结?
13. 如何理解我国“十三五”规划期间推进的供给侧结构性改革思路?
14. 如何评价供给管理的绩效?

第八章

总量调控（中）：需求管理

需求是人类一切经济活动的起点和终点。作为国民经济运行的发动机，需求不仅贯穿于生产、交换、分配及消费的经济循环过程始终，而且在协调各经济要素间平衡关系的过程中发挥着引导的作用。与供给管理相对应，需求管理构成了经济总量管理的另一重要内容，两者统一于经济总量平衡管理。因而，我们需要从宏观上对总需求的形成、结构、测算及其管理目标和手段等内容加以理解。

第一节　总需求的形成与决定

一、总需求的含义及构成

总需求是指一定时期内在一个国家或地区形成的对最终产品和劳务的货币购买力总量。在国民经济核算体系中，将在核算期内实际进入了市场交易环节的货币购买力总量部分称为实现总需求，未能完成实际交易的货币购买力总量部分则被称为结余总需求。总需求与前述总供给对立统一，共同构成了总量平衡和价格形成的约束条件。

不同的划分口径形成不同的总需求分类。以需求客体的存在形态为标准，可分为对物质商品的需求和对劳务的需求。其中对劳务的需求是指对以非实物形态存在的劳务的需求，如对金融、保险、教育、医疗、咨询、通信等服务行业的需求都属于对劳务的需求。以需求产生的目的为标准，可分为消费需求和投资需求。其中消费需求包括居民消费需求和政府消费需求。此外，以需求地域来源为标准，总需求可分为国内需求和国外需求，通常简称内需和外需。内需是指仅本国范围内的经济主体在一定时期内对国内商品和劳务的需求总量，外需则是指一定时期内为满足国外经济主体需求而进行的商品及劳务出口总量，因此亦称为出口需求。

总需求被明确界定为是对一国范围内商品和劳务形成的需求总和，这是由国民经济管理目标特性决定的，即我们的考察对象是国内市场的供求平衡和价格水平。对外贸易中的出口需求无疑促进了一国总需求的增减变化。因而，总需求构成通常被定义为：

总需求＝投资需求＋消费需求＋出口需求　　(8-1)

总需求是经济范畴，也是历史范畴。在其形成过程中必然要受各种客观条件的约束。其一，总需求缘起于经济主体对最终产品和劳务的需要。需要是相对无限的，此为总需求形成的起始条件。其二，需要向总需求转变，受需求主体的货币购买力总量制约。总需求的形成必须以全社会的货币购买力总量为基础，即经济条件。其三，核算期内，并非所有货币购买力都能同时转变为现实需求，而实现总需求的测算与评估是以实际进入交换环节的现实需求为依据的。与潜在总供给相对应，也有潜在总需求。潜在总需求以具有变现可能性的所有货币购买能力为限，这不仅包括流通中的现金，也包括随时可以承兑的存款、证券、债券以及国外需求合同按期支付在内的货币购买力。潜在总需求并不等于货币供应量，因为潜在总需求并没有直接要求对应的货币供应量。然而一旦潜在总需求转化为实现总需求，货币供应量必须跟上，也就是流动性条件必须具备。若货币流动性不足或过头，均会对国民经济顺利运行形成障碍。潜在总需求将在其后续核算期内结转并最终形成实现总需求。上述三个构成条件缺一不可，逐层递进，形成逻辑约束。

二、总需求的形成

总需求是在社会货币购买力的基础上形成的对商品和劳务的实际总需求。而社会货币购买力取决于国内生产总值。国内生产总值生产出来后必须经过多次分配，才能形成居民、企业、政府等各种收入，收入再转化为各种支出，从而构成对商品和劳务的最终需求。在国内市场经济条件下，居民、企业和政府代表不同层次的需求主体。在生产出来的商品和劳务通过交换、分配环节实现价值形态的转化后，形成政府财政收入、企业留利收入、居民可支配收入以及其他方面转移形成的收入（如公共基金）等部分。

政府财政收入除一部分通过再分配转化为居民的消费基金外，其他则形成政府自身的一般消费需求和预算投资需求。企业的留利收入一般划分为奖励基金、福利基金和生产发展基金等，其中奖励基金和部分福利基金以各种形式转化为消费基金，生产发展基金则经过银行中介形成企业的内部积累。居民可支配收入主要由工资收入、利息收入、租金收入、投资收入或风险收入以及其他货币收入构成。居民可支配收入总体上形成两种分流路径：一是直接用于消费需求；二是用于从事实物和金融投资活动，其中，居民的实物投资直接形成当期的投资需求，而居民的金融投资则通过各种金融资产形式（如储蓄、国债和股票）间接转化为金融信贷资金、政府投资基金和企业内部积累。金融信贷资金进而分流为投资信贷资金和消费信贷资金。投资信贷资金、企业内部积累及居民实物投资转化为对投资品的需求，即分散投资需求。分散投资需求与上述政府预算投资需求之和，构成全社会的投资需求；消费信贷资金是居民消费需求的另一种资金来源形式，并将随着我国金融服务体系的完善和居民消费模式的革新日趋扩大。公共基金的绝大部分最终将转化为居民的消费支出，如住房公积金、社保基金等，这部分支出与政府的一般消费需求、企业和居民的消费需求共同构成了全社会的消费需求。

从上述总需求的形成机理我们得以判断，不同经济主体间的需求取向各异，即便是同一层次的经济主体在不同时期也会产生不同的需求组合，由此导致总需求规模与结构的复杂性。这也是由经济主体收入与支出总量、收入与支出结构的多样性和复杂性所决定的。

首先，在收入层面上，尽管国内生产总值具有相对稳定性和可预测性，但其分配和使用状况每年都存在一定的波动和调整。经由初次分配和再分配，国内生产总值在各经济主体之间必然形成不同的收入总量与结构。并且收入分流后进入支出层面，又由于各经济主体的支出规模和结构存在较大分歧，如企业可能偏好于投资，而居民则可能侧重于消费，进而强化了各经济主体的需求总量与结构差异。其次，其他因素也介入总需求的形成过程，例如货币政策、财政政策及价格水平等因素很大程度上会改变经济主体的消费或投资决策模式，进而调节其需求总量与结构。一般而言，消费主体的消费行为取决于收入水平、价格水平和平均消费倾向。投资主体的投资行为则取决于经济发展形势、自身实力及利率水平等因素。消费需求与投资需求波动直接影响和制约了总需求规模与结构的形成。

三、总需求的决定

总需求决定于投资与储蓄以及货币供求两个市场均衡因素的相互作用。这是关于总需求决定因素的一般性理论，对我国总需求的决定因素分析也具有普遍适用性。但在我国，不仅投资与储蓄、投资与消费和货币供求在决定总需求、市场参数及传导机制时有其特殊性，而且其中包含的经济体制因素和管理因素也可能居于主导地位，导致我国总需求决定函数产生一定程度的偏离和调整。具体而言，如下因素决定和制约着我国的总需求。

（一）国内生产总值及其增长

国内生产总值是一国国内各经济部门在一定时期内所提供的全部最终商品和劳务的价值。从分配和使用角度看，一定时期内全社会的最终商品和劳务被分解为同期全社会的最终使用，即总投资、总消费和净出口。国内生产总值不仅在使用结构上与总需求相对应，而且在总量上也决定了总需求的规模，是形成总需求的物质保障和购买力基础。总需求与国内生产总值一般同向增长，并且国内生产总值的增长幅度总体上决定了总需求的增长速度。但某些时期两者在增长速度上也存在差别。在 20 世纪 90 年代末的通货紧缩时期，尽管我国的国内生产总值每年仍保持了较快的增长势头，但总需求增长速度曾一度趋缓。

（二）货币供应量

市场经济条件下的总需求是通过以货币形式表现的社会购买力来实现的。货币供应量是形成社会购买力的基础和保障。货币供应量的多少决定了以货币形式表现的总需求的规模与结构。但并非所有的货币在同一时点上都能进入市场交易程序而形成社会现实需求或有效需求。不同层次的货币供应对总需求的贡献有所差异。第一层次货币供应 M_0（流通中现金）和第二层次货币供应 M_1（M_0+活期存款等）具有直接购买力，能够迅速实现市场交易而形成现实需求；而包含定期储蓄和中长期存款的第三层次货币供应（M_2）和第四层次货币供应（M_3）则是间接购买力，对总需求的影响有所弱化。但从长期而言，后两者的潜在购买力最终也要进入现实需求领域，作用于总需求。因此，无论采取什么样的货币供给政策，对一国总需求规模和结构都将带来较大的影响。

（三）固定资产投资

投资需求是总需求的重要组成部分，其中由固定资产投资带来的对投资产品及劳务的需求对总需求规模和结构的形成有着极为重要的影响。不仅如此，固定资产投资形成基础设施和设备，对进一步扩大消费需求和投资需求、优化国民经济结构奠定了物质基础，其影响力随着国民经济的增长呈现逐年扩大的趋势。因而固定资产投资已成为调控总需求规模和维持经济增长的重要手段。通常情况下，固定资产投资是刺激经济增长、拉动内需的首选手段。

（四）最终消费

作为总需求的主要构成部分，最终消费对总需求规模及结构的决定作用和影响相当明显。一般说来，最终消费中居民消费占绝大多数，因此居民消费直接带动需求，但是在最终消费中，政府消费也始终占有一定的比例。因此扩大或减少政府消费，都会对居民消费产生直接影响。与投资需求不同，消费需求涉及政府组织及社会所有成员，影响面更广泛，影响度更复杂，因而通过调节社会最终消费规模来实现对总需求的调控时，往往要考虑到更多的社会经济因素，如体制改革、收入分配差距及社会保障等等。在国内生产总值基本稳定的条件下，消费规模与投资规模之间还存在此消彼长的内在联系，因而最终消费影响消费规模变化，必然会带来总需求内部结构的调整。

（五）外贸出口

开放式经济条件下，外贸出口产生于对一国商品和劳务的输出性需求。随着该国经济开放度或外贸依存度的加大，出口对总需求的影响也将逐级深化。这可以从两方面得以体现：一是出口需求直接构成了总需求的一部分，对外贸易的日益活跃将增加出口需求在总需求中的比重；二是外贸出口促使国际和国内市场之间的关联度加大，国外市场需求很大程度上会引导国内市场的投资和消费取向，进而改变投资需求和消费需求的规模与结构，最终影响总需求。我国已经加入世界贸易组织，在通过外贸出口扩大需求总量、促进经济增长的同时，在总需求及供求平衡管理方面也面临着更高层次的挑战。

（六）价格水平

价格水平原本是总需求与总供给均衡状态的结果，即价格内生于供求平衡，但我们不应忽视价格水平对总需求的反作用。供求关系实质上是动态平衡的过程，在本期供求平衡基础上形成的价格水平必然会影响下期总需求的规模与结构。目前我国用以反映价格水平的主要指标有居民消费价格指数、工业产品出厂价格指数、农业生产资料价格指数以及房屋销售价格指数等。价格水平影响总需求主要表现在三方面：其一，价值规律通过市场供求规律使得价格水平涨落引起需求规模落涨，价格水平与需求的关系是反向的，但也是真实的。其二，行业价格垄断行为和政府价格管制行为导致价格扭曲，导致价格对需求的影响是不灵敏的、不真实的。其三，国外产品及劳务的价格水平涨落引发货物出口需求和劳务外需涨落。由于出口涉及汇率变动，因而国外价格水平影响出口需求的结果比国内情况要复杂一些。

四、总需求的测算

对总需求的测算建立在国民经济核算基础之上。总需求的核算对于国民经济运行状况的分析及管理至关重要。在我国国民经济核算实践中，以下两种核算模式经常被使用。

（一）第一种模式：运用国民经济核算资料的实际测算

这种模式以总供给＝总需求的理论模型为框架，运用国民经济核算资料，从实物概念出发，并作为国民经济核算体系的重要组成部分，就核算期内实际发生的需求总量进行统计。

总需求＝最终消费＋资本形成总额＋出口总额 （8-2）

最终消费＝居民消费＋政府消费 （8-3）

资本形成总额＝固定资本形成总额＋存货增加 （8-4）

（二）第二种模式：从总需求动态运行过程进行直接测算

国民经济运行过程不断循环，并非所有的总需求都在当期实现，本期形成的总需求将有一部分结转下期，据此形成了一组国民经济核算概念和指标，即期初结余总需求、本期实现总需求、期末结余总需求、流量总需求及存量总需求。它们之间关系如下：

期初结余总需求＋流量总需求＝本期实现总需求＋期末结余总需求 （8-5）

流量总需求＝投资需求＋消费需求＋出口需求
＝(国家预算内资金拨款＋国内贷款投资＋利用外资＋自筹和其他投资)
＋(居民消费需求＋政府消费需求)＋出口需求 （8-6）

结余总需求＝资金结余投资需求＋结余消费需求
＝(当年结余的国家预算内固定资产投资拨款＋当年结余的固定资产投资贷款)
＋(居民储蓄＋手持现金＋机关团体存款) （8-7）

其中，出口需求以当年实际发生的购买额计算，包括商品出口和劳务输出。同时假定每年投资的流动资金以及自筹投资项目在当年全部实现，结余投资需求的变动主要由当年未实现的国家预算内固定资产投资拨款和固定资产投资贷款两项指标决定。

对于总需求的直接测算是我国统计学界的一项创新。通过这种方法，我们可以直接了解总需求的形成规模与结构，明确各种经济因素对总需求的影响程度，从而为科学地进行宏观调控与决策提供依据。

第二节 消费需求管理

消费需求是总需求的重要组成部分。它既是国民经济运行的动力源泉和重要环节，又是社会物质文明发展的本质要求。消费需求规模直接决定着总供求平衡的实现，消费需求水平与结构反映了居民生活质量高低，而且对社会生产的规模、增长速度及其结构的演进具有明显影响。消费需求管理成为国民经济管理的重要内容。

一、消费需求及其构成

消费需求是一定时期内，全社会形成的对消费性产品和劳务的需求总和。消费性产品是指用于生活消费的那部分物质产品，是人们赖以生存和发展的基本条件；消费性劳务主要是指为满足人们生活需要而提供的各种劳务，如金融、医疗、交通、通信、娱乐、教育以及文体等劳务。一般情况下我国消费需求由居民消费需求和公共消费需求组成，即

消费需求＝居民消费需求＋公共消费需求　(8-8)

公共消费需求＝政府消费需求＋集体消费需求　(8-9)

居民消费需求是居民在一定时期内对消费性产品和劳务的消费需求总和；政府消费需求包括行政管理费用、国防和武装警察部队经费、科学文化卫生事业费、城市维护费等项目在内的消费品和劳务的支出；集体消费需求是指各单位或团体对与投资生产活动无关的，仅供集体最终消费的产品和劳务的需求。这是我国特色之一，因为在中国存在着相当比重的国有制和集体所有制企事业单位，因而以集体名义进行消费和劳务购买成为一种消费行为。但是依照国际通用的国民经济核算体系进行核算，集体消费最终依然可以被分解后归并到居民消费和政府消费中。这样形成了所谓最终消费，依照最终消费归属而形成的最终消费需求及其构成就可以表述为：

最终消费需求＝居民消费需求＋政府消费需求　(8-10)

二、消费规模和水平宏观调控

在经济资源约束条件下，全社会的消费规模和消费水平不应该也不可能无限制地扩大。研究消费规模及其水平的影响因素，采取相关调控政策措施，以期实现适度消费规模和消费水平，是维持经济总量平衡的重要方式。

（一）消费规模、消费水平及其影响因素

消费规模是指一定时期内（通常为一年）全社会对消费性产品和劳务的消费总量。在我国通常以消费总额、消费率、社会消费品购买力以及社会消费品零售总额等指标来反映消费规模的大小。消费水平是指一定时期内社会成员平均消费的消费性产品和劳务的数量，它反映了社会成员消费状况的平均水平以及物质和文化生活的满足程度。衡量消费水平的主要指标有：人均实物消费量、人均劳务消费量、居民人均消费支出等。在人口规模相对稳定的条件下，消费规模决定着消费水平的高低。

消费规模和消费水平涉及社会经济诸多层面，受到经济、社会、文化以及心理等众多因素的影响和调节。具体如下：

1. 国民收入及其增长

消费需求是国民收入的函数，国民收入总量决定和制约了消费规模，两者正相关。在总量上，国民收入中相当部分直接或间接进入消费领域而形成消费需求，其规模取决于国民收入分配状况。同时，国民收入是全体社会成员收入的总体反映，能够体现社会消费水平的增减变化。一般而言，消费规模和消费水平的增长速度不宜超过国民收入的增长速度。

2. 投资和消费的比例及其内部比例的变动

在国内生产总值既定的情况下，消费规模的大小和消费水平的高低，取决于投资与消费的比例分配。投资规模越大，消费规模就越小；反之，投资规模越小，消费规模就越

大，两者此消彼长。此外，投资分为生产性投资和非生产性投资；消费又分为居民消费和公共消费。消费水平的提高除直接依存于个人消费增长外，还在一定程度上受公共消费和非生产性投资的影响。

3. 消费价格水平

一般使用消费者价格指数来代表消费价格水平。在其他因素不变的情况下，消费规模与消费价格水平总体上负相关。消费价格水平在很大程度上影响消费规模的增减变化，进而决定消费水平高低。当然具体而言，不同消费产品的需求价格弹性各有不同，而且有负有正。在某些特殊情况下，消费价格水平对消费规模和消费水平的调节作用也受到限制。例如在通货紧缩阶段消费价格水平下调未必就能刺激消费迅速回升；在恶性通胀时期尽管消费价格水平持续上扬，居民可能因恐慌心理而继续增加消费储备。

4. 银行利息率

银行利息率是影响消费需求的另一个重要经济因素，它主要表现在能调节消费者货币收入在消费支出与储蓄之间的分配关系。利息率愈高，社会的储蓄倾向愈大，而现实的购买则越少；反之，则越多。利息率对投资、物价以及资本流动都存在不同程度的影响，进而间接调节消费需求。尤其在经济增长疲软时期，利息率成为许多国家用以刺激需求增长的常规手段。

5. 消费者理性预期

消费者对未来经济形势以及未来消费支出的预期是影响即期消费的重要参数。如经济前景极为乐观，人们的消费行为相应更为积极；而在未来存在诸多不确定性因素下，出于规避风险的心理，人们的消费行为多趋向保守，从而导致消费规模收缩及消费水平降低。这一点在我国市场经济体制改革过程中也有所反映，例如住房、医疗、教育体制等改革促使人们减少短期消费而偏好于储蓄。

此外，影响消费规模和消费水平的因素还有人口增长、汇率变动、收入分配体制、消费文化与心理以及国际环境等。实际上，消费规模和消费水平的波动是同时受多种因素影响的，并不能用单一因素来解释消费的变化。这就要求国民经济管理者对消费需求进行调控时要进行全面衡量和做出综合判断。

（二）合理消费规模和消费水平的确定

适度消费规模是指在价格水平保持相对稳定状态下的消费需求与消费供给保持大体协调平衡的规模。所谓消费规模的适度是一种相对的概念，因为供求关系在数量上不可能实现绝对均衡，而且价格水平不可能静止不动。实际上，适度消费规模只能是一种动态均衡规模，即消费供给与需求在持续波动中相互协调实现相对均衡。进一步说，适度消费规模下形成的社会平均消费状况即为适度消费水平。

与适度消费规模相对应，消费需求萎缩或消费需求膨胀反映的是消费供求关系中另外两种状态，两者均是以消费供给为参照量来反映消费需求的运动状态。消费需求萎缩是指一定时间内消费需求规模显著小于供给规模，表现为商品和劳务滞销，整体价格水平呈现持续下滑倾向；消费需求膨胀则是一定时期内需求规模显著超过供给规模，表现为商品和劳务供不应求，整体价格水平呈现持续上扬趋势。由于两者供需失衡关系所导致的价格水平非合理波动都不利于国民经济持续稳定运行，在消费需求方面应该主动采取措施进行相应调控，以维持适度消费规模和水平的相对稳定性。

归纳起来，消费规模与消费水平是否适度，有以下基本判断标准：

（1）消费基金源于国民收入，国民收入的规模及其增长与消费规模及其增长保持大体同步，是衡量适度消费规模与消费水平的重要依据。确定适度消费规模与消费水平，应着眼于国民收入内部分配结构的不断优化和国民收入再生机制的良性运转。一般来说，在确保合理内部比重的基础上，适度消费规模与消费水平与国民收入同步增长，其增长速度应以国民收入的增长幅度为限。

（2）生产的最终目的在于消费，但为了推动增长所做的投资会挤占消费，因此，保持合理的长期投资与即期消费之间的比例关系，是体现适度消费规模和水平的关键。适度消费规模与消费水平的确定，在于投资给消费保留了必要的规模和增长空间，同时消费需求增长又是拉动和调节新一轮投资规模增长的依据。两者互为制约，相互促进。根据各国经验，没有一成不变的投资与消费比例。但从经济发展阶段进入经济发达阶段，投资比例趋于下降到20%以内，而消费比例趋于上升至80%以上，应是消费规模和水平趋向适度变化的动态过程。

（3）消费价格波动平稳反映消费市场供求关系大致均衡，这也是相对适度消费规模与消费水平的市场表现。维持消费供需的相对平衡，不仅要求消费生产及供给规模适合消费需求规模及其增长，同时要求合理调控消费需求规模与消费水平，使其与消费供给保持相对稳定的适应状态。消费市场的价格信号波动综合反映出消费规模和水平是否处于适度状况，这比人为设定的适度标准更加准确和真实。显然，消费价格水平的急速上升反映出消费膨胀，急速下降则反映出消费萎缩。

此外，适度消费规模与消费水平的确定还应考虑人口规模及其增长、经济社会发展战略、自然与社会资源的可持续增长以及国际消费环境等综合因素。

（三）消费规模和消费水平的调控政策

在各国社会发展的特定阶段和经济运行周期的循环过程中，消费需求不足或消费需求膨胀现象总是不同程度地存在，有时交替出现，有时维持较长一段时间，给国民经济增长及稳定带来较大的冲击。为了缓解供需矛盾，我们有必要采取各种有效措施对消费规模和水平进行调控，以更好地发挥适度消费规模和水平对宏观经济运行的促进作用。

1. 税收政策

税收是消费主体收益总额的抵减项目，通过增税和减税措施可以直接调节消费基金规模，从而实现抑制需求膨胀或缓解需求不足的调控目的。由于不同税目对应的征税对象和调节方向各有差异，因而在特定环境下增税和减税措施可以组合使用，如为了扭转供不应求局面，可以在减少企业所得税的同时配以个人所得税的提高。而且，不同税目调控消费规模和水平的作用机理及效果也不尽相同。如个人所得税的增减是直接减少或增加居民可支配收入，进而削减或扩大消费支出，实现对整体消费规模和水平的调控。由于个人所得税是针对达到起征点标准的收入者征税，而高收入者的边际消费倾向相对较低，因而对其消费需求的调控效应往往弱于低收入群体。公司所得税对消费规模和水平的调控机理则表现在：一方面通过公司所得税的增减影响公司和股东股利所得，进而抑制或加速消费需求；另一方面公司所得税计入产品和劳务成本进而调节价格，进而影响社会消费需求。

此外，消费税、流转税等其他税收政策都通过各自作用机理直接或间接地调节社会消费规模和水平。国民经济管理者有必要继续理顺税收运行机制，加强税收征管，以增强其调控效应。

2. 利率政策

利率构成当期消费或投资的机会成本，很大程度上影响了居民收入用于当前消费或长期储蓄的决策行为。一般而言，居民的边际消费倾向随着市场利率的上升而下降，反之则上升。此外，利率的涨跌在导致物价波动的同时也直接决定了占有货币的价值，两者都是决定消费基金实际购买力或消费需求的重要因素。对于企业而言，紧缩性或扩张性货币政策通过对贷款利率的调整决定了企业所获信贷资金的规模与结构。一方面，由于企业投资生产中必然伴有企业职工的消费过程，因而投资资金的增减变动也必然带来消费支出的变化；另一方面，由于利率调整也将导致信贷资金去向结构的变化，从而改变生产结构和产品结构，对消费规模的影响最终反映在产品供求关系上。

利率政策对消费需求的调控作用受诸多条件制约。顺畅的利率传导机制是利率政策正常发挥作用，实现预期调控目标的重要保障。由于当前我国居民储蓄动机较强，消费需求对于市场利率变动的弹性较弱并呈现不规则波动特征。但随着市场化改革进程的加快，利率政策对我国消费规模与水平的调控作用将逐步强化。

3. 收入分配政策

收入分配政策不仅决定了居民现有的实际收入水平，而且也影响居民的收入预期。收入分配过程中，要促进收入水平与国民经济的同步增长，就需要消费需求的稳步推进；同时，要维持消费需求的增长潜力和稳定性，必须使居民收入分配差距限定在合理范围之内。目前在我国居民收入贫富差差距较大的情况下，收入水平相对低下将抑制中低收入阶层购买力或消费需求能力的扩张，而被富裕阶层占有的大量资金长期沉淀储蓄或游离国外，亦不能构成国内有效消费需求。这会制约经济长期稳定增长。因而，理顺和完善我国的收入分配机制，提高居民收入水平，缩小城乡收入分配差距是我国较长一个时期内宏观调控政策的重中之重。

我国农村收入水平较低，从长远来看，发展经济、制度创新是解决农村贫困问题的根本出路，但就目前来看，施行有效的财政补贴政策或精准扶贫计划来缓解收入矛盾也是必不可少的。除了对少部分极度贫困家庭给予适当的资助和救济，其余的主要是通过以工代赈的形式来解决。

4. 社会保障制度

社会保障制度是调整风险预期和即期收入的主要措施，健全的社会保障制度有助于提高居民边际消费倾向，实现消费需求的稳定增长，尤其是当前我国各项改革措施正相继推行，一些由国家和企业承担的各项福利项目将逐步改为主要由个人承担，居民在住房、教育、就业、养老及医疗等方面的预期支出迅速增长，储蓄倾向随之强化，由此导致了对消费需求的“紧缩效应”。扭转这一局面最终有赖于社会保障体系的建立和健全，只有强化居民对未来生活的保障，抵减未来风险的不确定性，才能增加居民即期消费的信心，政府采取的相关宏观调控措施也才能正常发挥效用。社会保障体系应做到科学化、规范化、法制化。

以低收入阶层人口为主的社会弱势群体是我国社会保障的重点对象。因为低收入阶层人口相对较多，边际消费倾向较强，在宏观政策实施过程中对消费需求规模和水平调控效用较大。照顾好社会弱势群体的利益是我国市场化改革得以顺利进行的重要前提。

需要说明的是，上述消费宏观调控政策一般是在消费需求膨胀或消费需求不足虽然存在，但并未严重到必须采取紧急措施时运用。如果出现了严重的消费需求膨胀，可供选择的紧急调控措施包括：压缩政府公共消费开支、降低甚至冻结工资、减少或取消居民福利性支出、停止消费信贷、出售库存消费品储备、动用外汇进口消费品等。如果出现了严重的消费需求不足，可供选择的紧急调控措施包括：增加政府公共消费开支、提高工资标准、增加居民福利性支出、推行或扩大消费信贷、增加库存消费品储备等。

三、消费结构合理化及其实现途径

消费结构是指一定时期内各种消费需求的构成和数量比例关系，以及由此决定的消费需求的质的状况。消费结构合理化的含义是，在消费水平不断提高的前提下，在与国情国力、社会经济发展水平以及自然资源供给变动状况相适应的基础上，逐步实现消费结构向高层次、高水平转变的动态过程。根据消费结构变动规律并结合国内外经济发展状况，我国当前消费结构合理化的方向应该是：第一，生存消费主导型向享受、发展消费主导型转变。第二，实物消费主导型向劳务消费主导型转变。第三，在吃、穿、住、用、行的消费结构中，吃的比重逐步下降，其他消费相对上升。恩格尔系数是反映这一转变的重要指标，恩格尔系数=(食物支出总额÷消费支出总额)×100%。恩格尔定律表明，随着经济发展及居民收入的不断提高，食物支出在消费总支出的比例即恩格尔系数将逐步降低。此外，消费结构由单一型向多元型转变也是消费结构合理化的重要方向。

消费结构合理化过程即消费结构的宏观调控过程。只有依据消费结构升级规律并在考察我国当前消费结构存在问题的基础上采取针对性的调控措施，消费结构的转化才能更有效地促进消费供求平衡。

1. 确保消费供求总量平衡

消费供求总量平衡是消费结构平衡的基础和前提。总量平衡决定了整体价格水平的形成与稳定，而结构内部不同消费对象的物价不仅由自身的供求状况决定，而且往往受制于整体价格水平的波动。换言之，结构内部不同消费对象的供求总量平衡或消费结构的合理化有赖于整体消费供求总量的平衡。因而，我们必须处理好消费需求总量与消费需求分量之间的关系，在确保消费供求总量平衡大环境的前提下，积极配合实施结构平衡，两者相互促进，才能实现真正消费供求平衡。

2. 调整产业结构

消费需求结构决定了消费供给结构或产业结构，但产业结构反作用于消费需求结构。一方面，产业结构是消费结构宏观调控的物质基础，消费需求结构的形成和优化客观上必须经由产业结构的调整才能得以实现；另一方面，产业结构具有相对独立性，产业发展不仅有助于拉动需求，更能创造新的需求空间，尤其是在科技日新月异的今天，新产品、新工艺、新服务层出不穷，创造与引导消费已成为产业竞争的必然选择，加速了原有消费结构的进化过程。由于受历史和传统体制的影响，我国产业结构矛盾突出，导致消费供给结构与需求结构一定程度上错位，往往出现不同产品供不应求和供过于求现象并存，这同时也说明我国产业结构的调整对于优化需求结构具有巨大潜力。

3. 调整城乡消费结构差异

尽管我国城乡消费结构都在朝着合理化的方向发展，但由于城乡居民在收入水平、消费层次以及消费环境方面差异较大，城乡消费结构二元特征仍较明显，农村消费结构的层次较大程度落后于城镇消费结构的层次。突出表现在恩格尔系数的差别上。还因为近年来城镇由于住房、医疗和教育体制改革的进一步推进，居民的非食物支出进一步提高，从而使恩格尔系数下降加快。而农村消费结构没有显著的变化，恩格尔系数缓慢下降。城乡消费结构的差异不利于消费结构宏观调控措施的整体协调，必然减缓全社会消费结构的优化效率。应加快农村经济发展，增加农民收入，在此基础上促进传统消费观念更新，调整农村消费支出结构，才能更有效地消除城乡消费结构断层，加速全社会消费结构的合理化进程。

4. 制定合理消费政策

政府实施相应的消费政策能够提高消费结构合理化效率。主要突出两个政策导向：第一，消费政策导向。政府应着手改变居民消费观念，通过消费示范、宣传和实施消费信贷等方法来引导消费，提倡文明消费，逐步提高居民的消费层次，积极推动消费结构转型；要制定扩展农村消费市场的政策，减轻农民负担，主要通过增加农民收入来实现消费结构合理化、高级化。第二，稳定居民消费预期的政策导向。政府应着力把握居民心理及实际消费承受力，积极、慎重地推进社会保障制度的改革，引导居民对未来收入、生活福利水平增长的合理预期，促进居民的合理消费。

第三节　投资需求管理

投资需求是总需求的另一个重要组成部分。同时，投资所形成的生产能力又成为后续总供给的物质基础。投资总量与结构的变动，不仅直接关系到经济总供求的平衡状况，而且在很大程度上影响着经济增长效率和产业结构优化。因此，加强对投资需求的引导和调控是国民经济管理的重要内容。

一、投资需求及其乘数效应

（一）投资需求与投资分类

投资需求是指一定时期内全社会为实现投资目的而产生的对投资性产品及劳务的需求。投资需求最终要通过实际投资行为来实现，表现为投资性产品及劳务的市场交易和资产形成过程。一般而言，投资的目的是营利，但并不是所有的投资行为都是以营利为目的。投资也有非营利驱动因素。不过从国民经济管理的角度看，投资一般可定义为投资主体为获取预期收益而投入经济要素以形成资产的经济行为。这里的经济要素包括资金、物资、劳动、土地、技术、管理、信息、商誉及其他无形资产投入等。

由于投资需求形成和构成的多元化及复杂性，我们有必要对具体的投资行为进行分类，以提高投资需求管理的效率。投资涉及的内容极为宽泛，可以从不同角度对其进行分类：（1）按投资对象性质可分为实物投资和非实物投资，反过来也可以区分为金融投资与非金融投资；（2）按投资主体经济类型可分为国有经济投资、集体经济投资、个体经济投资、联营经济投资、股份制经济投资等；（3）按投资资金来源可分为国家预算内资金投资、国内贷款投资、利用外资投资、自筹资金投资及其他资金投资等；（4）按项目管理渠道可分为基本建设投资、更新改造投资、房地产开发投资及其他投资等。

以上投资分类中，最具一般意义和概括性的分类是实物投资和金融投资。实物投资是指投资主体购建固定资产和流动资产，直接用于生产经营并以此来获取收益的投资行为。固定资产投资包括基本建设投资和更新改造投资，基本建设投资是新增加固定资产投资，属于外延式扩大再生产；更新改造投资主要用于原有固定资产价值补偿和技术提升，属内涵式扩大再生产。金融投资是指投资主体以获取预期收益为目的，预先垫支资金并获得相应的金融资产的投资行为，例如股票、债券、基金、保险、储蓄存款及各种金融衍生工具等的投资行为。由于金融投资实质是投资者将资金使用权有条件地让渡于银行或企业，并最终形成全社会的实物投资，因而为了避免重复计算，国民经济统计分析中的投资不包括金融投资在内，而仅为实物投资。

（二）投资需求函数及投资乘数效应

投资需求具有自身的形成和运动规律。与消费需求缓慢变化有所不同，投资需求往往呈现出相对较强的波动性，成为影响国民经济运行稳定性的重要因素。我们有必要对投资需求的决定因素和运动规律做更深入的探索。

1. 投资需求函数

从投资决定角度分析，决定投资需求的因素主要包括三种：国民收入、利率和预期收益率。第一，投资是国民收入的增函数，国民收入水平提高，无论是绝对投资还是相对投资率都有相应提高。在边际储蓄倾向递增趋势下，投资的增长通常会快于国民收入的增长。第二，利率是资金使用成本或机会成本，利率越低，投资需求规模就越大，反之则越小。第三，在微观投资决策活动中，预期收益率的大小是影响决策的重要因素。反映在宏观层面上，则是一定时期内整体投资收益率水平对投资需求规模的影响。此外，一国的通货膨胀率也通常导致投资需求的波动。由于投资收益率水平和通货膨胀率两者与利率之间都存在紧密联系，因而我们可以将投资需求函数综合表示为：

$$I=I_0+pY-qR \tag{8-11}$$

式中，I 为投资需求，I_0 为自发性投资，Y 为国民生产总值，R 为利率，p、q 均为常系数。

了解投资需求函数的决定和影响因素，对于投资需求调控实践中采取针对性的调控手段或政策具有重要意义。

2. 投资乘数效应

乘数（multiplier）又称倍数，该概念最早由英国经济学家卡恩（R. F. Kaln）于 1931 年提出，用以表明经济运行中经济变量之间的一种函数关系。后来凯恩斯在其 1936 年出版的《就业、利息和货币通论》中，利用这个概念提出了投资乘数原理，用以反映一定量的投资对于总收入和就业所发生的连锁反应和推动作用。投资乘数即为特定时期内初始投资变化量是引起国民收入变化量的倍数。可用公式表示为：

$$K=\Delta Y/\Delta I=1/(1-b) \tag{8-12}$$

式中，K 为投资乘数，ΔI 为投资变化量，ΔY 为同期国民收入变化量，b 为边际消费倾向。

投资乘数是以初始投资为自发性需求诱因，在供给能力允许的前提下，需求由供给满足并产生国民收入，国民收入经过分配和再分配，形成新一轮的需求并又进一步要求供给与之相适应，再产生新的国民收入，新的国民收入再次被分配，又形成新的消费和投资需求，如此循环攀升形成了对国民收入总值的放大效应，即乘数效应。以上过程我们可概括描述为：初始投资→初始国民收入→新的消费需求→引致性投资（供给）→新增国民收入→……

投资乘数效应对国民经济运行的作用是双向的。一方面，在没有供给约束的条件下，由于乘数效应的推动产生了数倍于初始需求的引致性需求，促进了需求水平和国民收入的不断提高，推动了经济增长。同时，不断攀升的社会需求必然对社会供给能力提出更高的要求，也必然要求生产部门为了扩大生产而不断拓展资源利用领域、增强资源利用效率、注重技术和管理创新、优化生产结构以及提高产品和服务质量等，从而整体上提升社会生产效率，奠定了国民经济持续增长的基础。另一方面，投资乘数既可能加速经济增长，也可能遏制经济增长。与投资乘数正面效应同理，其负面走向也符合乘数规律即放大效应。一旦投资难以为继，不论是由于前期投资过大而使后继储蓄难以保持与投资增长相一致，还是因为资源瓶颈或供给约束而出现投资锐减，都容易导致供需双向疲软和通货紧缩，经济衰退可能就要到来，而投资乘数效应将使衰退加速。此外，投资规模膨胀则会引起社会总需求膨胀，导致物价大幅上涨和资源配置错位。我国 20 世纪 90 年代初曾一度出现严重通货膨胀就是由于投资规模过大所造成。因而，为保持国民经济稳定增长，在了解投资乘数运动规律之后，我们面临的重大任务就是该如何把握适度投资规模和结构。

二、适度投资规模的确定与调控

（一）投资规模界定

投资规模又称投资总量，是指一定时期内，为形成固定资产和流动资产而投入的以货币形式表现的活劳动和物化劳动总量，既包括用于固定资产再生产的资本、资金、物资、劳动、技术等生产要素的投入量，也包括一次性铺底流动资金的投入量。从时间上考察，投资规模分为年度投资规模和在建投资规模。年度投资规模是指在一个年度内所有在建项目当年完成的投资额。它不包括在建项目以前年度完成的投资和以后年度所需要的投资。在建投资规模是指在一定年份所有在建项目全部建成投产所需要的投资总量。它除了包括当年所完成的投资外，还包括这些项目以前年度所完成的投资和以后年度所需要的投资。投资规模一般用两种方法表示：一是用投资额等指标表示绝对投资规模，二是用投资率等指标表示相对投资规模。

一定时期内投资规模的大小既取决于投资需求的形成，又受制于投资供给，是投资需求与供给合力作用的结果。前者由国民收入、利率、预期收益率、通货膨胀率以及经济增长速度等因素决定；后者则受资金总量、资源、技术水平以及投资环境等因素制约。

（二）适度投资规模的确定

适度投资规模也称合理投资规模，是指在一定时期内，适应经济、科技和社会发展需要，又为国力所能承受的投资规模。投资规模涉及经济关系的复杂性以及在国民经济运行中的重要性，决定了适度投资规模必然要从不同角度加以界定和约束。具体可以从以下几方面来衡量：

1．有利于合理利用资源，抑制通货膨胀

根据两部门国民收入决定模型（见图 8－1），在消费（C）既定的情况下，一定时期的适度投资规模应使由总需求拉动的均衡收入稳定在潜在产出水平（Y^*）。如果投资水平过低，则均衡收入水平位于Y'点，低于潜在产出水平，意味着存在资源或生产力闲置；反之，如果投资水平过高，超出了潜在产出水平，由于供给约束无法实现Y''，需求过度拉动则只能引发通货膨胀。图中，I^*为适度投资规模。

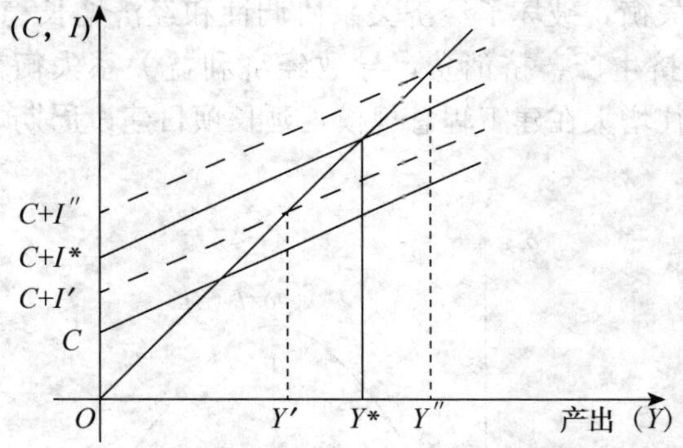

图 8－1　两部门国民收入决定模型

2．有利于国民经济持续稳定增长和充分就业

由于投资乘数效应的存在，投资又具有形成本期需求和增加下期生产能力的双重功效，因而投资规模应以促进国民经济增长的实现并保持长期稳定的增长速度为目标，在此基础上实现充分就业。如图 8－2 所示，基期投资曲线（I_0）与储蓄曲线（S）相交于S_0，

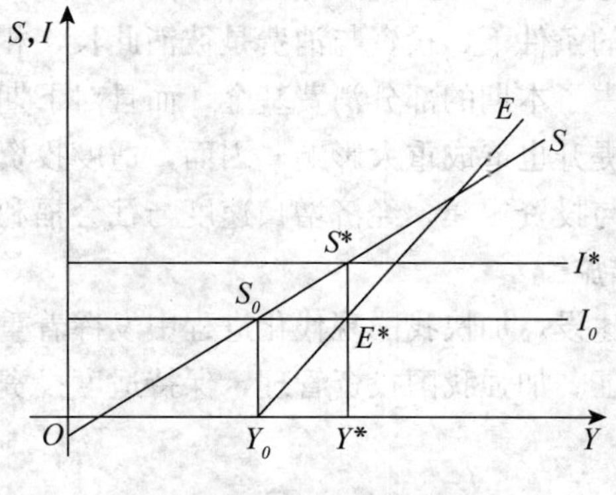

图 8－2　投资与储蓄的关系

此时均衡产出为 Y_0。假设 Y_0 位于基期潜在产出水平即充分就业产出水平上。直线 E 的斜率为资本生产率（$\Delta Y/I$），该直线与 I_0 线交于 E^* 点，表明基期投资使下期增加了 Y_0Y^* 的生产能力。为了使这部分新增生产能力得到充分利用，下期的实际产出就应该达到 Y^*，即适度的经济增长率为 $g=(Y^*-Y_0)/Y_0$；与此相适应，下期的适度投资规模应为 I^*，也即适度投资增长率 $i=(I^*-I_0)/I_0$。

3. 有利于保持较高的投资效益和经济增长速度

投资规模与投资效益、经济增长速度之间是一种相互影响、相互制约的函数关系。从理论上可以以图 8－3 来描述：g 为经济增长率，S 为储蓄率，δ 为资本生产率。在（0，S_1）区间，随着储蓄率的上升，投资规模越大，投资效益递增，二者共同作用使经济增长速度迅速提高。这一区间投资效益之所以能随投资规模扩大而提高，原因在于扩大的投资规模促进了社会资源的充分利用、生产技术的提高以及经济结构更趋合理等。而当投资规模超过 S_1 时，投资效益开始下降，经济增长速度也相继放慢，到投资规模超过 S_2 时，投资效益与经济增长转向负值。投资过度导致经济效益下降的原因主要有：（1）投资膨胀造成总供求失衡，破坏了经济关系协调性和经济增长稳定性，降低了宏观经济效益；（2）投资过度会挤生产、挤消费，导致经济利益关系失衡，劳动者的生产积极性受挫；（3）投资过度往往增大在建工程总规模，延长项目建设周期，资金不能及时回流，从而直接影响经济效益。

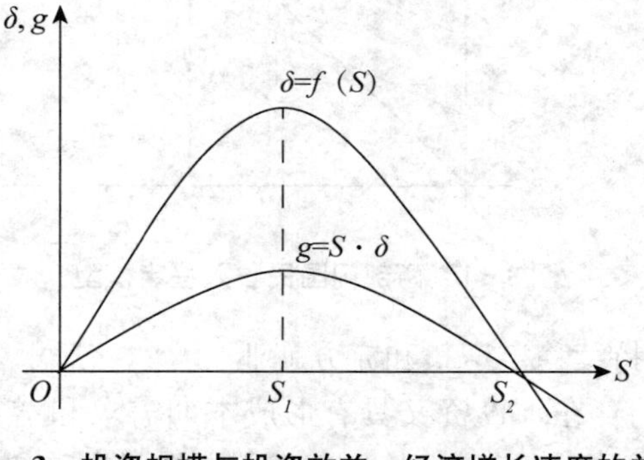

图 8－3　投资规模与投资效益、经济增长速度的关系

4. 有利于实现投资与消费的平衡，提高社会福利

在国内生产总值既定的条件下，投资与消费是彼消此长、相互制衡的关系。如果本期的投资规模过大，不但挤占了本期的部分消费基金，而且对下期乃至更长时期消费规模的形成以及人们生活水平的提升也造成重大影响。因而，适度投资规模的确定，实质上反映了如何正确处理消费规模与投资规模、经济增长速度与社会福利发展之间的关系。

（三）投资规模调控措施

投资在完善我国基础建设，加快我国现代化进程中发挥着重要作用，也是维持我国较快经济增长水平的重要保证。加强我国投资管理，保持适度投资规模是我国经济管理部门的重要工作。

1. 合理使用财政政策

财政政策由政府部门依靠行政力量直接推行，具有强制性、法律性和无偿性，调控效应较为显著。财政政策对投资规模的调控作用主要是通过税收和财政支出两条线来实现。税收方面，经由税种的增删或税基、税率的调整可以直接影响投资者当期收入，进而调整其投资基金总量和对未来投资收益率的预期。如企业所得税或增值税税率的调整在较大程度上能影响企业赢利状态和再投资规模，也可通过减免税收政策来扩大投资规模以促进当地经济发展。支出方面，国家财政预算是我国投资规模调控的重要经济杠杆。其中政府投资直接来源于财政预算，在全社会投资总需求中占有相当比重，也是我国加快基础建设和经济发展的必然选择。当然，持续的扩张性财政政策也是财政风险积累的过程，如果财政的债务依存度大大高出了国际警戒线标准（20%），将会制约财政政策对投资规模的调控空间。

2. 有效发挥货币政策调控功效

货币政策通过货币运动途径来实施对投资规模的调控，是一种市场化调控方式，其主要调控工具包括货币供应量和利率。货币管理当局通过法定存款准备金率、再贴现率以及公开市场业务等调节手段，可以实现放松或收紧银根的目的，直接影响全社会投资需求规模的大小。利率是投资需求形成的决定因素，在市场经济中扮演着重要角色，是一种常规性调控手段。一方面，利率的调整可以改变居民的边际储蓄倾向，影响储蓄向投资的转移规模和速度；另一方面，利率在投资项目决策分析中是预期收益率和资金价值或成本评价的核心因素，直接决定了投资项目的取舍与经济规模的确定，从而影响甚至决定了全社会的投资总规模。值得一提的是，利率对投资规模的调控经由市场运行机制发挥作用，涉及面广而且影响深刻。这也决定了顺畅的利率传导机制是其有效发挥调控功效的必要保障。

3. 促进投资融资管理体制改革

对投资规模的宏观调控是一项系统工程。首先，要建立投资规模监测制度。为此需要设计一套衡量全国和地区适度投资规模的综合指标评价体系，如固定资产投资总量、综合建设周期、投资规模扩大率以及投资超前系数等。根据这些指标的监测结果，确定宏观调控的方向和政策选择。其次，要完善项目申报制度。在此基础上建立全国的投资项目信息系统，加强对投资信息的收集、分析、整理和管理工作，定期发布有关信息，并及时制定有关政策，引导、支持或者抑制某些方面的投资。再次，要强化投资的风险约束机制和项目责任制度。尤其对于政府投资项目，要把投资决策纳入法律程序，确保项目审批、决策及实施的科学性和公开性，要明确投资项目责任主体，真正建立起一种各类投资主体自求发展、自我约束、讲求效益的微观运行机制。最后，要建立吸引更多资金来源的灵活有效融资机制。除了通过资本市场扩大直接融资渠道外，还需要大力推行公私合营（public-private-partnership，PPP）模式。PPP 模式将部分政府投资责任以特许经营权方式转移给社会投资主体，由政府、企业共同建立起利益共享、风险共担、全程合作的投融资机制。

4. 优化投资环境，提高投资效率

优化投资硬环境和软环境有助于我国投资规模的可持续增长，提高宏观调控效率。硬环境的优化主要包括完善基础设施建设、改善自然环境、发挥区位优势等内容。优化投资软环境，涉及与投资相关的社会经济诸多方面，如促进经济发展水平，提高居民生活水平；消除地方保护主义，投资资源流通自由化；更新地方政府投资理念，放松市场准入门槛，简化审批手续，提高政府办事效率；吸引外资，促进民间投资发展；加强投资法律法规建设，保护投资者利益；适当提供政策扶持，鼓励投资创新等。

三、投资结构合理化的标准及实现途径

（一）投资结构及其合理化标准

所谓投资结构，是一定时期内投资总量中各类投资的构成和数量比例关系，以及由此决定的投资的质的状况。根据投资产业布局不同，投资结构包括第一、第二、第三产业及其内部比例关系；根据投资主体不同，投资结构包括政府投资和民间投资的比例关系；根据资金来源不同，投资结构包括国家预算投资、银行贷款投资、企业自筹资金投资、利用外资投资的比例关系；根据投资所形成资产的流动性不同，投资结构包括固定资产投资、存货增加投资的比例关系；根据投资总量在地区上的分布，投资结构包括不同地区间的投资比例关系。

投资结构实际上是经济资源配置格局，投资结构合理化目标也即资源的最优配置。所谓资源的最优配置，是指不同产业或部门间资源的任何转移都不能再进一步提高实际国民收入时的资源配置状态。在完全竞争市场中，衡量资源分配最优的标准是各产业间投资行为所带来的边际收益相等。然而，现实经济中并不存在完全竞争的市场状态，因此投资结构合理化标准还必须结合特定时期的具体情况加以确定。一般而言，合理投资结构应符合如下标准：一是应该有利于促进供求在总量和结构上相互适应、平衡发展，实现社会再生产的良性循环；二是应该有利于资源的优化配置和合理使用，实现投资整体效益最大化；三是应该有利于产业结构优化升级，在开放式经济条件下改造传统产业，发展新兴产业，提高整体产业竞争力；四是应该有利于兼顾社会公平，缩小地区差距，促进区域间合理分工与协调发展。

在现实经济运行中，以上投资结构合理化标准未必都能同时实现，甚至可能出现相互冲突的情况。因而，在投资管理实际操作过程中，应该根据所处的特定经济发展阶段以及社会经济运行中的主要矛盾，有针对性地、突出重点地进行标准选择与组合。

（二）投资结构合理化的实现与调控途径

投资结构合理化是推进我国经济结构演进和实现消费结构合理化的重要手段，也是实现适度投资规模的重要保证，应积极探索投资结构合理化的实现途径并强化投资结构管理。

1. 深化市场经济体制改革，促进资源自由流动

要继续深化社会主义市场经济体制改革，发挥市场机制在资源配置中的决定性作用。在允许资源自由流动的条件下，资源必然会从投资收益率较低的产业或部门流向投资收益率较高的产业或部门，导致产业结构和生产布局发生相应的改变与转换，从而实现资源的优化配置及投资结构的合理化。

2. 合理制定和实施产业政策，引导投资流向

产业政策是出于弥补和修正市场缺陷，通过对资源在各产业间的配置过程进行干预，从而加速产业结构高级化以及实现经济可持续增长的政策。一方面，通过实施产业政策可以引导投资流向，避免重复投资和盲目投资，加快对传统产业的改造和新兴产业的发展，促进产业结构升级；另一方面，实施产业政策有助于在效率优先的基础上兼顾公平。通过适当的经济或行政手段调整投资取向，加快后进产业或落后地区的发展，从而促进整体经

济的可持续增长。

3. 运用财政、货币政策调节投资结构

产业政策的实施和投资结构的调整必须有相应的财政、货币政策与之配套。产业政策虽然主要是从供给方面对经济运行施加影响，具有长期效应。但产业政策目标的实现离不开以需求管理为主的财政、货币政策的支持。通过税收、补贴、预算支出、利率以及规定贷款方向等政策工具的运用，调节各产业的投资收益率，引导企业投资决策，从而使投资结构趋于合理。

4. 扩大民间投资和外商直接投资

民间资本具有灵活多样、利益导向、讲求高效等特点，外商投资能够带来国外技术、管理、市场和就业等多项益处。因此应积极拓宽民间投资领域，为扩大民间投资提供政策支持和法律保护，鼓励民间资本投向新兴产业甚至基础设施建设，有利于促进我国投资结构升级和加速经济增长。同时，吸引外商直接投资，并且引导外商投资我国重点和优先发展产业，也是我国实现投资结构合理化重要途径之一。

第四节　出口需求管理

在开放经济条件下，出口需求也构成了总需求的一部分。随着经济全球化以及贸易自由化进程的加快，尤其我国已经加入了 WTO，出口需求在我国总需求中的比重呈攀升趋势，对于我国经济增长的促进作用也逐步增强。出口需求涉及诸多国际经济社会影响因素，不同于国内消费与投资需求，这增加了对出口需求管理的难度，需要不断提升国民经济管理的技能。

一、出口需求及其主要影响因素

出口需求又称外需，是指一定时期内为满足国外经济主体需求而进行的产品及劳务出口总量。净出口需求则是指出口需求与进口需求的差额。考察净出口需求在我国具有重要的现实意义：一是在“总需求（消费需求＋投资需求＋出口需求）＝总供给（国内生产总值＋进口）”平衡模式中，消费需求与投资需求之中的部分需求或货币购买力的实现并非来自国内市场，而是经由进口途径来自国外市场，把等式右项中的“进口”移至左项进行扣减，即“消费需求＋投资需求＋净出口需求＝国内生产总值”。这个调整从理论上说，有利于兼顾国内外经济需求，对国内经济供给规模进行更为恰当的调控，实现供求平衡。二是作为发展中国家，我国有必要长期维持净出口需求的正值即贸易顺差，以此拉动我国经济较快增长。“净出口需求”成为衡量我国对外贸易水平以及出口对我国经济增长贡献率的重要指标。

影响出口需求的因素较多，我们可以从国内和国际两个层面来加以分析。

（一）国内因素

1. 产品竞争力

与国内消费与投资不同，出口需求的形成与扩大依赖于国内产品在国际市场中的竞争力。一国产品竞争力越强，即意味着该国产品的出口能力越强，出口需求规模也就越大。产品竞争力是产品价格、质量、科技含量、安全性、环保性等指标的综合体现，当前我国出口产品所表现的竞争力还过多依赖于价格竞争力，制约了出口需求的可持续扩张，因而我国出口产品的非价格竞争力有待进一步提高。

2. 出口壁垒

在国际贸易尚未实现完全自由化之前，国内产品出口不同程度地要受到关税和非关税壁垒的约束，其中关税壁垒构成出口成本而抬高了产品价格，导致需求减少；而某些非关税壁垒如进出口许可证、进口配额制度及自动出口限制，则直接对出口需求产生了调节作用。然而，随着自由贸易不断深化，关税和这些非关税壁垒对出口需求的调控作用将逐步弱化，相反，另一些非关税壁垒如“绿色”壁垒、“安全性”壁垒等对出口需求的调控作用则将不断强化。

3. 出口商品结构

出口需求规模与出口需求结构是相互制约、相互促进的统一关系。对于大多数发展中国家而言，初级产品或劳动密集型产品在其出口结构中居主导地位，这类产品不仅附加值低，而且国际替代性较强，同类产品供应竞争激烈，导致贸易条件恶化，限制了出口需求总规模的扩张。而技术密集型、资金密集型产品往往因为其进入壁垒较高而市场竞争力较强，有利于出口需求的可持续扩张。当前我国的出口商品结构主要为劳动密集型产品与机电产品。

（二）国际因素

1. 汇率

汇率作为两国货币的相对价格，必然会影响两国商品的相对价格也即影响两国间的贸易条件，继而对贸易出口产生影响。通常情况下，出口国货币升值即汇率上扬会导致该国商品价格水平整体上升，必然促使国外经济主体减少对该国商品的需求量；反之，货币贬值即汇率下跌则出口需求增加。另外，进口国汇率的波动同样也作用于出口国的出口需求，其效应与出口国恰恰相反，即进口国汇率上升，对出口国的产品需求则扩大；反之，则缩小。在汇率市场化进程不断加快的今天，汇率已经成为影响一国出口需求变化最重要的因素。

2. 出口依存度或经济开放度

出口依存度是指一个国家或地区出口贸易额占国内生产总值的比重，是衡量一个国家或地区经济发展对国际市场依赖程度的一个指标。出口依存度越大，则表明出口需求在该国总需求中比重越高，对该国经济增长的贡献率也越大。与开放经济条件下的双边或多边贸易发展趋势相适应，各国的出口依存度或出口需求都有不断扩张的趋势。经济开放度是衡量一个国家（或地区）经济发展与国际社会之间的关联程度的指标，一般用一国或地区的进出口贸易总额占国内生产总值的比重来表示。经济开放度越大，一般情况下出口需求在该国总需求中比重就越高。

3. 国际政治经济环境

一国或地区的出口需求与国际政治经济环境的关联度日渐增强，国际经济、政治环境中的不可控或不确定因素将带来出口需求的激烈波动。在国际经济环境方面，经济运行周期、发达国家经济景气状况、金融危机、经贸合作、双边或多边贸易摩擦等因素都将不同程度地导致出口需求的波动。同样，国际政治环境安定与否对一国出口需求的影响也越来越大，如南北对话、国际政治集团、双边或多边关系等因素在国际贸易中发挥着重要作用。此外，战争、自然灾害、突发事件等都将对出口需求造成程度不等的冲击。

二、出口需求调控

40 多年的改革开放，使得中国对外贸易取得了突飞猛进的发展。中国作为贸易大国的地位已经确立。然而，较之市场经济发达国家，我国出口产品技术含量较低，距离出口强国还有相当差距。在面临国内经济可持续发展和国际激烈竞争双重压力的情况下，积极改善调整出口结构、加强出口需求管理是国民经济管理的重要任务。

（一）计划手段

1. 调整与选择对外贸易发展战略

我国之所以在经济全球化中赢得主动，是因为我国政府从本国的比较优势出发，制定了正确的对外开放战略，并以此促进出口。过去我国并行地在汽车、石化等“制高点”领域实行“进口替代”战略和在劳动密集型部门实行“出口导向”战略，是通过“出口导向”战略来扩大出口需求，以弥补单纯“进口替代”战略所带来的国际收支失衡。加入 WTO 后，面对新的国际竞争环境，我国有继续主动提升竞争力和扩大出口需求的客观要求，原有“进口替代”和“出口导向”并行战略有必要调整，逐步转向在更加开放经济条件下谋求竞争优势战略。通过竞争优势促进出口，除了依赖于我国劳动力价格优势外，还需要通过系统性的产业发展促进政策，提高出口产品的科技含量和附加值。

2. 合理把握市场开放进度

对外开放度无疑是促进和调控我国出口需求的重要手段。加入 WTO 后，我国政府要履行所承诺的市场开放时间表，所涉及的问题包括降低关税、取消非关税壁垒、放开贸易经营权、开放劳务贸易市场等。市场开放促进国内生产效率提高以及出口成本降低，两者合力拓展出口需求。但开放速度过快，可能使国内传统产业和出口生产企业受到过大冲击，不利于这些企业维持并逐步提升出口竞争力以及保持我国出口需求的可持续扩张。这就要求我国一方面加快国内改革进程，提高国内出口企业对外部竞争的适应能力；另一方面，合理把握市场开放进程，稳步实现对出口需求扩张的宏观控制。

（二）财政手段

1. 完善出口退税政策

出口退税政策是避免双重征税的中性贸易政策，也是 WTO 规则所允许的通行做法。我国出口退税率总体上距 WTO 协议所限定的最高水平（实行出口零税率或全额退税）尚有一段距离，所以政策运用仍有一定潜力空间。为了优化出口商品结构，中国的出口退税政策应该向支持产业结构升级方向倾斜。

2. 合理实施出口补贴政策

出口补贴是我国过去用以鼓励出口，扩大出口需求的常规手段，如对出口农产品的补贴、对亏损国有企业的补贴。WTO 承认补贴是发展中国家经济规划的组成部分，允许它们保留必要的出口补贴政策。这是对发展中国家的一个例外和优惠。《补贴与反补贴措施协定》中规定对最不发达国家可以免除承担“被禁止补贴”义务。我国是以发展中国家身份加入 WTO 的，在一定程度上还是可以运用出口补贴工具来提高出口竞争力，以扩大我国的出口需求。但根据我国加入 WTO 的相关法律条文，我国政府承诺要逐步取消部分补贴，这也是贸易自由化、国际化发展的必然趋势。毋庸置疑，我国利用出口补贴政策调控出口需求的空间将逐渐缩小。

（三）金融手段

1. 汇率调节

汇率的波动改变了进出口国之间的贸易条件，进而影响一国的出口需求。目前我国实行以市场供求为基础的、单一的、有管理的浮动汇率制度，这是一种以美元为基准货币，盯住美元的汇率制度。一方面，美元是国际贸易的主要货币，保持人民汇率与之联动，有利于提高我国外贸出口对国际市场变化的敏感度，并针对性地采取相应出口措施；另一方面，外汇管理部门运用货币政策、利率政策等经济手段调节外汇供求，保持汇率和贸易条件相对稳定，使出口商能形成对汇率以及出口利润的合理预期，弥补盯住汇率对出口需求带来的不确定因素。2016 年 10 月人民币被国际货币基金组织（IMF）吸纳到特别提款权（SDR）货币篮子之中，我国货币就取得了国际货币的地位。这使得我们借助汇率工具调控出口需求的选择权更加灵活多样。

2. 出口信贷政策支持

金融支持是扩大和调控出口需求的重要条件，我国《对外贸易法》确立了出口信贷政策在促进外贸出口中的重要地位。1994 年，我国设立了国家进出口银行，根据我国外贸政策、产业结构和产品结构向出口企业提供各种政策性贷款，此外，中国银行等 10 多家经营外汇业务的商业银行也为各出口企业提供各种金融服务。其中，出口信贷政策是出口国银行对本国出口商或外国进口商、进口方银行提供的贷款支持，具体执行方式有两种：一是卖方信贷，即由出口方银行向出口商提供贷款；二是买方信贷，即由出口方银行直接向进口商或进口方银行提供贷款。出口信贷主要用于成套设备、机电设备、船舶等大宗商品的出口支持。

3. 健全出口信用保险制度

出口信用保险制度是一国扩大出口贸易，调控出口需求的重要措施。出口信用保险是在商品出口或相关经济活动中，保险人（经营出口信用保险业务的保险公司）与被保险人（向国外买方提供信用的出口商或银行）签订的一种保险协议，对被保险人向国外买方赊销商品或投放货币提供担保的保险制度。出口信用保险之所以愈来愈受到各国政府重视和支持，源于信用付款方式在国际结算中所占的比例越来越大，这一政策工具为出口商灵活支付方式，防范贸易风险，扩大出口提供了安全保证。同时，出口信用保险也是 WTO 规则范围内所允许的，各国政府运用和实施的一种官方支持出口措施，是政府促进出口以及进行出口需求调控的有效手段。

（四）法律手段

1. 完善反倾销法

反倾销措施作为世界贸易组织允许的维护公平竞争的手段，也成为我国市场经济建设法律框架的一部分。其目的在于杜绝不正当竞争，保护本国工业免受倾销所造成的损害。

对于出口企业而言，有利于其在反倾销法的保护下维持正常的生产经营和出口贸易，从而使我国产业在正常的国际贸易秩序中逐步提高整体竞争力水平，扩大出口需求及海外市场份额。

2. 加强与国际社会的共同合作和管理

各国对出口需求的管理正走向全球化、标准化及法制化，我国也在不断加强与国际组织、国际社会的共同合作和管理。在全球范围内规范贸易出口行为，是保持我国出口需求可持续增长的重要保障。在法律方面，我国不仅按照加入 WTO 时所做的承诺全面厘清了现行的法律法规和政策，增强法律法规的统一性和公开性，而且还致力于构建治理国际贸易新秩序，加强贸易国之间对话与合作，妥善处理贸易纠纷、贸易歧视、不正当竞争等涉外贸易案件，共同打击跨国贸易中的违法行为。

小　结

总需求是指一定时期内在一个国家或地区形成的对最终产品和劳务的货币购买力总量。一般包括投资、消费和出口需求。形成需求的各种收入主要分为政府收入、企业收入、居民收入以及其他收入。国内生产总值及其增长、货币供应量、固定资产投资、最终消费、外贸出口、价格水平决定着需求的形成。运用国民经济核算资料和总需求动态运行过程可测算总需求。其中消费需求管理目标是保持适度的消费规模和水平，促进消费结构优化升级。适度的消费规模和水平是相对于消费萎缩或消费膨胀而言的，需要用国民收入同步增长、投资合理比率、消费价格水平稳定来做判断。而消费结构是否合理主要看恩格尔系数的下降和劳务消费的扩大，调节消费的手段有税收、利率、收入分配和社会保障等。投资需求管理目标是保持适度投资规模和合理投资结构。投资是以获取未来收益为目的而投入经济要素的行为，这种行为通过乘数效应双向影响国民经济运行。适度的投资规模要有利于合理利用资源，抑制通货膨胀、国民经济持续稳定增长以及充分就业、保持较高的投资效益和经济增长速度、实现投资与消费平衡以提高社会福利。通过财政政策、货币政策、投融资体制、优化投资环境等措施调控投资规模和结构。出口需求管理目标是利用外需拉动经济增长。影响出口的因素既来自国内（产品竞争力、出口壁垒和出口商品结构），也来自国际（汇率、出口依存度、国际政治经济环境）。因此要借助计划、财政、金融、法律等多种手段和具体工具来实现出口需求有效管理。

思考题

1. 如何理解总需求？
2. 计算总需求有哪些基本方法？
3. 形成总需求的因素有哪些？
4. 消费水平与消费结构之间有什么样的联系？
5. 如何拉动消费需求？
6. 如何实现消费结构的合理化？

7. 如何理解投资乘数及其对国民经济的影响？
8. 如何调控投资规模膨胀？
9. 如何调控投资规模不足？
10. 如何实现投资结构的合理化？
11. 决定出口需求的因素有哪些？
12. 如何拉动内需？
13. 如何看待进出口需求的关系？
14. 需求管理的基本思路和重点是什么？
15. 如何理解在需求启动中，消费需求是根本，投资需求是关键，出口需求是推力？
16. 如何评价需求管理的绩效？

第九章

总量调控（下）：供求平衡

总量管理的最终目的，是保持总供求的平衡。这不是一件轻松的任务，因为市场经济中的供求关系始终处于对立矛盾运动之中，平衡是短暂的，失衡是经常的。不过在经历了长期国民经济管理经验教训总结基础之上，对什么是总供求平衡以及如何保持总供求平衡，还是有基本判断标准和做法的。按照这个标准和做法进行国民经济管理，总供求的平衡状态是能够实现的。

第一节　总量供求平衡的含义及其形成

实现国民经济管理的供求平衡目的，首先需要理解什么是总量供求平衡，失衡与平衡的原因及表现，以及形成平衡或失衡的机制等。搞清楚这些问题后，才能进行理性的供求平衡管理工作。

一、总量供求平衡的含义

（一）总量供求平衡的概念

如果用图形抽象地描述总供给与总需求的平衡，可见图 9－1。图中纵坐标表示价格水平，横坐标表示国民生产总值或国内生产总值，AD 为总需求曲线，AS 为总供给曲线，AD 与 AS 的交点为 E。在 E 点，$AD=AS$，表明总需求与总供给相等，与该点在横坐标对应的 Y^* 表示经济总供求平衡状态下的国民生产总值或国内生产总值水平，与该点在纵坐标对应的 P^* 则表示均衡价格。

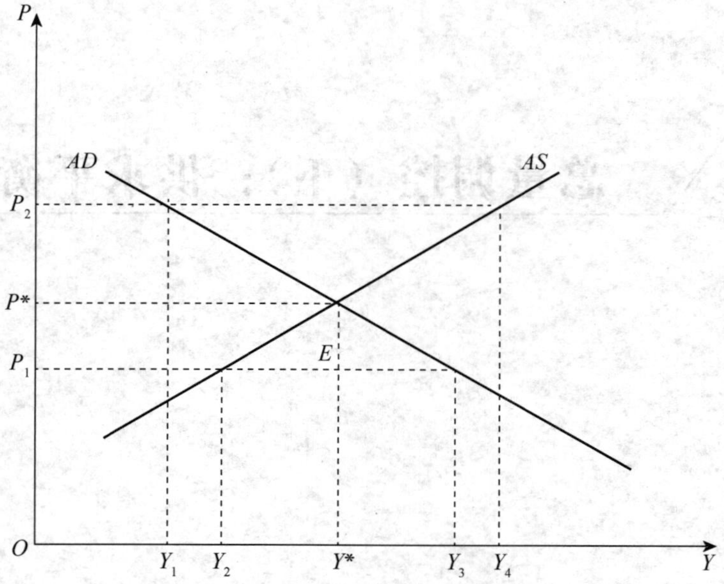

图 9-1 总供给与总需求的平衡

在市场经济条件下，总需求曲线代表着供求机制中的需求方，表现为全部需求方的行为集合；总供给曲线代表着供求机制中的供给方，表现为全部供给方的行为集合。在价格机制的作用下，需求行为与供给行为是不一样的。从理论上假定，要使得不同价格水平下的供给或需求得到满足，同时又能够建立起适应价格水平变化的市场均衡，就需要供给方或需求方的行为曲线做出必要调整。假定价格水平为 P_1，此时按总需求行为曲线需求方能够接受的购买规模为 Y_3，按总供给行为曲线供给方能够接受的产出规模为 Y_2，经济总供求不平衡，总需求大于总供给的差额为 Y_3-Y_2。如果不采取其他措施，价格水平必然上涨，总需求大于总供给的差额随之减少，直至价格水平从 P_1 上升到 P^*，总供求平衡为止。反之，如果价格水平为 P_2，则按总需求行为曲线需求方能够接受的购买规模减少到 Y_1，按总供给行为曲线供给方能够提供的产出规模则增加到 Y_4，总供求也会出现不平衡，此时总需求小于总供给的差额为 Y_4-Y_1。如果不采取其他措施，价格水平必然下降，总供给大于总需求的差额随之减少，直至价格水平从 P_2 下降到 P^*，总供求恢复平衡为止。

（二）总量供求平衡的标志

总供给和总需求的平衡是对国民经济活动的实物运动和价值运动过程协调与否的整体说明。从理论上说，严格意义上的总供给和总需求平衡应当从流量总供给和总需求、存量总供给和总需求以及结余总供给和总需求去全面认识。只有这三方面相等才算达到了真正的平衡。

流量总供给是指一定时期（如一年）一个国家（或地区）新增加的总供给量，包括本国生产的产品和劳务总量以及进口的产品和劳务总量，它等于国内生产总值与进口产品和劳务之和。结余总供给是指某一时点上，全国库存和储备结余的供给总量和人工培育资源增长量，如我国林业产值中的林木生长部分，牧业产值中总牲畜繁殖、增长、增重部分。结余总供给一般与流量总供给的统计时期相对应，分为期初和期末统计，上期期末即为本期期初。期初结余总供给与流量总供给之和就是存量总供给。存量总供给减去期末结余总供给，就是本期实现的总供给。本期实现总供给与流量总供给之间的差别是期末、期初结余总供给之差。

流量总需求是指一国（或地区）一定时期（如一年）形成的购买产品和劳务的有支付能力的货币支出水平，包括实现的需求总量，也包括未实现的即准备购买的需求总量。流量总需求来源于国内和国外两个方面：国内流量总需求是国民收入分配和再分配后形成的购买或准备购买的支付额总量，国外流量需求是出口的商品和输出劳务表现的国外购买量。结余总需求就是未实现的总需求部分，期初结余总需求加流量总需求等于存量总需求。存量总需求减去期末总需求等于本期实现的总需求。本期实现的总需求与本期实现的总供给之间应保持平衡关系。

总供求概念体系中的计算和平衡关系可用下面的几个式子表达①：

期初结余总供给(需求)＋流量总供给(需求)
＝本期实现总供给(需求)＋期末结余总供给(需求) (9-1)

存量总供给(需求)＝期初结余总供给(需求)＋流量总供给(需求) (9-2)

本期实现总供给＝本期实现总需求 (9-3)

本期期初结余总供给(需求)＝上期期末结余总供给(需求) (9-4)

(三) 总量供求平衡的特征

对总供给和总需求的平衡，应该有下列基本理解：

第一，这种平衡应该是一种基本趋势或大致均衡，而不是指总供给和总需求的完全相等。由于国民经济活动的复杂性，完全求得实物运动与价值运动过程的一致统一是不可能的。实际上，实物运动和价值运动过程中供给和需求之间存在小的矛盾不仅是正常的，也是经济发展所需要的。因此，总供给和总需求均衡不仅包括总供给和总需求统计上的相等，而且还包括一定程度的不相等。总供给大于或小于总需求的情况，之所以能够被认为还是均衡状态，从理论上说，就是这种总供求不等并不影响国民经济的正常运行和实物运动与价值运动的实现。从国民经济总体均衡的内涵来说，它具体表现在以下几个方面：(1) 生产良性循环，生产结构协调；(2) 生产能力正常发挥，技术不断进步，资源充分利用；(3) 总需求依社会经济能力和社会发展而正常增长，需求结构逐步演进，与产业结构的演进相协调；(4) 财政、信贷、国际收支基本平衡。

第二，这种平衡应该是动态平衡而不只是静态平衡。因为总供给和总需求由于受多种因素的影响，是不断发展变化的。两者处于均衡状态是暂时的，经常处于非均衡状态才是常态。宏观经济调控的任务就是运用市场机制和其他各种手段调整和控制非均衡状态，使非均衡状态得以扭转，不至恶化。

第三，这种平衡是长期平衡而不只是短期平衡。宏观经济调控的根本任务是实现长期平衡，但长期平衡是通过不断组织和实施短期均衡实现的。一般来讲，组织短期平衡的重点是靠财政政策和货币政策等来调整经济总供求，而长期平衡的重点应该是靠规划引导产

① 下述指标的具体测算详见：赵彦云. 宏观经济统计分析. 北京：中国人民大学出版社，1999.

业政策和投资政策落实等来调整经济总供求。

第四，这种平衡包括总量平衡和结构平衡。总供给和总需求的结构平衡是指总供给结构和总需求结构相适应。总量平衡是结构平衡的前提条件。因为经济供求总量不平衡，经济供求结构肯定也不平衡，经济供求总量平衡，经济供求结构才可能平衡，但也不是必然平衡，只有采取一系列措施才能实现供求结构的大体平衡。所以，经济供求的总量平衡和结构平衡都是重要的。

二、总量供求平衡的形成机制

国民经济是一个复杂的系统，从不同角度都可以加以解读，因而对国民经济供求平衡关系及其形成机制，可以具有不同的解释，只要这些解释具有论证力和实用性。据此，本教材介绍两个主要的理论。

（一）社会再生产运动过程中的循环环节平衡

国民经济的总供求平衡看起来是一个市场均衡现象，受供求规律影响。然而实际上，在市场供求关系背后是社会再生产的循环持续。“不管生产过程的社会形式怎样，它必须是连续不断的，或者说，必须周而复始地经过同样一些阶段，一个社会不能停止消费，同样，它也不能停止生产。因此，每一个社会生产过程，从经常的联系和它不断更新来看，同时也就是再生产过程。”①

社会再生产是生产消费和生活消费的统一，社会生产运动的出发点和核心问题是社会总产品及其实现问题，归根到底就是按比例问题。“要想得到和各种不同的需要量相适应的产品量，就要付出各种不同的和一定量的社会总劳动量。这种按一定比例**分配**社会劳动的**必要性**，决不可能被社会生产的**一定形式**所取消，而可能改变的只是**它的表现方式**，这是不言而喻的。自然规律是根本不能取消的。在不同的历史条件下能够发生变化的，只是这些规律借以实现的**形式**。”马克思如是说②。

依照马克思对资本运动的分析，社会再生产循环关系要维持下去，生产资金投入需要依次经过购买、生产、售卖三个阶段，并采取货币资本、生产资本、商品资本三种职能形式。其中每一种职能形式通过循环的三个阶段，都返回到自己原来的形态。循环问题的关键在于资本运动的连续性，进一步说，是社会总产品的各个组成部分在价值上如何补偿、在实物上如何替换的问题。归根结底，就是社会再生产的按比例发展的问题，在市场经济条件下就是市场实现问题③。

马克思是从社会总产品的实物构成和价值构成入手来分析社会再生产实现条件的。从实物构成上看把社会产品分为生产资料和消费资料两大类，社会生产部门相应地也分为两大部类。生产生产资料的部类（I）和生产消费资料的部类（Ⅱ）。从价值构成上看，把社会产品分为 3 个部分，即 c、v、m。社会总产品按实物构成分为两大部类和按价值构成分为 3 个部分，是马克思社会再生产理论的前提。只要存在商品生产，社会再生产的顺利进

① 马克思．资本论：第 1 卷．北京：人民出版社，1975：621.

② 马克思，恩格斯．马克思恩格斯选集：第 4 卷．2 版．北京：人民出版社，1995：580.

③ 中共中央书记处研究室．学习马克思关于再生产的理论．北京：人民出版社，1980.

行就要同时受到社会产品使用价值的制约和社会产品价值组成部分相互之间比例的制约，即社会总产品各个部分的价值和实物形态都要求在交换时得到补偿和替换。

社会资本的扩大再生产是指在社会资本规模不断扩大的条件下进行的再生产。要实现扩大再生产必须要有一部分 m 转变为不变资本和可变资本。设 m/x 表示用于个人消费，$m-m/x$ 表示用于积累，ΔC 表示追加的不变资本，ΔV 表示追加的可变资本，社会资本扩大再生产的均衡模型为：

$$\mathrm{I}(c+v+m)=\mathrm{I}(c+\Delta C)+\mathrm{II}(c+\Delta C) \tag{9-5}$$

$$\mathrm{II}(c+v+m)=\mathrm{I}(v+\Delta V+m/x)+\mathrm{II}(v+\Delta V+m/x) \tag{9-6}$$

公式（9-5）表明，第一部类生产的生产资料除了补偿本部门消耗的不变资本以外，剩下的可变资本和 m 部分必须能够补偿第二部类消耗的生产资料 $\mathrm{II}c$ 和满足两个部类的追加的生产资料的需要 $\mathrm{I}(\Delta C)+\mathrm{II}(\Delta C)$。该式证明，生产资料的供给必须等于第一部类的生产资料的需求与第二部类生产资料的需求的总和。

公式（9-6）表明，第二部类的消费资料除了满足本部门劳动者和资本家的消费需求以外，所剩下的不变资本和积累的 m 部分必须能够满足第一部类劳动者和资本家消费的需要 $\mathrm{I}(v+m/x)$ 以及两个部类追加的劳动者消费的需要 $\mathrm{I}(\Delta V)+\mathrm{II}(\Delta V)$。把（1）+（2）得：

$$\mathrm{I}(c+v+m)+\mathrm{II}(c+v+m)=[\mathrm{I}(c+\Delta C)+\mathrm{II}(c+\Delta C)]+[\mathrm{I}(v+\Delta V+m/x)+\mathrm{II}(v+\Delta V+m/x)] \tag{9-7}$$

以上分析表明，社会再生产理论既包括总量均衡，也包括各种价值形态的供求均衡，还包括结构均衡，以及各种物质产品的供求均衡，即社会各生产部门之间必须保持一定的比例关系。这对中国的宏观调控包含结构调整的内容是富有启发意义的，同时也是对后面提到的宏观经济理论不包含结构调整的一个弥补[①]。

两大部类交换成功的关键，在于它们相互提供的产品不仅在数量上满足需要，而且在产品的品种和性能上也能满足相互之间的需要。总之，两大部类产品的结构均衡，是社会总产品最终平衡的关键。要实现简单再生产，不仅两大部类之间要保持平衡，而且两个分部类内部也要保持适当的比例，这样两个部类间以及两大部类内部的交换才能实现。

（二）国民经济要素的交换环流平衡

依照国民经济核算理论分析，国民经济各个要素构成了市场的交换环流关系。在彼此交换过程中，流量与增量之间如果保持了平衡，则整个国民经济也应该事先市场均衡。

1. 国民经济内部环流

先考虑国民经济仅仅由“家庭”和“企业”两个部门构成的情况。此时的经济是封闭型经济，政府在经济活动中不起作用，对外贸易也不占重要地位。在这种经济结构中，要

---

① 凯恩斯主义宏观经济学的供求均衡理论，只考察总量均衡，并不涉及结构均衡。$C+S=C+I$ 两边的消费 C 剔除，总供求均衡就表示为 $S=I$ 即储蓄与投资的均衡。虽然从价值角度看 C 是同质的，只要量上相等就可以通约。但从物质角度看，作为总供给的 C，代表了一定数量的不同性能和品种的产品供给，而作为总需求的 C 则代表了对一定数量的产品需求，这两者即便总量是相等的，但在物质形态上也不一定对接或均衡；其结果是，供需结构上的不对称导致有些产品供过于求，有些产品供不应求。从这个意义上讲，结构均衡实际上是总量均衡的基础。

素和收入在两部门之间的流动形成国民经济内部环流。

家庭部门向企业部门提供各种各样的生产要素，如劳动、资本、土地和企业家才能等。相应地，企业部门则向家庭部门支付生产要素的报酬，如工资、利息、地租和利润等。企业部门在取得由家庭部门提供的生产要素后，进行商品和劳务的生产并提供给家庭部门，家庭部门用其获得的要素收入向企业部门购买商品和劳务并形成企业部门的收入。

如果家庭部门用生产要素的报酬向企业部门购买产品和劳务，同时，企业部门把所有出售产品和劳务的所得全部作为要素报酬支付给家庭，而且收入的流动速度保持不变，那么，国民经济的内部环流过程如图 9－2 所示，并且在同一水平上往复循环下去：

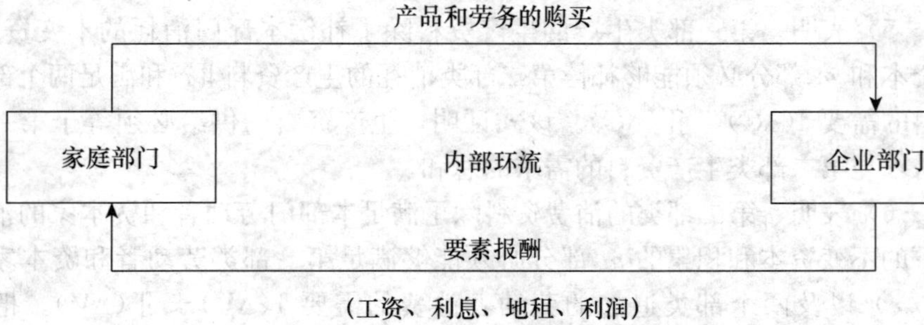

图 9－2　国民经济内部环流过程

2. 漏出和注入

上述国民经济内部环流模型是一种对经济运行的简化分析。实际上，家庭部门不可能把所有的收入都用于购买企业所生产的产品和劳务，其中一部分家庭收入要从国民经济内部环流中漏出；同时，还有一些收入会向国民经济内部环流中不断注入。因此，实际的国民经济就像一个巨大的蓄水池，它不是封闭和平静的，而是开放和波动的。

（1）漏出。一国家庭部门除了把自己的收入用于购买国内企业部门的产品和劳务之外，还要进行储蓄、向政府部门纳税以及购买国外部门的产品和劳务。由此，一部分国民收入要从国民经济内部环流中退出，形成漏出。国民经济内部环流中的漏出主要包括以下方面：第一，净储蓄（S）。储蓄是指家庭部门为了将来的需要储存起来而不用于现期消费的收入。储蓄主要包括以下两种形式：家庭部门将收入的一部分存入银行等金融机构；家庭部门将其部分收入投资于股票或其他形式的有价证券，这部分漏出的国民收入形成了资本市场。净储蓄是指家庭部门的储蓄量扣减掉其从银行等金融机构贷款数量的余额。第二，净税收（T）。实际经济生活中，家庭部门要向政府部门纳税，包括个人所得税、消费税等。这就意味着家庭收入的一部分要用于税收支付，从而形成国民经济内部环流中的漏出。为了衡量净税收，还需要考虑政府部门对家庭部门的转移支付，包括政府部门对家庭部门提供的各种福利。净税收就是家庭部门的纳税总额扣减掉政府转移支付后的余额。第三，进口（M）。当发生一国生产和劳务不能满足本国家庭部门需求的情况时，需求缺口就需要用进口商品和劳务进行弥补。这时，家庭部门就会把收入的一部分用于国外商品和劳务的购买，进而形成国民经济内部环流中的漏出。

把上述漏出的各部分汇总起来，就形成国民经济循环中的总漏出（W），用公式表示就是：

$$W=S+T+M \tag{9-8}$$

（2）注入。对企业产品的需求只有一部分来自家庭部门的消费，其他则产生于国民经济内部环流之外，包括投资、政府支出和向国外部门的出口，这些因素共同构成了对国民经济内部环流的注入。第一，投资（I）。投资包括固定资产投资和存货投资两大部分，是通过资本市场向企业注入的资本流量。其中，固定资产投资是指新厂房、新设备、新商业用房和新住宅的增加，存货投资是指企业存货价值的增加或减少。第二，政府支出（G）。政府支出或政府购买是指政府部门向企业部门购买商品和劳务的支出，主要用于国家基础设施或公益设施的建设。这里，政府支出不包括政府部门对家庭部门的转移支付。政府购买实际上是一种政府对企业的注入。第三，出口（X）。当本国企业部门向国外部门提供产品和劳务时，国外收入就注入本国国民经济环流中来，它是一种国外部门对本国企业的注入。

把上述注入的各部分汇总起来，就形成宏观经济循环中的总注入（J），用公式表示就是：

$$J=I+G+X \tag{9-9}$$

3. 总量供求平衡的形成

上述国民经济循环流程中的漏出和注入之间存在着密切的相关关系，漏出和注入之间失衡和均衡的相对运动决定了总量供求失衡与均衡的相对运动。

家庭部门的收入中用于储蓄的部分比例越大，企业部门可能获得的投资就越大；家庭部门的纳税越多，政府部门就有更大的支出回旋余地；如果本国进口增加，国民经济内部环流中的收入向国外部门的漏出将会增加，外国家庭部门的收入因此增加，进而增加对本国产品和劳务的需求，促进出口的间接增长。

然而，在市场经济分散决策的环境下，国民经济环流过程中的漏出和注入各部分之间并非存在对等的关系，通常的状况是：$S\neq I$，$T\neq G$，$M\neq X$。当这种漏出和注入不相等的状况存在时，总量供给和总量需求就处于失衡状态，当供求失衡存在时，经济过程便会对漏出和注入进行调整，当两者相等时，国民经济就会恢复到供求平衡的新均衡状态。

具体调整机制如是：（1）当注入大于漏出时，国民收入将会增加，进而家庭部门的收入也会随之增加。家庭部门的收入增加会产生以下效应：第一，家庭部门用于产品和劳务方面的需求和相应支出增加；第二，家庭部门的储蓄增加，为企业增加供给提供了资本准备；第三，家庭部门的纳税增加；第四，对国外部门的产品和劳务需求增加，促进进口。上述四种效应的结果是促使国民经济环流中的漏出增加，这个过程将一直持续到漏出和注入相等为止，此时，供求达到均衡状态。（2）当漏出大于注入时，国民收入将会减少，家庭部门的收入也会随之减少。家庭部门的收入增加会产生以下效应：家庭部门用于产品和劳务方面的需求减少以及储蓄、纳税和对国外部门的产品和劳务需求减少。上述几种效应的结果是促使国民经济环流中的漏出减少，这个过程将一直持续到注入和漏出相等为止，此时，供求达到均衡状态。

以上分析暂时未考虑折旧和企业间接税，实际上，即使把它们包括进来，上述供求均衡的形成机制依然成立。

三、总量供求平衡的决定因素

经济总供求状态一般通过产品和劳务总量（简称总产量）以及物价水平来反映。对总供求状态的决定因素进行分析，需要分别考察决定总供给的因素和决定总需求的因素。

（一）古典学派理论

古典宏观经济学的理论出发点是萨伊定律，即供给创造自己的需求。根据这一定律，经济社会的中心问题是总供给而非总需求。“古典”的总供给曲线反映了价格水平与总产量的关系，是一条位于潜在产量或充分就业产量水平上的垂线，而总产量唯一地由经济中的就业量所决定（价格水平的变动对总产量水平并不产生影响）。这是因为，根据古典宏观经济学理论，在货币工资能够自由伸缩的条件下，价格水平的变动不能影响均衡实际工资水平。既然价格水平的变动不能影响均衡实际工资水平，也就不能改变劳动市场中的均衡就业水平，因此，价格水平的变动对经济中的均衡产量水平不能产生影响，此时的均衡产量水平就是充分就业的产量水平。从需求方面来看，古典学派的总需求理论是建立在货币数量论基础上的，并认为充分就业时的产量据以销售的物价水平由经济中的货币量所决定。在古典理论家看来，不管货币供给规模（M）如何，人们一旦拥有货币，就会以购买消费品或资本品的方式花掉它，在正常情况下，全部货币都以不变的速度（V）积极周转，根据货币数量论的方程 $MV=PY$，在 M 和 V 给定的情况下，价格水平 P 与产量 Y 成反比，即形成向右下方倾斜的需求曲线。因此古典学派关于经济总供求状态的决定关系为：

决定供给因素→总供给→总产量水平和物价水平←总需求←货币供需因素

（二）凯恩斯主义经济理论

与古典宏观经济理论不同，在凯恩斯经济理论中，假定货币工资和物价水平具有向下的伸缩性，在这个假定条件下，总供给函数在充分就业产量水平下变得完全无弹性，而在达到充分就业以前的产量范围内有弹性，即向右上方倾斜。由于这样一种总供给曲线，总需求既影响物价水平，又影响产量水平。如果总需求不足，则生产的总产量低于劳动力充分就业时所提供的产量。也就是说，总需求影响就业与失业的状况，就业与失业的状况决定总产量水平。在总需求函数的决定因素方面，凯恩斯理论不同于古典货币数量论的观点，凯恩斯理论认为总需求的变动既决定于投资需求与储蓄的平衡，又决定于货币供给与需求的平衡，或者说总需求变动的解释变量是影响投资与储蓄平衡和货币供求平衡的所有因素。就决定总需求变动的诸因素的关系来说，体现为互相作用的过程，即投资、消费、政府购买和进出口因素的变动影响总支出，总支出影响收入水平，收入水平影响货币需求，货币需求影响利息率，利息率又决定投资和消费等。因此，凯恩斯理论关于经济总供求状态的决定关系为：

决定供给的诸因素→总供给→总产量水平和物价水平←总需求←IS－LM 均衡

（三）综合平衡理论

在社会主义经济建设中，陈云把马克思主义理论与中国具体实践相结合，创造性地提出了综合平衡理论。根据 1956 年经济建设中冒进与反冒进的实践经验，陈云在 1957 年提出财政、信贷、物资“三大平衡”理论。他说：“财政收支和银行信贷都必须平衡，而且应该略有结余。只要财政收支和信贷是平衡的，社会购买力和物资供应之间，就全部来说也会是平衡的。”[①] 这是中国综合平衡理论的第一次提出，这个理论不仅关注财政、信贷、物资各自的平衡，更强调三者之间的综合平衡。1962 年初期，根据当时财政经济状况，陈云按照综合平衡原则对有关问题进行了分析，并进一步指出：“所谓综合平衡，就是按比例；按比例，就平衡了。任何一个部门都不能离开别的部门。一部机器，只要缺一部分配件，即使其他东西都有了，还是开不动。按比例是客观规律，不按比例就一定搞不好。”[②] 这是陈云综合平衡理论的第二次提出，不仅内容上比 1957 年的平衡思想更加明确和具体，而且进一步证明了综合平衡是社会主义经济发展的客观规律。改革开放后，陈云根据实际情况，在“三大平衡”的基础上增加了外汇收支平衡，从而构成“四大平衡”，进一步丰富了综合平衡理论的内容。

根据综合平衡理论，在我国社会主义市场经济条件下，总供给和总需求是否平衡，可从以下几个方面考察：

1. 信贷收支平衡状况

信贷收支差额是指银行信贷和自愿储蓄之间的差额，两者之间的关系影响着经济总供求的平衡状况。当人们的自愿储蓄增加，意味着一定数量的货币购买力不能实现，如果银行信贷不能放松银根弥补这部分购买力缺口，就有可能出现商品供大于求的过剩态势；反之，当人们的自愿储蓄减少，如果银行信贷不能紧缩银根抑制已经增加的购买力，则经济有可能出现求大于供的态势。因此，信贷收支的平衡状况影响着经济总供求的平衡状况。

2. 财政收支平衡状况

由于财政收支本身就是经济总供求的组成部分，因此，财政收支平衡状况与经济总供求平衡状况的联系是不言而喻的。我国传统观点通常强调财政赤字对经济总供求的破坏作用，实际上，不只是财政赤字，财政盈余也是造成总供求失衡的重要因素。因为当年的财政盈余是对当年社会商品购买力的一种冻结，如果把当年这部分社会商品购买力用于下一年社会商品的购买，就有可能对下一年的社会总供求造成破坏。

3. 国际收支平衡状况

在开放经济条件下，经常项目和资本项目下的国际收支平衡状况将通过一国商品和劳务进出口以及资本的国际转移对本国经济总供求产生影响。如果用外汇的口径对国际收支进行综合分析，则外汇收入（出口和资本流入）意味着国内需求的增加，外汇支出（进口和资本流出）意味着国内供给的增加，因此，国际收支的状况影响着国内短期总供求的平衡状况。

4. 生产状况

影响我国长期经济供求状况的因素在于供给方面。第七章中我们已经对影响我国总量

---

① 陈云. 陈云文选：第 3 卷. 北京：人民出版社，1995：52-53.

② 同①211.

供给的因素做了分析，包括制度变革因素在内的一些影响总量供给的因素实际上也在影响着经济总供求的长期平衡。第一，产业结构。产业结构是衡量经济发展质量的一个重要因素，产业结构的优化和升级意味着供给结构和需求结构的协调，而产业结构的不对称则会造成经济的短缺或过剩。第二，资源禀赋和资源配置。资源禀赋和资源配置是增加供给规模、改善供给结构的物质基础，对于像中国这样的发展中国家而言，如何有效配置充足的资源以及如何有效利用匮乏的资源将关系到经济的持续稳定发展和长期总量供求的均衡。此外，政府对科技发展和管理水平的重视也会对长期总供求态势产生影响。

根据我国在计划经济体制时期的国民经济管理实践经历，对四项平衡的基本关系形成了如下认识：物资流通平衡是基础，财政收支平衡是关键，信贷收支平衡是表现，外汇收支平衡是结果。依照这个基本认识，我国国民经济管理者曾经应付了多次经济过热问题。但是20世纪90年代进入市场经济体制以来，由于物资流通体制、财政管理体制、银行信贷管理体制和国际收支体系发生了较大变化，四项平衡的具体内容都面临着调整，传统的认识需要更新。随着科学发展观的提出和贯彻落实，综合平衡理论重新展现了它的理论价值和实际意义。如何运用综合平衡思想解决社会主义市场经济中的经济失衡问题，是摆在国民经济管理者面前一项新的使命。

四、总量供求平衡与否的表现

国民经济供求总量是否平衡，可以从长期的经济波动观察到。经济波动是经济运行的一种形态，一般表现为经济增长速度在各年度有高有低，总量在各年度不断扩张和收缩，经历往复循环的运动过程，进而形成周期性的波动，形成总量的周期性平衡与失衡。世界各国经济发展的轨迹表明，经济波动是经济增长的一种常态，没有波动的经济增长只是偶然出现的现象，而且通常在很短的时间区间内出现。经济波动状况综合地体现在国内生产总值的扩张和收缩中，总量供给和总量需求的相对运动和由此造成的实际GDP和潜在GDP的缺口是经济波动产生的内在原因，这种状况可以通过图9-3说明。

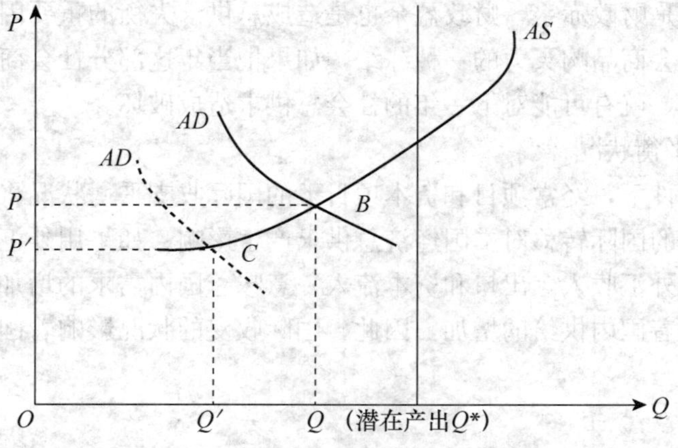

图9-3 总需求水平下降导致实际产出下降

假定经济开始处于短期均衡点B，与B点对应的是总供给曲线AS和总需求曲线AD以及实际产出Q；如果由于政府支出下降或社会投资减少或人们的储蓄意愿增强等原因而

导致总需求曲线 AD 左移，则新的均衡点 C 就会形成，此时，实际产出 Q' 小于以前的实际产出 Q，实际产出与潜在产出的缺口进一步拉大，社会生产能力过剩的状况加剧，价格水平下降，经济衰退形成。反之，如果由于政府支出、社会投资增加或人们的储蓄意愿降低而导致总需求曲线 AD 右移，使得实际产出接近潜在产出甚至超过潜在产出，则社会生产能力得到充分利用或过度利用，价格水平上升，一次经济高涨形成。社会总供给和总需求的这种相对运动推动着宏观经济在交错上升和下降的轨迹中运动，形成经济波动。

经济波动是一种普遍存在的经济现象，它的典型形态是经济周期或商业周期。相对于经济波动而言，经济周期是一个范围较小的概念，专门用来指称那种波动较为剧烈而且呈现较为明显的衰退和繁荣交替的经济波动。有关经济周期的理论前面第六章已有介绍，这里不再重复。

第二节　短缺经济下的供求管理

对传统计划经济体制下短缺现象的系统分析源自匈牙利经济学家亚诺什·科尔内。科尔内以传统计划经济体制中普遍存在的过度需求以及由此导致的短缺为理论基础，从微观和宏观两个层次对社会主义经济进行了研究，建立了以控制需求为中心的经济体制改革理论体系。继科尔内之后，经济学者们针对其理论体系中的缺憾进行补充和扩展，从而形成了以刺激供给为重点的“新短缺经济学”理论。中国的经济体制改革虽然取得了巨大成就，但距离最终的成功还有很长的路要走，对改革以前的“旧”体制进行分析，是为了更加明确改革的对象和目的，“如果对究竟需要改变的是什么没有深刻的了解，那就不可能坚定不移地使经济转向保证计划和市场更好结合的体制”①。

一、短缺经济理论

科尔内认为，“短缺”这个词是对大量经济现象的一种概称，这些现象包括投资品市场紧张、由于消费品的求大于供而造成的配给或排队以及由于国际收支中的长期赤字而造成的外汇短缺等现象。描述这种经济现象的名称多种多样，包括“短缺经济”“卖方市场”“抑制型通货膨胀”“冒进的计划”“经济过热”等。短缺是传统社会主义计划经济体制下普遍存在的一种现象，它曾经以多种不同的方式影响着人们的日常生活。比如，对于消费者来说，消费品的短缺能够打乱他们的购买计划、增加寻找成本，由于在商店或医院的排队等待使得消费者把大量时间无谓地耗费掉；对于生产者来说，由于短缺的存在，工厂将会发现他们经常面临原材料或劳动力供给的压力以及随之而来的生产困难。总而言之，短缺影响着人与人之间的关系，即生产者和消费者、买者和卖者、配给决定者与配给接受者之间的关系。实际上，短缺现象不仅在传统计划经济体制下存在，能源之类的短缺现象在许多资本主义国家也普遍存在，鉴于其研究目的，科尔内的“短缺”理论集中于传统社会主义计划经济体制。

① 科尔内. 短缺经济学：上. 北京：经济科学出版社，1986：4.

传统计划经济体制的特征是经济管理权利高度集中、计划指标在社会生产过程中起支配作用，市场机制的作用比较微弱。短缺经济就是在这样的背景中产生的。而处于严格的层级管理制度下的国有企业，对短缺经济的形成起着决定性的作用。

1. 父爱主义

在原有计划经济体制下，国有企业只是政府部门的附属物，没有生产经营上的决策自主权。对于这样一种制度结构关系，科尔内形象地称之为“父爱主义”①。他认为，如果把国家比作父母，把企业比作子女，那么“在国家与微观组织的关系中的父爱主义的程度，是一种体制重要的本质特征”。传统计划经济体制下的国有企业在政府眼中，就像永远长不大的孩子。

在生产投入要素的分配上，两者之间只是一种“给予-接受”的关系，货币在这里完全不起作用。根据这种关系中企业的表现不同，科尔内进一步把它分为两种形式：第一，企业完全被动接受政府的给予。这是程度最大的父爱主义，中央部门在计划决策时完全不考虑企业的愿望，一切指标的颁行都是命令式的，企业必须无条件执行。在原有计划经济体制下，这种程度的父爱主义在每个历史阶段、在每个社会主义国家出现的频率都有所不同。第二，企业有主动表达愿望的要求或讨价还价的权利。这是一种程度稍低的父爱主义，即中央部门在进行计划决策时，不但要考虑计划指标的制定，还要考虑企业的能力和要求。实际上，不单在东欧社会主义诸国，即使在我国原有计划体制下，“对计划讨价还价”的现象在具体经济管理操作中的确是屡见不鲜的，这是最常见的一种父爱主义形式。在企业有讨价还价自主权的情况下，如果企业对自己在经济计划中的配额不满，那么，其就可以向主管部门提出更多的配额。此时，中央有关部门和企业之间在投入和生产的问题上就会发生矛盾，即中央部门总是希望企业投入少产出多，而企业部门总是要求投入更多以实现分配给自己的生产指标。由于父爱主义关系的存在，在中央部门与企业的讨价还价中，最后往往是中央部门屈服于企业的要求。中央部门对企业的一再让步就会导致企业的“预算软约束”和“投资饥渴”，这两个症结的存在遂造成经济生活中的普遍短缺现象。

2. 预算软约束

一个企业要正常运行，一般情况下要遵从下面的不等式约束，即

$$t\text{ 期间的总支出} \leqslant \text{初始货币量} + t\text{ 期间的总收入}$$

要想使这个不等式约束对企业行为在实际上发生作用，必须满足以下五个条件，这五个条件构成了企业制度安排上的预算硬约束（hard budget constraint）：

（1）外生价格。外生价格意味着企业是价格的接受者而不是价格的制定者。

（2）税收制度是硬的。这并不是指税额很高，而是指企业要严格遵守下列规则：第一，税收规则的制定对于企业来说是由外部给定的，企业不能左右税收规则；第二，税收制度与各种可客观观察和度量的标准相联系；第三，企业不能得到任何个别、例外的税收减免；第四，税额按规定无条件征收。

（3）不存在国家对企业无偿拨款。国家不给予任何拨款作为企业日常开支，也不进行

① 科尔内. 短缺经济学：下. 北京：经济科学出版社，1986：272-280.

无偿捐赠式的投资。

（4）不存在信贷。企业间的信贷，不能通过与卖者协商或违约欠付，采用把贷放者身份强加在卖者身上来得到，同时也不能从其他来源获得信用贷款。

（5）不存在外部的资金投放。

当然，条件（4）和条件（5）只有在严格抽象的经济状态下才能完全满足。上述预算硬约束的五个条件中的任何一个如果被违反了，就会引起企业预算软约束（soft budget constraint）问题。但是，传统计划经济体制下国家与企业之间特有的“父爱主义”关系，足以构成国有企业预算约束软化的原因。

传统社会主义经济中企业的预算软约束包括以下四个方面的含义：

（1）大多数企业不是价格的接受者，而是价格制定者。传统计划经济条件下，虽然形式上产品价格由价格管理部门制定，但企业却对价格部门的决定有很大的影响力。

（2）税收制度是软的。国有企业可以影响税收规则的制定，并且能够得到税收减免和缓征的优惠。

（3）国家对企业的拨款是无偿的。国有企业不但可以得到没有偿还义务的投资拨款，而且在生产经营出现亏损时还可以得到国家的补贴。

（4）信贷制度是软的。即使企业不能完全保证具有以其销售收入如期归还贷款的能力，但仍然可以不断从银行得到自己想要的贷款，这样，贷款不再是严格的“预付”，它已经不与国有企业预期的生产销售紧密联系在一起了。

3. 投资冲动

由于“父爱主义”关系和预算软约束机制的存在，对于国有企业来说，国家的投资实际上就是一种无须偿还的“赠品”，而且企业投资需求也不会因为自己的经营亏损受到什么限制，在这种情况下，每个企业都会产生一种投资扩张的期望，这种扩张期望几乎是无法得到满足的。企业的过度需求造成了短缺，短缺反过来又刺激了企业的需求，原因和结果相互激荡，相互产生，使短缺成为社会主义经济的常态。

科尔内认为，在传统社会主义经济体制下，促使企业领导者进行投资的动机有两种，即“高尚无私的动机”和“并不高尚但属于人之常情的动机”。“高尚无私的动机”是指企业领导者总是与他的工作结为一体，时刻感到自己的企业需要发展。当怀有高尚动机的厂长经理感受到本企业内部存在的问题的压力时，他总是深信扩大投资是解决问题的一条有效途径。除了高尚的动机会造成投资需求扩张外，一些并不那么高尚但可以令人理解的动机也会造成投资的扩张。因为企业领导者的权力、地位和声望是与自己管理的企业的规模密切联系着的，许多人觉得管理 10 000 人要比管理 5 000 人更加显赫，并且较大的权力也可以获得相应较大的特权，而这一切都决定于他是否尽可能地争取投资份额。再者，企业领导者也知道，在要求投资时，他的下属是坚决支持的，下属对他工作“好坏”的一个重要评价标准就是他能否保证本单位有大量的投资，把上述各种因素综合起来的结果就是所谓的投资扩张冲动。

一个企业必须壮大，扩张冲动与数量冲动造成生产领域几乎不可满足的投资需求。而且，这种扩张冲动已经渗透到了经济肌体的每一个层次，从只有几个人的工作小组一直到管辖百万人的部长都有扩张冲动，这种“本能”最终会把投资需求推向无穷大。企业投入经常和大量地超出中央计划的最终后果就是生产过程中投资品的短缺，并且，规模扩张的冲动使企业领导者常常把注意力集中于产品数量的扩张上，企业经济效益受到了忽视，高投入低产出的状况进而影响到一般商品的供给，从而造成消费品市场的短缺。在传统计划经济条件下，这种由于投资冲动而造成的经济短缺现象具有一种自我加强的趋势：短缺→数量冲动→对投资品的需求增加→更加强化的短缺……正是这种短缺的恶性循环造成了传统计划经济的周期性波动。

二、短缺经济下的需求管理

从科尔内对传统计划经济体制下短缺的研究分析中可以看出，他的短缺经济理论是以需求过度型的短缺经济为研究对象的。需求过度意味着需求超过了正常的经济供给水平，相应地，短缺经济下国民经济管理的一个重要方面就是采取适当的政策措施调控总需求。

（一）物资配给

在短缺经济条件下，决策中心直接控制着生产各部，制定物资配给计划并规定交换的范围。中央物资配给虽然在某种程度上限制了企业的自由决策，但这并不意味着企业的决策自由被取消了。实际上，在决策中心形成物资配给计划之前，企业通常需要按规定向决策中心提交自己的投资需求计划，以便决策者在制定计划时进行权衡。即使不能通过这样正式的渠道向中央部门表达自己的愿望，企业也会通过诸如信件、商讨等非正式形式让决策中心知道自己希望的物资种类和数量。这样，决策当局和企业就形成了一种“要求-配给”的纵向关系。这种关系有助于决策部门保证有限的物资资源在各个企业之间进行分配，以及社会总体生产计划的完成。

（二）价格干预

传统社会主义经济中，国家价格政策最重要的目标之一就是价格的稳定。国有企业和价格之间存在着相互作用，从因果关系的一个方面来看，企业是价格的制定者而非价格的接受者。在短缺经济环境下，企业对价格的这种影响作用，在没有价格管制的情况下，很可能会导致由于需求拉动和成本推动双重效应作用之下的“价格→成本→价格”螺旋。实际上，传统计划经济体制下，投资品市场经常发生的典型现象是，短缺程度越强，买者就越是容忍卖者对投资品价格公开或隐蔽的提高，而且他自己也越是愿意开出高价。然而，价格水平的上涨并不能使短缺程度得到减轻，因为企业的投资需求有着无法满足的“饥渴”症状。

由于国有企业的投资动机和整体经济运行机制具有促使价格上涨的倾向，为了保持价格的稳定，需要决策当局采取措施进行干预，价格干预工具有以下几种：

1. 固定价格

这是一种行之有效的稳定价格的方法，运用这种方法，经济生活中不断处于短缺状态的能源、原材料和半成品的价格就容易得到管理，固定这些价格对于使用它们进行生产的那些产品的价格会起到稳定作用。

2. 如果成本推动趋势增强，决策部门可能会通过再分配措施来改变企业财务状况，进而阻止企业产品价格的上升

为了在稳定价格的情况下弥补企业由于成本上升造成的损失，国家可能对企业进行补

贴。或者，企业已经在接受这种补贴，但补贴还可以增加。国家除对企业进行补贴外，还有可能通过减免税收的方式减轻企业的压力。

3. 核查

主管部门为企业明确规定哪些项目能够计入生产成本，以及多大利润可以加在这样计算出来的生产成本之上。对企业的财务管理进行经常性的检查，看看是否有违反规定的地方，对违规进行惩罚也有助于抑制企业提价的动机。

（三）工资政策

传统计划经济体制下，工资政策是中央决策中心关注的重要方面。企业的工资基金被严格的条款规定下来，并且对每个企业都具有约束力，禁止以任何名义超出严格限定的数额。虽然限制企业开支总额的总预算约束是软的，但对开支中的一个重要组成部分——工资的预算约束却是硬的，它有效约束着企业的自由。在工资政策中，“工资开支”和“非工资开支”被严格区分开来。从宏观方面来看，在货币流通计划中，用于支付工资的货币是单独的一项；贷款也是一样，用于工资的贷款与其他贷款也有严格的界限。从微观方面来看，企业或非营利机构打算或实际已用于工资支付的货币是“贴有标签”的，并且与已经或将要用于其他目的的货币分割开来。这种对工资和非工资开支全面划分的做法本身非常重要，因为它不仅使事实清楚地呈现出来，而且有助于决策者考虑他的行为是否能够增加居民的购买力。

（四）就业政策

社会主义的重要历史成就之一就是充分就业，它不仅达到了高水平的就业，而且还强有力地保证了这种就业。计划经济体制下，劳动力就业政策主要包括以下几点①：

1. 统一的劳动力招收和调配制度

劳动力的统一招收和调配，事实上解除了企业事业单位自行招工的权力，将招工的权力集中于劳动部门一家。国家对高等院校毕业的学生统一分配，复员军人统一安置。统一分配安置的人员都成为用人单位的固定工，单位不许随便辞退。

2. 统一的工资分配制度

这种工资分配制度取消了同一地区企业单位之间的工资差别，只承认工资的地区差别。这样，同一地区的同等级职工，领取的工资都是一样的。统一的工资分配是在短缺经济背景下实行的工资制度，它的实施有助于社会消费品的公平分配，但是，这种分配制度的弊端是职工工资与企业效益脱钩，且由于要在全国范围内综合平衡，所以，长期执行下来的结果就是“低水平、少调整”。

3. 统一的社会福利制度

计划经济体制下，企事业单位实行的是统一的社会福利保障制度，尽管名义上企业实行的是劳动保险和职工福利，机关事业单位实行的是社会保险和社会福利，但两者的水平是大体相当的，而且保险和福利的支出都以单位为基础。统一的社会福利制度有助于弥补低工资水平对居民生活可能造成的压力，保证居民消费水平的稳定或提高。

---

① 杨宜勇．中国转轨时期的就业问题．北京：中国劳动出版社，2002：9-11．

4. 统一的户籍管理制度

为了禁止农村劳动力盲目挤占城市就业机会，我国自1958年开始实行与户籍制度相配套的就业安置、粮食供应和住房分配等各种制度，从而堵死了农村劳动力自由流入城市的渠道，城乡劳动力基本上处于相互隔绝状态。

三、短缺经济下的供给管理

科尔内的短缺经济理论是以需求过度型短缺为对象的，其理论研究的一个基本前提就是供给既定，因此，科尔内把供给的运行机制排除在视野之外。新短缺经济学理论认为[①]，尽管企业的投资冲动是短缺经济成因的一个方面，但造成需求过度型短缺的主要原因却在于国家行为，其主要表现是：决策者在赶超思想的指导下，不顾国民经济的实际承受能力乱铺摊子、盲目扩大生产投资规模，从而造成生产资料和消费资料市场的短缺。因此，需求过度型短缺实际上并不属于体制性短缺，它是由经济管理方式脱离客观实际造成的，从我国计划经济实践历程来看，这种短缺在短期内也不是不能克服的（如我国20世纪60年代末和70年代初的两次国民经济大调整就曾经克服过这种短缺）。相对于需求过度型短缺来说，供给不足型短缺则是体制性短缺，它与经济体制的性质密切相关，其根源在于有效供给低于社会正常的需求水平，因此，供给不足型短缺不是短期内能够消除的，它的最终消失需要长期彻底的经济体制改革。

通常而言，短缺经济下的供给管理重点是提高产出能力和扩大产出规模、促进产业结构对接需求结构，基本思路是实现短线平衡。

（一）提高产出能力和扩大产出规模

如果社会提供的产品和劳务的绝对数量与社会上存在的货币购买力不对称，那么，一部分货币购买力就不能得到实现，产品和劳务短缺的现象就会形成。解决短缺的根本举措是千方百计提高产出能力。为了提高产出能力，大规模的投资计划是必然选择。投资形成产出能力，从而增加供给。当然，当投资过度之后，带来的是财政赤字规模扩大，通货膨胀上升等消极后果。所以短缺经济下的国民经济管理要把防止通货膨胀作为一项附加任务。

（二）促进产业结构对接需求结构

在一定时期，总需求是由相互之间有一定比例和关系的多种需求分量构成的，这种比例和关系形成了需求结构。总供求的平衡不仅要求总量供给和总量需求平衡，而且要求供给结构和需求结构对称。如果供给结构与需求结构出现了不对称的状况，那么就会产生需求不足和产品积压并存的尴尬局面。因此，短缺经济下的供给管理，重要任务是努力促使产业结构与需求结构对接，以市场需要什么就生产什么，按照需求轻重顺序优先安排最需要的生产供给，消除需求瓶颈。

（三）实现短线平衡

在历史上我国长期处于短缺经济状态，其供给管理的基本思路是综合平衡。综合平衡概念是我国在学习苏联编制国民经济计划和总结我国经济实践经验的基础上逐步形成的，

---

① 马庆泉. 新短缺经济学. 北京：求实出版社，1989：12-24.

陈云的经济思想对综合平衡理论的形成和发展做出了重大贡献①。陈云将综合平衡明确为研究和达到按比例发展的手段和方法，揭示了综合平衡对有计划、按比例发展的重要意义。20 世纪 50 年代初期，他根据当时的国民经济状况，提出建设规模要和国力相适应，并认为这是关系到国民经济能否稳定发展的关键问题；针对经济结构存在的失衡状况，他提出要调整重工业、轻工业和农业的投资比例，增加国家对轻工业和农业的投资力度。60 年代，针对当时存在的以扩大再生产排挤简单再生产的现象，他提出在物资分配上应先生产后基建、先维修后制造。这种思想又被具体发展为先挖潜革新改造后新建、先采掘（原料）后加工、先配套后主机、先质量后数量等一系列较为系统的处理生产和建设、固定资产再生产结构、工业内部比例问题等的原则。重视农业生产的发展以及农业和工业比例问题始终是贯穿于陈云综合平衡理论的主线，他强调一方面要防止经济过热时出现工业挤农业的现象，另一方面要重视国家对农业的支持。"无工不富、无农不稳"是陈云对保持农业和工业协调发展的重要作用的精妙概括。

短线平衡是综合平衡中解决短缺问题的基本思路。按短线进行平衡体现了供给管理要遵从客观经济规律的要求。陈云认为，国民经济的各个部门、社会再生产过程中的各个要素在实际的经济运行过程中总是表现得有强有弱、有长有短，只有按短线平衡，才能实现真正的综合平衡。所谓按短线平衡，就是当年能够生产的东西，加上动用必要的库存，再加上切实可靠的进口，使供给和需求相适应。这里，短线就是制约经济发展的瓶颈或薄弱环节。按照木桶效应理论解释，就是制约国民经济供给总量的短板。实现短线平衡，解决了国民经济中的瓶颈问题和薄弱环节，就是补上了国民经济的短板，就能带动其他方面的发展和平衡。

第三节　过剩经济下的供求管理

过剩经济是相对于短缺经济而言的，是指供给规模严重超过需求规模的经济失衡状态。在这种状态之下，由于市场价格难以对供求关系做出及时有效的调整，因此，生产者不得不以低于生产成本的卖价抛售商品。同时，大多数生产者的利润往往普遍被压低到银行利息以下，资本已经不能寻求到更加有利的投资领域。为了维护自己的利益，生产者被迫继续扩大生产规模，企图以过度竞争的方式挤垮竞争对手。马克思在《资本论》第二卷"社会总资本的再生产与流通"中对资本主义经济下存在的经济过剩机制进行了分析，他认为，供给略大于需求本来是一件有益的事情，然而资本主义制度却把它变成了一件坏事情，过剩是经济运行无政府状态的表现，其中孕育着经济危机。在传统计划经济体制下，短缺经济是一种普遍存在的现象，就中国的经济实践来说，只是到了改革开放之后，经济中的短缺状况才逐步得到缓解。然而，在短缺现象逐渐淡出经济领域的同时，生产过剩和劳动力过剩的现象却呈现出来。有一点需要注意的是，我国社会主义市场经济条件下的生产过剩不同于资本主义经济中的生产过剩，我国的过剩经济有其特殊的成因。

① 钟契夫. 资源配置方式研究. 北京：中国物价出版社，2000：295-306.

一、过剩经济的成因和表现

进入 20 世纪 90 年代以来，我国的经济增长逐渐由投资推动转变为需求约束，经济生活中生产过剩的状况有所加剧，通常认为，过剩经济是我国经济结构处于重大调整时期出现的一种短期现象，这种现象的产生与国内市场环境变化、企业经营机制和体制弊端有着密切关系①。

（一）市场机制是过剩经济出现的直接原因

经济体制改革后，投资、消费和出口的快速增长一度对我国经济形成了强劲的拉动。随着经济的快速发展，我国经济开始了由求大于供的卖方市场向供大于求的买方市场的转变。然而，正是在这种情况下，消费需求不足的现象日益凸显出来。消费需求不足的状况导致了市场供求失衡，生产过剩问题呈现在人们面前。导致消费需求不足和供求失衡的原因可从以下几个方面进行分析：

1. 消费率长期偏低

消费率是指国内生产总值中消费部分所占的比例，这是一项衡量宏观经济运行状况的重要指标。长期以来，我国消费率呈现出下降趋势，后保持在 60%左右。与世界平均消费率 80%左右的水平比较起来，中国消费率明显偏低。消费需求是一种最终需求，它能否稳定增长将直接影响到投资需求状况和国民经济发展状况。如果消费率长期偏低，即使投资率很高也不能带动国民经济的长期稳定发展，因为投资形成的生产能力和由此形成的产品价值最终需要消费来实现，长期偏低的消费率必然导致供求失衡，造成生产过剩的局面。

2. 供需结构错位

随着居民消费水平的不断提高，居民的消费结构的层次性也将朝多样化方向发展，如果产品和劳务的供给结构不合理，供给结构的调整赶不上需求结构的变化，就会发生供需结构错位的现象。供需结构错位现象的表现是：一方面，一些货不对路的商品大量积压；另一方面，一些适应消费需求的商品出现短缺。就城镇居民来说，由于收入分配差距的拉大，城镇居民的消费水平也产生了分化，大多数居民虽然仍对一般的中高档消费品有着较强的购买力，但轿车、住宅等万元级以上的商品还难以成为大众消费品。

3. 收入预期和消费预期

就收入而言，随着国有经济结构改革和政府机构改革力度的加大以及国际经济环境的影响，企业员工下岗和失业的问题在短期内难以得到很好的解决，而城镇下岗失业人员的增加也将进一步减少农村劳动力在城镇的就业机会，这种状况将造成城乡居民对未来的收入预期下降。同时，由于国家在住房、医疗、教育和社会保障等多方面的改革进一步深化，城乡居民对未来消费的预期上升，风险意识增强。城乡居民的收入预期下降和消费预期的上升使得其消费欲望受到抑制、储蓄倾向增加，进而引起即期消费的减少和市场供求的失衡。

---

① 秦言．过剩经济．天津：天津人民出版社，1999：9-15.

（二）盲目投资与重复建设是过剩经济出现的主要原因

尽管我国已经进入经济转型时期，但传统计划经济体制的弊端不可能在短期内消除殆尽。目前，传统计划经济体制的弊端在实际经济运行中的重要表现就是微观主体的粗放经营。微观主体的盲目投资和重复建设行为几乎成了我国经济生活中的“顽症”，这也是造成企业效益低下、产品库存增加和地区间产业结构趋同的主要原因，它所产生的累积效应直接加剧了我国经济过剩的局面。在经济运行中，少数企业或部门出现生产能力过剩和产品积压是不可避免的，其影响也是局部的。但是，如果几乎所有工业部门都出现重复建设和生产过剩的局面，那么，微观主体的盲目行为就会造成宏观经济问题。

（三）体制弊端是过剩经济出现的重要原因

生产能力过剩本身是一种社会资源的配置扭曲，这种现象长期存在的根本原因在于我国经济体制中存在的诸多弊端，其最集中的表现就是政企不分、产权不清。首先，从宏观管理角度看，政府在投资决策上依然起着重要作用。鉴于我国经济发展现状，虽然政府在制定产业政策、规范投资行为以及维护市场秩序方面采用某些行政手段是必要的，但实际上相当多的政府机构却直接参与到企业投资项目之中，为企业的项目投资进行筹资或提供担保。由于政府机构的目标及评价标准并不经常与企业目标相一致，因此，当政府机构参与投资项目，在对项目进行评估分析时往往掺进过多不切实际的愿望，从而忽视了投资风险。同时，政府机构的短期行为会促使它们更多追求上马一些短平快的项目，最终造成区域间产业结构趋同现象。其次，企业优胜劣汰机制没有很好地建立起来，市场退出机制不完善。由于盲目投资而出现严重亏损和资不抵债的那些企业，由于没有完善的退出机制的约束，“该死的不死”，从而造成过多的亏损企业仍然滞留在已经出现过剩的产业领域并进一步加剧了经济的过剩。

二、过剩经济的影响

（一）经济过剩与通货紧缩

通货紧缩是与通货膨胀相对应的一个概念，它是指物价下跌和币值上升的一个过程。从其表现和后果来看，通货紧缩被认为是一种比通货膨胀更加有害的经济现象，因为它具有自我维持的特征。经济学家认为，一旦错误的经济决策启动了通货紧缩，人们对通货紧缩仍会继续的预期就会自动加剧。通货紧缩发生时，多数企业利润大幅度下降，因此为了维持生存，它们不得不缩减生产、裁减员工，这样做的后果是居民收入下降，购买力降低，同时宏观层面的财政收支也会随之紧张。面对通货紧缩的局面，企业不敢投资，居民不愿消费，经济增长下滑，而这种状况又会进一步加强通货紧缩趋势，使经济逐渐陷入难于摆脱的旋涡之中。

（二）过剩经济对就业的冲击

市场供给大于需求的失衡格局加大了企业投资风险，堵塞了产品销售渠道，降低了企业经营利润，最终导致企业大幅度裁员，社会失业率上升。国外经验表明，失业有着强烈的滞后效应，即一旦失业率达到一定程度，就会存在失业率一直保持较高的危险，短期内很难把它降下来，而长期高水平的失业率将会给经济稳定发展造成冲击。通货紧缩趋势的发生导致了国内空前规模的失业高潮。

（三）过剩经济对产业发展的冲击

供给大于需求的市场状况和价格水平的低位运行会对国内各次产业产生冲击。面对价格的冲击，受害最深的是我国的农业。农业是我国的弱势产业，近几年，虽然国家对农业的支持力度不断加大，但农业生产靠天吃饭的基本属性依然存在，农业应对各种状况的能力依然较弱。通货紧缩趋势发生以来，我国农产品收购价格下降幅度大大超过工业产品价格的下降幅度，农产品收购价格的下降直接影响到了农村居民的收入水平。农民收入水平的下降影响了购买力，进一步加剧了国内市场需求不足的局面。

面对通货紧缩趋势，工业企业也成为主要的受害者，尤其是冶金、纺织、化学、造纸等生产能力已经存在大量过剩的部门。经营环境的恶化扭曲了企业行为，为了生存，众多生产者不断掀起“宁让利润不让市场”的价格大战，在恶性竞争中，受到冲击的远非成本处于“边际”状态的“较劣”生产者，甚至那些优秀的“核心”生产者也难逃亏损的厄运。国内企业利润普遍下降和恶性竞争的后果是：第一，加剧经济生活中地方保护主义倾向，造成市场分割和商品流通渠道不畅；第二，降低企业的社会信用，银行不良贷款率上升，进而威胁金融体系的健康和安全；第三，竞争能力较强的国外企业能够以更低的成本抢占国内市场，并为我国经济安全埋下隐忧。

三、过剩经济下的需求管理

20 世纪 90 年代以前，中国经济基本上属于短缺经济，总量供给不足是影响中国经济增长的主要方面。进入 90 年代之后，中国基本生活消费品短缺的局面基本消失，制约经济发展的主要矛盾由供给领域转向需求领域，有效需求不足和由此引发的一系列经济社会问题逐渐显现出来。因此，在国民经济管理方面，应在努力提高经济效益和调整供给结构的同时，加强对需求变化的研究，改善总供给和总需求的相对运动状况，实现经济的平稳和持续发展。

凯恩斯主义认为，由于市场有效需求不足的非均衡状态的存在，必须借助于“逆风向调节”的政策才能消除失业和生产过剩。这一理论在传统的经济学中引起了一场革命，并在二战后成为主流。20 世纪 70 年代中期发生在西方发达国家的经济“滞胀”被认为是国家干预的后果，因此其后 20 年间凯恩斯主义归于沉寂。继 1997 年的亚洲金融危机和 2008 年的国际金融危机爆发之后，世界经济陷入低迷，凯恩斯主义复归的呼声逐渐高涨起来，国家对经济的干预逐渐重新进入人们视野。

直到 2013 年，我国治理过剩经济主要采取的是需求管理路线，以刺激需求为主，同时针对供求关系中存在的结构性问题辅以必要的供给管理。但是 2013 年之后，治理过剩经济的路线转变为供给管理路线，正式的名称是供给侧结构性改革。这种转变说明，与短缺经济下以供给管理路线为主相对应，过剩经济之下的需求管理路线并不是绝对的和长期的。因为如果出现了科技革命，催生了产业革命，促使新兴产业发展，就需要贯彻供给管理路线。进入 21 世纪，人类迎来了新一轮科技革命，大数据、云计算、人工智能和互联网技术是此次科技革命新的特征。由此也推进了生产供给侧方式的转变，推出了供给侧管理路线。同时，需求管理路线总是注重短期刺激效果的。对于经济发展的长期性问题和结构性问题，需要用到供给管理路线。

小　结

总供求平衡是国民经济实物运动和价值运动过程协调的结果，不平衡是常态。因此国民经济管理促进总供求平衡，只能是相对的，即实现基本趋势或大致均衡。这种平衡应该是动态平衡而不只是静态平衡，是长期平衡而不只是短期平衡，包含总量平衡和结构平衡。社会再生产运动过程中的循环环节平衡，以及国民经济要素的交换环流平衡，形成总供求平衡的机制。决定总供求平衡的因素存在着古典学派理论、凯恩斯主义经济理论和综合平衡理论的解释，共同包含产出、价格、财政、货币、物资、外汇等因素，促使总供求关系出现供求平衡、供不应求、供大于求三种表现形式。长期的供不应求形成短缺经济，传统计划经济体制下造成的短缺源自父爱主义、预算软约束、投资冲动。因此，短缺经济的需求管理重点在物资配给、价格干预、工资政策、就业政策等，抑制需求是基本思路；而短缺经济的供给管理重点在提高产出能力和扩大产出规模，促进产业结构对接需求结构，实现短线平衡。长期的供过于求形成过剩经济，市场机制、盲目投资与重复建设、体制弊端造成了这种过剩。过剩经济带来通货紧缩、大量失业、产出能力下降等消极后果。治理过剩经济有不同的理论主张，主要是强化需求管理而非供给管理。凯恩斯主义主张通过政府举债大规模投资刺激需求，带动经济增长。我国则主要通过供给侧结构改革，大力开发科技，促使供给结构升级，转换新动能和发展新产业，来应对供大于求的过剩局面。

思考题

1. 如何理解总量供求平衡状况？
2. 影响总量供求平衡的因素有哪些？
3. 总量供求失衡是什么原因造成的？
4. 对总量失衡的不同理论解释有哪些？
5. 为什么说计划经济下总量失衡的主要表现是短缺？
6. 为什么说市场经济下总量失衡的主要表现是过剩？
7. 总量短缺的后果是什么？
8. 对付总量短缺的管理措施是什么？
9. 总量过剩的后果是什么？
10. 对付总量过剩的管理措施是什么？
11. 举例说明我国经济失衡的表现及应对措施。
12. 需求侧管理与供给侧管理是相互对立的管理路线吗？
13. 供给管理与需求管理的基本区别和特点是什么？
14. 什么条件下需要加强供给侧管理？
15. 什么条件下需要加强需求侧管理？
16. 总量恢复平衡的标志是什么？

第十章

结构调整（上）：产业结构

总量管理侧重于总量上的问题，但是与总量问题同样重要的还有结构问题。总量与结构是国民经济一体两面，都不能忽视。可以说，是否重视经济结构调整，是国民经济管理与宏观经济管理的一个重要区别。尤其是对于发展中的经济体而言，经济结构问题更为突出。所谓经济结构，一般是指各种经济要素在国民经济总体中所占的比重及其相互关系。依照不同的划分标准，现实经济生活中涉及经济结构的问题十分广泛，从二元经济、三元经济到多元经济，从产业结构、区域结构、企业结构，到需求结构、供给结构、技术结构等，举不胜举。应当说，各个学科对各自所对应的结构问题都有相应研究，就国民经济学而言，主要研究那些牵涉面广、综合性强的重要结构。限于篇幅，本书提出三个关系国民经济全局的结构，即产业结构、区域结构和企业结构，供读者学习和讨论。

产业结构在经济结构中具有举足轻重的地位。产业是国民经济的基础，产业结构体现和反映了国民经济的基本特征。国民经济的稳定与发展取决于产业创新与发展，因而产业发展塑造国民经济未来。

第一节　产业结构的定义及分类

一、产业结构的定义

（一）产业结构的内涵

“结构”一词最早出自自然科学研究中，如物质结构即物质的构成和物质构成元素间的联结方式及其相互作用。在经济理论中，产业结构这个概念始用于20世纪40年代。这个概念最初被用来分析经济问题时，其含义是不规范的，既可用于解释产业间关系也可用于解释产业内部关系以及解释产业的地区分布及规律等。后来随着产业经济研究的进展，产业结构研究的领域及内涵逐步明确起来。研究者主张把产业结构理论、产业组织理论和生产力布局理论区分开，产业结构理论专指研究产业间关系的理论，而产业组织理论与生产力布局理论则专用于研究产业内部企业间关系和地区产业分布及规律问题。20世纪50年代中期的日本，当制定经济发展战略的讨论时，产业结构就被用来概括产业之间关系。20世纪70年代初①，一些日本经济学家专门对此做了一些澄清，认为产业结构单指产业间关系结构。在中国，学术界和实业界一般均把产业结构定义为产业间的关系结构。

一般而言，所谓产业结构，是指各个产业部门在国民经济总体中的数量对比及其相互依存和制约关系的总和。它说明国民经济是由哪些产业构成的，每个产业的分量有多大，它们之间保持着一种什么样的相互联系、相互制约的对比关系。

产业结构是由社会分工的发展和产业部门的分化而形成的。所谓产业，是指按照同质技术工艺生产同质性产品的生产单位所组成的生产群体，或是具有同类社会经济职能的社会经济单位所组成的群体。随着社会生产力的发展、生产规模的不断扩大，社会分工也越来越精细，新的产业部门会不断出现，产业之间和各个产业内部行业之间的相互依存、相互制约的经济联系日益紧密，产业结构也日趋复杂。产业结构反映整个国民经济运行中全部经济资源在各个产业之间的分布构成。只有保持合理的产业结构，整个社会的再生产才能顺利地进行。

产业结构的状况常用两种指标表示：一种是用各个产业投入生产要素（劳动力、资金等）的数量对比指标，从各个产业间资源配置的比较上说明产业结构；另一种是用各个产业的产出（生产总值、实物量等）的数量对比指标，从各个产业生产经营活动的成果的比较上说明产业结构。这两种指标在分析时可以同时使用。

（二）产业结构的基本内容

一个国家或地区的产业结构会随着本国或地区的经济增长而不断地发生变化，对产业结构的分析也要从动态和静态两个角度进行。静态分析是判断产业结构发展变化的基本方法。但是，静态分析难以揭示产业结构的演进过程及规律。因此，必须从动态和静态两个方面来对产业结构进行全面系统的观察和分析。产业结构就其基本内容看主要有三个方面：

（1）产业组成，即一个国家或地区拥有哪些产业，这是经济资源在全国或地区的配置状况。它可以从一个点上来观察一个国家或地区的产业构成状况，显示产业数目多少等。而从时间序列来观察，可以看到产业的发展变动情况，如某一时期新兴产业有多少、处于成长过程中的产业有多少、已达到规模经济的成熟产业有多少、衰退及消亡产业有多少等。

（2）产业发展水平（比重），一般表示某个产业在国民经济中所占的份额（比重）。这

① 唐晓华．产业经济学教程．北京：经济管理出版社，2007：163．

是在产业组成的基础上进一步考察社会再生产的状况和各个产业在整个产业系统中的地位，是分析产业结构演变的基础和条件，也可以从动态和静态两个角度进行分析。

（3）产业间的技术经济联系，这是产业间的数量依存关系，即社会再生产过程中产业间存在的相互依存、相互制约的关系。这是产业结构的深层现象，是研究产业结构变动规律和探求其合理化的重要依据。

（三）产业结构的特性

产业结构是一个内涵非常丰富的概念，它既有量的规定性，即包括各个产业之间的经济联系及其数量对比关系，同时也具有质的规定性，即包括各个产业之间互相联系的形式和特征。产业结构的特征主要体现在如下几个方面：

（1）客观性。一个国家（地区）某一时期的产业结构是一种客观存在的经济现象，它的形成状况主要取决于客观条件，它的变化也有一定的客观规律性。因此，人们只能从实际出发，按客观要求促进产业结构的变化，而不能脱离客观实际随意地安排产业结构。这个特点要求我们在分析、判断产业结构的合理性及调整产业结构时要充分考虑客观实际的要求，过度的超越和滞后都是不可取的。

（2）整体性。国民经济是一个整体，各个产业有机地联结起来，相互依赖、相互作用，形成了产业结构。各产业的作用都是通过与其他产业的联结，对其他产业进而对整个国民经济产生影响而表现出来的。各个产业按一定的形式联结起来，会产生整体效应，在很多情况下这种各个产业有机结合形成的整体所产生的功能，会大于各个产业在各自孤立状态下的功能之和，形成整体效应即结构效益。

（3）多层次性。产业结构是多层次的复杂结构，包含着国民经济活动的不同层次的结构。高层次的产业结构与低层次的产业结构之间存在一定的联系，但各有其独立性，不能混淆层次区别。人们根据研究目的可以对不同的产业结构进行综合研究，也可以只研究某一层次的产业结构。

（4）相对稳定性。长期观察产业结构演变可知，一些产业逐步衰退和退出，一些产业不断涌现和发展壮大，因此产业结构从来不是固定不变的，而是处于新旧交替的运动之中的。然而产业结构还具有较明显的稳定性。这是因为，新产业的涌现和旧产业的淘汰，一般需要具备各种经济、社会、技术、资源、市场条件。尤其是收入需求弹性和技术进步因素具体决定着产业升级和产业新老交替。旧的产业已经形成了成熟的技术积累和产业链利益集团，而新的产业尚未形成足够的技术积累和强大的产业链利益集团。在没有巨大压力之时，旧的产业不会轻易退出，而新的产业不会立即取而代之。所以，产业结构的变动是渐进式的，在一定时期内和一定阶段上具有相对稳定性。产业结构由量变转化到质变，有一个变化的度。这种变动的渐进性和相对的稳定性，也是经济结构运动的基本特征。

二、产业结构的分类

对产业进行分类是研究产业结构的基础，由于产业分类标准是根据产业研究和分析的目的而定的，因此，形成了多种多样的标准。不同的产业分类标准会形成不同的产业分类方法（见表 10-1）。

表 10-1 产业分类标准与产业分类方法

产业分类标准	产业分类方法
产品的最终用途不同	马克思两大部类分类法
物质生产特点不同	农轻重分类法
产业发展层次顺序及其自然界关系不同	三次产业分类法
生产要素集约程度不同	生产要素集约分类法
产业在国民经济中的地位和作用	产业功能分类法
统计标准	标准产业分类法

（一）马克思两大部类分类法

两大部类分类法是马克思创立的产业分类法。马克思在对社会再生产过程进行分析时，根据物质产品的最终经济用途，将社会总产品区分为生产资料和消费资料两大类。与此相对应，全社会的物质生产部门也划分为制造生产资料的部门即第Ⅰ部类和制造消费资料的部门即第Ⅱ部类。第Ⅰ部类生产各种生产资料，主要产品是各种生产工具、设备、原材料、材料等，其产品用于生产性资料；第Ⅱ部类生产各种个人消费品，其产品主要用于个人消费。两大部类分类法是马克思研究资本主义再生产过程的理论基础，也是产业结构理论的基本来源之一，它不仅对于研究资本主义再生产关系和指导社会主义经济实践具有重要的理论意义，而且对于研究现代市场经济条件下如何通过政府的宏观调控来正确处理两大部类之间的关系，如何实现社会再生产的总量平衡和结构平衡，以保持国民经济持续、快速、健康发展具有重要的现实意义[①]。

（二）农轻重分类法

农轻重分类法是将社会经济活动中的物质生产分为农、轻、重三个部门。其中农业包括种植业、畜牧业、林业和渔业等；轻工业是生产消费品的工业部门，包括纺织、服装、食品、饮料、印刷、家具、制革等工业部门；重工业是生产生产资料的工业部门，包括冶炼、钢铁、煤炭、电力、石油、化工、机械等工业部门。

农轻重分类法是马克思的两大部类分类法在实际工作中的应用。这种方法具有比较直观和简便易行的特点，是对两大部类的改进和提高，对宏观上进行国民经济的计划和控制具有较高的实用价值。因此，这种分类法不仅在社会主义国家被采用，而且也被一些实行其他经济体制的国家和世界组织（如“联合国工业发展组织”）所采用。

（三）三次产业分类法

三次产业分类法是目前研究产业结构的一种重要的分类方法，也是各主要经济国家进行国民经济统计分类的理论依据。

三次产业分类的概念是由费希尔（A. S. Fisher）在其 1935 年出版的《安全与进步的冲突》中首次提出的。英国经济学家、统计学家克拉克在继承费希尔研究成果的基础上，在 1940 年出版的著名经济学著作《经济进步的条件》一书中，首次运用三次产业分类法，此后，这种分类法逐步在世界各主要经济国家得到认可并推广。

① 简新华. 产业经济学. 武汉：武汉大学出版社，2001：20.

所谓三次产业分类法，就是把全部经济活动划分为第一产业（primary industry）、第二产业（second industry）和第三产业（tertiary industry）。第一产业是以农业和畜牧业为主的初级生产阶段，与此对应的产业活动包括种植业、畜牧业、狩猎业、渔业和林业；第二产业的形成始于英国18世纪60年代开始的第一次产业革命，以机器大工业的迅速发展为标志，包括采掘业、制造业、建筑业、运输业、通信业、电力业和煤气业等；到20世纪初，随着大量的资本和劳动力进入非物质生产部门，第三产业开始形成，包括商业、金融业、饮食业以及科学、卫生、文化教育、政府等公共行政事务。

在具体的实践中各国对三次产业的具体划分还有些差别。我国对三次产业分类法的引入是在20世纪80年代中期。1985年5月，国务院转发了国家统计局的一份关于在我国建立第三产业统计的报告，该报告提出了对我国进行三次产业划分的意见。在报告得到国务院认可后，三次产业的概念和划分方法就逐渐在我国得到普及。

我国一般划分的范围如下：

第一产业是指农、林、牧、渔业。

第二产业是指采矿业，制造业，电力、燃气及水的生产和供应业，建筑业。

第三产业是指除第一、二产业以外的其他行业。第三产业包括：交通运输、仓储和邮政业，信息传输、计算机服务和软件业，批发和零售业，住宿和餐饮业，金融业，房地产业，租赁和商务服务业，科学研究、技术服务和地质勘察业，水利、环境和公共设施管理业，居民服务和其他服务业，教育，卫生、社会保障和社会福利业，文化、体育和娱乐业，公共管理和社会组织，国际组织。

（四）生产要素集约分类法

根据不同的产业在生产过程中对主要生产要素（劳动、资本、技术）依赖程度的差异，可将国民经济各产业划分为劳动密集型产业、资本密集型产业和技术密集型产业三种。

劳动密集型产业是指在其生产过程中对劳动力（活劳动特别是体力劳动）需求的依赖度较大的产业。如服装工业、食品工业、皮革工业、餐饮业等都属于劳动密集型产业。

资本密集型产业是指在其生产过程中对资本需求的依赖程度较大的产业。这类产业的资本有机构成较高，如钢铁工业、石化工业、机械制造业等均属此类。

技术密集型产业，也称知识密集型产业，是指在其生产过程中对技术（知识）需求的依赖程度较大，即知识含量高、脑力劳动所占比重较大的产业。这类产业的产品往往具有低物耗、高附加值的特点，一些新兴的产业，如计算机工业、网络产业、新材料新能源工业、航天工业等就属于技术密集型产业。

在经济发展过程中，产业结构往往是由以劳动密集型产业为主的结构向以资本密集型、技术密集型产业为主的方向发展。对某个产业而言，也往往是由劳动密集型向资本密集型、技术密集型方向发展[①]。

这种分类法从一个侧面去研究产业结构，把各个产业使用的各种资源组合在产业间进行比较，实用性较强。但是，因其划分界限有时较为模糊，这也只是一种相对的划分。

---

① 杨治．产业经济学导论．北京：中国人民大学出版社，1985：29-30.

（五）产业功能分类法

这种分类法是以产业在国民经济中的地位和作用为标准进行的产业分类。按照产业在国民经济中的地位和作用的不同，可以将产业划分为主导产业、支柱产业和优势产业等类型。

主导产业是指在一国或地区经济中，发展速度较快，在产业结构系统中起引导带动作用，对国民经济增长贡献大的产业。

支柱产业是一个国家在一定时期内产业体系的主要构成部分。它在产值、利税等方面都占很大比重，相比其他产业对经济增长的贡献份额最大。支柱产业部门与主导产业部门既有联系又有区别，当主导产业的产值、利税所占比重较大时，或支柱产业具有带动其他产业发展的效应，能够促进产业结构升级时，二者就是一致的①。

优势产业是在一个国家和地区具有资源、技术、人才及现有生产条件优势的产业。它们可能是具备一个或一个以上优势条件的综合优势产业，往往具有较强的竞争能力，能够得到较快发展，通常构成该国或地区的经济主体。

产业功能分类法主要在于确定不同产业在国民经济发展中的地位和作用。其优点是有利于研究产业与经济发展的关系，有利于政府制定相关产业政策和进行相关产业管理，促进产业发展并带动整个国民经济发展。然而，这种分类法偏重强调产业之间的横向地位，却容易忽视产业之间的纵向关系和产业群的培育与形成②。

（六）标准产业分类法

标准产业分类法是为了统一国民经济统计的口径而产生的，由权威部门按统一口径对产业进行划分。由于标准产业分类法是为政府制定政策和对国民经济进行宏观管理服务的，通常各国政府都是把标准产业的分类作为官方统计的依据，由政府的权威机构进行编制并颁布，因而具有权威性、涵盖产业范围的完整性和较强的实用性。标准产业分类法又可分为国际标准分类法和国家标准分类法。

联合国为了统一世界各国的产业分类，编制和颁布了《全部经济活动的国际标准产业分类索引》(ISIC)。该分类法把全部经济活动划分为十个大项，每个大项又分为若干次级中项。中项下面又分为若干次级小项。其中，十个大项为：(1) 农业、狩猎业、林业、渔业；(2) 矿业和采石业；(3) 制造业；(4) 电力、煤气、供水业；(5) 建筑业；(6) 批发与零售业、餐馆和旅店业；(7) 运输业、仓储业和邮电业；(8) 金融业、不动产业、保险业和商业性服务业；(9) 社会团体、社会和个人的服务业；(10) 不能分类的其他活动。标准产业分类法和三次产业分类法保持着稳定的对应关系：第一大项为第一产业，第二至第五大项为第二产业，第六至第十大项为第三产业。可见，根据国际标准分类法所做的统计具有很高的可比性，为产业经济活动的研究提供了大量便利，从而被广泛运用。

我国政府也十分重视对国民经济各个产业的分类，将其作为国家的一项标准工作来进行管理。我国的标准产业分类法与国际标准产业分类法的编制原理完全相同，不一样的是对各产业的归类以及产业层次的划分。我国在 1984 年第一次按照国际标准制定和颁布了

---

① 蒋选，等. 产业经济管理. 北京：中国人民大学出版社，2006：44.

② 简新华. 产业经济学. 武汉：武汉大学出版社，2002：26.

《国民经济行业分类与代码》，以后又分别在1994年、2002年、2011年、2017年对标准做了修订并予以颁布。依据产业发展和创新实际，国民经济行业分类门数和种类都在不断增加。依照最近的标准（GB/T 4754—2017），国民经济行业共分为20个门类、97个大类、473个中类和1 380个小类。

第二节　产业结构的演进趋势

随着社会经济的不断发展变化，产业结构也在不断地变动、演进，这种演进不是随意的和杂乱无章的，而是有一定客观规律性的，是有趋势可循的。正确认识产业结构的演进，分析其影响因素，了解不同阶段产业结构的运行特点，对我们从实际出发制定行之有效的产业政策，保证国民经济的健康发展意义重大。

一、产业结构演进的含义

从经济发展历史看，产业结构的演进是有一定的规律性的。产业结构作为以往经济增长的结果和未来经济增长的基础，成为经济发展的根本因素。产业结构这种经济现象是与经济发展相对应而不断变动的，它的变动主要表现为产业结构高级化的趋势，即产业结构从低级向高级的演进，同时，它又要求在产业结构合理化的基础上，即产业间保持协调的情况下，不断地推动经济增长。

产业结构演进是指产业结构由一个较低层次向较高层次不断成长的过程。产业层次的高低主要根据生产对资源和科学技术的依赖程度来说明。总体来讲，可分为三个阶段：一是低层结构阶段，这一阶段呈现资源决定型，其特点主要体现在产业的增长速度和规模主要由资源的储量、质量及开发成本所决定，对科学技术的依赖处于相对次要的地位，产业类型的设置主要取决于该国所拥有或所能支配的自然资源的种类；二是中层结构阶段，这一阶段由资源和科学技术双重决定，并逐步由资源主导型向技术主导型过渡，这一阶段的突出特点是，生产结构中的中间产品制造业增长迅速，取代初级产品制造业而占据主体地位；三是高层结构阶段，这一阶段呈现为技术决定型，突出特点是由于技术的进步及在生产中的广泛采用，使得整个社会生产过程缩短，最终产品生产所消耗的初级产品和中间产品量减少，技术含量的提高使最终产品效用大增，最终制成品取代中间产品占据社会生产的主体地位。

产业结构转换是实现产业结构演进的主要途径。结构转换可以分为两种类型。一是靠资本积累来完成。这一特征在产业结构演进的初级阶段表现得尤为明显。二是技术积累型。主要是通过三个积累阶段来实现的，即通过第一阶段的生产技术的积累，增大产品的技术含量，进而通过第二阶段的产业主体技术的积累形成系列化技术，生成一个新产品体系，再通过第三阶段社会核心技术的积累，生成新产业或产业群。我们从现代经济发展的实践中发现，资本积累和技术积累是实现产业结构演进的基本决定因素。

二、影响产业结构演进的因素

影响产业结构演进的因素很多，其中主要因素归纳起来有如下几个方面：

（一）社会需求结构的变化

社会需求结构的变化是推动产业结构演进的重要动因。人类的一切社会生产活动，最终都是为了满足社会需求，社会需求结构的变化必然引起产业结构的变化。社会需求结构主要有消费结构和投资结构。一般趋势是，随着人均居民收入水平和消费水平的提高，消费结构也相应地发生变化，消费结构由以购买用于吃穿的日用消费品为主的低层次消费结构，转向购买高档消费品的高层次消费结构。这会促进生产耐用消费品及其所需原材料的产业更快地发展，进而使投资在各产业部门之间的分配发生变化从而影响产业结构变化。

（二）科学技术进步

科学技术是生产力，科学技术是推动产业结构变动的强大动力。在现代化生产条件下，科学技术进步必然引起生产社会化和专业化的进一步发展，推动新材料、新设备、新工艺的运用，促成新的产业部门的出现，同时也促使一些传统产业部门的改造和衰退，从而改变着原有产业结构。但是，科技进步成果的推广利用程度在各个不同的产业部门是不平衡的，技术进步快、科技成果推广利用好的产业部门，发展速度就比较快，反之发展速度就比较慢，这必然引起产业结构的变动。需要注意的是，科学技术进步对产业结构变动的影响在产业结构演进的不同阶段是有所不同的。

（三）资源供给状况

资源主要包括自然资源、劳动力和资金等，一定时期资源的拥有量、结构及其开发利用状况是制约一个国家产业结构的重要因素。一个国家任何产业部门的发展都离不开资源，而不同的资源对产业结构的影响是不同的。自然资源结构是形成产业结构的自然基础，发展不同的产业需要不同的自然资源。自然资源对产业结构的影响主要是看一国是否拥有品种齐全、储量丰富的自然资源，这对形成一个完整的产业结构体系非常有利。另外，如果拥有某种特别丰富的自然资源，则会形成以某种产业为中心的产业结构。如中东国家的石油资源，非洲一些国家的贵金属资源等。劳动力对产业结构的影响主要体现在足量的和高素质的劳动力的供给上，这是产业结构向高级阶段演进的重要条件。同时，劳动力的就业状况、工资水平高低、农业劳动力向工业转移等也制约着劳动密集型产业向资金密集型产业的转变，从而影响产业结构。资金积累状况也是制约产业结构的重要因素。资金是经济发展的血液，在经济发展的各个阶段，形成单位生产能力所需的资金是不同的，在以重、化工业为主的工业化阶段，现代技术的广泛应用和生产设备的大型化，以及产业结构的演进对资金的需求是非常大的。缺乏资金就难以实现产业结构的重化工化和高加工度化。

（四）参与国际分工状况

在当今世界，随着经济的全球化和一体化，各个国家之间的经济技术联系日益密切，国际市场对一国国内市场的影响会通过各种直接的或间接的渠道快速地传递过来，这必然会影响到各国国内产业结构。一国参与国际分工的程度越深、范围越广，其受影响的程度也越大。通常通过各国经济成长、资源禀赋存在的差异，通过参与国际分工，充分利用发达国家先进的技术、管理方法、资金，一国可以推动自身产业的发展。同时也可以向其他国家输出产品、技术等，以寻求更大的发展空间。在世界产业结构演进中，由于世界各国科技和生产力水平不同，资源条件差异很大，必然发生国际性的产业转移，这也会影响有关国家的产业结构。

（五）产业政策

产业结构的变化还受到政府产业政策的影响①。产业政策是政府指导产业发展和产业结构调整的最主要的工具。为了实现经济发展目标，政府通过制定产业发展战略和政策来鼓励或限制某些产业的发展，产业结构就会因此产生相应变化。政府可以通过政府投资、政府管制、财政政策、货币政策、立法、协调等手段来调整供给结构、需求结构、国际贸易结构和国际投资结构，从而影响产业结构。

三、产业结构演进的基本趋势

产业结构的演进有一定的趋势性，深入研究会发现其有一定的规律性。

（一）三次产业结构的演进一般趋势

三次产业结构的状态反映了社会经济发展的水平。产业结构演进的一般趋势是：随着人均收入水平的提高，农业产值在 GDP 中的比重以及农业劳动力的比重均处于不断下降的态势，而非农产业——第二产业和第三产业的比重则不断上升。在经济发展水平较低时，在各产业的产值和劳动力总数中，第一产业的比重最大，第三产业的比重最小；随着经济不断发展，人均收入水平提高，第二产业的比重逐步上升，并超过第一产业成为比重最大的产业；当经济发展水平较高时，第三产业的比重迅速上升，并超过第一、二产业成为比重最大的产业。

英国经济学家柯林·克拉克在计算和比较不同收入水平下的就业人口在三次产业中的分布结构的变化趋势后，提出了揭示经济发展过程中产业结构变化的经验性学说，并得出如下结论：随着时间的推移和经济的发展，从事农业的人数相对于从事制造业的人数趋于下降这被称为克拉克定理，进而从事制造业的人数相对于从事服务业的人数趋于下降。克拉克的研究认为，劳动力在产业之间移动的原因是由经济发展中各产业间的收入出现了差距所造成的。也就是说，随着经济的发展、人均国民收入水平的提高，劳动力首先由第一产业向第二产业移动；当人均国民收入水平进一步提高时，劳动力便向第三产业移动。这不仅可以从一个国家经济发展的时间序列分析中得到印证，而且还可以从处于不同发展水平上的国家在同一时点的横断面比较中得到证明。人均国民收入水平越高的国家，农业劳动力在全部劳动力中所占的比重相对越小，而第二、三产业中劳动力所占的比重相对就越大。反之，人均国民收入水平越低的国家，农业劳动力在全部劳动力中所占的比重相对越大，而第二、三产业中劳动力所占的比重相对越小。

（二）产业结构演进四个阶段的规律性

克拉克定理使我们看到，产业结构的演进是有一定规律的。在产业结构演进过程中，尽管各国经济结构具有不同的组合方式，但不论从一个国家在不同时期的发展进程，还是从同一时期不同类型国家的实际情况来看，产业结构的演进大体都呈现出四个阶段的规律性。

第一阶段是前工业化时期，非洲、南亚等地区一些落后的发展中国家即处在这个阶

① 刘志迎．现代产业经济学教程．北京：科学出版社，2007：172.

段。其主要特征是：第一产业占主导地位；第二产业处于萌发阶段，基础非常薄弱；第三产业十分落后，难以满足人民生活的基本需要。

第二阶段是工业化初期，亚洲、拉丁美洲地区的一些发展中国家都处在这个阶段。其主要特征是：在国民生产总值构成中，第一产业比重明显下降，但仍占相当比例；第二产业比重明显上升，但还未达到成熟水平；第三产业开始加速发展，比重上升较快。

第三阶段是工业化后期，如俄罗斯和东欧地区的一些国家均处于这一阶段。其主要特征是：第二产业已处于主导地位，比重较大地超过了第一产业；同时第三产业比重明显上升，在国民经济中已占十分重要的地位。

第四阶段是后工业化或超工业化时期，处在这一阶段的是美国等发达国家，其主要特征是：第一产业比重已很小，第二产业比重下降较快，第三产业开始占主导地位。

克拉克定理说明了生产要素中人力资源的配置结构会随着经济的发展而发生有规律的变化，这非常简洁地证明了经济发展与产业结构的相关性。由于克拉克一直把他的发现看成是对威廉·配第已说过的话的印证而已，因此克拉克定理也称配第-克拉克定理。

在三次产业结构变化中，最突出的是第三产业。世界各国的统计资料说明，近半个世纪以来，第三产业普遍得到了迅速发展，20 世纪 70 年代以来，世界上绝大多数国家的第三产业的发展速度超过了第一、二产业的发展速度。现在，在经济发达国家，第三产业的产值和劳动力的比重已达到 60%～70%；在中等发达国家，第三产业的比重也已达到 50%左右；发展中国家的第三产业的比重较低，占 20%～30%。我国劳动力在三次产业中的分布变化如表 10－2 所示。从表中可以看出，我国三次产业的劳动力分布还不够合理，有较高比例的劳动力还在依靠第一产业为生。

表 10－2　　1978—2015 年我国劳动者在三次产业中的分布变化　　(%)

年份	第一产业	第二产业	第三产业
1978	70.5	17.3	12.2
1980	68.7	18.2	13.1
1985	62.4	20.8	16.8
1990	60.1	21.4	18.5
1995	52.2	23.0	24.8
2000	50.0	22.5	27.5
2005	44.8	23.8	31.4
2010	36.7	28.7	34.6
2015	28.3	29.3	42.4

资料来源：《中国统计年鉴（2017）》。

我国三次产业结构的变动，从长期趋势来看，第一产业的比重呈下降趋势，第二产业的比重呈上升趋势，这是符合产业结构变动一般规律的。但是，由于我国在经济发展中长期忽视第三产业的发展，使其一直处于落后状态，不能适应经济发展和人民生活的需要，改革开放以来由于开始注意了第三产业的发展，才使其比重有所提高（见表 10－3）。到

2015年，第三产业的比重开始超过第一、二产业比重之和，开启了产业结构转型的新阶段。但是，我国第三产业的比重依然远远落后于经济发达国家。这种结构状况是造成我国产业结构失调、经济效益低下的重要原因之一。因此，继续加快第三产业发展是我国调整产业结构的一项长期任务。

表10-3 我国产业结构演进态势

年份	人均GDP（元/人）	第一产业（%）	第二产业（%）	第三产业（%）
1978	379	27.7	47.7	24.6
1980	456	29.6	48.1	22.3
1985	842	27.9	42.7	29.4
1990	1 616	26.6	41.0	32.4
1995	4 981	19.6	46.8	33.7
2000	7 829	14.7	45.5	39.8
2005	14 210	11.6	47.0	41.3
2010	29 970	9.5	46.4	44.1
2015	49 229	8.8	40.9	50.2
2017	59 502	7.9	40.5	51.6

资料来源：《中国统计年鉴（2017）》。

第三节　产业政策

国民经济管理的重要手段之一是产业政策。所谓产业政策，简单来说，是指政府对各个国民经济产业的发展进程和内容做出的设想安排和规定。广义的产业政策涵盖了产业规划和产业规制，狭义的产业政策专指产业规制。市场经济下的产业政策，要遵照经济发展中资源配置结构进化的客观规律，依据本国的国情及所处经济发展的阶段，遵循市场规律，引入竞争机制，对产业发展实施科学的、必要的、适度的、适时的引导和调控。这种产业政策可以通过资源配置结构的不断优化，达到持续提高国民经济整体效益的目的，并寻求最大程度的经济增长和发展。

一、产业政策的组成

（一）产业政策的种类

产业政策覆盖面宽，调整范围大，因而内容也相当广泛。一般认为，产业政策主要由产业结构政策、产业组织政策、产业区位政策、产业技术政策等组成。根据国际经济全球化对产业调控的实践影响和经验总结，产业政策还吸收了对外商投资实施的负面清单管理，其构成了产业政策的新内容。

1. 产业结构政策

有关调控资源配置结构的政策就是产业结构政策。它主要针对产业间的资源配置优化和协调控制问题，其主要内容是政府对一定时期内产业结构整体性优化方向和目标做出正确的选择。产业结构政策的目标是使产业结构高级化和合理化。

2. 产业组织政策

产业组织政策是指为了获得理想的市场绩效，由政府制定的干预和调整产业的市场结构和市场行为的公共政策。它的实质是政府通过协调竞争和规模经济的关系，建立正常的市场秩序。从历史上看，产业组织政策的问世比产业结构政策要早得多，它的最初形式是反托拉斯、反垄断政策。产业组织政策与企业结构联系密切，所以有关内容将在第十二章“企业结构”中专门介绍。

3. 产业区位政策

产业区位指产业在一国或一个地区范围内的空间分布和组合。产业区位政策就是为实现优化产业空间分布和组合的目标而采取的一系列政策措施。产业区位政策起源于西方，英国是最早采用产业区位政策的国家。日本于20世纪50年代为促进资源合理配置，避免工业发达地区的工业过渡集中，开始运用产业区位政策实施调控，取得了良好效果。美国也于20世纪60年代开始实施产业区位政策。由于产业区位政策与区域结构关系密切，有关内容在第十一章“区域结构”中做进一步介绍。

4. 产业技术政策

产业技术政策是指政府为了提高资源在产业配置中的效率，提升产业的科技含量而制定的产业政策。包括鼓励新技术应用和推广的政策、技术开发和技术引进政策、限制及禁止使用陈旧设备和技术的政策、扶持高新技术产业发展的政策等。产业技术政策与科技关系密切，作为国民经济管理学入门教材，暂不展开讨论。

5. 产业负面清单管理

在世界贸易组织推进经济全球化过程中，提出了负面清单管理要求，即凡是针对外资的与国民待遇、最惠国待遇不符合的管理措施或业绩要求等管理限制措施，各国国民经济管理机构均需以清单方式列明。与负面清单相对应的是正面清单，列明企业可以做什么领域的投资。由于负面清单比起正面清单给予了企业更加灵活自由的选择，限制了国民经济管理机关的自由裁量权，因而备受推崇而得到大力应用，从外商外资管理引入到其他领域。清单多数涉及产业领域和产品种类，因而构成了产业政策最新的措施方式。

（二）产业政策的特点

作为经济政策体系的重要组成部分之一，产业政策自身具有一些特点。了解这些特点将有利于在产业政策的制定和实施中做出更加科学和适当的选择。产业政策的特点主要体现在如下几个方面：

1. 时效性

尽管产业结构优化目标不是短期能达到的，产业政策指导产业的发展和调整是一个中长期的过程，但是，产业政策和其他一切经济政策一样，其目标具有明显的时效性，不存在一套永恒不变的产业政策。产业政策的具体目标是同一定的经济发展阶段、一定的经济运行态势相对应的。经济发展的阶段不同，经济运行的态势不同，产业政策的导向、措施和力度亦不同。另外，由于当今的产业政策是在市场经济环境中实施的，不是计划经济下的国家控制，因此，不同时期产业政策所依据的经济学原理也不一样，这样，产业政策就可能发生变化。总之，政策目标、政策措施、政策力度需要符合实际、顺势而变，这是产业政策成败的关键。

2. 导向性

一般来说，资源配置结构的市场导向机制是有缺陷的，产业政策的本质功能就是要通过超市场原则的资源配置结构导向及其调控措施来调控国民经济，加快结构优化和经济发展步伐。它不仅在于弥补市场失灵，而且在于开拓未来。经济发展意味着产业间不等速增长的动态结构均衡。对于这种动态下的经济发展，由于市场配置资源的功能是以市场运行的结果作为价格信号的信息源，因此，市场结构导向不可能为未来的经济结构做出主动的引导。价格信号只能对现时点的产业间比较效益做出反应，而这种导向不一定符合未来的合理结构。从这个意义上说，市场导向具有静态和滞后的缺陷，它们会导致结构调整时间过长以及结构演化过程中经济运行波动较大。因此。产业政策的任务就是根据产业结构演进的规律，对产业间不等速增长的动态结构变化做出准确、及时、适度的超前导向，以预防不均衡的产生，争取主动的产业结构升级。

3. 协调性

产业政策不仅是发展政策，而且还是调整经济运行态势的有效工具。也就是说，产业政策可以用来调整经济运行的波动。国民经济在运行中经常会存在均衡和不均衡、协调和不协调的矛盾。经济增长也不可避免会起伏波动。这就要求产业政策对不断变化的经济运行状况做出灵活反应，通过制定具体的行业规划、行业政策，运用投资结构、财政信贷结构、支持政策等办法适时调节经济，以保证国民经济持续、健康、快速发展。

二、产业结构政策

产业结构是产业政策中的核心内容之一，它对一国经济的发展有着重要的影响，而其中的主导产业政策又是产业政策的重中之重。

（一）产业结构政策的内容

产业结构政策是一个国家重要的经济政策，同时也是一个政策系统，主要内容包括：

(1) 产业结构长期构想。就是根据现阶段发展水平和进一步发展的要求，根据产业发展演变的规律，提出在较长一段时间内产业发展的目标和方向。

(2) 主导产业的选择。这是产业结构政策的重点。实施产业政策的目的是想加快本国经济的发展和结构的优化，由于主导产业代表了经济发展的方向和模式，它对经济的眼前发展和长远发展都有举足轻重的作用，因而成为各国产业政策的重点。

(3) 幼稚产业的扶持。幼稚产业从长期看符合收入弹性大、技术进步快、劳动生产率高的特点，但目前却没有比较优势，需要通过政府扶持使其从比较劣势转化为比较优势。对幼稚产业的扶持反映了政府产业政策的先行性特征。

(4) 对衰退产业的调整、援助。对衰退产业及时进行救援和调整，有利于减少经济损失和社会动乱。对衰退产业的调整、援助的措施，包括限制进口、财政补贴、减免税等。

（二）主导产业的选择

经济学家在研究产业结构演变规律时还发现：一个国家或地区，在不同的发展阶段上往往存在一个或几个“主导产业”或“主导部门”。这些主导产业或主导部门对其他产业的发展具有较强的带动作用，因而在很大程度上决定着这一时期产业结构特征及其发展演变的趋势。

1. 主导产业的含义、特征

最早提出主导产业的是美国经济学家赫希曼，稍后罗斯托对主导产业进行了明确、系统的研究。罗斯托在《经济增长的阶段》一书中，根据他对西方国家经济发展史的研究指出，在任何特定时期，国民经济不同部门的增长都存在着广泛的差异。这时，整个经济的增长率在一定意义上是某些关键部门的迅速增长所产生的直接或间接的效果。他把这些关键部门称为驱动部门或主导部门。其主要特点是：(1) 具有高创新率，即能迅速地引入技术创新或制度创新；(2) 具有高度增长的能力，其增长率较整个经济增长率高；(3) 具有很强的带动其他产业部门发展的能力，即具有很高的“扩散效应”。

根据罗斯托对主导产业的分析，结合我们对主导产业的理解，可以把主导产业定义为：主导产业是指能够较多吸收先进技术，面对大幅增长的需求时自身能保持较高的增长速度，并对其他产业的发展具有较强的带动作用的产业部门。主导产业因此而表现为如下特征：

(1) 能引入创新并创造新的市场需求。主导产业具有为经济引入技术创新和制度创新的能力。一般而言，创新所带来的新生产函数都会导致产业技术的进步，但创新并不一定都能为所有产业创造新的需求。只有同时具备创新和创造新的市场需求的产业才是主导产业。因为只有为其他产业创造需求，才能带动和引导其他产业的发展。

(2) 具有持续的高增长率。由于主导产业导入了新的生产函数，实现了技术创新，创造了新的市场需求，因此可以获得较高的发展速度，表现出较高的产业增长率。

(3) 具有显著的生产规模和良好的发展潜力。主导产业是一个国家和地区一定时期的经济主体和骨骼，主导产业首先必定是潜在的支柱产业。

(4) 对其他产业增长的诱发作用。主导产业的主导作用一般认为是通过其扩散效应表现的。扩散效应有三种形式：一是“前瞻效应”，即主导产业对新产业、新技术、新材料、新能源的出现产生的诱导作用，它主要反映为对产业结构的导向作用和扩大了经济活动的范围；二是“回顾效应”，即主导产业产生的对为其提供投入的产业和部门发展的刺激作用；三是“旁侧效应”，即主导产业对地区经济发展的影响。主导产业具有很强的关联效应，使其影响效果远远地超过该部门本身。

2. 主导产业与支柱产业

为了正确全面地理解主导产业，有必要指出主导产业与支柱产业之间的区别。主导产业与支柱产业是有区别的。综合罗斯托和其他学者的研究成果，从概念的内涵来看，主导产业更强调该产业的增长率和对其他产业的带动作用，而支柱产业侧重于某产业的结构比重和产业关联效果。另外，二者在发展阶段上也有所不同，即从动态上看，它们之间存在着发展中的替代关系，两者在时间上一般呈现为后者对前者的继续。前一时期的主导产业成为后一时期的支柱产业，而在新的时期，又会有另外一些产业替代原来的主导产业。因而可以说，培育成功的主导产业就是未来的、潜在的支柱产业。由此我们可以看出，支柱产业和主导产业是两个既有区别又有着极为密切联系的概念。从这个意义上讲，支柱产业的振兴应该包括内涵不同的两个层次：一是着眼于当前国民经济的发展和产业结构的升级，通过技术改造和产业重组强化现实经济中的支柱产业；二是着眼于长期国民经济增长点的培育和未来产业结构的塑造，正确选择主导产业，并予以积极的干预和扶持，使其尽快成长为新的支撑国民经济增长的支柱产业。根据我国产业结构的现状与资源、技术、市场条件，现实经济中不存在并且在近期内也难以形成能够带动整个国民经济发展的支柱产业，这是现阶段我国产业结构不合理的一个重要方面。

产业的发展是一个动态的过程。同所有产业一样，支柱产业也是一个动态的发展概念，也有其发展的上升期——朝阳阶段（主导产业阶段）、发展期——成熟阶段（支柱产业阶段）、衰落期——夕阳阶段（衰退产业阶段）。在一国的工业化过程中，支柱产业随着经济发展所处的不同阶段而有所变换，这是已被许多国家的发展经验证明了的。支柱产业的发展和衰退与整个国民经济的发展和衰退的步调是一致的。当支柱产业迅速发展时，整个国民经济的发展速度随之加快；反之，当支柱产业停滞时，整个国民经济也随之停滞。因此，为使国民经济得以持续发展，必须在现行支柱产业行将进入夕阳阶段时，选择和培育新的主导产业，使之成为第二个时期的支柱产业，以保障国民经济持续增长。当然，第二个时期的支柱产业也必然会进入衰退的阶段。因此，应在新技术的基础上改造传统支柱产业，并着手培育第三个时期的支柱产业，依次类推。随着国民经济的发展，工业化的深入，支柱产业不断交替，并领先于经济增长，这是各国工业化过程中的一个共同规律。

3. 主导产业的选择基准

（1）收入弹性基准。凡是收入弹性大于1的产业，其增长速度高于人均国民收入的增长率，因此，随着人均收入的提高，收入弹性高的产品在产业结构中的比重将逐步提高。选择这些产业作为重点产业，符合产业结构的变动方向。

（2）生产率上升基准。这里所说的生产率是指全要素生产率，即产出与全部投入要素之比，而不仅仅是对某一种投入要素（如资本）之比，全要素生产率的上升主要取决于技术进步。所以，以生产率上升为基准选择重点产业，就是要优先发展代表先进技术的产业。

（3）产业关联度基准。所谓产业关联度就是指各产业之间的相关程度。产业关联度高的产业对其他产业会产生较强的前向影响、后向影响以及侧向影响，选择这些产业为重点产业，可以带动整个经济的发展。产业关联度基准的理论含义很明显，即政府应重点支持那些能带动其他产业发展的产业即主导产业。

（4）过密环境基准和丰富劳动力基准。过密环境基准要求主导产业的选择能提高能源利用率，防止社会公害。其着眼点是经济的长期发展与社会利益的协同关系，避免走上以环境破坏为代价来发展经济，再以更大代价治理环境的发展道路。丰富劳动力内容基准是要求主导产业的选择要考虑为劳动者提供舒适、安全和稳定的劳动环境，它反映了社会最终认识到了发展经济的最终目标是为提高社会成员的满意程度。

（5）短替代弹性基准、增长后劲基准、瓶颈效应基准。前面四点提到的基准在发展中国家的实际运用中并没有收到良好效果，究其原因，是这些基准要求的许多条件在发展中国家并不满足。比如完备的基础设施、良好的微观主体、不存在二元经济等，当这些条件得不到满足时，这些基准就会失灵。为此，我国学者提出了适合发展中国家选择主导产业的三项基准：重点扶持那些无法替代的短缺性产业，以满足社会最迫切而又必不可少的需求的“短替代弹性基准”；重点扶持那些对整个产业体系的发展有深远影响的产业，以保持整个经济的持续稳定增长的“增长后劲基准”；重点发展那些瓶颈效应大的产业，以减少因瓶颈而造成的摩擦效应的“瓶颈效应基准”。

在实践中，一个国家要正确选择主导产业，除了要考虑产业发展的一般规律和选择主导产业的基准外，更为重要的是要结合本国的具体情况，要从本国产业发展的现实水平、技术条件、资金约束条件，以及资源赋予状况等实际情况出发确定主导产业。

4. 我国发展主导产业政策的着力点①

为了推动主导产业的发展，国家需要制定配套措施。但世界各国的实践经验都证明，如果把产业政策仅仅理解为政府给选择为主导产业的部门提供财政和金融方面的直接优惠支持，是失之偏颇的。综观世界各国的经验发现，其他国家都曾有过对其主导产业进行保护的历史。但是，我国在实施产业政策的同时却面临着截然不同的国际环境。加入WTO对开放市场的承诺，使我们无法再依靠贸易保护等产业成熟之后再与国外企业去竞争，要求更加重视和充分发挥我们所具有的比较优势。

目前我国最具有优势的是大量的劳动力，这意味着有相对低廉的劳动力成本。因此，在制定产业政策确定主导产业的时候，要牢牢根据这个原则来规划。也可以把产业各项活动分解为相对应的价值链，从而从相应的价值链中寻找具有优势的活动。产业政策的制定也存在着两个方面的风险。一是主导产业选择的失败，其典型的例子就是日本发展飞机工业和法国发展电子工业；二是主导产业政策在实施中会由于各种利益关系的冲突影响到实际效果，这可从中国彩电厂商之间的过度竞争得到验证，过度竞争导致彩电行业出现全行业过剩。因此，为了确保产业政策顺利实施，必须从这两个方面缓解产业政策的风险。

首先，要进一步改善制定产业政策机构的构成状况，尽可能体现各方面的利益。只有这样，才能够通过各种观点之间的相互竞争，最大限度地体现出发展的客观趋势。这就需要政策制定者正视产业政策实施过程中现存的各种利益集团，目前最典型的利益主体，除了中央制定产业政策的机构之外，主要是地方政府和中央各专业部门（机构改革之后就是代表各行业利益的行业协会）。

其次，加强对产业政策实施的监督和管理。一方面产业政策要充分发挥市场机制的作用，同时也必须制定相应的产业政策法规，后者尤其重要。因为在法律法规的框架之内，才会使经济主体之间产生可以预期的行为。即使经济主体违背了法律法规，其他受损利益主体仍然能够通过司法手段维护自身利益。在政策的制定上需要强化激励机制，鼓励各级执行机构实施政策，使政策与其利益挂钩，否则，将往往使政策在传递和实施过程中走样。

我国的主导产业应该是在市场经济竞争中得到验证的主导产业，而不是被扶持出来的主导产业，因此，要为市场创造相应的环境。政府也必须为技术创新等具有高度外溢性的行为提供补贴，比如美国在20世纪以前对农业的支持，很大程度上是通过为农业教育和科技开发提供帮助实现的。

---

① 此段可以组织学生讨论。

（三）幼稚产业的扶持政策

1. 幼稚产业扶持政策的理论基础

（1）社会振兴费用说。后发国家一般都存在产业规模偏小的问题，但若扩大规模，又面临工业化国家低价格进口产品竞争的威胁。此时，如果有一种力量组织有关企业合作，共同在生产费用的递减阶段扩大生产规模，就能与进口产品相抗衡，使生产规模扩大到国内生产价格低于进口产品价格的产量水平，其所需的费用就被称为产业的社会振兴费用。社会振兴费用的存在是政府进行产业扶持的理由之一。采取的措施可以是提供生产补贴、关税保护等。

（2）先行者利益说。先行者利益表现为发达国家产品已经占据了国际市场，并凭借其实力对后发国家的市场进入设置障碍。此时，后发国家就需要政府对相关产业进行扶持来打破先行者利益。主要措施有关税和非关税壁垒、产业集中政策、优惠和扶持政策等。

（3）边际产业技术开发说。把本国企业与外国企业的生产费用进行产业比较，选择本国与外国优势相当的产业，这种产业就称为边际产业。政府对边际产业的扶持可以使之成为新的出口产业，扩大后发国家的出口领域。扶持的方法有直接的技术开发投资、对企业技术开发的补贴等。

2. 幼稚产业扶持政策的内容

（1）瓶颈产业。瓶颈产业是那些对国民经济发展造成资源短缺制约的产业，即在产业结构中的短线产业。瓶颈产业的确定可以以机会损失为依据，即由于该产业所制约的其他产业减少的产出。在选择扶持瓶颈产业时，一般是选择机会损失最大的几个产业作为扶持对象。

（2）主导产业。主导产业的扶持包括两种情况：一是本产业本来已有相当规模，只是由于技术落后而无法参与国际竞争，政府的扶持主要应放在暂时限制进口、加快技术更新上；二是先导产业，即目前规模偏小，但代表一国经济发展战略趋势的产业，对这些产业的扶持应主要放在扩大产业规模和技术进步上。

3. 我国幼稚产业扶持的政策取向①

幼稚产业扶持要符合经济发展的长远目标，扶持的结果是企业在没有政府支持时能独立地继续存在于市场竞争之中，并通过幼稚产业的发展实现产业结构演进。因此，我国在设计产业扶持政策时应考虑以下原则：

（1）明确重点扶持的产品和产业。由于我国已经建立了较为完备的产业体系，产业结构的不合理主要表现为技术水平低、生产效率低、产品不符合市场需求等。因此，应将扶持的重点转向产业中的重点产品和重点企业，促使它们提高产品市场适应能力，提高技术水平，增加产品的附加价值。

（2）以资金扶持为主要手段。我国需要扶持的产业一般特征是：规模小，因而不具备成本优势；技术水平低，产品附加价值低，缺乏市场领导地位。而扩大规模和提高技术水平都需要较多的资金投入。没有资金的投入，产业政策就不能充分发挥作用。所以，在较长时间内，政府通过各种方式对主导产业企业给予资金支持将是政策扶持的重点。

---

① 此段可以组织学生讨论。

(3) 政策扶持与产业合理化并行。由于长期受计划经济影响，我国即使在主导产业内也存在企业规模小、效益差的现象。于是就需要在制定扶持政策时考虑现有企业合理化重组的问题。这包括淘汰一部分不符合产业发展要求的企业和对一些不符合产业结构演进要求的产业的保护性撤退。扶持和合理化并行的目的是降低产业结构转变的社会成本，加快主导产业形成和瓶颈产业消失的速度，提高社会资源的使用效率。

(4) 以技术进步为主要突破口。创新是产业发展的根本动力，扶持政策应以技术进步为突破口，避免继续走外延扩大再生产的路子。以技术进步为突破口有三层含义：第一，在制定扶持政策时，要求引导新投资向高技术部门转移；第二，以技术水平和技术潜力作为产业合理化的判断标准，政府只扶持那些已具备高技术水平、技术进步潜力大的企业；第三，对于确定了的被扶持企业，政府的扶持也是以引导技术进步为重点。

（四）衰退产业的调整政策

1. 产业衰退的原因

引起产业衰退的原因在于这些产业产品市场的萎缩甚至消失。造成市场萎缩和消失的原因有：

(1) 某些消费需求的根本消失。消费需求消失一是由于收入水平的提高使某些低层次的产品失去市场；二是生活、生产方式的变化使某些产品不再为人们所需要；三是某些产品实际消费成本的变化使其可以替代原来广泛使用的产品，从而使原有产品不再有市场需求。

(2) 技术进步造成产品结构的变化。随着技术的进步，消费者对产品的某些性能要求发生了变化，因而造成现有产业中某些产品的消失。由于有新性能的产品出现，就整个产业而言，市场并没有缩小，只是低技术水平的产品为同类高技术、多功能、高价值的产品所替代。

(3) 同样产品的国际比较优势发生了转移。在开放的经济中，一国的产业结构受着国际比较优势的制约，产业也就会随着比较优势的变化发生转移。当一国的某种产业不再具有比较优势时，它就变成了该国的衰退产业。比如曾经是英国主导产业的纺织业，随着劳动成本的上升，它慢慢失去了国际比较优势，纺织业也就成为衰退产业。

2. 实施衰退产业调整政策的必要性

(1) 实现有计划的撤退。产业结构的高级化本身就意味着随着经济技术的发展，会不断出现新的产业。同时，也有一些产业会退出市场。如果听任市场的支配，势必会出现当某一产业退出市场时，集中淘汰该产业的固定资产，并造成人员的大量失业，从而造成资源的大量浪费。而实际上，任何一个产业的衰退都不是突然的和整体性的。一般的情况首先表现为产品结构的变化和产业布局的改变，然后才是产业规模的萎缩和在国民经济中相对比例的降低。通过产业政策的指导，可以有计划地制定和实施逐步退出方案，实现积极撤退。

(2) 降低撤退成本。通过产业政策有计划地撤退，可以首先淘汰那些落后的资产和已经回收投资的资产，经过企业间的生产能力重组，利用现有的经过组合后效率更高的资产继续在缩小了的规模的基础上进行生产，仍然能获得一部分效益。这就能降低撤退的成本。

（3）维持经济和社会稳定。在无计划的情况下，产业的撤退会把释放的生产能力引向其他行业，造成其他产业生产能力的变化，改变原有经济秩序，造成不稳定。产业撤退伴随的另一个问题就是劳动力的转移困难，这会导致大量失业，影响社会稳定。如果实施产业政策，有计划地进行产业撤退，那么，由于可以进行转移规划和劳动力转移培训，将会大大减少撤退带来的冲击。

3. 我国衰退产业调整的政策取向①

（1）区别对待的原则。要区别衰退产业所处的行业特点，结合我国的实际情况制定具体政策。对于劳动密集的衰退产业，由于它们一般技术水平不高，撤退时间和所需资金不大，在目前我国劳动力过剩的情况下，可以利用劳动力成本优势实现出口导向，在合适时机再进行撤退。对于资金技术密集的衰退产业，适合通过产业组织的合理化解决撤退问题。

（2）结合地区产业结构整体规划的原则。尽管地区产业结构应该服从全国产业规划，但像我国这样地区发展水平和资源禀赋差异较大的国家，地区产业结构可以表现出自己的特征。因此，产业撤退还应考虑经过撤退后的产业结构能使地区表现出更强大的发展潜力。

（3）把握撤退的“度”的原则。衰退产业是一个相对概念，它不是即将死亡的产业。撤退更多地表现为地区间的转移和产品结构的调整。“度”就是要在规划产业撤退时把握必要的数量和质量，确定经过产业的转移和改组后本地区该产业的新的规模和结构。

（4）把握撤退时机的原则。撤退时机的选择影响着撤退成本和成功的程度。在外部具有撤退压力、经济发展稳定时进行产业撤退会遇到较少的阻力。

（5）坚持面向市场的原则。产业政策介入产业撤退并不是说由政府一手包办。政府的政策是引导性的，它主要包括确定哪些生产能力要撤出、哪些要保留。对于保留的生产能力如何实现效益的扩大和重组，撤退后新的产业组合的行业结构、产品结构、技术构成等都应让企业按市场原则来进行。

小　结

产业结构是指各个产业部门在国民经济总体当中所占的数量对比及其相互依存和制约关系的总和，具有客观性、整体性、多层次性、相对稳定性的特点。不同的产业分类标准会形成不同的产业分类，其中常用来理论分析的结构分类有社会再生产两大部类产业、农轻重产业、三次产业、生产要素集约产业等，实际管理依据理论分类制定标准产业划分法。产业结构演进具有规律性，表现为低层次产业向高层次产业的不断转化：第一产业依次向第二产业和第三产业演进转化，前工业化阶段依次向工业化初期、中期、后期和后工业化阶段演进转化。决定这个演化的因素是社会需求结构、科学技术进步、资源供给状况、参与国际分工状况、产业政策等。其中，政府对各个国民经济产业发展进程和内容做

① 此段可以组织学生讨论。

出的设想安排和规定，对产业结构演化影响深远。这种产业政策涉及产业结构、产业组织、产业区位、产业技术、产业负面清单管理等内容，具有时效性、导向性、协调性特点。实施产业政策最主要的任务是制定有效的产业结构政策，关键是要选对主导产业，大力发展支柱产业，扶持幼稚产业，消除瓶颈产业，有序淘汰衰退产业。

思考题

1. 产业结构的定义及基本内容是什么？
2. 产业结构的主要种类有哪些？
3. 产业政策由哪些内容组成？
4. 产业结构演进的影响因素及其基本趋势是什么？
5. 完整的产业结构政策一般包括哪些内容？
6. 依据什么样的标准来选择主导产业？
7. 如何在经济全球化的趋势下扶持幼稚产业？
8. 如何安排衰退产业的退出？
9. 21 世纪我国产业结构优化的政策取向是什么？
10. 我国对于三次产业的划分与其他国家的划分有哪些异同？
11. 如何应对科技革命对于产业结构优化升级带来的机遇与挑战？
12. 产业负面清单管理对推进产业政策创新有何意义？
13. 我国改革开放以来实施的产业政策的成功经验和失败教训都有哪些？

第十一章

结构调整（中）：区域结构

在国民经济体中，作为中观层次的区域经济与另一中观层次的产业经济一样，都具有重要性。如果从时空角度观察国民经济，产业经济就是从纵向时间上构成了国民经济体，区域经济也就是从横向空间上构成了国民经济体。专门研究区域经济体的学科有区域经济学。但是，区域经济结构对于国民经济而言意义非常重要，因为区域经济结构的调整与优化，既是国民经济结构调整和优化的具体内容，也直接影响到国民经济总体发展的结果。因此本章从国民经济管理的角度出发，运用区域经济理论来分析如何科学、有效地调整国民经济的空间结构，以全面实现整个国民经济结构的合理化。

第一节　区域结构及其地位作用

一、区域及区域结构

区域是区域经济理论的核心概念之一。在区域经济学中，区域是指人类经济活动所占据的空间范围。它是具有明确的地理界线的经济活动空间范围，它具有明显的要素禀赋、经济活动、范围大小等方面的特征。而且，它还具有空间上的排他性。因此，我们说，经济区域是指经济活动赖以存在的具有一定范围和层次、一定功能和内在联系的“空间”。这个“空间”是国民经济的依托，它有自己的功能和结构。其功能一方面表现为对区内资源的配置和经济活动的组织；另一方面表现为它是国民经济系统中的一个重要组成部分，在国民经济系统的运行中扮演某个角色。区域经济对外都表现出特有的经济个性，是一个经济实体。区域经济之间存在着相互联系，在发展方面相互影响和制约。

区域经济是特定地区范围内国民经济整体的总称。各个地区都有其独特的自然、社会和经济条件，因而导致各地区经济发展水平、结构和布局的差异。区域经济是经济地理学和区域经济学的共同研究领域，其内容主要包括：(1) 经济地带和经济区划分；(2) 形成区域经济的重要因素的分析；(3) 区域扩大利用资源的可能性；(4) 国民经济发展的地域比例；(5) 生产力合理布局的客观规律；(6) 区域经济发展过程；(7) 新区经济开发战略；(8) 发达地区经济的持续稳定增长；(9) 区域国民经济综合体和地域生产综合体组织；(10) 科技进步对生产布局和劳动地域分工体系的影响；等等。

研究区域经济结构可以从两条路径进行：一是以单个区域为研究客体，探讨其内部的结构、功能，以及发展的一般规律；二是以若干区域为研究客体，探讨区域之间的经济空间组织问题。前者的研究思路侧重于一个区域内部各经济单位之间的内在经济、技术、制度、组织联系和数量关系等，主要涉及各种经济活动在一个相对独立的区域内的空间分布状态以及区域之间的空间组合形式。后者研究思路侧重于各个区域经济之间的组织联系和数量关系，是区域经济之间的关系结构，主要涉及各个经济单位在不同区域经济之间建立的更加复杂的联系和关系。这种区域之间的结构关系是国民经济管理关注的重点。

二、区域结构及其地位分析

（一）区域结构的含义及要素

区域结构，是指各个经济区域在国民经济空间总体中所处的区位位置及其数量对比关系的总和。在整个国家地域范围内各个区域结构形成特定经济要素的相对区位关系和分布形式，也可称之为国民经济空间结构。它是一国在长期经济发展过程中人类经济活动和区位选择的累积结果。

任何经济活动总是在地理空间上进行的，一方面，各种经济活动的产生需要把分散在地理空间上的相关要素组织起来，形成特定的经济活动过程；另一方面，各种经济活动之间需要相互联系、相互配合，但是它们的区位指向又不尽相同，于是，就需要考虑如何克服地理空间的约束而相互连接起来，形成一个大的经济系统。在区域经济发展中，始终都要考虑如何实现要素的空间优化配置和经济活动在空间上的合理组合，从而克服空间距离对经济活动的约束，降低成本，提高经济效益。

一般地，区域空间结构由点（工业点、商业网点、服务网点等）、线（交通线、通信线、能源供给线、给排水线等）、网络（交通网络、通信网络、能源供给网络等）和域面（城市和乡村等）四个基本要素所组成。这些点、线、网络和域面均具有特定的经济内涵和相应的功能，共同构成区域空间结构。点、线、面之间可以有多种组合方式，例如，“点-点”构成节点系统，表现为条状城镇带和块状城镇群。“点-线”构成交通、工业等经济枢纽系统。“点-面”构成城市-区域系统，表现为城镇聚集区、城市经济区。“线-线”构成交通、通信、电力、供排水等网络设施系统。“线-面”组成产业区域系统。“面-面”组成宏观经济地域系统，如经济区、经济地带。“点-线-面”就构成了空间经济一体化系统。

点、线、网络和域面之间的关系表现为节点相互依存，域面协调发展，通道配套运行，各种空间经济实体的联系交错密集，呈现网络化系统。区域空间结构中的点、线、网络和域面也有规模等级之分，区域内各种规模不等的点、线、网络和域面相互连接在一起就形成了相应的等级体系。同类但不同等级的点、线、网络和域面之间往往在功能上是互补的，它们相互连接，相互补充，共同完成某一种经济活动。

（二）城乡结构在区域结构中的重要性

从空间类型看，区域是由城市地域与乡村地域所组成的，从而形成区域的空间二元结构即城乡结构。在国民经济的空间结构中，乡村地域往往占据较大的空间，乡村经济与社会发展就构成了国民经济空间结构的重要组成部分。实践证明，解决区域发展中的城乡问题，逐渐消除区域的空间二元结构，推动城乡一体化，很重要的一条途径就是通过推进乡村工业化，促进广大乡村的发展，使之日益现代化。乡村工业化使得乡村与城市之间的界限开始趋于淡化，乡村从自身努力主动地建立新型的城乡关系，使城乡之间在发展上关联互动。

城市是区域的重要组成要素，是区域内经济和社会活动的聚集体。城市在空间上的分布与组合及与周围地区的联系，构造了国民经济空间结构的基本形态。城市的发展、兴衰与区域的经济社会发展及环境的变迁存在着明显的正相关关系，城市对区域发展具有组织、带动作用。

具体表现在以下几个方面：

1. 组织和带动区域发展

由于城市在区域经济发展中起着十分重要的作用，城市被称为区域经济的增长中心。城市是区域的生产中心、区域的流通中心、区域的服务与管理中心、区域的人力资源培育中心、区域的对外交流中心、区域的创新中心。

2. 构造区域结构

就单个城市而言，它与周围地区存在着多种多样的交流和联系，并在此基础上形成发展上的共变关系，在组织关系上和空间上逐渐地结为一个整体，形成了具有一定边界的地域单元。在这个地域单元内，城市是中心，它周围的地区称之为腹地。在一个区域内，存在若干个规模不等的城市，它们相互联结在一起就形成了城市体系。城市体系又与各种网络相结合，把区域连成了一个有机整体。城市体系实际上构成了区域的空间框架。

3. 城市化推动区域经济和社会的演进

城市化是根源于城市发展而兴起的区域经济、社会结构和空间结构以城市为模式的演进过程。城市化在时间和空间上的变化引起区域的经济和社会结构随之发生变化，并不断改变空间的分布与组合状态。

城市的形成与演变是在特定的空间系统中完成的。城市的发展轨迹受制于所在空间系统的总体发展格局。从国民经济的空间集中性考察，国民经济发展在相当大的程度上是依托城市进行的。因此，研究国民经济发展就必然要对城市与国民经济的关系进行探讨。城市化是国民经济和社会发展的一个重要过程。城市化引发和增强了一国的经济结构、社会结构、空间结构以城市为模式或导向发生相应的变化，从而推动了国民经济和社会的演进。

（三）区域结构的地位与作用

区域结构的经济意义在于，通过一定的空间组织形式把分散于一国地理空间范围内的相关资源和要素连接起来，这样才能够形成种种经济活动。也就是说，没有空间结构，相关的资源和要素就无法结合在一起，就不可能有现实的经济活动存在。同时，经济空间结构能够产生特有的经济效益。包括：节约经济，即经济活动因选择合适区位、合理调配资源和要素而节约运费、减少相应的劳务支出和管理费用所产生的收益；集聚经济，即因相关集聚活动在空间上合理组合而在技术、市场、劳动力、基础设施、资源和产品利用等方面得以互补、共享所产生的收益；规模经济，即经济活动因区位优势、合理集聚而获得良好的发展机会，由此而引起规模增大所产生的收益。这些经济效益都是依托空间结构而取得的。

不同地域的经济系统，由于其发展条件、组成结构的不同，具有不同的职能组合结构，从而构成一系列规模不等、职能各异、相互制约的国民经济的有机整体。由于我国国土辽阔，自然条件复杂多样，南北热量纬向差异大，东西地形高差和干湿差别显著，历史基础与发展阶段不同以及区域投资政策等因素的影响，地区经济发展与分布很不平衡。从东西经向结构来看，突出表现为沿海与内地的水平差异，从南北纬向结构来看，集中反映在南方与北方的结构性差异。

结构调整可以说是发展中国家经济发展的同义语。因为发展中国家不发达的根本问题是结构性问题。例如，传统农业与现代工业并存的二元结构问题，乡村落后于城市的城乡结构问题，处于低度水准的产业结构问题，发展水平不平衡的区域结构问题，低水平且不平等的收入分配结构问题等。因此，发展中国家的发展过程主要是结构调整的过程。区域结构调整的主题是区域间协调和共同发展，不仅涉及东西部区域间的协调，还涉及以城市化带动城乡一体化。

区域结构是否合理，对国民经济的增长和发展有着显著的促进或者制约的作用。区域结构受经济发展所制约，必须与经济发展的要求相适应。但是，区域结构具有相对的稳定性，一旦形成，要经过较长的时期才能变动。区域结构与经济发展速度相比，明显具有滞后性。例如，一个居民点或一条铁路修建起来以后，若要搬迁，困难是很多的，而且常常要蒙受许多不应有的损失。不能设想，一个区域结构会在一夜之间发生巨大的改变。空间结构的调整和改善需要较长的时间。因此，对于一个区域或国家来说，要规划好当地适合的产业结构，同时也要重视各产业在地域空间的排列组合和相互作用的关系，使经济布局同当地的条件相适应，使地区与地区之间能互相促进、协调发展，使整个区域的国民经济能取得全面发展。

第二节　区域结构的主要理论[①]

有关区域经济如何发展以及区域结构如何优化，在学术界理论界已经形成了主要代表性的成果。这些成果对解释区域经济结构演化和优化具有各自独特的视角。

① 本节内容参考了李小建的《经济地理学（第二版）》（高等教育出版社，2006 年）和高志刚的《区域经济差异理论述评》（《经济师》，2002（2）：38-39）。

一、区域分工理论

区域分工理论最早是由英国古典经济学家大卫·李嘉图提出来的。他认为由于世界各国各自生产的产品成本存在差异，因此可以利用分工进行资源优化组合，按照绝对成本和比较成本差距开展分工生产和贸易交换。这是运用生产成本的比较来解释国际区域分工的一种早期理论，已成为国际贸易和区域经济的经典理论。

在分工理论的基础上进一步形成了要素禀赋理论。要素禀赋理论的基本思想是，区域之间或国家之间生产要素的禀赋差异是它们之间出现分工和发生贸易的主要原因。一般地，在资本丰富的国家，利息率水平相对低于工资水平。在劳动力丰富的国家，工资水平相对低于利息率水平。所以，如果各个国家都密集地使用丰富的要素生产商品就能获得比较优势。也就是说，资本丰富的国家可以较便宜地生产需要大量资本的资本密集型商品。劳动力丰富的国家则可以较便宜地生产需要大量劳动的劳动密集型商品。在国际贸易中它们就能够出口使用低廉生产要素比例大的商品，进口使用昂贵生产要素比例大的商品。这样，既发挥了各自的比较优势，又满足了相互的需求。在自由贸易的条件下，各个区域或国家都应该根据要素禀赋条件进行分工、开展贸易，从而更有利于提高各区域或各国的经济发展水平。要素禀赋理论成为现代比较优势竞争理论的主要理论基础。

二、区域相互依赖理论

（一）依赖理论

依赖是指一个事物的存在和变化是以另一个事物的存在和变化为前提的关系。早期的国际贸易和经济关系的研究发现，发达的资本主义国家与落后的第三世界国家之间的贸易现象及其对经济发展的影响存在着一种依赖关系。前者利用其经济、技术方面的优势，以及制定游戏规则的优势而对后者产生控制作用，进行剩余价值的剥削。后者由于经济的落后而在贸易和经济交往中处于被动地位，发展上形成对前者的依赖或称之为依附。在外围国家与资本主义的中心国家之间存在一条无限的宗主-卫星链，外围国家创造的剩余价值就通过这条链而流入到了中心国，卫星国地位是外围国家经济不发达的原因。20 世纪 60 年代和 70 年代的激进主义经济发展学派的许多学者认为，第三世界国家对西方资本主义国家的依赖是不发达的根源，所以，必须打破造成剩余价值转移的宗主-卫星链，第三世界国家才能政治上独立，经济上走向发达。

（二）相互依赖理论

依赖理论虽然揭示了世界上发达国家与不发达国家之间贸易和经济发展关系的一些特征，但是，也具有一定的片面性，即只从不利的角度去审视这个问题，而没有看到事物的另一面。所以，后来一些学者从双向作用的分析角度来进一步研究发达国家与不发达国家之间的经济发展关系，提出了相互依赖的观点。发达国家的经济发展不仅比不发达国家更依赖于资源和资本密集的技术，而且也依赖不发达国家的资源、劳动力和市场。受依赖关系的影响，不发达国家的内部变革也使得它们越来越依赖发达国家的资源和资本。所以，很难区分出它们谁依赖谁，实际上是相互依赖。在世界范围内，没有相互依赖，经济和社会的发展就无法进行下去。相互依赖对相关国家的经济发展所产生的影响可能是积极的，也可能是消极的。积极的相互依赖有利于推动国家之间的经济交流、合作和一体化，相反，消极的相互依赖则会引发国家之间的经济冲突和矛盾。所以，需要有目的地采取措施、政策对相互依赖的内容和程度进行干预，促进相关国家的互惠互利，化解矛盾和冲突，推动世界经济的一体化进程。

三、区域经济差异理论

区域经济差异一直是区域经济结构分析的核心问题之一，也是世界各国经济发展过程中的一个普遍性问题。西方学者研究区域经济发展过程中的区域差异问题提出了区域均衡发展理论和区域非均衡发展理论。

（一）区域均衡发展理论

1. 赖宾斯坦的临界最小努力命题论

该理论主张发展中国家应努力使经济达到一定水平，冲破低水平均衡状态，以取得长期的持续增长。在不发达经济中，人均收入提高或下降的刺激力量并存，如果经济发展的努力达不到一定水平，提高人均收入的刺激小于临界规模，那就不能克服发展障碍，冲破低水平均衡状态。为使一国经济取得长期持续增长，就必须在一定时期受到大于临界最小规模的增长刺激。

2. 纳尔森的低水平陷阱论

该理论以马尔萨斯理论为基础，说明发展中国家存在低水平人均收入反复轮回的现象。不发达经济的痼疾表现为人均实际收入处于仅够糊口或接近于维持生命的低水平均衡状态；很低的居民收入使储蓄和投资受到极大局限；如果以增大国民收入来提高储蓄和投资，又通常导致人口增长，从而又将人均收入推回到低水平均衡状态中，这是不发达经济难以逾越的一个陷阱。在外界条件不变的情况下，要走出陷阱，就必须使人均收入增长率超过人口增长率。

3. 罗森斯坦-罗丹的大推进论

该理论主张发展中国家在投资上以一定的速度和规模持续作用于各产业，从而冲破其发展的瓶颈。这种理论在发展中国家较有市场，原因在于它的三个“不可分性”的理论基础即社会分摊资本的不可分性、需求的不可分性、储蓄供给的不可分性以及外部经济效果具有更能说服人的证据。

4. 纳克斯的贫困恶性循环论和平衡增长理论

该理论主张资本缺乏是阻碍不发达国家经济增长和发展的关键因素，是由投资诱惑力不足和储蓄能力太弱造成的，而这两个问题的产生又是由于资本供给和需求两方面都存在恶性循环。但贫困恶性循环并非一成不变，平衡增长可以摆脱恶性循环，是扩大市场容量和造成投资诱惑力的一种必需的方法。

上述理论应用在区域经济中就形成了区域均衡发展理论，它不仅强调部门或产业间的平衡发展、同步发展，而且强调区域间或区域内部的平衡（同步）发展，即空间的均衡化。认为随着生产要素的区际流动，各区域的经济发展水平将趋于收敛（平衡），因此主张在区域内均衡布局生产力，空间上均衡投资，各产业均衡发展，齐头并进，最终实现区域经济的均衡发展。

均衡发展理论的缺陷之一在于忽略了一个基本的事实，即对于一般区域特别是不发达区域来说，不可能具备推动所有产业和区域均衡发展的资本和其他资源，在经济发展初期很难做到均衡发展。缺陷之二在于忽略了规模效应和技术进步因素，似乎完全竞争市场中的供求关系就能决定劳动和资本的流动，就能决定工资报酬率和资本收益率的高低。但事实上，市场力量的作用通常趋向增加而不是减少区域差异。发达区域由于具有更好的基础设施、服务和更大的市场，必然对资本和劳动具有更强的吸引力，从而产生极化效应，形成规模经济。虽然也有发达区域向周围区域的扩展效应，但在完全市场中，极化效应往往超过扩展效应，使区际差异加大。另外，技术条件不同也会使资本收益率大不相同，此时的资本要素流动会造成不发达区域资本要素更加稀缺，经济发展更加困难。

区域均衡发展理论显然是从理性观念出发，采用静态分析方法，把问题过分简单化了，与发展中国家的客观现实距离太大，无法解释现实的经济增长过程，无法为区域发展问题找到出路。在经济发展的初级阶段，非均衡发展理论对发展中国家更有合理性和现实指导意义。

（二）区域非均衡发展理论

按发展阶段的适用性，非均衡发展理论大体可分为两类：一类是无时间变量的，主要包括循环累积因果论、不平衡增长论、增长极理论、中心-外围论、梯度推移理论等；另一类是有时间变量的，主要以倒“U”形理论为代表。

1. 冈纳·缪尔达尔的循环累积因果论

该理论认为，经济发展过程在空间上并不是同时产生和均匀扩散的，而是从一些条件较好的地区开始的，一旦这些区域由于初始优势而比其他区域超前发展，则由于既得优势，这些区域就通过累积因果过程，不断积累有利因素继续超前发展，从而进一步强化和加剧区域间的不平衡，导致增长区域和滞后区域之间发生空间相互作用，由此产生两种相反的效应：一是回流效应，表现为各生产要素从不发达区域向发达区域流动，使区域经济差异不断扩大；二是扩散效应，表现为各生产要素从发达区域向不发达区域流动，使区域发展差异得到缩小。在市场机制的作用下，回流效应远大于扩散效应，即发达区域更发达，落后区域更落后。基于此，缪尔达尔提出了区域经济发展的政策主张。在经济发展初期，政府应当优先发展条件较好的地区，以寻求较好的投资效率和较快的经济增长速度，通过扩散效应带动其他地区的发展，但当经济发展到一定水平时，也要防止累积循环因果造成贫富差距的无限扩大，政府必须制定一系列特殊政策来刺激落后地区的发展，以缩小经济差异。

2. 艾尔伯特·赫希曼的不平衡增长论

该理论认为经济进步并不同时出现在每一处，经济进步的巨大推动力将使经济增长围绕最初的出发点集中，增长极的出现必然意味着增长在区域间的不平等是经济增长不可避免的伴生物，是经济发展的前提条件。赫希曼提出了与回流效应和扩散效应相对应的“极化效应”和“涓滴效应”。他认为，如果一个国家的经济增长率先在某个区域发生，那么它就会对其他区域产生作用。为了解释方便，他把经济相对发达区域称为“北方”，欠发达区域称为“南方”。北方的增长对南方将产生不利和有利的作用，分别称之为极化效应和涓滴效应。在经济发展的初期阶段，极化效应占主导地位，因此区域差异会逐渐扩大，但从长期看，涓滴效应将缩小区域差异。

赫希曼认为，在区域经济发展中，涓滴效应最终会大于极化效应而占据优势，原因是北方的发展长期来看将带动南方的经济增长。尤其是北方的发展会出现城市拥挤等环境问题，南方的落后则从国内市场需求方面限制了北方的经济扩张，国家经济发展也将因南方的资源没有得到充分利用而受到损害，于是国家将出面来干预经济发展，加强北方的涓滴效应，促进南方的经济发展。同时，也有利于北方的经济继续增长。

3. 佩鲁的增长极理论

法国经济学家佩鲁首次提出的增长极概念的出发点是抽象的经济空间，是以部门分工所决定的产业联系为主要内容，所关心的是各种经济单元之间的联系。他认为增长并非同时出现在各部门，而是以不同的强度首先出现在一些增长部门，然后通过不同渠道向外扩散，并对整个经济产生不同的终极影响。显然，他主要强调规模大、创新能力高、增长快速、居支配地位的且能促进其他部门发展的推进型单元即主导产业部门，着重强调产业间的关联推动效应。布代维尔从理论上将增长极概念的经济空间推广到地理空间，认为经济空间不仅包含了经济变量之间的结构关系，也包括了经济现象的区位关系或地域结构关系。因此，增长极概念有两种含义：一是在经济意义上特指推进型主导产业部门，二是在地理意义上特指区位条件优越的地区。应指出的是，点-轴开发理论可看作增长极和生长轴理论的延伸，它不仅强调“点”（城市或优区位地区）的开发，而且强调“轴”（点与点之间的交通干线）的开发，以点带轴，点轴贯通，形成点轴系统。

4. 弗里德曼的中心-外围论

也称之为核心-边缘理论或中心-边缘理论，是 20 世纪 60 年代和 70 年代发展经济学研究发达国家与不发达国家之间的不平等经济关系时所形成的相关理论观点的总称。不少学者都使用了“中心”和“外围”这一对概念来分析世界上发达国家与不发达国家的经济贸易格局，并提出解决它们之间不平等关系的政策设想。如美国经济学家刘易斯的中心边缘国理论就是其中之一。中心、外围的概念和分析方法后来被引入区域经济的研究之中，融入了明确的空间关系概念，形成了解释区域之间经济发展关系和空间模式的中心-外围论。其中，美国学者弗里德曼在 1966 年出版的《区域发展政策》一书中提出的中心-外围论较具代表性。弗里德曼认为，在若干区域之间因多种原因个别区域率先发展起来而成为“中心”，其他区域则因发展缓慢而成为“外围”。中心与外围之间存在着不平等的发展关系，二者共同构成一个完整的二元空间结构。中心区发展条件较优越，经济效益较高，处于支配地位，而外围区发展条件较差，经济效益较低，处于被支配地位。因此，经济发展必然伴随着各生产要素从外围区向中心区的净转移。当经济进入持续增长阶段时，随着政府政策干预，中心和外围界限会逐渐消失，经济在全国范围内实现一体化，各区域优势充分发挥，经济获得全面发展。该理论对制定区域发展政策具有指导意义，但其关于二元区域结构随经济进入持续增长阶段而消失的观点是值得商榷的。

5. 区域经济梯度推移理论

其基础是美国的跨国企业问题专家弗农等的工业生产生命循环阶段论。区域经济学者把生命循环论引用到区域经济学中，创造了区域经济梯度转移理论。区域经济梯度推移说也是建立在产品周期理论基础之上的，所谓梯度是指区域之间经济总体水平的差异。梯度推移说的基本观点是，一个区域的经济兴衰取决于它的产业结构，进而取决于它的主导部门的先进程度。与产品周期相对应，可以把经济部门分为三类，即产品处于创新到成长阶段的是兴旺部门，产品处于成长到成熟阶段的是停滞部门，产品处于成熟到衰退阶段的是衰退部门。因此，如果一个区域的主导部门是兴旺部门，则被认为是高梯度区域；反之，如果主导部门是衰退部门则属于低梯度区域。推动经济发展的创新活动（包括新产品、新技术、新产业、新制度和管理方法等）主要发生在高梯度区域，然后，依据产品周期循环的顺序由高梯度区域向低梯度区域推移。根据该理论，每个国家或地区都处在一定的经济发展梯度上，世界上每出现一种新行业、新产品、新技术都会随时间推移由高梯度区向低梯度区传递，一些学者形象地称之为"工业区位向下渗透"现象。

无时间变量的区域非均衡学派虽然正确指出了不同区域间经济增长率的差异，但不能因此而断定区际差异必然会不可逆转地不断扩大。因为各种非均衡增长模型片面地强调了累积性优势的作用，忽视了空间距离、社会行为和社会经济结构的意义。缪尔达尔和赫希曼的理论动摇了市场机制能自动缩小区域经济差异的传统观念，并引起一场关于经济发展趋同或趋异的大论战。但是在美国经济学家威廉姆逊的倒"U"形理论提出之前，论战缺乏实证基础。他的研究使讨论向实证化方向迈出了有力的一步，倒"U"形理论也成为有时间变量的非均衡发展理论的代表。

6. 威廉姆逊的倒"U"形理论

威廉姆逊把库兹涅茨的收入分配倒"U"形假说应用到分析区域经济发展方面，提出了区域经济差异的倒"U"形理论。他通过实证分析指出，无论是截面分析还是时间序列分析，结果都表明，发展阶段与区域差异之间存在着倒"U"形关系。这一理论将时序问题引入了区域空间结构变动分析。由此可见，倒"U"形理论的特征在于均衡与增长之间的替代关系依时间的推移而呈非线性变化。

综观上述两类非均衡发展理论，其共同的特点是，二元经济条件下的区域经济发展轨迹必然是非均衡的，但随着发展水平的提高，二元经济必然会向更高层次的一元经济即区域经济一体化过渡。其区别主要在于，它们分别从不同的角度来论述均衡与增长的替代关系，因而各有适用范围。在关于增长是否不论所处发展阶段如何都存在对非均衡的依赖性问题上，这两类理论之间是相互冲突的。增长极理论、不平衡增长论和梯度推移理论倾向于认为，无论处在经济发展的哪个阶段，进一步的增长总要求打破原有的均衡。而倒"U"形理论则强调经济发展程度较高时期增长对均衡的依赖。

四、我国区域结构理论的研究

我国的区域经济理论存在以下特点：一是大都从国外搬来，属国内原创的理论不多；二是我国区域经济方面的主导理论随着政府主导政策的转换而转换，理论往往成了政策的事后注释；三是半个多世纪以来，我国区域经济的主导理论无非是在均衡发展与非均衡发展之间相互转换。

中华人民共和国成立初期至 20 世纪 50 年代中期，毛泽东同志在其《论十大关系》等著作和讲话中多次强调指出：尽管内地经济比沿海更为落后，但是，要想发展内地，须先发展沿海。可见毛泽东同志所主张的实际是非均衡发展理论，它反映了中国区域经济发展的历史、现实和客观规律的要求。但它与建立计划经济体制的目标及要求是难相容的，因而是难以付诸实施的。因为计划经济体制的主要特点：一是党政机关集中掌握了大部分甚至绝大部分社会资源的直接配置权；二是追求各部门（行业、产品）和各地区大致同步且门类齐全、自成体系的发展；三是制定部门和地区经济计划的基本方法是"水平法"。假定年度全国计划增长10%，那么各行各业和各地区均以10%为基准增长率；同时鼓励紧缺行业"填平补齐"，鼓励落后地区加码赶超；然后再根据上述计划分配各类资源，逐步形成各部门、各地区均衡发展的格局。因此，诸如"以钢为纲""以粮为纲"的非均衡发展思路，均未能真正解决钢铁和粮食问题。

改革开放之后，随着我国区域发展主导政策由对内地倾斜转向对沿海倾斜，区域经济主导理论也由均衡发展理论转为非均衡发展理论。在此期间，非均衡发展理论还派生出若干分支理论。最有代表性的是梯度推移理论和增长极理论。梯度推移说于20世纪70年代末引入我国区域经济研究之中，主要探讨国家经济发展的区域重点转移问题。持该观点的人认为，区域经济发展是不平衡的，区域之间存在着经济技术的梯度。经济布局的重点选择应该根据区域之间的经济梯度来决定。首先要重点发展高梯度区域，在高梯度区域实行对外开放政策，国家给予重点扶持，通过引进先进的技术，消化、吸收，然后依次向低梯度的区域推移。随着高梯度区域的经济发展加速，推移的速度将加快，从而带动低梯度区域的经济发展，逐步达到区域之间的相对均衡。与此同时，部分学者从国外引进了增长极理论，认为任何地区的经济发展都是不平衡的，不可能在所有地方同时发展，而总是首先在少数条件优越的点上形成增长中心——"增长极"；不发达地区在准备承接发达地区产业转移的同时，应当积极地发挥优势，抓住机遇，努力开发自身的点、轴和小区，并带动周围地区的发展。鉴于梯度推移理论和增长极理论都可以在实践中找到足够的例证，因此有部分学者认为：这两种理论可根据情况相互配合，以发挥各自的作用。实施西部大开发战略之后，我国区域经济无论在实践上还是理论上，都出现了均衡发展与非均衡发展并存的局面。

第三节　区域结构变动规律

一、区域结构的模式及演变

（一）区域结构的模式

在不同的区域和发展阶段，区域结构既表现出一定的共性，也存在差异，呈现出各种模式。总结已有的研究成果，区域结构有以下几种较典型的模式：

1. 极核式结构

在区域发展的早期，各地区的资源禀赋、区位条件、经济发展的资源基础、经济活动的行业构成的不同，决定了它们之间的经济发展将出现快慢之分。如果有个别经济发展比较好的点得到了良好的发展机遇，它的经济发展将步入"快车道"，在若干个点中异军突起，实现经济快速增长。最终，它发展到经济规模和居民点规模都明显超过其他点时，就成了区域的增长极。它对周围地区的资金、劳动力、技术等要素产生越来越大的吸引力，就会产生区域要素流动的极化过程，使增长极成为区域经济和社会活动的极核，对其他地方的经济和社会发展产生着主导作用。

2. 点轴式结构

它是在极核式结构的基础上发展起来的。在区域发展的初期，出现了增长极，还存在其他的点，也是经济活动相对集中的地方。增长极在发展过程中，会对周围的点产生多种影响，使区域的资源和要素在继续向增长极及相关点集聚的同时，也开始向它们之间的沿线地区集中。于是，沿线地区就逐渐发展成区域的经济活动密集区，成了区域发展所依托的轴线。位于轴线上的点将因发展条件的改善而使发展加速。增长极和轴线上点的规模不断增大，轴线的规模也随之扩大并向外进行经济和社会扩散，进而形成新的点和轴，这样，在区域内形成了不同等级的点和轴，它们相互连接构成了分布有序的点轴结构。

3. 网络式结构

网络式结构是点轴系统发展的结果。在点轴系统的发展过程中，位于轴线上的不同等级的点之间的联系会进一步加强，一个点可能与周围的多个点发生联系，以满足获取资源和要素、开拓市场的需要。相应地，在点与点之间就会建设多路径的联系通道，形成纵横交错的交通、通信、动力供给网络。网络上的各个点对周围农村地区的经济和社会发展产生组织和带动作用，并通过网络而构成区域的增长中心体系。同时，网络沟通了区域内各地区之间的联系，在全区范围内传输各种资源和要素，于是就构成了区域的网络结构。网络结构是区域经济和社会活动进行空间分布与组合的框架。依托网络结构，充分利用各种经济社会联系就能够把区域内分散的资源、要素、企业、经济部门及地区组织聚合成为一个具有不同层次、功能各异、分工合作的区域经济系统。

（二）区域结构的演变

区域结构是在一定的发展时期和条件下区域内各种经济组织进行空间分布与组合的结果。随着时间的推移，它也在不断地发生演变。这里，我们介绍一种较有影响和代表性的区域结构演变理论。

弗里德曼的区域结构演变理论。美国学者弗里德曼在1966年出版的《区域发展政策》一书中把区域结构的演变划分为四个阶段。在每个阶段，区域结构表现出特有的形式。

（1）前工业阶段的区域结构。区域结构的基本特征是区域均质无序，其中有若干个地方中心存在，但是它们之间没有等级结构分异，总体上处于低水平的均衡状态，是由一些独立的地方中心与广大的农村所组成的，每个地方中心空间狭小。区域内部各地区之间相对封闭，彼此很少联系。

（2）过渡阶段的区域结构。工业化的初期，经济快速增长，发展到一定程度就成了区域经济的中心。这个阶段区域结构由单个相对强大的经济中心与落后的外围地区所组成。该中心以其经济发展的优势吸引外围地区的要素不断向它集聚，越来越强大，而外围地区则更趋向落后，从而致使区域结构日趋不平衡。

（3）工业化阶段的区域结构。在工业化阶段，随着经济活动范围的扩展，产生了新的经济中心。这些新经济中心与原来的经济中心在发展上和空间上相互联系、组合，就形成了区域的经济中心体系。由于每个经济中心都有与其规模相应的大小不一的外围地区，这样，区域中就出现了若干规模不等的中心-外围结构。这些中心-外围结构依据各自的中心在经济中心体系中的位置及关系，相互组合在一起，构成了区域的结构。在这个时期，区域结构趋向复杂化和有序化，并对区域经济的增长有着积极的影响。

(4) 后工业化阶段的区域结构。在这个时期，经济发展达到了较高的水平，区域内各地区之间的经济交往日趋紧密和广泛。同时，不同层次和规模的经济中心与其外围地区的联系也越来越紧密，它们之间的经济发展水平差异在缩小。所以，区域内就逐步形成了功能上一体化的空间结构体系。随着中心与外围地区界线的逐渐消失，区域将最终走向空间一体化。

二、区域结构的形成与发展机制

区域结构是在多种力量的交互作用下形成和发展的。下面，我们从单个经济活动的区位指向、要素和经济活动的集聚与扩散机构、经济影响的空间近邻效应及技术创新等方面来分析区域结构形成与发展的机制。

(一) 区位指向

所谓区位指向是经济活动在选择区位时所表现出的尽量趋近于特定区位的趋向。通常，经济活动的区位指向可以分为以下几种。其一，自然条件和自然资源指向；其二，原料地指向；其三，燃料动力指向；其四，劳动力指向；其五，市场指向；其六，运输指向。在一般情况下，各种经济活动在地理空间上的分布主要是受其区位指向的制约，表现出点状、线状、面状分布形态。这些空间形态就是区域空间结构的基本构成要素。由此可见，区位指向是影响区域空间结构形成与发展的一种重要的、基本的力量。

(二) 集聚与扩散机制

1. 集聚机制

集聚是指资源、要素和部分经济活动等在地理空间上的集中趋向与过程。集聚机制的形成源于三个方面。一是经济活动的区位指向。区位指向使相同的经济活动往往都趋向于集中在区域内相关资源和要素集中分布的地方。二是经济活动的内在联系。出于加强相互联系的需要，一些内在联系紧密、相互依赖性大的经济活动往往就趋向于集中在同一个适宜的地方发展。三是经济活动对集聚经济的追求。由于集聚能够产生集聚经济，所以各种经济活动为追求集聚经济也需要在空间上趋于集中。而且集聚过程极易形成循环因果式的促进集聚的力量，从而加速集聚过程，导致区域的极化现象。

2. 扩散机制

扩散是指资源、要素和部分经济活动等在地理空间上的分散趋向与过程。扩散机制通过以下几个方面起作用：第一，避免集聚不经济。第二，寻求新的发展机会。第三，某些经济活动自身特点导致的分散。如日用品工业、原材料工业、农业等受多种因素制约而在区位选择时会向外扩散。第四，政府的相关政策诱导和鼓励集聚地区的资源、要素、企业和经济部门等向其他地区扩散。总体而言，扩散机制将促进资源、要素、企业、经济部门在空间上趋于相对均衡，有利于逐步缩小区域内部的经济水平差异，促进经济协调发展。

3. 集聚与扩散的关系

集聚与扩散是相互对立和并存的，是制约区域空间结构形成与发展的重要机制。它们之间的关系具有如下特点：首先，在区域空间结构形成与发展的不同阶段，集聚与扩散机制发生作用的强度不一样。在区域空间结构形成初期，集聚机制起着主导作用，随着区域空间结构进一步发展，集聚机制的作用将逐步减缓，扩散机制逐渐发挥作用。当区域空间结构进入成熟期，集聚机制与扩散机制同时作用，其表现形式和程度较为复杂。一般情况是扩散机制的作用强于集聚机制。其次，集聚机制与扩散机制的作用都存在一定的惯性。也就是说，一旦发生，就将沿着其固有的方向持续下去。在没有人为干预的情况下，只有等到出现集聚不经济（或扩散不经济）时，集聚（或扩散）才会受到遏制，并有可能由集聚为主转化为扩散为主（或由扩散为主而转为集聚为主）。但是，集聚机制的作用超过一定的限度，就会产生集聚不经济，从而遏制集聚的进一步进行。同样，扩散机制的作用达到一定的限度也会产生扩散不经济，从而抑制扩散的继续进行。因此，集聚（或扩散）的作用惯性也是有一定限度的。

（三）空间近邻效应

空间近邻效应是指区域内各种经济活动之间或各区域之间的空间位置关系对其相互联系所产生的影响。研究表明，各种经济活动或区域的经济影响力随空间距离的增大而呈减小的趋势。在同等条件下选择发展的地域时会以周围地区为主。只要能够基本满足所必需的技术要求、经济效益，各种经济活动都倾向于就近组织资源、要素，也就容易与空间上近邻的相关经济活动或区域发生联系。而且，随着空间距离的增大，各种经济活动采取行动的可能性及产生的影响都将相应地减小。

（四）技术创新

在区域结构的形成与演变中，科学技术始终是最活跃和关键的要素之一。技术创新的能力能够渗透和扩散到经济和社会的各个领域，产生广泛而深刻的影响。同时，技术创新对区域结构变迁起着重要的推动作用。技术创新对区域结构变迁的影响作用在于，一旦技术创新取得成功，将引起产品、产业的更替；改变消费需求；促进制度创新；增强区域的经济竞争力，对当地经济增长产生巨大的推动作用，技术创新地区的经济增长速度会快于其他地区。而导致技术创新的要素（如追求潜在超额利润的企业家，追求成功的科技人士，面临发展竞争压力的政府）往往都趋向集中在具备创新条件的地方，于是产生技术创新行为与过程的正向循环，技术创新在少数地方不断地强化。相比之下，其他地区的技术创新存在较多的困难，技术进步比较缓慢。区域内部因此而存在或加大经济增长的空间差异。如果没有外来力量（如政府的干预，经济或社会发展的大背景发生大的变化），这样的经济格局是不易在短时间内发生根本性变化的。

第四节　区域结构优化的目标与措施

实现区域结构的调整与优化，是一个多主体的行为过程。企业与政府（中央、地方）都要在这个过程中起重要作用。在市场经济条件下，市场是资源配置的基本方式，但政府具有不可替代的职能和作用，尤其是在结构调整和转换的过程中，政府宏观调控的作用更加重要。区域结构的调整与优化，同样需要政府根据国家社会、经济发展的战略性目标，对一些需要支持的重点区域和重点方向进行必要的引导和支持，包括政策支持和财力支持，以加速结构转换进程。实践经验表明，没有一个国家的经济结构调整是完全脱离政府而进行的。

一、区域结构的优化目标

区域结构的优化是指在国民经济地域范围内的现有资源、社会经济及技术条件下，为满足一定的生态环境及其他特殊条件的要求，使各种经济活动的布局更加合理、趋于最优的过程；亦可指在满足一定的目标条件下，使该区域内的自然及社会经济资源得到最经济合理的利用和配置的过程。具体包括：（1）空间结构优化的目标；（2）空间结构优化的配置；（3）空间结构优化的途径；（4）空间结构优化的控制。通过国民经济空间结构的优化，可在一定的人力、物力和财力条件下，使国民经济的发展取得最佳效益，为实现一定的社会经济目标，使人力、物力和财力得到最合理的利用与分配。

从总体上，区域结构的优化目标主要包括：

（1）从国民经济总体利益出发，兼顾各地区利益，合理安排国民经济与区域经济发展的规模、速度和比例关系，实现国民经济全局与局部的协调、有序、健康发展。

（2）综合协调各区域之间的发展关系，具体包括各经济区之间、各省之间、各城市体系以及相关城市之间等多层次关系的协调。这里关键是各级政府之间关系的协调。这种综合协调应包含以下具体内容：第一，加强各区域之间的协调；第二，促进各区域之间的合作；第三，推动城市化水平的提高；第四，实现区域经济的均衡发展。

（3）重视生态环境的保护和资源的可持续利用，实现各区域及整个国民经济的可持续发展。从可持续发展角度出发，实现我国经济区域的空间重组，应该作为21世纪我国区域经济发展的基本战略目标。

根据我国长期以来的实践经验与教训，从长远利益出发，必须树立区域平衡协调发展的总体战略思想。从不平衡到平衡发展应是我国优化经济空间结构的长期奋斗目标。从我国经济区域的划分来看，就是要把重视东西差距、南北差距和中心-外围差距结合起来。应创造条件努力扭转地区差距扩大的趋势，正确处理国家经济发展与地区经济发展的关系，正确处理沿海发达地区与内陆欠发达地区、资源密集地区与加工业集中地区、汉族集中区域和少数民族集中区域的关系。要发挥中央与地方的积极性，加速地区经济发展，扩大就业，提高人民生活水平。关键是通过市场机制和国家宏观调控结合，协调地区经济发展速度和利益分配，防止出现两极分化。同时采取措施，如调整中西部的经济结构，加强地区合作与互助，有重点地改造中西部基础设施和投资环境等。

二、产业区位商

各地区域经济发展一般建立在区域产业发展基础之上。比如各地纷纷选择当地的主导产业，通过扶持和发展主导产业来带动整个区域经济。有关主导产业的发展意义及其选择标准在前面一章中已经做了介绍。然而实践证明，各地仅仅依据当地条件选择出来的主导产业，从国民经济角度审视存在着违背空间布局分工规律的问题，同时是各地重复建设、产业结构趋同和当地产业缺乏竞争力的根源所在。因此既要发展主导产业又要避免产业趋同问题，就成为各个地区产业政策要解决的一个关键性问题。比较合理的解决办法，是在选择主导产业的时候，参照其他地区和全国的产业发展情况，经过综合比较，合理选定适合本地发展并具有竞争力的产业。经济理论中开发出来的产业区位商概念及其方法，有助于该问题的解决。

（一）区位商概念

区位商，也称为区域规模优势指数或区域专门化率，由哈盖特（P. Hagget）首先提出并运用于区位分析中，是产业经济学、区域经济学中常用的分析区域产业布局和产业优势的指标。

具体而言，区位商是测度一个地区某一产业相对于参照地区的产业集中度的方法（参照地区通常是其所在国家），反映本地该行业的规模水平和专业化程度。其计算方式有两种：

$$LQ_{ij}=\frac{L_{ij}/\sum_{j=1}^{m}L_{ij}}{\sum_{i}^{n}L_{ij}/\sum_{i}^{n}\sum_{j}^{m}L_{ij}} \tag{11-1}$$

$$LQ_{ij}=\frac{L_{ij}/\sum_{i=1}^{n}L_{ij}}{\sum_{j}^{m}L_{ij}/\sum_{i}^{n}\sum_{j}^{m}L_{ij}} \tag{11-2}$$

式中，LQ_{ij} 表示 i 地区 j 行业的区位商，i 表示第 i 个地区（$i=1，2，3，\cdots，n$），j 表示第 j 个行业（$j=1，2，3，\cdots，m$），L_{ij} 表示第 i 个地区第 j 个行业的产值。

第一种形式是 i 地区 j 行业在本地总产出中的比重与全国 j 行业占整个国民经济产出的比重之比，反映的是地域分工和产品贸易。其含义是，若 $LQ_{ij}>1$，意味着 i 地区 j 行业在满足本地区需求之外还有节余，可对其他地区提供产品；若 $LQ_{ij}<1$，则表示 i 地区需要从其他地区调入 j 行业产品；若 $LQ_{ij}=1$，则表示 i 地区 j 行业刚好能满足本地需要。

第二种形式是 i 地区 j 行业占全国 j 行业的比重与 i 地区经济总量占整个国民经济总量的比重之比，反映行业优势。含义是，若 $LQ_{ij}>1$，则 i 地区在 j 行业上处于优势地位；若 $LQ_{ij}<1$，则 i 地区在 j 行业上处于劣势地位；若 $LQ_{ij}=1$，则 i 地区在 j 行业上没有明显的优势和劣势。

略做推导即可看出，公式（11-1）与公式（11-2）本质上是等价的，只是反映的角度不同。

举例来说，假设有两个地区 A、B，地区 A 的工业总产值占全国的 10%，其中 50%集中在制造业；地区 B 的工业总产值占全国的 50%，但制造业只占 10%，可以计算出，A 地制造业的区位商为 5，B 地制造业的产业区位商为 0.2，即地区 A 的制造业集中程度较高，专业化水平较高，具有比较优势。因此，可以说，区位商越大，该地区该产业的比较优势越明显，竞争能力越强。北京地区三次产业的区位商如表 11-1 所示。计算结果显示，北京地区的第三产业就具有比较明显的优势，竞争力较强。

表 11-1　　北京地区三次产业区位商（2005 年）

		第一产业		第二产业		第三产业	
	GDP（亿元）	产值（亿元）	比重	产值（亿元）	比重	产值（亿元）	比重
全国	183 084.8	23 070.4	0.13	87 046.7	0.48	72 967.7	0.40
北京	6 886.31	97.99	0.01	2 026.51	0.29	4 761.81	0.69
区位商		0.11		0.62		1.74	

资料来源：《中国统计年鉴（2006）》。

上面的公式中，选取了产值来反映行业规模，其实，通常也可用产业销售收入、企业数量、企业从业人数、固定资产额等指标来计算区位商。

（二）区位商的优点和缺点

区位商是分析产业结构和区域产业布局时应用比较广泛的一个指标，其优点首先在于排除了区域的经济规模差异因素，有利于显示真正的区域优势行业，可以真实地反映地理要素的空间分布、主导经济部门的作用及其变化特点。其次，区位商解决了地区间贸易数据问题。在国际贸易当中，判断一国产业优势通常利用该国出口产品结构及其在国际市场上所占份额，但在区际贸易当中，却无法获得准确的区际贸易数据，区位商恰好提供了替代性的指标。最后，区位商体现了竞争优势理论的内涵。区域经济的竞争优势理论认为，所有生产率高的产品在方向上可能会集中在某些经济发达领域，但是各种产品的市场竞争力即区域产品对区际市场的占有却不会为任何区域垄断，必然由参与分工与贸易的区域在不同产品方向上分享。区位商显示了各区域在各产业上的进出口贸易格局，从而反映了在各行业上参与区际贸易的竞争能力，同时显示了这种竞争力不会为少数具有较高生产率的发达区域所垄断，必然由参与分工的区域所分享。此外，跨年度的区位商比较能够显示出区际贸易格局的变动趋势。通过比较不同时期各地区各行业区位商值，可以看出各地区产业结构、优势产业及整个国民经济空间结构、各行业优势区位的变动趋势①。

区位商的缺点在于比较粗略。区位商指标只能反映区域产业生产专业化的相对程度，并不反映其实际产业生产专业化程度。当用就业人数、固定资产额等计算区位商时无法顾及地区内产业部门的生产率与全国同类产业生产率的差异，有可能发生偏差，不能准确地反映最终产出的专业化。用产值计算区位商虽不存在这些方面的问题，但也不能准确反映地区间产品的输出与交换情况。

针对区位商概念及其方法的长处与不足，可以利用其他国民经济管理的工具和方法如投入产出法、主导产业基准法加以补充和完善。

（三）区位商的应用

区位商在分析区域产业结构、判定优势产业以及分析全国产业布局等方面有着比较多的应用。在分析区域产业内部结构时，可以对比有关部门或产业活动的区位商，研究区域优势行业的变动及趋向，明确各部门或产业活动在区域经济发展中的功能差异以及重点和薄弱环节所在，从而判断和确定区域经济发展的主导产业，为区域产业结构调整提供依据。

① 程选．我国地区比较优势研究．北京：中国计划出版社，2004：121.

三、区域结构的调整措施

在市场经济体制条件下，应注重发挥市场机制，并与国家宏观调控干预相结合，处理好整体与局部、局部与局部之间的矛盾，既可保证国民经济的健康协调发展，又能促进地区经济的平衡协调发展。具体调整措施包括：

1. 制定区域结构调整战略

根据国家经济总体水平和发展进程，以发挥优势、发展特色经济，改善地区布局，促进地区经济协调发展等战略思想为指导，制定国民经济空间调整开发战略，把发展指导思想、远景目标和分阶段的目标、产业结构、主导产业、人口控制目标、各产业的比例和发展方向、远景目标、重点建设项目和实施政策等一整套战略内容进行地区配置，以建立合理的国民经济空间结构。空间调整开发战略的重点包括根据不同区域的地位、优劣势条件、区域容量与潜力，确定调整开发方式，明确重点调整开发区域，确定区域土地利用结构，提出地域调整开发的策略和措施，并落实实施方案和分工配合原则，以保证调整开发战略的实现。

2. 加强国土规划和区域规划

这是发达国家如日本、法国、德国政府干预地区经济发展、缩小地区经济差异普遍有效的办法。今后，我国应加强国土规划和区域规划，提高规划的权威性，加强项目的选址和立项论证，并要与国民经济中长期规划、土地利用总体规划、城市总体规划和项目建设论证相衔接，从而形成规划-计划-项目实施有机体系和约束机制。

3. 实行产业倾斜与地区倾斜相结合的区域产业发展政策

制定正确产业政策和区域政策是促进地区平衡协调发展的重要措施。我国缺乏长期稳定的产业和区域政策。我国幅员辽阔，地区类型多样，差异大，过分强调地区倾斜或产业倾斜，并不能正确处理地区发展和协调利益分配，从而容易造成地区矛盾。正确的政策应是两者的有机结合，即根据一定时期国家产业发展目标、重点和各地区的比较优势，在统一规划和部署的基础上，对重点产业和重点地区给予资金、政策扶持，使产业结构与资源结构，宏观经济效益与地区公平目标相协调。

4. 利用财政再分配手段调节分配结构和地区结构

一是实行中央财政对地方的返还和转移支付制度，建立地区性金融组织，积极扶持欠发达地区的经济发展和老工业基地的更新改造。二是实行公共投资重点分配制度，设立基础设施和教育等专项基金，促进欠发达地区交通、通信和教育事业发展，并实行专款专用。三是继续对贫困地区和少数民族地区的财税、金融、投资、价格和外贸等方面，实行扶持政策和灵活措施，增加对中西部地区，尤其是贫困和少数民族地区的投资。

第五节　我国近期区域结构调整战略与规划

2006 年通过的“十一五”规划纲要明确了实施推进西部大开发、振兴东北地区等老工业基地、促进中部地区崛起、鼓励东部地区率先发展的区域发展总体战略，明确了健全市场机制、合作机制、互助机制、扶持机制的四大区域协调互动机制。

2007年党的十七大对推动区域协调发展提出了新要求，总体目标、发展思路和重点任务更加清晰，政策体系和具体措施更趋完善，我国区域协调发展步入了一个新时期。

一、以主体功能区构筑国土规划框架

从“十一五”规划开始，我国把区域规划与区域政策的作用提到了前所未有的高度，这是中国政府调控经济与社会发展的重要转折点。“十一五”规划提出了三个“四大”，即四大战略区域（亦称“四大板块”）、四大机制和四大主体功能区。所谓四大战略区域，就是从战略上将发展区域划分为西部地区、东北地区、中部地区与东部地区，确定东部地区率先发展、西部大开发、振兴东北老工业基地、中部地区崛起“四大板块”；所谓四大机制，即通过市场机制、合作机制、互助机制与扶持机制协调区域发展，为企业、地方与中央政府的区域行为提供基本规范；所谓四大主体功能区，就是依据各地区资源环境承载能力和发展潜力，按照优化开发、重点开发、限制开发和禁止开发的不同要求，明确不同区域的功能定位。其中，主体功能区的提出是中国区域管理的一大创新。

按照“十一五”规划纲要，我国960多万平方公里的国土被划分为：优化开发区域、重点开发区域、限制开发区域和禁止开发区域这四类主体功能区。这是根据资源环境承载能力、现有开发密度和发展潜力，统筹考虑未来我国人口分布、经济布局、国土利用和城镇化格局而做出的决定。

为落实《国民经济和社会发展第十一个五年规划纲要》确定的编制全国主体功能区规划，国务院办公厅2007年7月31日公布了《国务院关于编制全国主体功能区规划的意见》，进一步明确主体功能区的范围、功能定位、发展方向和区域政策的任务和要求。

（一）主体功能区的概念和内容

主体功能区是指依据资源环境承载能力、现有开发密度和发展潜力，统筹考虑生态功能和经济社会发展方向，从区域空间开发适宜性的角度，将区域划分为具有特定主体功能定位的不同空间单元的过程。主体功能区是国家“十一五”规划的重大突破，具有创新性的特征；主体功能区是编制空间规划、优化空间布局的重要前提，具有基础性的特征；主体功能区是协调经济社会发展和人口资源环境的重要载体，具有综合性的特征。

“十一五”规划纲要将我国国土空间划分为优化开发区域、重点开发区域、限制开发区域和禁止开发区域四类主体功能区。2006年10月，国务院办公厅下发了《关于开展全国主体功能区划规划编制工作的通知》，成立了由国家发展改革委、财政部、国土资源部、建设部、科技部、水利部、农业部、人口计生委、环保总局、林业局、中科院、地震局、气象局、海洋局、测绘局等15个部门参与的规划编制工作领导小组。

划分主体功能区必须考虑的主要因素有：资源禀赋、生态状况、环境容量、区位特征、现有开发密度、人口集聚状况、经济结构特点、参与国际分工程度和经济社会发展方向等。其中，最关键的是要认真进行生态功能和资源环境承载能力的分析评价、现有开发密度和可持续发展能力的分析评价、经济社会发展方向和发展潜力的分析评价。

（1）优化开发区域，指国土开发密度已经较高、资源环境承载能力开始减弱的区域。要改变依靠大量占用土地、大量消耗资源和大量排放污染实现经济较快增长的模式，把提高增长质量和效益放在首位，提升参与全球分工与竞争的层次，继续成为带动全国经济社会发展的龙头和我国参与经济全球化的主体区域。优化开发区域包括环渤海、长三角和珠三角等三个区域。

（2）重点开发区域，指资源环境承载能力较强、经济和人口集聚条件较好的区域。要充实基础设施，改善投资创业环境，促进产业集群发展，壮大经济规模，加快工业化和城镇化，承接优化开发区域的产业转移，承接限制开发区域和禁止开发区域的人口转移，逐步成为支撑全国经济发展和人口集聚的重要载体。重点开发区域包括冀中南地区、太原城市群、呼包鄂榆地区、哈长地区、东陇海地区、江淮地区、海峡西岸经济区、中原经济区、长江中游地区、北部湾地区、成渝地区、黔中地区、滇中地区、藏中南地区、关中-天水地区、兰州-西宁地区、宁夏沿黄经济区和天山北坡地区等 18 个区域。

（3）限制开发区域，指资源承载能力较弱、大规模集聚经济和人口条件不够好并关系到全国或较大区域范围生态安全的区域。要坚持保持优先、适度开发、点状发展的原则，因地制宜地发展资源环境可承载的特色产业，加强生态修复和环境保护，引导超载人口逐步有序转移，逐步成为全国或区域性的重要生态功能区。限制开发区域分为农产品主产区与重点生态功能区，农产品主产区主要包括东北平原主产区、黄淮海平原主产区、长江流域主产区等 7 大优势农产品主产区及其 23 个产业带，重点生态功能区包括大小兴安岭森林生态功能区、三江源草原草甸湿地生态功能区、黄土高原丘陵沟壑水土保持生态功能区、桂黔滇喀斯特石漠化防治生态功能区等 25 个国家重点生态功能区。

（4）禁止开发区域，指依法设立的各类自然保护区域。要依据法律法规和相关的规划实行强制性保护，控制人为因素对自然生态的干扰，严禁不符合主体功能定位的开发活动。规划草案中明确指出，禁止开发区域共包括 319 个国家级自然保护区、40 处世界文化自然遗产、205 个国家重点风景名胜区、738 个国家森林公园、138 个国家地质公园。

同时，提出了一系列针对各类主体功能区实施分类管理的区域政策。具体包括：

1）财政政策，要提出按主体功能区进行财政转移支付的范围、方式和标准；

2）投资政策，要提出按区域主体功能定位引导社会投资的措施和办法；

3）产业政策，要提出不同主体功能区鼓励、限制等分类指导的产业目录及措施；

4）土地政策，要提出分地区的适当扩大或限制建设用地规模的管理办法；

5）人口管理政策，要研究制定鼓励优化开发和重点开发区域吸纳外来人口，引导限制开发和禁止开发区域人口自愿平稳有序转移的具体办法；

6）环境政策，要根据不同主体功能区的环境承载能力，提出分类指导的环境政策和标准。绩效评价，要研究提出针对不同主体功能区的绩效评价指标和政绩考核办法。

（二）编制全国主体功能区规划的重要意义

编制全国主体功能区规划，就是要根据不同区域的资源环境承载能力、现有开发密度和发展潜力，统筹谋划未来人口分布、经济布局、国土利用和城镇化格局，将国土空间划分为优化开发、重点开发、限制开发和禁止开发四类，确定主体功能定位，明确开发方向，控制开发强度，规范开发秩序，完善开发政策，逐步形成人口、经济、资源环境相协调的空间开发格局。

编制全国主体功能区规划，推进形成主体功能区，有利于坚持以人为本，缩小地区间公共服务的差距，促进区域协调发展；有利于引导经济布局、人口分布与资源环境承载能力相适应，促进人口、经济、资源环境的空间均衡；有利于从源头上扭转生态环境恶化趋势，适应和减缓气候变化，实现资源节约和环境保护；有利于打破行政区划，制定实施有针对性的政策措施和绩效考评体系，加强和改善区域调控。

全国主体功能区规划是战略性、基础性、约束性的规划，是国民经济和社会发展总体规划、人口规划、区域规划、城市规划、土地利用规划、环境保护规划、生态建设规划、流域综合规划、水资源综合规划、海洋功能区划、海域使用规划、粮食生产规划、交通规划、防灾减灾规划等在空间开发和布局的基本依据。同时，编制全国主体功能区规划要以上述规划和其他相关规划为支撑，并在政策、法规和实施管理等方面做好衔接工作。

（三）编制全国主体功能区规划的基本要求

原则性要求：坚持以人为本，引导人口与经济在国土空间合理、均衡分布，逐步实现不同区域和城乡人民都享有均等化公共服务；坚持集约开发，引导产业相对集聚发展，人口相对集中居住，形成以城市群为主体形态、其他城镇点状分布的城镇化格局，提高土地、水、气候等资源的利用效率，增强可持续发展能力；坚持尊重自然，开发必须以保护好自然生态为前提，发展必须以环境容量为基础，确保生态安全，不断改善环境质量，实现人与自然和谐相处；坚持城乡统筹，防止城镇化地区对农村地区的过度侵蚀，同时，也为农村人口进入城市提供必要的空间；坚持陆海统筹，强化海洋意识，充分考虑海域资源环境承载能力，做到陆地开发与海洋开发相协调。

具体要求是要妥善处理好几个方面的关系：

(1) 处理好开发与发展的关系。发展才是硬道理，发展必须建立在科学合理、有序适度开发的基础上。我国正处于工业化、城镇化加速发展的阶段，编制实施全国主体功能区规划，就是要在大规模开发过程中，既明确优化开发、重点开发区域，又根据资源环境承载能力划定限制、禁止开发区域，实现又好又快发展。

(2) 处理好政府与市场的关系。全国主体功能区规划是政府对国土空间开发的战略设计和总体布局，体现了国家战略意图，政府应当根据主体功能区的定位合理配置公共资源，同时要充分发挥市场配置资源的基础性作用，完善法律法规和区域政策，综合运用各种手段，引导市场主体的行为符合主体功能区的定位。

(3) 处理好局部与全局的关系。推进形成主体功能区是从全局利益出发，谋求国家和人民的整体利益、长远利益的最大化，要做到局部服从全局，全局兼顾局部。

(4) 处理好主体功能与其他功能的关系。主体功能区要突出主要功能和主导作用，同时不排斥其他辅助或附属功能。优化开发和重点开发区域的主体功能是集聚经济和人口，但其中也要有生态区、农业区、旅游休闲区等；限制开发区域的主体功能是保护生态环境，但在生态和资源环境可承受的范围内也可以发展特色产业，适度开发矿产资源。

(5) 处理好行政区与主体功能区的关系。编制主体功能区规划，需要打破行政区界限，改变完全按行政区制定区域政策和绩效评价的方法，同时，主体功能区规划的实施，也需要依托一定层级的行政区。

(6) 处理好各类主体功能区之间的关系。各类主体功能区之间要分工协作，相互促进。优化开发区域要通过向重点开发区域转移产业，减轻人口、资源大规模跨区域流动和生态环境的压力；重点开发区域要促进产业集群发展，增强承接限制开发和禁止开发区域超载人口的能力；限制开发、禁止开发区域要通过生态建设和环境保护，提高生态环境承载能力，逐步成为全国或区域性的生态屏障和自然文化保护区域。

（7）处理好保持稳定与动态调整的关系。主体功能区一经确定，不能随意更改。禁止开发区域要严格依法保护；限制开发区域要坚持保护优先，逐步扩大范围；重点开发区域可根据经济社会发展和资源环境承载能力的变化，适时调整为优化开发区域。

全国主体功能区规划由国家主体功能区规划和省级主体功能区规划组成，分国家和省级两个层次编制，规划期至2020年，并通过中期评估实行滚动调整。编制全国主体功能区规划的主要任务是，在分析评价国土空间的基础上，确定各级各类主体功能区的数量、位置和范围，明确不同主体功能区的定位、开发方向、管制原则、区域政策等。

（四）完善区域政策

实施全国主体功能区规划，实现主体功能区定位，关键要调整完善相关政策，主要有：

（1）财政政策。以实现基本公共服务均等化为目标，完善中央和省以下财政转移支付制度，重点增加对限制开发和禁止开发区域用于公共服务和生态环境补偿的财政转移支付。

（2）投资政策。逐步实行按主体功能区与领域相结合的投资政策，政府投资重点支持限制开发、禁止开发区域公共服务设施建设、生态建设和环境保护，支持重点开发区域基础设施建设。

（3）产业政策。按照推进形成主体功能区的要求，研究提出不同主体功能区的产业指导目录及措施，引导优化开发区域增强自主创新能力，提升产业结构层次和竞争力；引导重点开发区域加强产业配套能力建设，增强吸纳产业转移和自主创新能力；引导限制开发区域发展特色产业，限制不符合主体功能定位的产业扩张。

（4）土地政策。按照主体功能区的有关要求，依据土地利用总体规划，实行差别化的土地利用政策，确保18亿亩耕地数量不减少、质量不下降。对优化开发区域实行更严格的建设用地增量控制，适当扩大重点开发区域建设用地供给，严格对限制开发区域和禁止开发区域的土地用途管制，严禁改变生态用地用途。

（5）人口管理政策。按照主体功能定位调控人口总量，引导人口有序流动，逐步形成人口与资金等生产要素同向流动的机制。鼓励优化开发区域、重点开发区域吸纳外来人口定居落户；引导限制开发和禁止开发区域的人口逐步自愿、平稳、有序转移，缓解人与自然关系紧张的状况。

（6）环境保护政策。根据不同主体功能区的环境承载能力，提出分类管理的环境保护政策。优化开发区域要实行更严格的污染物排放和环保标准，大幅减少污染排放；重点开发区域要保持环境承载能力，做到增产减污；限制开发区域要坚持保护优先，确保生态功能的恢复和保育；禁止开发区域要依法严格保护。

（7）绩效评价和政绩考核。针对主体功能区不同定位，实行不同的绩效评价指标和政绩考核办法。优化开发区域要强化经济结构、资源消耗、自主创新等的评价，弱化经济增长的评价；重点开发区域要对经济增长、质量效益、工业化和城镇化水平以及相关领域的自主创新等实行综合评价；限制开发区域要突出生态建设和环境保护等的评价，弱化经济增长、工业化和城镇化水平的评价；禁止开发区域主要评价生态建设和环境保护。

二、区域协调发展战略部署和安排

我国政府把科学划分主体功能区、优化国土开发格局作为未来十几年经济发展的一项重要战略任务来部署，并在促进区域协调发展方面做出了一系列战略部署和安排。

（一）全国各大区域全面推进经济区发展规划

1. 扎实推进西部大开发

自2000年以来加强西部地区基础设施建设，青藏铁路、西气东输及一批大型水利枢纽工程相继建成，交通、通信、电力、饮水等设施建设成效显著，农村生产生活条件明显改善，退耕还林和退牧还草取得新的进展，西部教育“两基”人口覆盖率明显提高。为积极推进改革开放，国务院批准成都、重庆设立全国统筹城乡综合配套改革试验区。研究制定了西部若干省区经济社会发展的重大政策意见，国务院已经批复了《西部大开发“十一五”规划》，全面组织实施西部大开发“十一五”规划各项任务，再新开工一批重点项目。继续推进重点生态工程，抓紧制定退耕还林、退牧还草相关后续政策，加快促进重点经济带发展，支持有条件的地区集约发展特色优势产业，着力改善和加强西部地区公共服务，加强西部地区人才队伍建设。

2. 加快振兴东北地区等老工业基地

2003年10月，中央印发了《中共中央国务院关于实施东北地区等老工业基地振兴战略的若干意见》，出台多项针对性强、推动力大的政策措施，着力推进国有企业改革，扩大对外开放，调整产业结构，建立城镇社会保障体系，治理采煤沉陷区，发展装备制造业和现代农业。加快阜新等资源型城市经济转型试点，稳步有序推进棚户区改造。国务院已经批复了《东北地区振兴规划》，进一步巩固东北地区作为全国商品粮生产基地的重要地位。规划要求大力推进产业结构优化升级，加快振兴装备制造业，深化国有企业改革，做好经济转型试点工作，加大棚户区改造和采煤沉陷区治理的支持力度，大力发展循环经济。

3. 促进中部地区崛起

2006年4月《中共中央国务院关于促进中部地区崛起的若干意见》正式出台，确定中部六省26个城市比照实施振兴东北等老工业基地有关政策，243个县（市、区）比照实施西部大开发有关政策，并积极研究“两个比照”政策的实施意见。支持中部地区建设粮食生产基地、能源原材料基地、现代装备制造及高技术产业基地和综合交通运输枢纽。加强对中部地区粮食生产的支持力度，大力发展煤炭、电力、钢铁、有色、建材等优势产业，加快中部地区改革开放。2007年12月，国务院批准湖北武汉城市圈和湖南长株潭城市群，成为“全国资源节约型和环境友好型社会（简称‘两型社会’）建设综合配套改革试验区”。

4. 支持东部地区率先发展

鼓励东部地区加快体制机制创新和产业结构转型升级。在确定上海浦东新区开展国家综合配套改革试点的基础上，制定颁布了《国务院关于推进天津滨海新区开发开放有关问题的意见》，确定天津滨海新区作为综合配套改革试点的新区域。出台实施京津冀都市圈和长三角地区区域规划。完善区域创新体系，加强自主创新，推进产业结构优化升级，提升东部经济国际竞争力。支持海峡西岸和其他台商投资相对集中地区的经济发展，发挥重点地区在改革开放和自主创新中的辐射带动作用。大力发展循环经济，率先建立资源节约型和环境友好型社会。积极发展海洋经济，促进海陆统筹发展。

5. 加大对革命老区、民族地区和边疆地区的支持力度

近年来国家先后制定了增加财政转移支付、取消农业税、支持社会事业发展、退耕还林还草、推进整村扶贫等一系列政策措施，不断加大投入支持力度。在有条件开发的地区，合理有序开发利用优势资源。在生态环境恶劣的地方，继续实施重大生态建设工程，稳步推进生态移民搬迁。努力提高人口素质。加强欠发达地区人才队伍建设。

6. 建立健全促进区域协调发展的互动机制

健全市场机制，积极转变政府职能，着力打破行政界限和市场分割，中央政府鼓励和推动各地区成立了一大批区域合作组织，开展多领域、多层面的紧密合作。政府广泛运用多种有效形式加强区域间重大事项的协商与沟通，广泛动员企业、中介组织参与和推动区域合作。健全互助机制，鼓励发达地区加大力度带动帮助欠发达地区发展，继续做好对口支援。健全扶持机制，加大对老少边穷地区发展的扶持，重点促进基本公共服务均等化。

7. 落实城乡统筹，促进城镇化健康发展

按照中国特色城镇化道路的要求，以统筹城乡规划、布局合理、节约土地、功能完善、以大带小为原则，促进大中小城市和小城镇协调发展。政府把城市群确立为推进城镇化的主体形态，加强城市群、产业带规划编制，引导形成合理的城镇化空间格局。增强城镇综合承载能力，增强可持续发展能力。稳步推进相关的体制机制改革，继续推进就业、户籍、财税、征地、公共服务等与城镇化健康发展相关的制度，引导人口合理有序城镇化。

到“十二五”时，上述一系列发展思路进一步形成了中国区域发展的新格局。即以城市群为基础和核心，形成八大经济圈。具体包括：大长三角经济圈、泛渤海经济圈、大珠三角经济圈、东北经济圈、海峡经济圈、中部经济圈、西南经济圈、西北经济圈。

这个时期，国务院先后批复国家级区域规划约 40 个。具体包括：上海浦东新区、天津滨海新区、重庆和成都统筹城乡综改区、东北地区振兴规划、武汉城市圈和长株潭城市群“两型”社会建设综改区、广西北部湾经济区、珠三角地区改革发展规划、海峡西岸经济区、深圳综改区、江苏沿海地区、横琴新区、关中-天水经济区、辽宁沿海经济带、长吉图开发开放先导区、中部地区崛起规划、黄河三角洲高效生态经济区、鄱阳湖生态经济区、甘肃循环经济示范区、海南国际旅游岛、皖江城市带、青海柴达木循环经济试验区、沈阳经济区、两江新区、长江三角洲区域规划、山西资源型经济转型综改区、京津冀都市圈、成渝经济区、河北省的“环首都经济圈”、河南省的“大中原经济区”、云南省的“大西南桥头堡建设规划”、山东省的“蓝色半岛经济区”、黑龙江省的“大小兴安岭生态保护和经济转型规划”、哈牡绥东出口加工区、新疆生产建设兵团的“主体功能区规划”、贵州发展规划、内蒙古发展规划、陕甘宁革命老区振兴规划。同时，国务院以发布专门文件的方式，支持新疆、西藏、宁夏 3 个民族自治区的发展。至此，经济区发展规划几乎覆

盖全部国土。

（二）新时代催生区域经济发展新热点

1. 京津冀协同发展成为重大国家战略

2014 年 2 月 26 日，习近平在听取京津冀协同发展专题汇报时强调，实现京津冀协同发展，是面向未来打造新的首都经济圈、推进区域发展体制机制创新的需要，是探索完善城市群布局和形态、为优化开发区域发展提供示范和样板的需要，是探索生态文明建设有效路径、促进人口经济资源环境相协调的需要，是实现京津冀优势互补、促进环渤海经济区发展、带动北方腹地发展的需要，是一个重大国家战略，要坚持优势互补、互利共赢、扎实推进，加快走出一条科学持续的协同发展路子来。

2015 年 4 月 30 日，中共中央政治局召开会议，审议通过《京津冀协同发展规划纲要》，京津冀协同发展迎来实质发展期，河北各地开始积极承接北京外迁产业。探索一种人口经济密集地区优化开发的模式，形成新增长极；要在京津冀交通一体化、生态环境保护、产业升级转移等重点领域率先取得突破。

《“十三五”时期京津冀国民经济和社会发展规划》于 2016 年 2 月开始实施。这是全国第一个跨省市的区域“十三五”规划。对于打破三省市“一亩三分地”思维定式，进一步增强发展整体性和协同性具有重要意义。据了解，北京市、天津市、河北省以规划为指导，审议通过了各自的“十三五”国民经济和社会发展规划纲要。

2015 年 8 月 23 日，京津冀整体定位是“以首都为核心的世界级城市群、区域整体协同发展改革引领区、全国创新驱动经济增长新引擎、生态修复环境改善示范区”。三省市定位分别为，北京市“全国政治中心、文化中心、国际交往中心、科技创新中心”；天津市“全国先进制造研发基地、北方国际航运核心区、金融创新运营示范区、改革开放先行区”；河北省“全国现代商贸物流重要基地、产业转型升级试验区、新型城镇化与城乡统筹示范区、京津冀生态环境支撑区”。《京津冀协同发展规划纲要》中明确提出“支持山东德州建设京津冀产业承接、科技成果转化、优质农产品供应、劳动力输送基地和京津冀南部重要生态功能区”。德州作为山东全省唯一纳入规划的城市，“一区四基地”战略地位正式确立。

推动京津冀协同发展，重点要推动三大改革步伐。

一是推动要素市场一体化改革，包括推进金融市场一体化、土地要素市场一体化、技术和信息市场一体化等。

二是构建协同发展的体制机制，包括建立行政管理协同机制、基础设施互联互通机制、生态环境保护联动机制、产业协同发展机制、科技创新协同机制等。

三是加快公共服务一体化改革，包括建立区域内统一的公共就业服务平台和劳务协作会商机制，落实养老保险跨区域转移政策，统筹三省市考试招生制度改革等。

习近平等中央党政领导人在深入北京、天津、河北考察调研基础上，经过中共中央政治局常委会会议、中央政治局会议，研究和部署实施京津冀协同发展战略。同时提出在河北适合地段规划建设一座以新发展理念引领的现代新型城区，重点打造北京非首都功能疏解集中承载地。

2016 年 5 月 27 日，中共中央政治局会议审议了《关于规划建设北京城市副中心和研究设立河北雄安新区的有关情况的汇报》。

2017年2月23日，国家主席习近平专程到河北省雄安新县进行实地考察，主持召开河北雄安新区规划建设工作座谈会。

2017年4月1日，中共中央、国务院印发通知，决定设立河北雄安新区。

2017年4月26日，河北雄安新区临时党委委员、筹备工作委员会在发布会上表示，雄安新区将30平方公里启动区的控制性详规和城市设计，面向全球招标，开展设计竞赛和方案征集。

2017年6月，中国共产党河北雄安新区工作委员会、河北雄安新区管理委员会获批设立，为中共河北省委、河北省人民政府派出机构。

2017年7月18日，中国雄安建设投资集团有限公司正式成立。

2018年4月，中共中央、国务院批复了《河北雄安新区规划纲要》。

河北雄安新区，涉及保定市下辖的雄县、容城、安新3县及周边部分区域。《河北雄安新区规划纲要》指出，在党中央坚强领导下，河北省、京津冀协同发展领导小组办公室会同中央和国家机关有关部委、专家咨询委员会等方面，深入学习贯彻习近平新时代中国特色社会主义思想和党的十九大精神，坚持世界眼光、国际标准、中国特色、高点定位，紧紧围绕打造北京非首都功能疏解集中承载地，创造“雄安质量”、成为新时代推动高质量发展的全国样板，培育现代化经济体系新引擎，建设高水平社会主义现代化城市，借鉴国际成功经验，汇聚全球顶尖人才，集思广益，深入论证，编制雄安新区规划。雄安新区建设将使京津冀协同发展踏上新起点。

2. 以生态优先绿色发展的战略定位，推动长江经济带发展

长江经济带横跨我国东中西三大区域，覆盖上海、江苏、浙江、安徽、江西、湖北、湖南、重庆、四川、云南、贵州等11省市，6亿人口，面积约205万平方公里，GDP占全国45%，具有独特优势和巨大发展潜力，也是我国经济稳增长的重要支撑。

由于长江经济带的特殊地位，早在20世纪80年代，中央即提出“一线一轴”战略构想，一线指沿海一线，一轴即长江。2014年，“打造黄金水道，建设长江经济带”在政府报告中首次提出。2016年，习近平在重庆主持召开推动长江经济带发展座谈会。会议强调推动长江经济带发展是一项国家级重大区域发展战略。同时指出，推动长江经济带发展必须坚持生态优先、绿色发展的战略定位。至此长江经济带正式上升为国家战略。

推动长江经济带发展，有利于走出一条生态优先、绿色发展之路，让中华民族母亲河永葆生机活力，真正使黄金水道产生黄金效益；有利于挖掘中上游广阔腹地蕴含的巨大内需潜力，促进经济增长空间从沿海向沿江内陆拓展，形成上中下游优势互补、协作互动格局，缩小东中西部发展差距；有利于打破行政分割和市场壁垒，推动经济要素有序自由流动、资源高效配置、市场统一融合，促进区域经济协同发展；有利于优化沿江产业结构和城镇化布局，建设陆海双向对外开放新走廊，培育国际经济合作竞争新优势，促进经济提质增效升级，对于实现“两个一百年”奋斗目标和中华民族伟大复兴的中国梦，具有重大现实意义和深远历史意义。

为了全面推进长江经济带的发展，2016年3月25日，中共中央政治局召开会议，审

议通过《长江经济带发展规划纲要》。2016 年 6 月下旬，《长江经济带发展规划纲要》下发到沿江 11 个省市。《长江经济带发展规划纲要》从规划背景、总体要求、大力保护长江生态环境、加快构建综合立体交通走廊、创新驱动产业转型升级、积极推进新型城镇化、努力构建全方位开放新格局、创新区域协调发展体制机制、保障措施等方面描绘了长江经济带发展的宏伟蓝图，是推动长江经济带发展重大国家战略的纲领性文件。

《长江经济带发展规划纲要》确立了长江经济带“一轴、两翼、三极、多点”的发展新格局。“一轴”是以长江黄金水道为依托，发挥上海、武汉、重庆的核心作用；“两翼”分别指沪瑞和沪蓉南北两大运输通道；“三极”指的是长江三角洲、长江中游和成渝三个城市群；“多点”是指发挥三大城市群以外地级城市的支撑作用。

2018 年 4 月 26 日，习近平同志在武汉主持召开深入推动长江经济带发展座谈会并发表重要讲话。他强调，推动长江经济带发展是党中央做出的重大决策，是关系国家发展全局的重大战略。新形势下，推动长江经济带发展，关键是要正确把握整体推进和重点突破、生态环境保护和经济发展、总体谋划和久久为功、破除旧动能和培育新动能、自我发展和协同发展的关系，坚持新发展理念，坚持稳中求进工作总基调，坚持共抓大保护、不搞大开发，加强改革创新、战略统筹、规划引导，以长江经济带发展推动经济高质量发展。

推动长江经济带发展的指导思想是，按照“五位一体”总体布局和“四个全面”战略布局，牢固树立和贯彻落实创新、协调、绿色、开放、共享的发展理念，坚持生态优先、绿色发展，坚持一盘棋思想，理顺体制机制，加强统筹协调，处理好政府与市场、地区与地区、产业转移与生态保护的关系，加快推进供给侧结构性改革，更好发挥长江黄金水道综合效益，着力建设沿江绿色生态廊道，着力构建高质量综合立体交通走廊，着力优化沿江城镇和产业布局，着力推动长江上中下游协调发展，不断提高人民群众生活水平，共抓大保护，不搞大开发，努力形成生态更优美、交通更顺畅、经济更协调、市场更统一、机制更科学的黄金经济带，为全国统筹发展提供新的支撑。

推动长江经济带发展，要遵循五个基本原则。一是江湖和谐、生态文明。建立健全最严格的生态环境保护和水资源管理制度，强化长江全流域生态修复，尊重自然规律及河流演变规律，协调处理好江河湖泊、上中下游、干流支流等关系，保护和改善流域生态服务功能。在保护生态的条件下推进发展，实现经济发展与资源环境相适应，走出一条绿色低碳循环发展的道路。二是改革引领、创新驱动。坚持制度创新、科技创新，推动重点领域和关键环节改革先行先试。健全技术创新市场导向机制，增强市场主体创新能力，促进创新资源综合集成。建设统一开放、竞争有序的现代市场体系，不搞“政策洼地”，不搞“拉郎配”。三是通道支撑、协同发展。充分发挥各地区比较优势，以沿江综合立体交通走廊为支撑，推动各类要素跨区域有序自由流动和优化配置。建立区域联动合作机制，促进产业分工协作和有序转移，防止低水平重复建设。四是陆海统筹、双向开放。深化向东开放，加快向西开放，统筹沿海内陆开放，扩大沿边开放。更好推动“引进来”和“走出去”相结合，更好利用国际国内两个市场、两种资源，构建开放型经济新体制，形成全方位开放新格局。五是统筹规划、整体联动。着眼长远发展，做好顶层设计，加强规划引导，既要有“快思维”，也要有“慢思维”，既要做加法，也要做减法，统筹推进各地区各领域改革和发展。统筹好、引导好、发挥好沿江各地积极性，形成统分结合、整体联动的工作机制。

战略定位是科学有序推动长江经济带发展的重要前提和基本遵循。长江经济带横跨我国地理三大阶梯，资源、环境、交通、产业基础等发展条件差异较大，地区间发展差距明显。我们围绕生态优先、绿色发展的理念，依托长江黄金水道的独特作用，发挥上中下游地区的比较优势，用好海陆东西双向开放的区位资源，统筹江河湖泊丰富多样的生态要素，提出长江经济带的四大战略定位：生态文明建设的先行示范带、引领全国转型发展的创新驱动带、具有全球影响力的内河经济带、东中西互动合作的协调发展带。

小 结

区域结构是指各个经济区域在国民经济空间总体当中所处的区位位置及其数量对比关系的总和。由于各种经济活动的经济技术特点及由此而决定的区位特征存在差异，形成点、线、面的内在经济技术联系和空间位置关系，相互连接在一起，构成具有特定功能的区域空间结构，如城乡结构。解释区域结构演变的主要理论有区域分工论、区域相互依赖论、区域经济差异论等。区域结构演化是一个复杂的渐进过程，依次从极核式、点轴式到网络式模式，并在工业化的不同阶段表现出差异性，区位指向、集聚与扩散机制、空间近邻效应、技术创新决定了其演变。运用区域结构演化理论于我国区域结构调整实践，需要从国情出发，解决好我国不同区域如何协同发展问题。首先需要明确，实施区域结构优化调整目标是从国民经济总体出发，协调好各个区域发展和利益关系，保护环境资源。其中要结合产业政策，依据产业区位商方法正确选择和发展区域性产业，并利用区域发展战略、国土与区域规划、区域产业发展政策、财政再分配政策做出调整。进入 21 世纪以来，我国区域结构调整实施了一系列的战略与规划，如主体功能区国土规划、西部大开发、振兴东北等老工业基地、中部地区崛起、东部地区率先发展、京津冀协同发展、长江经济带发展等区域协调发展战略。

思考题

1. 如何理解区域结构在国民经济结构中的地位与作用？
2. 促进区域结构演变的主要作用机制有哪些？
3. 如何理解城乡结构在区域结构中的地位和作用？
4. 不同的区域理论是如何解释区域发展的？
5. 试比较中国不同区域经济发展的特点。
6. 什么是产业区位商？其含义和作用是什么？
7. 主体功能区的概念与主要内容都是什么？
8. 在我国区域经济发展中产业政策与区域政策协调存在哪些经验与教训？
9. 当前我国区域结构调整的主要思路是什么？
10. 改革开放以来我国区域结构调整都推出了哪些重大战略和举措？成效如何？

11. 如何看待区域经济非均衡发展与均衡发展二者之间的辩证关系及其相互转化关系？

12. 京津冀协同发展的主要思路和目标是什么？

13. 长江经济带发展战略的重要意义是什么？

14. 区域规划与空间规划有什么异同？

第十二章

结构调整（下）：企业结构

企业是国民经济的微观基础，是国家经济实力的源泉。作为一个经济单元，企业涉及十分丰富的经济内涵。除了个人之外，所有的经济活动都源自这个经济单元的创立、营运和发展。因此所有的经济研究及管理都聚焦在企业上。从国民经济管理角度看，企业结构属于经济结构的重要内容。企业结构与产业结构有内容重叠之处，因为同类生产工艺和产品属性的企业群构成了一个产业；与区域结构也有密切关系，因为企业依照分工产业链和供应链分布在不同的区域内。因此实现国民经济结构优化，必须着力推进企业结构的调整和优化。依据这个视角，本章主要分析和阐述企业的含义、分类及结构，企业所有制结构的调整，企业规模结构的调整，以及其他企业结构的优化调整等四个问题。

第一节　企业的含义、分类及结构

对企业结构的研究首先必须阐明什么是企业、它具有什么特征、如何对企业进行分类、什么是企业结构等问题。

一、企业的含义及特征

所谓企业，是指依法设立，具有人和物的要素，以营利为目的，从事营业活动的经济组织。企业作为重要的市场经营主体，具有以下主要特征：

1. 企业依法设立

企业是依照企业法设立的经济组织。企业依企业法设立的含义是指：其一，所设立的企业应属企业法所规定的企业形态；其二，所设立的企业具备企业法规定的设立条件；其三，企业的设立按照企业法规定的程序办理。例如，在我国，个人独资企业依照《中华人民共和国个人独资企业法》设立，合伙企业依照《中华人民共和国合伙企业法》设立，公司制企业依照《中华人民共和国公司法》设立。

2. 企业由人的要素和物的要素所构成

所谓人的要素，即企业的劳动者；所谓物的要素，是指劳动资料和劳动对象，其表现为企业的财产。当然，企业并非是人的要素和物的要素的简单相加，而是通过一定的组织形式把两者有机地结合起来。

3. 企业从事营业活动

企业是市场经营主体，它有效而充满活力的营业活动，是市场经济发展的微观基础。在市场经济活动中，企业所从事的营业活动主要是生产、流通和服务性的经营活动。

企业从事营业活动是独立进行的。这表现在：(1) 企业有从事营业活动所需的独立财产；(2) 企业有经营自主权，即企业在法律规定的范围内独立自主地进行经营活动；(3) 企业实行独立核算，即企业以自己从事营业活动所得收入抵偿自己的支出，实行自负盈亏。

4. 企业以营利为目的

所谓以营利为目的，是指企业营业活动以谋取超出资本的利益并分配于投资者为目的，也就是说，企业从事经营活动的目的，在于获取利润。

在企业的上述特征中，以营利为目的从事营业活动是企业作为市场经营主体最重要的特征。

二、企业结构与分类

（一）企业结构

"结构"一词，通常指各个相关组成部分的搭配和排列及其所占比重。据此，所谓企业结构，是指按同一标准划分的各种类型企业之间相互关系及其在国民经济中的比重。各种类型企业之间的相互关系表明这些企业之间质的联系和量的比例关系；各种类型企业在国民经济中的比重则说明它们各自在国民经济中的地位和作用，可通过各种类型企业的资产总额占社会总资产的比重、各种类型企业所创造的增加值（或营业收入）占国内生产总值的比重等指标反映出来。

（二）企业分类

由于现代经济活动十分复杂，因而我们可根据不同的需要，按照不同的标准对企业进行分类。

1. 根据企业财产组织形式的不同，可以把企业划分为个人独资企业、合伙企业和公司制企业

个人独资企业又称为业主制企业，是指由业主个人出资经营，归个人所有和控制的企业。合伙企业是指由两个以上的业主共同出资，共同经营，并归若干业主共同所有的企业。公司制企业是指依法由两个以上股东出资组成，或是由两个以上企业出资联合而成的企业。在这三种类型的企业中，个人独资企业和合伙企业为自然人企业，而公司制企业为法人企业。

2. 根据生产资料所有制性质的不同，可以把企业划分为公有制企业、非公有制企业和混合所有制企业

其中，公有制企业可进一步划分为国有企业、集体企业和合作企业；非公有制企业可进一步划分为个体私营企业和外商独资企业等。国有企业，即国家机构作为投资主体开办

的企业。集体企业，亦即集体所有制企业，是指生产资料归社会主义劳动群众集体所有的企业。合作企业主要是指各种农业和手工业合作社，在我国指各个领域的合作社组织发展所形成的一种经济形式或经济成分。个体私营企业是指生产资料归个人或私人所有的企业。私营企业与个体企业虽然本质上都属于个体经济范畴，但两者是不同的，其不同之处主要表现在：一是私营企业以一种营业性经济组织的形态存在，它有相当数量的雇工；而个体经济为个体工商户所有，可以一个人经营，也可以家庭经营，只能根据情况请少数帮工或学徒。二是私营企业可以采取个人独资企业、合伙企业和有限责任公司等形式；而个体工商户只能自己经营。三是从事个体经营和开办私营企业的条件不同。申请开办私营企业必须有与其生产经营和服务规模相适应的资金和从业人员，有固定的经营场所和必要的设施，有符合国家法律、法规和政策规定的经营范围；而从事个体经营，申请人只要具有经营能力即可。外商独资企业是三类外资企业（中外合资经营企业、中外合作经营企业和外商独资企业）之一，是指依照我国有关法律设在中国境内、由外国投资者承担全部投资的企业。混合所有制企业是指由不同所有制经济组成的企业，是多种经济成分的复合体。

3. 根据资本来自国内还是国外的不同，可以把企业划分为内资企业和外资企业

资本来自国内的企业为内资企业，资本来自国外或其来源中有国外成分的企业为外资企业。其中，外资企业可进一步分为中外合资经营企业、中外合作经营企业和外商独资企业。中外合资经营企业是指我国与国外投资者通过签订合同创办的共同投资、共同经营、共担风险、共负盈亏的股权式合营企业。中外合作经营企业是指我国与国外投资者通过签订契约以合作形式共同创办的企业。

4. 根据生产要素密集程度的不同，可以把企业划分为劳动密集型企业和资本技术密集型企业

劳动密集型企业是指技术装备程度较低、资本有机构成低、产品成本中活化劳动消耗所占比重大的企业。资本技术密集型企业是指技术装备程度较高、资本有机构成高、产品成本中物化劳动消耗所占比重相对较大的企业。

5. 根据生产经营所属领域的不同，可以把企业划分为工业企业、农业企业、商业企业、建筑安装企业、交通运输企业、物资企业、邮电企业、旅游企业和金融企业等

工业企业是指从事工业性生产和劳务等生产经营活动的企业；农业企业是指从事农、林、牧、副、渔和采集等生产经营活动的企业；商业企业是指在社会再生产过程中专门从事商品交换活动的企业；建筑安装企业是指从事土木建筑和设备安装工程施工的企业；交通运输企业是指利用运输工具专门从事运输生产或直接为运输生产服务的企业；物资企业是指组织物资流通并从事物资经营的企业；邮电企业是指通过邮政和电信传递信息，办理通信业务和邮政业务的企业；旅游企业是指以旅游资源、服务设施为条件，通过组织游览活动向游客出售劳务的服务性企业；金融企业是指专门经营货币或信用业务的企业。

6. 根据企业规模的不同，可以把企业划分为大型企业、中型企业和小型企业

我国关于大中小企业规模划分的标准，自中华人民共和国成立以来先后进行了几次调整。在20世纪50年代主要是按照企业职工人数来划分；1962年改为主要依据固定资产价值来划分；1978年国家计委下发的《关于基本建设项目和大中型划分标准的规定》，把企

业规模划分的标准改为年综合生产能力；1988 年国家有关部门对 1978 年的标准进行了修改和补充，颁布了《大中小型企业划分标准》，按企业生产规模把企业分为特大型、大型（细分为大一、大二两类）、中型（细分为中一、中二两类）和小型；1992 年，国家经贸委制定发布了《大中小型工业企业划分标准》，划分对象是工业企业，而商业企业则按照 1997 年国内贸易部制定发布的《关于颁布〈商业、粮食非工业企业大、中、小型规模界限〉的通知》执行，凡这两个文件未涉及的行业，其划分标准一般由地方政府行业主管部门确定①。2003 年，根据国家经济贸易委员会、国家发展计划委员会、财政部、国家统计局联合颁布的《关于印发〈中小企业标准暂行规定〉的通知》，对国民经济活动中十分活跃的中型企业和小型企业发展加以划分和引导，划分标准主要根据企业职工人数、销售额、资产总额等指标来区分企业类型。

进入 21 世纪之后，随着国有企业改革取得明显进展，中小企业发展成为国民经济管理的重点。为此 2011 年，国家工业和信息化部、国家统计局、国家发改委、财政部进一步联合发布了新的《中小企业划型标准规定》，第一次单独列出了微型企业类型。新标准继续依据企业从业人员、营业收入、资产总额等指标，并结合行业特点更加全面地划分出不同产业领域的三种中小微类型企业（见表 12－1）。

表 12－1　　2011 年中小微型企业划分标准

企业行业	企业类型	从业人员（人）	营业收入（万元）	资产总额（万元）
农、林、牧、渔业	中小微型		<20 000	
	中型		≥500	
	小型		≥50	
	微型		<50	
工业	中小微型	<1 000	<40 000	
	中型	≥300	≥2000	
	小型	≥20	≥300	
	微型	<20	<300	
建筑业	中小微型		<80 000	<80 000
	中型		≥6 000	≥5 000
	小型		≥300	≥300
	微型		<300	<300
零售业	中小微型	<300	<20 000	
	中型	≥50	≥500	
	小型	≥10	≥100	
	微型	<10	<100	
批发业	中小微型	<200	<40 000	
	中型	≥20	≥5 000	
	小型	≥5	≥1 000	
	微型	<5	<1 000	

① 易国庆. 中小企业政府管理与政策支持体系研究. 北京：企业管理出版社，2001：12-13.

续前表

企业行业	企业类型	从业人员（人）	营业收入（万元）	资产总额（万元）
交通运输业	中小微型	＜1 000	＜30 000	
	中型	≥300	≥3 000	
	小型	≥20	≥200	
	微型	＜20	＜200	
仓储业	中小微型	＜200	＜30 000	
	中型	≥100	≥1 000	
	小型	≥20	≥100	
	微型	＜20	＜100	
邮政业	中小微型	＜1 000	＜30 000	
	中型	≥300	≥2 000	
	小型	≥20	≥100	
	微型	＜20	＜100	
住宿业	中小微型	＜300	＜10 000	
	中型	≥100	≥2 000	
	小型	≥10	≥100	
	微型	＜10	＜100	
餐饮业	中小微型	＜300	＜10 000	
	中型	≥100	≥2 000	
	小型	≥10	≥100	
	微型	＜10	＜100	
信息传输业	中小微型	＜2 000	＜100 000	
	中型	≥100	≥1 000	
	小型	≥10	≥100	
	微型	＜10	＜100	
软件和信息技术服务业	中小微型	＜300	＜10 000	
	中型	≥100	≥1 000	
	小型	≥10	≥50	
	微型	＜10	＜50	
房地产开发经营业	中小微型		＜200 000	＜10 000
	中型		≥1 000	≥5 000
	小型		≥100	≥2 000
	微型		＜100	＜2 000

续前表

企业行业	企业类型	从业人员（人）	营业收入（万元）	资产总额（万元）
物业管理	中小微型	＜1 000	＜5 000	
	中型	⩾300	⩾1 000	
	小型	⩾100	⩾500	
	微型	＜100	＜500	
租赁和商务服务业	中小微型	＜300		＜120 000
	中型	⩾100		⩾8 000
	小型	⩾10		⩾100
	微型	＜10		＜100
其他未列明行业	中小微型	＜300		
	中型	⩾100		
	小型	⩾10		⩾100
	微型	＜10		＜100

资料来源：依据《关于印发〈中小企业划型标准规定〉的通知》整理。

除了上述几种分类方法外，还可以根据产品经济性质的不同把企业划分为生产经营生产资料的企业和生产经营消费资料的企业，根据企业的组织结构类型把企业划分为单厂企业和多厂企业，根据技术先进程度把企业划分为高新技术企业和传统企业等。

由于企业可从不同角度进行多种分类，因而对企业结构的研究也可从不同角度进行，如：根据企业财产组织形式的不同对企业分类，研究个人独资企业、合伙企业和公司制企业之间的相互关系及其在国民经济中的比重；根据生产资料所有制性质的不同对企业分类，研究公有制企业、非公有制企业和混合所有制企业之间的相互关系及其在国民经济中的比重，进一步研究国有企业、集体及合作企业、个体私营企业、外商独资企业和混合所有制企业之间的相互关系及其在国民经济中的比重；根据生产要素密集程度的不同对企业分类，研究劳动密集型企业和资本技术密集型企业之间的相互关系及其在国民经济中的比重；根据企业规模的不同对企业分类，研究大型企业、中型企业和小型企业的相互关系及其在国民经济中的比重等。本章重点讨论不同所有制企业之间的结构关系和不同规模企业之间的结构关系这两个内容。

第二节　企业所有制结构的调整

企业所有制结构是指各种所有制企业之间的相互关系及其在国民经济中的比重。研究企业所有制结构，是从生产关系角度考察企业结构。所有制是生产关系的基础，各种社会经济制度的根本区别就在于生产资料所有制不同，因此，研究企业所有制结构有着重大意义。

一、各种所有制企业共同发展的必要性及其作用

（一）各种所有制企业共同发展的必要性

在我国社会主义初级阶段，以公有制为主体、多种所有制经济共同发展的基本经济制度，决定了企业所有制结构必然是以公有制为主体、多种所有制企业（包括公有制企业、非公有制企业和混合所有制企业）共同发展。以公有制为主体、多种所有制企业共同发展，反映了社会主义经济制度的本质和社会主义初级阶段生产力发展的要求。

1. 以公有制为主体、多种所有制企业共同发展，是社会主义初级阶段生产力发展的要求

马克思主义经典作家认为，生产的社会化与生产资料的私人占有之间存在着根本的矛盾，这个矛盾只能通过生产资料的社会占有和对社会生产的直接调节来解决，因此，生产资料的社会占有是生产社会化的必然要求。马克思主义经典作家的这一论断从总体上看是符合实际的，是科学的。但是，不能简单地认为，这种社会化的生产力必然要求实行单一的公有制特别是单一的国有制形式。实际上，生产的社会化只是生产资料社会占有的必要条件而不是充分条件，只有在生产的社会化达到一定的高度，以至于由社会占有生产资料成为一种经济上的必要时，生产资料的社会占有才能成为一种历史的进步。在马克思和恩格斯等经典作家的著作中，生产的社会化一般包括两层含义：一是指各个部门和各个企业之间的分工协作的高度发展和相互联系的日益紧密；二是指由机器大工业技术上的必要性决定的工厂内部生产资料使用的社会化或生产的日益集中。从比较具体、比较现实的所有制结构的选择过程看，马克思和恩格斯关于生产资料国有化的理论主要是建立在后一层意义上的，是与特殊的部门相联系的。也就是说，即使是在社会化大生产的条件下，也并不是所有的企业都可以无条件地进行国有化，实行国有化的首先应当是那些生产高度集中、规模非常巨大、具有很大的垄断性的部门和企业。事实上，从生产的社会化到生产资料的社会占有之间存在着生产的集中和垄断以及资本的社会化等很长的中间过程，在这一过程中，由于生产的社会化即集中程度不同，生产资料的所有制也呈现复杂多样的具体形态。在我国社会主义初级阶段，虽然整个社会的生产力总体上已建立在社会化大生产基础上，但是，由于复杂的社会、历史、地理和文化因素的影响，中国现阶段各地区、各部门、各企业的生产力发展水平呈现出巨大的非均质状态，从原始的手工劳动到现代的信息产业，从落后的农村到现代化的城市，生产力的层次极为复杂多样，这种生产力的结构必然要求所有制结构的多元化。

2. 以公有制为主体、多种所有制企业共同发展，反映了社会主义经济制度的本质

社会主义初级阶段的所有制结构首先是以公有制为主体的。虽然从市场经济发展和市场交易的角度看，不同所有制之间的关系是平等的竞争关系，它们之间没有高低亲疏之分，但是，从生产关系的角度看，不同所有制在社会主义经济体制中的地位和作用是不一样的。公有制为主体，是社会主义经济制度的基础，也是多种所有制共同发展的所有制结构的基础。邓小平强调："一个公有制占主体，一个共同富裕，这是我们所必须坚持的社会主义的根本原则。"① "我们的制度是以公有制为主体的。"② 只有在以公有制为主体的

① 邓小平. 邓小平文选：第3卷. 北京：人民出版社，1993：111.
② 同①172.

条件下，才能消灭剥削，消除两极分化，实现共同富裕；才能在更大程度上实现个人利益和社会利益的统一与个人的自由全面发展；才能更好地发挥宏观调控的作用，克服市场机制的缺陷；才能使各种非公有制获得健康发展，成为社会主义市场经济的重要组成部分。

（二）各种所有制企业的作用

1. 公有制为主体的内涵

公有制为主体首先体现在国有资产和集体所有资产在社会总资产中占优势。这是公有制为主体的前提。公有资产在社会总资产中占优势，既是量的规定性，也是质的规定性。公有制为主体，要有量的优势，更要有质的优势。这种质的优势体现在产业属性、技术构成、科技含量、规模经济、资本增值能力和市场竞争力等方面。其次，公有制为主体不等于国有制为主体。公有制经济不仅包括国有经济和集体经济，还包括混合所有制经济中的国有成分和集体成分。我国实施允许国内民间资本和外资参与国有企业改组改革的政策，使国有资本和各类非国有资本相互渗透和融合，以股份制为主要形式的混合所有制经济迅速发展起来[①]。混合所有制经济的发展，充分体现了公有制实现形式多样化的要求，是公有制特别是国有制与市场经济相结合的有效形式和途径，有利于公有制经济在市场竞争中发展壮大。

2. 国有经济的作用

在社会主义市场经济条件下，国有经济具有主导作用。首先，国有经济能避免或减少市场失灵。在市场经济条件下，会产生市场失灵问题，如市场机制的作用会产生垄断和外部效应，市场不能解决公共产品的供给等。而国有经济在按市场原则运作的同时，能比较充分地反映社会的利益和要求，因而可以避免和控制市场失灵问题。其次，国有经济的存在和发展有助于加快实现工业化和信息化。我国工业化目前总体上处于中期阶段，工业化的任务远没有完成，信息化则处于起步阶段。而继续完成工业化，加快实现信息化，以信息化带动工业化，以工业化促进信息化，走中国特色新型工业化道路，需要大量的资本投入。由于目前我国民间资本的力量还比较有限，利用国际资本又有条件限制，因此要依靠和凭借国家财力，发挥国有经济的作用，较快形成大规模的国有资产，进行一些关系国计民生的重要项目的建设，保证和加快工业化与信息化的进程。再次，国有经济有助于促进高新技术产业的发展。国有经济参与投资规模大、投资时间长和投资风险大的高新技术开发，有利于高新技术产业的发展，能够提高整个国民经济的科技水平和社会经济效益[②]。最后，以社会整体和全局利益的实现及其增长为目标的国有经济的存在和发展有助于共同富裕目标的实现。

需要指出的是，国有经济在经济发展中的主导作用不是其规模越大越好，比重越高越好，其主导作用主要体现在控制力和影响力上。一是对关系国民经济命脉的重要行业和关键领域，国有经济必须占支配地位，即国有经济要控制涉及国家安全的行业、自然垄断的行业、提供重要公共产品和服务的行业、支柱产业和高新技术产业中重要的骨干企业。西

① 本书编写组．十七大报告辅导读本．北京：人民出版社，2007：176.

② 刘国光，桂世镛．社会主义市场经济概论．北京：人民出版社，2002：77.

方发达国家的国有经济都基本控制着国民经济的关键部门，即使经过了私有化的调整，国有经济仍然控制着自然垄断行业、提供重要公共产品和服务的行业等，而且还向高新技术产业渗透。如法国 1982—1983 年的国有化改革后，国有经济除了继续控制公共事业和基础产业外，还涉及电子、原子能等新兴产业，按营业额计算，控制了飞机制造业的 84%、化学工业的 52%和电子工业的 49%等。意大利在压缩传统国有工业的同时，加强了新兴国有工业部门建设，20 世纪 70 年代以后，其国有经济的参与战略已从基础行业转向电子、新能源、电子机械、电信等新技术的开发和发展上[①]。二是对社会资本的支配和控制。以比较少的国有资本支配和控制比较多的社会资本，是国有资本控制力强的重要表现，是发挥国有经济主导作用的关键。

3. 集体经济、合作经济的作用

集体经济、合作经济是公有制经济的有机组成部分，巩固和发展公有制经济，必须促进集体经济、合作经济的发展。集体经济面宽量大，多为劳动密集型，是我国城乡经济和社会事业发展的重要推动力量。尤其是乡镇企业的异军突起和迅猛发展，成为整个国民经济发展中极富活力的一个新增长点，是增加农民收入和吸纳农村富余劳动力的主力。合作经济是继我国农村家庭承包经营后的又一组织形式，新型农村合作经济组织作为合作经济的有效实现形式，在推动农业优势产业升级、促进农业产业化经营、增加农民收入、提高农民抵御市场风险的能力、增强农民和农业的市场竞争能力等方面发挥了积极有效的作用。以乡镇企业和新型农村合作经济组织为重点，支持和帮助城乡集体经济、合作经济发展，是调整企业所有制结构的内在要求和重要内容。

4. 非公有制经济的作用

非公有制经济（包括个体私营经济和外资经济）是社会主义市场经济的重要组成部分，对充分调动社会各方面的积极性、加快生产力发展具有重要作用。一是有助于支持国民经济的高速增长；二是有助于拓宽就业渠道，扩大就业；三是有助于促进投融资主体由单一主体向多元主体转化；四是有助于为社会主义市场经济创造一个多元竞争、充满活力的竞争环境；五是有助于促进新兴产业、新兴行业特别是高新技术产业的发展；六是发展外资经济，有助于我们更多地利用国外资源和引进先进技术与管理经验，充分利用国际国内两个市场，优化资源配置，拓展对外开放的广度和深度，提高开放型经济水平。

二、我国企业所有制结构优化调整成效及目标[②]

（一）我国企业所有制结构优化调整成效

改革开放以来，我国企业所有制结构从 1978 年国有经济占 GDP 的 56%、集体经济占 43%、非公有制经济占 1%，调整为 1993 年的 42.9%、44.8%、12.3%，再调整为 1996 年的 40.8%、35.2%、24%，1997 年公有制经济进一步降到 76%以下，非公有制经济超过 24%。进入 21 世纪之后，企业所有制结构逐步稳定下来（见表 12-2）。

① 刘国光，桂世镛. 社会主义市场经济概论. 北京：人民出版社，2002：78.

② 此段可组织学生讨论。

表 12-2　国有企业与私营企业比例指标对比　（%）

年份	工业总产值比例）		资产额比例		利润额比例		税金额比例		从业人数比例	
	国有企业	私营企业	国有企业	私营企业	国有企业	私营企业	国有企业	私营企业	国有企业	私营企业
1999	49	4	69	2	44	5	65	3	58	4
2000	47	6	67	3	55	4	63	4	54	6
2001	44	9	65	4	50	7	60	6	49	10
2002	41	12	61	6	46	8	58	8	44	13
2003	38	15	56	9	46	10	55	11	38	18
2004	35	17	51	11	46	12	51	14	30	23
2005	33	19	48	12	44	14	48	16	27	25
2006	31	21	46	14	44	16	46	17	25	27
2007	30	23	45	15	40	19	44	20	22	29

资料来源：根据各年度《中国统计年鉴》计算整理。

中国特色社会主义的制度优势是国有经济。因此无论如何改革，国有企业都要保持对国民经济的影响力、控制力和竞争力，在整个企业结构中将继续保持一定比例和规模。这个比例和规模理应比一般市场经济国家要高一些（发达市场经济中的国有经济在经济总量中一般占5%左右，发展中国家则占10%左右）。

（二）我国企业所有制结构优化调整目标

我国企业所有制结构调整和完善的目标，是按照社会主义初级阶段基本经济制度的要求，使企业所有制结构适应和促进社会主义市场经济的发展，使各种所有制企业（包括公有制企业、非公有制企业和混合所有制企业）在不同领域各自发挥作用，有所为有所不为，有进有退。经历了30多年国企改制和民企大发展阶段之后，我国企业所有制结构优化调整进入到以发展混合所有制为目标的阶段。

从经济学理论层面理解，混合所有制是指两种以上不同的所有制企业采取联营、合作、参股、合资等形式而组建的一种企业经营组织模式。假设有两种不同质的、纯的所有制形式，并各自具有自身的优劣势，那么为了获得市场竞争的成功，两者结合起来发挥联合优势，便是发展混合所有制的主因。

国家资本与私人资本结合而成的混合所有制的历史要从德国算起。在19世纪末，普鲁士政府对私人经营的铁路、烟草行业等实行国家收购，组建混合所有制经济公司或国有公司。在这个制度下，一部分股份属于私人资本家，另一部分股份属于国家。国家可以给自己保留多数股权或少数股权，还可以使人同意给予自己某些特权①。德国混合所有制经济取得了一定的成效，因此导致了第一次世界大战之后多国开始采用这种制度。第二次世界大战之后，混合所有制经济成为西方国家一种时髦的企业制度创新。尤其是在英国工党主政时期和法国社会党主政时期，混合所有制经济达到了历史上的高潮。就国有企业占各自经济比重而言，20世纪80年代初期，奥地利达到24%，法国达到23%，意大利达到

① 拉费，等. 混合经济. 北京：商务印书馆，1995：86.

20%，英国达到16.7%，联邦德国达到14%①。但是随着20世纪80年代中期新自由主义的兴起，西方发达国家出现“去国有化”浪潮，一直持续到2008年国际金融危机爆发前。国际金融危机爆发之后，西方发达国家为了拯救陷入债务危机的私人公司，纷纷出手以国家注资入股的方式解救问题公司。美国财政部对处于债务危机中的房利美、房地美、美国国际集团、花旗银行都以认股的方式实行混合所有制，对申请破产的美国通用汽车公司以债转股的形式收购，持有了60%股权②。显然从本质上说，西方的混合所有制是国家政策实现的工具，国有化是化解危机的权宜之计，但同时混合所有制也成为市场经济中企业制度模式之一，操作层面的经验值得学习。

我国提出的国有经济发展混合所有制形式，与西方资本主义市场经济中的混合所有制相比，有几点关键的区别：

1. 这是两种制度基础不同的混合所有制

西方资本主义实行的是私人经济为基础的市场经济，建立在这个基础之上的政权是资产阶级性质的。因而国家出于各种目的而收购私人资本形成混合经济，推行国有化，都是国家资本主义的行为，并不改变其制度属性。“无论转化为股份公司，还是转化为国家财产，都没有消除生产力的资本属性。”③ 相反，我国实行的是公有制经济为基础的市场经济，建立在这个基础之上的政权是无产阶级性质的。国有企业与民营企业的结合，都是社会主义市场经济的行为，并不会改变其制度属性。这体现了马克思主义的辩证思维逻辑：经济基础决定上层建筑；上层建筑又反过来影响、作用于经济基础。看一个混合所有制企业的属性如何，首先要看是在什么经济基础上产生，再看是受到什么性质的国家政权影响，而不能简单地把两种类型的混合所有制形式画等号。

2. 实行混合所有制经济的原因有差别

西方主流经济理论认为，实行混合经济或国有化的动因是解决市场不能有效提供公共产品问题，以及当出现危机时大型私人企业不能倒的特殊情况。因此西方国有化的政策推行主要是在公共产品领域，以及在严重经济危机爆发之后大型私人企业陷入困境时，由政府伸出财政资金援助之手。当企业渡过危机后，企业还可以从政府手中赎回股权。如2008年国际金融危机中美国政府财政部对花旗银行的援助案④。我国提出发展混合所有制，首先是出于完善社会主义市场经济的需要，混合所有制所覆盖的领域绝不限于公共产品领域，也不是专门用来对付经济危机。在我国发展混合所有制经济应当说另有深意。

3. 发展混合所有制经济具有不同的风险

在西方资本主义市场经济发展混合所有制经济，会面临两种风险：一是财政债务风险。因为政府要向收购的私人企业注入巨资，会加重财政债务负担，因而混合所有制会将私人债务危机转化为政府债务危机。二是政府道德风险。组成混合所有制企业之后，政府的角色由市场裁判员转化成运动员，当混合所有制企业内部出现劳资纠纷等矛盾冲突时，政府作为利益相关方就处在了资方位置上。政府既要扮演裁判员、调停人的角色，又要扮

① 黄文杰. 法国宏观经济管理. 上海：复旦大学出版社，1990：155.

② 刘瑞，王岳. 从“国进民退”之争看国企在宏观调控中的作用. 北京：政治经济学评论，2010（3）.

③ 马克思，恩格斯. 马克思恩格斯选集：第3卷. 2版. 北京：人民出版社，1995：629.

④ 刘瑞，盛美娟. 范式之争：中美宏观调控比较研究：以金融危机的应对为例. 政治经济学评论，2011（1）.

演运动员、当事方的角色，势必会带来角色冲突，产生政府维护公平正义两难风险[①]。而在我国将要大力实施的混合所有制中，参与当事人都是企业，国有企业与民营企业以平等身份参与混合所有制组建，政府则扮演居间调停人的角色，因而可以避免道德风险。又因为一般是企业自愿参股，是合作行为，因而就可以直接避开政府债务风险问题。但是也可能会出现不同于西方的一些风险：其一，非国有资本操纵股份掌握话语权而改变企业国有属性从而通过“后门”实现非国有化的风险；其二，内部利益冲突风险。这些风险需要在实践中加以验证并给予防范。

目前，我国经济发展推进到结构升级换代阶段，发展混合所有制存在广泛需求。从国企方面看，要扩大资本增强更大的竞争力，需要更多的投资者，尤其是战略投资家；完善国企内部治理机制需要借助外力，通过引入管理经验成熟的民间企业经营，可以帮助提升国企内部的治理结构和水平；以合资合股方式吸收中小企业创新技术，可以增强国企的创新能力；在传统的经济垄断领域通过引入混合所有制形式，可以缓解由于必要的垄断而带来的社会压力，有利于打破垄断促进竞争。在民企看来，国有企业所具有的人才优势、经营优势、政策优势、市场优势都是民企十分渴求的，加盟国企有助于民企的迅速发展壮大。国企与民企的结合涉及股权制度的调整以及产生一系列的后续调整变化，将会以倒逼方式迫使国有企业加速引入市场机制，替代过去习以为常的官僚化治理机制。早在 20 多年前，在比较了各种社会主义企业的改革模式优缺点之后，尤其是国家社会主义模式（国家所有制）与工人自治模式（集体所有制）优缺点之后，波兰的马克思主义经济学者布鲁斯就提出：“市场社会主义的唯一现实情形看来是一种混合经济，其中，不同形式的国有企业逐渐在平等基础上与私人企业和合作企业进行竞争。”[②]

（三）我国企业所有制结构优化调整内容

调整和完善企业所有制结构，实现企业所有制结构调整和完善的目标，主要应发挥市场机制的作用。但由于市场存在失灵，这就需要政府的介入。加之我国的市场体系不完善，今后一个时期内市场也不可能很快成熟，因而对企业所有制结构的调整不能完全依靠市场机制。所以，关键是要协调好政府与市场的关系，政府应在顺应市场发展和发挥市场机制作用的基础上，对企业所有制结构的调整和完善进行引导。

1. 优化国有经济布局和结构

国有经济要在市场经济条件下重新确立主导地位，发挥主导作用，就必须对其布局和结构进行战略性调整。要继续通过资产重组等推进国有经济布局和结构的战略性调整，以增强国有经济活力、控制力、影响力。要进一步推进国有资本向关系国家安全和国民经济命脉的重要行业和关键领域集中，加快形成一批拥有自主知识产权和国际知名品牌、国际竞争力较强的优势企业。

2. 发展多种形式的集体经济、合作经济

我国集体经济（如乡镇企业）存在产权不够清晰的问题[③]。因此，应按照归属清晰、

---

① 罗志如，厉以宁．二十世纪的英国经济：“英国病”研究．北京：人民出版社　1982：286-287.

② 布鲁斯，等．从马克思到市场：社会主义对经济体制的求索．上海：上海三联书店，1998：195.

③ 同②172.

权责明确、保护严格、流转顺畅的现代产权制度的要求，推进集体企业以明晰产权为重点的改革，一方面明晰集体企业财产的所有权，另一方面厘清集体企业财产的所有、占有、使用、收益、处置等权利的边界。同时，要进一步发展各类农村合作经济组织，以推进社会主义新农村建设，促进农民收入的增长。

3. 促进个体、私营经济健康发展

促进个体、私营经济发展的关键是破除体制障碍，推进公平准入，改善融资条件。在市场准入方面，要打破一些既得利益集团设置的进入障碍，为个体、私营经济营造一个公平进入和竞争的市场环境。同时，要进一步解决个体、私营经济融资困难的问题。为此，应大力发展多种所有制形式和多种经营形式的中小金融机构，更好地为中小企业服务。大银行也应多放小额贷款，做好零售服务。

4. 积极发展外资经济

积极合理有效地利用外资，发展外资经济，是我国发展对外经济贸易的重要方面，是我国对外开放政策的重要组成部分，也是我国调整和完善企业所有制结构的重要内容。为此需要：第一，多元化利用外资；第二，积极利用外资推动自主创新；第三，积极利用外资推动产业升级；第四，积极利用外资促进区域经济协调发展。

第三节　企业规模结构的调整

企业规模结构是指大、中、小企业之间的相互关系及其在国民经济中的比重。研究企业规模结构，属于从生产力角度考察企业结构。探讨企业规模结构，对实现企业组织结构的优化具有重要意义。

一、企业扩大规模的动因——规模经济

（一）规模经济的内涵

概括地讲，规模经济是指由于经济组织的规模扩大，导致单位产品成本降低、经济效益提高的情况。按照西方经济学的观点，规模经济是指在技术水平和投入要素价格不变的条件下，随着企业各种投入要素的同比例增加，企业生产规模的扩大，导致单位产品成本的下降。它表现为规模收益递增，即生产规模扩大后，收益增加的幅度大于规模扩大的幅度。这种规模收益递增可以通过“长期平均成本曲线”（long-run average cost，LAC）向下倾斜来说明。这里的“长期”是指设备、投资增加和生产能力扩大情况下的规模变化过程；相对于此的“短期”，则是指生产能力不变情况下的规模变化过程。这里的“平均成本”是指平均的单位产品成本。平均成本随规模的扩大而下降的趋势并不是无止境的，一般来说，企业规模从小到大的发展过程中，在经历规模经济的阶段后，则进入规模经济不变阶段，它表现为规模收益不变，即收益增加的幅度等于规模扩大的幅度。当生产规模进一步扩大时，则进入规模不经济阶段，它表现为规模收益递减，即收益增加的幅度小于规模扩大的幅度。因此，企业的 LAC 为一条U形曲线（如图12-1所示）。长期平均成本曲线由下降到不变，而后上升的转折点 Q 即是成本最低的最佳规模。

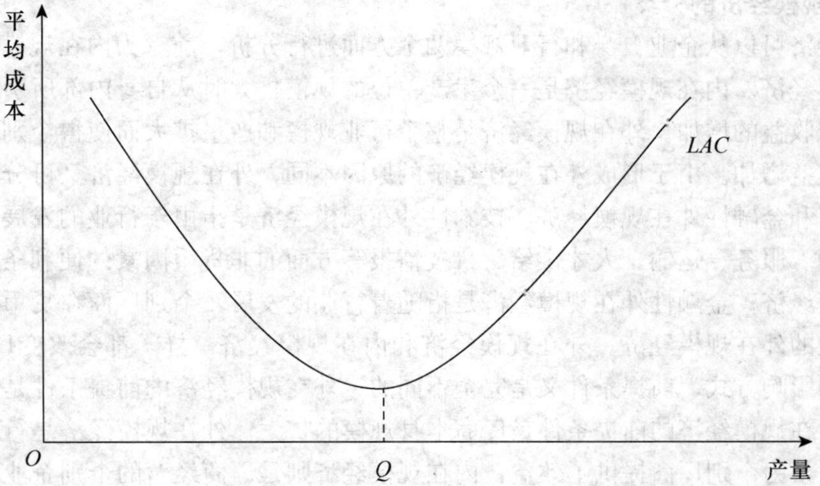

图 12-1　企业长期平均成本曲线

由于各行业生产技术具有不同的特点，LAC 的形状有很大的差异。某些行业使用资本设备较少，又无太多的劳动专业化利益，规模经济阶段很快就结束，平均成本曲线很快就上升（如图 12-2 中的 LAC_1 所示），这种状况称为“规模不经济早现”；另一些行业，当产量较小时，产量增加可获得规模经济，但产量较大时，规模经济不明显，直到产量十分大时才出现规模不经济（如图 12-2 中的 LAC_2 所示），这种状况称为“规模经济不变”；还有一些行业，规模经济潜力较大，在产量未达到相当大之前，其平均成本曲线持续下降，迟迟不转入上升阶段（如图 12-2 中的 LAC_3 所示），这种状况称为“规模经济持续”。

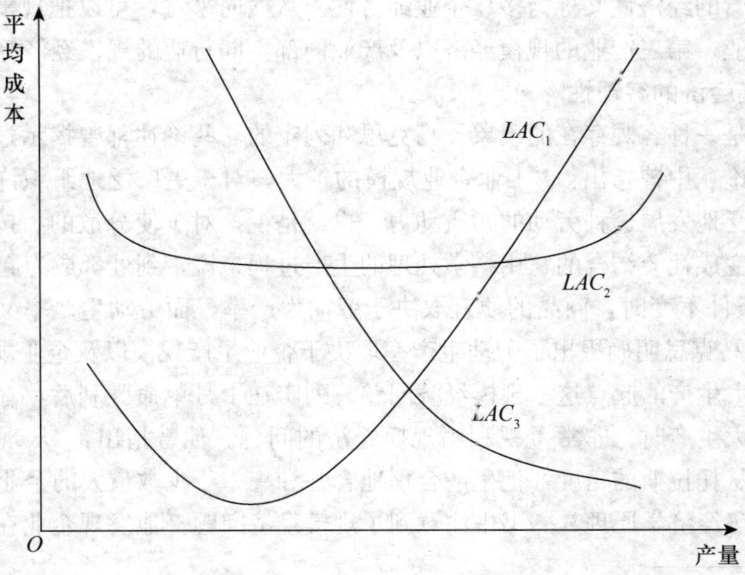

图 12-2　企业规模经济

（二）规模经济的分类

规模经济可以从企业自身和行业规模两个方面进行分析，前者为内在规模经济，后者为外在规模经济。内在规模经济是一个生产单位的规模扩大时从自身内部所引起的平均成本的降低与收益的增加。外在规模经济是整个行业规模和产量扩大而使得个别厂商平均成本降低与收益增加。由于形成外在规模经济的原因不同，外在规模经济又可分为技术性外在规模经济和金融性外在规模经济。技术性外在规模经济是指由于行业的发展，个别厂商可得到修理、服务、运输、人才供给、科技情报等方面的非货币因素的便利条件，而引起的外在规模经济；金融性外在规模经济是指随着行业的发展，个别厂商在货币方面受到了影响而发生的外在规模经济。外在规模经济和内在规模经济一样，都会改变厂商的成本，但是它们的影响方式、前提条件又是完全不同的。外在规模经济的前提条件是行业规模的扩大，而内在规模经济的前提条件是厂商本身规模的扩大。外在规模经济是行业中其他方面的便利因素为个别厂商提供了效益，内在规模经济则是厂商经营的个别企业内部因素的变化所致。因此，外在规模经济在成本上的体现是厂商整个平均成本曲线向下移，而内在规模经济在成本上的体现是厂商平均成本曲线随厂商规模扩大而向下倾斜。

规模经济还可以从纵向和横向两个角度加以划分。从纵向来看，可以把规模经济分为工厂规模经济、企业规模经济和产业规模经济三个层次。工厂规模经济是指工厂通过生产能力的改变，逐步地扩大规模时收益递增的现象；企业规模经济是指随着企业经营规模的扩大，企业经济效益不断提高的现象；产业规模经济，可以理解为随着产业内企业平均规模的扩大，企业平均的经济效益不断提高。企业利用规模经济，可以通过扩大内部单个工厂的生产规模，来降低单位产品的生产成本，获得生产规模的经济性；也可以通过经营数个最佳规模的工厂来获得规模效益，即形成相当于最佳规模数倍的总生产经营能力，这种大规模生产经营的经济性又称为多厂企业经济性。从横向来看，可以把规模经济分为第一产业、第二产业、第三产业的规模经济以及产业内部不同行业的规模经济等。

（三）规模经济的客观性

规模经济是一种客观存在的现象。马克思和列宁的一些论述都曾揭示过这一问题。马克思在《资本论》中曾指出："工业企业规模的扩大，对于更广泛地组织许多人的总体劳动，对于更广泛地发展这种劳动的物质动力，也就是说，对于使分散的、按习惯进行的生产过程不断地变成社会结合的、用科学处理的生产过程来说，到处都成为起点。"① 他又指出："在其他条件不变时，商品的便宜取决于劳动生产率，而劳动生产率又取决于生产规模。"② 这里，马克思明确提出了劳动生产率取决于企业生产规模以及企业规模的扩大是资本主义社会化大生产的起点这一规模经济问题。列宁在十月革命胜利后，在组织社会主义经济的社会化大生产时，非常重视利用规模经济的问题。他曾指出："从现代最大工业的角度，特别是从托拉斯的角度，把生产合理地合并和集中于少数最大的企业。"③

马歇尔在《经济学原理》一书中注意到了规模经济问题。他发现企业在合作或联合中

---

① 马克思．资本论：第1卷．北京：人民出版社，1975：688.

② 同①686-687.

③ 列宁．列宁全集：第34卷．2版．北京：人民出版社，1985：212.

可以获得规模经济效益，因而他在萨伊的生产三要素即劳动、土地和资本之上增加了第四要素——工业组织。他指出，“大规模生产的主要利益，是技术的经济、机械的经济和原料的经济”，“大工厂的利益在于：专门机械的使用与改良、采购与销售、专门技术和企业经营管理工作的进一步划分”[①]。他通过对规模经济的系统分析，得出了两点结论：“第一，任何货物的总生产量之增加，一般会增大这样一个代表性企业的规模，因而就会增加它所有的内部经济；第二，总生产量的增加，常会增加它所获得的外部经济，因而使它能花费在比例上较以前为少的劳动和代价来制造货物。”[②] 这就是说，产量的增加会引起企业规模扩大，而扩大企业规模则会增加内部和外部经济，取得规模经济效益。自马歇尔以来，在西方经济学中，微观经济学的厂商理论、市场理论以及产业组织理论等对规模经济问题有了比较多的论述，形成了规模经济的一定理论基础。第二次世界大战以后，新古典综合派的主要代表人物之一萨缪尔森等在其《经济学》一书中也提出了“规模收益递增”问题，并分析了“规模收益递增”的原因，他强调指出：“规模收益递增非常重要，它可以解释，为什么我们购买的许多物品都是由大公司制造的——如卡尔·马克思在一个世纪以前所着重指出的那样。”[③]

在许多产业的产品生产中，存在着明显的工厂规模经济现象。例如，有资料表明，我国啤酒生产厂中，生产能力为年产 10 万吨以上的工厂，平均利税为 419.94 元/吨；产量为 5 万～10 万吨的工厂，平均利税为 368.51 元/吨；产量为 3 万～5 万吨的工厂，平均利税为 328.25 元/吨；产量为 1 万～3 万吨的工厂，平均利税为 271.91 元/吨；万吨以下的工厂，平均利税为 213.02 元/吨[④]。有关学者根据物耗率、百元产值成本、资金利税率和工资利税率四项反映规模经济效益的指标，对一个行业内按固定资产原值划分的不同规模组进行分析，得到我国制造业中 30 个大类行业的规模经济显著程度，并将其分为三大类，即规模经济显著产业（12 个）、规模经济不显著产业（10 个）和规模经济不存在产业（8 个）。其中，规模经济显著产业最大规模组物耗率比最小规模组一般低 10%，百元产值成本比最小规模组低 20%，资金利税率除个别产业外比最小规模组高出 50%左右，工资利税率为最小规模组的 4 倍以上，且四个指标几乎都是规模越大效益越好的曲线形状[⑤]。

二、企业规模结构合理化的标志

（一）企业规模结构合理化的标志——有效竞争

有效竞争是在“马歇尔冲突”（Marshall's dilemma，或称“马歇尔困境”）的基础上提出来的。1890 年，马歇尔在其《经济学原理》一书中，在提出规模经济、充分肯定了规模经济利益的同时，认为在追求规模经济过程中会出现垄断，因为“极有组织的采购和销售的经济，是现在同一工业或行业中许多企业合并成为一个大的联合组织的倾向的主要

① 马歇尔．经济学原理：上卷．北京：商务印书馆，1964：291.
② 同①328.
③ 萨缪尔森，诺德豪斯．经济学：第 12 版（上）．北京：中国发展出版社，1992：62.
④ 董守才，等．工业组织学．北京：中国人民大学出版社，1992：57-58.
⑤ 方甲．产业组织理论与政策研究．北京：中国人民大学出版社，1993：161-164.

原因之一；也是包括德国的卡特尔和集中的合作组织在内的各种同业联合的主要原因之一”[①]。而垄断使价格机制受到人为因素的控制，使经济失去活力，扼杀了自由竞争这一经济运动的原动力，破坏了资源的合理配置。这样，在马歇尔的描述里，规模经济与竞争活力，亦即垄断与自由竞争就成了一对难分难解的矛盾，后人把这一矛盾称为“马歇尔冲突”。

在马歇尔之后一个较长的时期里，经济学家对如何克服“马歇尔冲突”，把规模经济与竞争活力两者有效地协调起来进行了积极探索。在此过程中，人们不是偏重规模经济的作用，就是突出竞争活力的地位，往往顾此失彼。直到 1940 年 6 月，克拉克（J. M. Clark）在总结前人观点的同时，通过大量的调查研究，发表了《有效竞争的概念》一文，他在该文中指出，短期均衡是一种静态概念，它依靠在现有生产条件下，通过价格的自动调节以实现供需均衡；而长期均衡是一种动态概念，它随着产业成长、经济规模发展而使长期成本下降和长期供给能力增加，以实现长期供需均衡。他认为短期均衡和长期均衡这两者的实现条件往往不协调，为谋求现实条件下缩小这种不协调的途径，首先要明确“有效竞争”的概念。所谓有效竞争，就是指将规模经济与竞争活力两者有效地协调起来，从而形成有利于长期均衡的竞争格局。但他未能论述实现有效竞争的客观条件和标准问题。

（二）有效竞争的实质

从有效竞争的概念可知，有效竞争的两个决定变量是规模经济与竞争活力。规模经济与竞争活力两者既统一又矛盾。两者的统一表现在：两者都是为了实现社会资源的优化配置，从而提高经济效率。只不过两者实现提高经济效率这一目标的途径不同。规模经济是通过企业规模的扩大使单位产品成本降低、经济效益提高，从而实现社会资源的优化配置和使用，提高经济效率；而竞争活力是通过发挥市场机制（如价格、竞争和供求）的作用，实现社会资源的优化配置，提高经济效率。两者的矛盾表现在：企业在追求规模经济的过程中，随着企业规模的扩大会引起生产的集中，生产集中发展到一定程度就会形成垄断。对此，马克思、恩格斯和列宁都曾有过精辟的论述。马克思指出：“垄断产生着竞争，竞争产生着垄断。垄断资本家彼此竞争着，竞争者逐渐变成垄断资本家。……垄断只有不断投入竞争的斗争才能维持自己。”[②] 恩格斯也曾有过这样的著名论断：“竞争的对面就是垄断。”[③] 列宁也指出，集中发展到一定阶段，可以说，就自然而然地走到垄断。垄断是对市场竞争的否定，它会导致经济缺乏竞争活力。因此，有效竞争作为兼顾规模经济与竞争活力，使两者相互协调的理想状态，是一个经济效率问题。有效竞争的实质就是追求较高的经济效率。

（三）有效竞争的衡量标准

在产业经济学中，关于有效竞争的衡量标准，比较有影响的是 1957 年美国哈佛大学教授梅森（E. S. Mason）提出的“市场结构标准”和“市场效果标准”，以及 1958 年美国

① 马歇尔. 经济学原理：上卷. 北京：商务印书馆，1964：295.

② 马克思，恩格斯. 马克思恩格斯全集：第 4 卷. 北京：人民出版社，1958：178-179.

③ 马克思，恩格斯. 马克思恩格斯全集：第 1 卷. 北京：人民出版社，1956：612.

经济学家史蒂芬·索斯尼克提出的“结构-行为-绩效标准”。

1. 市场结构标准

其主要内容包括：(1) 市场上存在相当多的卖者和买者；(2) 新企业能够进入市场；(3) 任何企业都没有占有很大的市场份额；(4) 任何企业（集团）之间不存在共谋行为。

2. 市场效果标准

其主要内容是：(1) 企业存在不断改进产品和生产工艺的市场压力；(2) 在成本下降到一定程度时，价格能够向下调整，具有一定的弹性；(3) 生产集中在不大不小的最有效率的规模单位下进行，但未必是在费用最低的规模单位下进行；(4) 生产能力和实际产量基本协调，无慢性设备过剩；(5) 能避免销售中的资源浪费。

3. 结构-行为-绩效标准

主要包括三大方面 15 个具体内容标准。结构方面的内容有：(1) 不存在企业进入和流动的人为限制；(2) 存在对上市产品质量差异的价格敏感性；(3) 交易者的数量符合规模经济的要求。行为方面的内容有：(1) 厂商间不相互勾结；(2) 厂商不使用排外的、掠夺性的或高压性手段；(3) 在推销时不搞欺诈；(4) 不存在“有害的”价格歧视；(5) 竞争者对其他人是否会追随他们的价格变动没有完备的信息。绩效方面的内容有：(1) 利润水平刚好足以酬报创新、效率和投资；(2) 质量和产量随消费者需求而变化；(3) 厂商尽其努力引进技术上更优的新产品和新的生产流程；(4) 没有“过度”的销售开支；(5) 每个厂商的生产过程都是有效率的；(6) 最好地满足消费者需求的卖者得到最多的报酬；(7) 价格变化不会加剧周期的不稳定。

（四）有效竞争与垄断

1. 垄断及垄断行业（企业）的概念

在普遍意义上，经济学所讲的垄断，是指一个单独的卖主控制着一特定商品的全部供应[①]，或者是少数几个出卖人控制着某一行业的生产或销售。一般而言，垄断应被认为是一个相对的概念，而不是绝对的概念[②]。垄断的产生和形成有多种多样的原因，如资源稀缺、外部经济性、规模经济和范围经济效益的存在等。垄断性及相对垄断性行业（企业），是指靠国家政策支持保护的行业（企业），其生产经营必需的资源、市场都是垄断和相对垄断的，是没有完全市场化运作的。在我国，公用事业行业（企业）由于其自然垄断属性或行政垄断属性而共同形成了垄断行业（企业）。

2. 垄断的类型

垄断根据其形成的原因大致可以分为自然垄断、市场垄断（或经济垄断）和行政垄断三种类型。所谓自然垄断，是指由于存在着资源稀缺性和规模经济效益、范围经济效益，使提供单一物品和服务的企业或联合起来提供多数物品和服务的企业形成一家公司（垄断）或极少数企业（寡头垄断）的概率很高。这种由于技术理由或特别的经济理由而形成的垄断或寡头垄断，称为自然垄断或“自然寡头垄断”[③]。一般而言，自然垄断是市场失灵

---

① 罗宾逊，伊特韦尔．现代经济学导论．北京：商务印书馆，1982：200．

② 费希尔．经济学：上．北京：中国财政经济出版社，1989：297．

③ 植草益．微观规制经济学．北京：中国发展出版社，1992：41．

的表现之一，是与微观规制（从广义上看，微观规制是政府对微观经济运行的干预）相联系的垄断。关于自然垄断，比较典型的案例有：一个地区设置一个供电系统，运营商自然形成对供电的垄断；一个城市建立一个自来水管道供应系统，可能比建立几个并行的供水系统更经济、更有效等。

所谓市场垄断（或经济垄断），是指在竞争性领域中，少数市场主体通过合谋行为或市场兼并控制行为形成的垄断。例如几个具有竞争关系的企业以合同、协议等方式，确定、维持或变更商品的价格，搞价格同盟，限制商品的市场供应量，共同阻止新的竞争者进入市场或排挤其他竞争对手。

所谓行政垄断，即政府及其所属部门利用行政权力直接从事基础设施建设和经营形成的垄断。例如政府铁道部门从事铁路的建设和运营，电信部门从事电信的建设和经营。这种垄断在发展初期有其必要性和必然性，但发展到一定阶段，特别是在市场经济条件下，将带来越来越多的负面影响。行政垄断大致可区分为区域性行政垄断和行业性行政垄断两种形式。区域性行政垄断是指某一区域内的经营者依赖并滥用由独占或市场支配地位形成的地域优势对该区域的产品或服务的垄断。当前，随着改革开放的不断深入和社会主义市场经济体制的不断建立和完善，我国区域性行政垄断已大为削弱，已不再是行政性垄断的主要形式。而另一种形式的行政性垄断，即行业性行政垄断——某一行业或产业内的经营者依赖并滥用由独占或市场支配地位形成的行业优势对该行业或产业的产品或服务的垄断——则已成为当前和今后一个时期存在的主要行政性垄断。通常，行业垄断具有借助于对本行业的管理特权和实际控制力量，抢占市场资源与销售份额，排斥他人的进入与竞争，操纵价格以牟取暴利的特点。一般而言，对消费者构成直接侵害的并不是垄断行业结构，而是垄断行业行为。

3. 正确处置各类垄断，促进有效竞争

为促进有效竞争，对各类垄断应采取不同的处置方法。一般来说，应承认自然垄断的合理性，减少经济垄断，打破行政垄断。

（1）承认自然垄断的合理性。就由企业和产品的生产技术特点决定的自然垄断，如电力、电信、铁路、天然气、自来水等来说，是不能通过一般竞争打破的。由于自然垄断具有上述特性，因而对于自然垄断行业的改革，关键在于承认其合理性，进行合理的引导与引入竞争，特别是应进一步分离垄断性业务和竞争性业务。一般认为，政府对自然垄断问题有三种不同的解决方法：一是政府接管某一行业的所有权，或将该行业国有化；二是让私人企业经营该行业的同时对其进行管制；三是鼓励竞争。

（2）减少经济垄断。就由于竞争（包括经济和技术的竞争）而形成的经济垄断而言，在任何情况下都是需要打破的，而打破的最有力的手段就是制定反垄断法，即通过反垄断法对市场结构加以限制，规定一个企业的某种产品在市场上的份额不得超过一定的比例，以保护市场的充分竞争。

（3）打破行政垄断。就政府通过行政力量而形成的行政垄断来说，往往是和经济体制、国家的经济安全及国防安全紧密联系在一起的，因而问题较为复杂。一般而言，行政垄断是应当加以反对和打破的，但对我国行政垄断行业，打破行政垄断有一个时机选择的问题，应进一步加快政企分开、政资分开、政事分开，目前应重点考虑的是加快政府职能转变，实现政企分开。这是打破行政性垄断的关键。

三、企业规模结构演变的趋势

（一）以大企业为主导、大中小企业并存的客观必然性

1. 社会生产集中化与分散化的必然趋势

现代工业生产存在集中化与分散化两种趋势的并存。一方面，生产越来越集中于大企业的过程进行得非常迅速，大企业产值所占比重越来越大；另一方面，生产分散化的趋势也很明显，中小企业的发展也很快，而且发挥着越来越重要的作用。这两种并行不悖的趋势决定了企业规模结构演变的方向必然是以大企业为主导、大中小企业并存。

2. 生产社会化的必然结果

现代工业生产是社会化大生产，社会化大生产有两个最明显的特点：一是建立在现代科学技术基础之上；二是专业化协作高度发展，社会化水平高。以现代科学技术为基础这个特点，从三个方面推动着企业规模结构演变的趋势：（1）生产设备的大型化和小型化都是科学技术发展的方向；（2）现代化产品不断涌现，且品种与质量不断提高；（3）新能源、新材料和新工艺被广泛采用，科学技术发展呈现出多样化。现代社会化大生产不仅使生产资料的使用更加社会化了，劳动过程本身更加社会化了，而且使产品的使用也更加社会化了。这种生产的社会化，必然使企业规模结构向以大企业为主导、大中小企业并存的方向演变。

3. 各国工业化进程的必然产物

各个国家工业化的进程，最初主要是由中小企业来推动的，但同时也有大型企业作为工业建设的骨干。发达国家从工业化初期到完成工业化、实现现代化，集中化的势头一直很猛，但是中小企业仍然大量存在和发展。尽管中小企业倒闭、破产的很多，但它们像雨后春笋一样又不断产生，在经济和社会发展中起着十分重要的作用。

（二）以大企业为主导、大中小企业并存的必要性

1. 有利于更好地满足多样化的市场需求

在现代经济条件下，市场需求是复杂多样的，既有单一品种的大批量的需求，又有多品种、小批量、变化大的需求。要满足市场多种多样的需要，就既要有大型企业来从事复杂的大批量产品的生产，又要有中小企业来满足社会各种各样的需要。

2. 有利于充分发挥各种规模企业的作用

在大中小企业并存的产业中，不同规模的企业为获取最大的经济利益，将在不同层次上开展经济活动。大企业可充分利用其享有的规模经济优势和技术资源优势，从事各种高级、精密、大型和尖端技术产品的生产，承担各种重大项目的设计与组织。中小企业则可在某一专业领域，应用现代技术生产标准化、通用化的中间产品；或者适应市场的某种特殊需求，进行小批量生产，繁荣市场供给；劳动密集型的中小企业还具有吸纳劳动力强的优势，因而宏观上有利于解决一个国家的就业问题。

3. 有利于形成良好的市场竞争秩序

同一产业内，大中小企业并存的规模构成，有利于开展有活力、有秩序的市场竞争。大企业在产业内占据主导地位，可以起到稳定价格、防止企业间过度竞争的作用。同时，

大企业在规模经济和技术开发方面的优势，形成了中小企业的生存压力，迫使中小企业不断更新技术，提高产品质量，突出特色，以弥补规模劣势，在竞争中维持生存和发展。中小企业的大量存在，也限制了大企业对价格的垄断，大企业如果靠提高价格获得超额利润，中小企业的规模不经济就会得到补偿，并且可以以稍低的价格扩大市场占有率，危及大企业的市场份额，使大企业不能任意操纵价格。

4. 有利于采用先进的生产组织方式

大中小企业并存的规模构成，可使大企业集中于国际国内市场开拓和产品开发，中小企业为大企业提供零部件，进行专业化分工和协作，从而降低社会生产成本，提高资源利用效率。

四、我国企业规模结构调整和完善

（一）我国企业规模结构调整和完善的总目标

我国企业规模结构调整和完善的总目标，就是以促进国民经济又好又快发展为导向，顺应企业规模结构演变的趋势，在国家宏观调控下，充分发挥市场机制的作用，逐步形成以大企业为主导、大中小企业协调发展的格局，实现有效竞争，达到既充分利用规模经济又维护竞争活力的效果。围绕这一总目标，要按照专业化分工和规模经济原则，一方面，通过兼并、联合、重组等形式，形成一批拥有自主知识产权、主业突出、核心能力强的大公司和企业集团，提高产业集中度和产品开发能力；另一方面，推进公平准入，改善融资条件，破除体制障碍，大力发展中小企业，引导其向“专、精、特、新”的方向发展。

（二）调整和完善我国企业规模结构的措施

我国企业规模结构的调整和完善，应在建立和完善社会主义市场经济体制的基础上，充分发挥市场机制和国家宏观调控的作用，需要采取如下措施：

1. 健全现代市场体系

健全的现代市场体系是充分发挥市场机制作用的基础。健全的现代市场体系要求市场体系在内容上是完整的，要求价格形成机制是科学合理的，要求市场体系是统一开放竞争有序的。而目前我国市场体系还不能完全适应这些要求。因此，健全现代市场体系，一是要大力发展各类生产要素市场，包括金融市场、产权市场、劳动力市场、土地市场和技术市场等；二是要加快完善反映市场供求关系、资源稀缺程度、环境损害成本的生产要素和资源价格形成机制；三是要进一步打破市场的地区封锁和部门分割；四是要规范发展行业协会和市场中介组织；五是要健全社会信用体系。

2. 促进企业之间的专业化分工与协作

专业化分工与协作是社会化大生产的客观要求和必然产物，是既充分利用规模经济又维护竞争活力的基础。现代工业生产的集中化，一方面反映在企业平均规模的扩大上，另一方面反映在专业化协作基础上的同类产品的集中上。如前所述，在长期中，随着企业规模扩大所带来的规模经济不是无止境的，企业规模扩大到一定程度后，就会出现规模经济不变；随着企业规模的进一步增大，就会出现规模不经济。因此，企业规模越大，并不一定越经济。相反，企业规模太大，由于管理幅度和管理层次的增加、信息传递迟缓等因素的影响，会出现所谓的“X 非效率”，导致资源的浪费。从这个角度上讲，专业化的中小企业，与大企业建立分工协作关系的中小企业，为大企业生产协作配套件的中小企业，同样也可以获得大批量生产所产生的规模经济效益。由此可见，政府在宏观调控中不但要支持大企业的发展，也要在专业化分工与协作的基础上保护和促进中小企业的发展，要特别支持以大带小、以大促小的企业间的协作发展形式，从而形成一个大中小有机结合的、合理的企业规模结构。

3. 促进企业之间的联合与兼并

如果说企业的专业化分工是把同一生产过程中的不同工序不断分离、独立出来，那么企业的联合则是把不断分离、独立出来的工序社会化地重新组合。企业的联合，从内容上看有横向联合、纵向联合和混合联合；从财产关系上看有松散联合、半紧密联合和紧密联合。不论何种形式的联合，客观上都程度不同地在降低交易费用、扩大生产能力、促进技术进步、降低生产成本、提高竞争能力等方面起着积极的作用，因而有利于既充分利用规模经济又维护竞争活力目标的实现。

企业兼并是在市场经济条件下，优势企业通过激烈竞争吸收（吃掉）其他劣势企业而成为存续企业的形式。在兼并过程中，被兼并企业的产权（资产所有权和经营权）被优势企业合并过去，优势企业同时承担对方的债权债务，被兼并企业的法人资格消失。企业兼并的形式主要有三种，即横向兼并、纵向兼并和混合兼并。企业兼并是扩大企业规模、充分利用规模经济、提高工业生产集中化的重要途径。它可推动资产存量的流动，使生产要素向优势企业集中，优化组合，产生规模效益。

4. 大力发展企业集团

企业集团是以一个或几个骨干企业为主体，由多个有内在经济技术联系的企业或科研单位通过多种联系纽带所构成的多层次的企业集合体。在企业集团的多种联系纽带如资本、技术、人事、资源、合同等中，资本纽带起着最关键的作用。企业集团具有多层次性，它由核心企业、紧密层、半紧密层以及松散层等多层次组成。大力发展企业集团，对提高产业组织的规模经济水平、实现企业规模结构调整的目标具有积极的作用。具体表现在：有利于企业之间的专业化分工与协作，从而使资源在企业间得以有效配置；有利于推进企业的技术进步，有利于新产品的试制、开发和生产；有利于新设备、新工艺的采用；有利于资金的合理使用，克服企业的费用壁垒和规模经济壁垒；有利于减少各种摩擦，降低交易费用。由于企业集团具有上述积极作用，它在西方发达国家中已成为国民经济发展的主导力量。20 世纪 80 年代中期以来，虽然我国企业集团有了一定发展，但仍存在一些不足和问题，主要是：核心企业的规模依然比较小；企业集团的存活率低，中途夭折的企业集团大量存在；相对于我国大量的工业企业而言，工业企业集团数量及其参与企业数量仍然偏少；特别是集团内各成员企业之间缺乏资本联系纽带，各成员企业之间既缺乏股权维系机制，债权关系又相当弱，从而在集团内部难以形成有效管理和控制的关系，使得集团的整体聚合力和稳定性差，集团内部各成员企业难以在生产经营、技术开发、市场开拓和投资发展等方面进行密切合作、协调行动，难以形成真正的利益共享、风险共担的利益共同体。因此，目前推进企业集团健康发展的关键是进行企业集团的公司化改造，即通过股份制的形式，建立起集团内部核心企业与其他成员企业之间的持股与被持股、控股与被控股的产权联系，并建立起与上述关系相适应的各种规范的内部组织管理制度。

5. 制定规模经济显著行业的分行业规模经济要求，建立行业进入的合理壁垒

对规模经济显著的一些行业，要根据不同行业的生产技术特点，制定分行业的规模经济要求，按行业确定进入某个行业的标准，并严格审批手续，达不到标准的则不允许在这个行业内设立新的企业。制定分行业的规模经济要求，建立行业进入的合理壁垒，可以限制分散的小批量生产，扩大生产批量，防止行业内的过度竞争，从而提高产业集中度，实现规模经济。

6. 促进技术创新和进步

大规模、大批量生产总是与一定的技术水平相联系的。大批量生产要求采用大型、高效、专业化的设备，要求采用先进的生产工艺，要求运用新型原材料，要求进行现代化的管理。如果没有高度先进的工业技术，则所有这些要求都不可能在工业生产中实现，也就不可能实现大批量生产和规模经济。因此，科学技术的创新和进步，特别是先进的科学技术在工业生产中的运用，是大规模、大批量生产的前提和基础。促进技术创新和进步是调整和完善我国企业规模结构的重要途径。

7. 制定配套的中小企业政策，大力促进中小企业的发展

大力发展中小企业，引导其向“专、精、特、新”的方向发展，是企业规模结构调整的重要目标。针对目前我国中小企业发展中存在的准入障碍、技术落后、专业化分工与协作水平低、科技型中小企业发展不足、融资困难、服务体系不健全等问题，促进中小企业的发展，在政策上应采取以下措施：一是对中小企业和大企业在行业准入政策上要一视同仁，凡是国家法律法规没有禁止中小企业进入的领域，都应允许中小企业进入；二是要加快中小企业的技术改造和升级，强化专业化分工与协作体系建设，引导中小企业走专业化、协作化的路子，与大企业搞好协作配套；三是要重视中小企业在促进科技成果转化方面的积极作用，采取多种支持措施，鼓励各种科技驱动型中小企业的发展；四是要拓宽中小企业的融资渠道，建立和完善中小企业信贷担保体系；五是要支持建立面向中小企业的中介机构，提供市场分析、信息咨询、企业诊断、技术孵化、管理培训等方面的服务。

第四节　其他企业结构的优化调整

企业所有制结构和企业规模结构是企业结构的核心内容，除此之外，企业结构的调整还涉及个人独资企业、合伙企业和公司制企业结构的调整，外资企业与内资企业结构的调整，资本技术密集型企业与劳动密集型企业结构的调整，以及高新技术企业与传统企业结构的调整等内容。

一、企业财产组织形式的演变及调整

根据企业财产组织形式的不同，可以把企业划分为个人独资企业、合伙企业和公司制企业。

个人独资企业在法律上为自然人企业，不具有法人资格。这种企业形式既有其优点也有其缺点，其优点是：组织简单，开设、转让、关停均较简便；个人决策，经营灵活，效

率较高；开支少，成本低；便于技术保密，容易保持经营特色。由于具有这些优点，这种企业形式在现代经济社会中有其存在的价值，尽管其产值比重和雇员人数比重很低，但其在数量上还占较大比重（尤其是在商业和服务业）。同时，这种企业形式的缺陷也很明显，主要是：业主个人出资，企业资本有限，难以扩展；业主对企业债务负无限责任，一旦经营失败，业主可能倾家荡产；管理上主要依靠业主个人的经验进行。由于个人独资企业具有这些缺陷，因而当其发展到一定程度，需要扩展企业时，这种企业形式就会向合伙企业的方向发展。

合伙企业在法律上也是自然人企业，不具有法人资格。这种企业形式也有其优点和缺点。其优点是：第一，由于可以由众多合伙人共同筹资，因而扩大资本规模相对容易；第二，由于合伙人共负偿债的无限责任，减少了贷款者的风险，其筹集资金、获得商业贷款的能力较个人独资企业强；第三，合伙人对企业负有完全责任，意味着他们以自己的个人财产来为企业担保，因而有助于增强企业经营者的责任心。其缺点是：第一，合伙人对经营负有连带责任，风险太大；第二，所有权转让困难；第三，集体决策，遇重大问题难免相互干扰；第四，容易形成多头领导、权力分散，增大了管理协调的难度。由于合伙企业具有这些缺点，因而当其需要进一步规范和发展时，这种企业形式就会向公司制企业的方向发展。

公司制企业是法人，在法律上具有独立人格，这是公司制企业与个人独资企业、合伙企业的重要区别。公司制企业的表现形式主要是有限责任公司和股份有限公司。有限责任公司是指由两个或两个以上的股东共同出资，每个股东以其出资额对公司承担有限责任，公司以其全部资产对其债务承担责任的企业法人。其基本特点是：第一，公司的全部资产不分为等额股份，公司向股东签发出资证明书，不发行股票；第二，公司股份的转让有严格限制；第三，股东人数在法律上有上下限度；第四，股东按出资额享受权利，承担义务。股份有限公司是指将注册资本分成等额股份，并通过发行股票或股权证筹集资本，股东以其所认购的股份对公司承担有限责任，公司以其全部资产对其债务承担责任的企业法人。其特点主要是：第一，股份有限公司的股票可以自由交易、转让；第二，股东人数必须达到法定人数；第三，每一股有一票表决权；第四，股东以其持有股份数，享有相应的权利、承担相应的义务；第五，公司应将经注册会计师审查验证的会计报告公开。由于公司制企业具有产权清晰、权责明确、政企分开、管理科学的基本特征，从而成为现代企业中占主导地位的企业形式。

从上述分析可看出，个人独资企业、合伙企业和公司制企业都有其存在的合理性及作用，但其演变趋势是从个人独资企业演变为合伙企业，再从合伙企业演变为公司制企业，并且，公司制企业成为现代企业中占主导地位的企业形式。因此，在对这三类企业的结构进行调整的过程中，一方面要认识到三类企业都有其存在的必要性，在政策上要一视同仁；另一方面又要引导企业按照个人独资企业→合伙企业→公司制企业的方向发展。

二、外资企业与内资企业的关系及其调整

根据资本来自国内还是国外的不同，可以把企业划分为内资企业和外资企业。

积极合理有效地利用外资，对促进我国经济又好又快发展具有十分重要的意义。然

而，必须看到，外商直接投资的进入和发展，对内资企业既有积极的促进作用，又对其产生不利的影响。一方面，外商的进入和发展，不仅创造了竞争的环境，把国际竞争带入国内，使内资企业经受竞争的考验，在竞争中求得生存和发展，从而促进内资企业的产品技术升级和更新换代，而且把先进的管理经验带进我国，促使内资企业提高管理水平。另一方面，外商特别是跨国公司的进入和发展，对内资企业的直接冲击也是显而易见的。外商正在以资金和技术优势垄断某些国内市场；外商逐渐用自己的品牌占有了原来由我国名牌拥有的市场份额，国产名牌正在日益减少；外商正在吸收国内大量优秀的技术、管理人才，削弱了内资企业的竞争力。因此，我们必须正确处理好外资企业与内资企业的关系，在积极引进外商直接投资的过程中加强宏观上的结构调控，注意保护国内市场和内资企业。一是将对外产权交易纳入法制化、规范化管理，避免和减少国有资产流失，维护国家利益。二是严格控制我国开发的先进技术、拥有在国际市场上处于垄断地位的技术或产品的企业、国家投巨资兴建的大项目及国家重点建设项目与外方合资，经过周密论证，确需合资的，应保证我方牢牢持有控股权和经营权。三是关系国计民生又易于形成垄断的基础设施和支柱产业，其合资、合作项目要确保国家控股。提倡采用规范的 BOT 方式利用外资，以加快我国的基础设施和公共工程建设。四是选择一些具备一定的技术能力和产业基础的内资企业，给予必要的扶持政策和适度的保护政策，促使其尽快成长。

当前，处理外资企业与内资企业的关系，特别应注意防止外资公司在华恶意并购。外资公司在华恶意并购是指跨国公司在华购买目标公司的商标权或商品之后将其束之高阁，或在新设合并成立的公司或吸收合并形成的公司里对于目标公司所投入的商标权或商品少开发甚至不开发，从而使其随着时间流逝，在市场上的知名度下降，收购者和袭击者所拥有的与该商标或商品具有竞争关系的商标或商品随之自然取得优势地位，达到将竞争对手排除出去的目的的并购行为。恶意并购的“恶意”所侧重的是收购者或袭击者的意图是战略性的，其目的在于攫取目标公司的控制权和排除同类产品的竞争，并由此直接或间接导致了我国国有资产的有形或无形的流失以及民族品牌的消亡，其“恶意”往往具有隐蔽性和长期性，因而其并购并不必然遭到目标公司的管理层和董事会的抗拒。

为防止外资公司在华恶意并购，促进外资并购的健康进行，应坚持以下基本原则，采取以下具体对策。基本原则是：(1) 明确界定外资并购中国企业的行业范围；(2) 在引进外资并购的同时切实维护国家经济安全；(3) 建立健全国有资产管理和监管体系以防止国有资产流失；(4) 在企业并购中要切实落实内外资国民待遇问题；(5) 加强我国产业动态比较优势研究，设计对外开放的产业梯度制度安排等。具体对策是：(1) 不断完善外资引进和外资并购相关的法律政策；(2) 切实调整和转变政府经济管理职能，提高我国政府对涉外经济活动的管理能力；(3) 进一步建立和完善我国现代市场体系，不断改善我国投资环境；(4) 充分利用改革开放的历史机遇提高国内企业的国际竞争力；(5) 充分利用世界贸易组织规则，维护我国经济安全和国家利益。

三、不同要素配置的企业的关系及其调整

（一）资本技术密集型企业与劳动密集型企业的关系及其调整

根据生产要素密集程度的不同，可以把企业划分为资本技术密集型企业和劳动密集型

企业。一般来说，重化工业企业多为资本技术密集型企业，而农业企业、轻纺工业企业、建筑安装企业、商业企业和生活服务企业则多为劳动密集型企业。

随着工业化的推进，必须大力发展资本技术密集型企业，以提高生产技术水平和效率。但是，由于我国尚处在工业化中期阶段，企业结构必然呈现多层次性，劳动密集型企业还有很大需求和发展潜力。人口多、人力资源丰富，这既形成了巨大的就业压力，也是我国的一个突出优势，应当注意充分发挥人力资源的作用。从我国的这一国情出发，在工业化进程中，我们必须正确处理资本技术密集型企业与劳动密集型企业的关系，把发展资本技术密集型企业和发展劳动密集型企业很好地结合起来。既要大力发展资本技术密集型企业，又要继续发展吸纳就业能力强的劳动密集型企业，在促进产业结构不断优化升级的同时，既充分发挥我国劳动力资源丰富的优势，又缓解就业压力。根据比较成本原则，在保证产品技术质量水平的前提下，如果用劳动替代技术和资本成本更低，就不要一味追求技术和资本密集，可以多使用劳动力；在生产关键部位和工序要采用先进设备和技术，在一般工序则可以采取人工操作。

（二）高新技术企业与传统企业的关系及其调整

根据技术先进程度，可以把企业划分为高新技术企业和传统企业。一般而言，传统企业是以运用一般技术为基础生产产品和提供服务的企业。而高新技术企业则是运用当代尖端技术（主要是信息技术、生物技术、新材料技术和航天技术）生产产品和提供服务的企业。

走中国特色新型工业化道路，推进工业化，必须正确处理高新技术企业与传统企业的关系。一方面，我国必须适应世界科技发展的大趋势，积极培育和发展高新技术企业，特别是加速发展信息产业企业，同时发展那些对国民经济成长具有全局性带动作用的生物技术、新材料、航天技术等高新技术产业企业。另一方面，也要重视发展传统企业。要把二者有机地结合起来。高新技术企业要为传统企业改造提供强有力的技术支持，在促进传统企业的提升和发展中，开辟自身发展的广阔空间；传统企业的改造一定要充分运用高新技术尤其是信息技术，提高发展的起点，发挥后发优势。

小 结

企业结构是指按同一标准划分的各种类型企业之间相互关系及其在国民经济中的比重。在这种结构中，分别依照逻辑标准对企业分类。其中最主要的企业结构是所有制结构。我国在改革开放实践中确立了公有制企业为主体、多种所有制企业共同发展的原则，并探索出公有制企业与市场经济兼容的基本途径。因此企业所有制结构调整优化的目标是发展混合所有制，既要做强做优做大公有制企业，也要扶持发展引导非公有制企业。为此需要优化国有经济布局和结构，发展多种形式的集体和合作经济，促进个体私营经济健康发展，积极发展外资经济。企业规模结构演变的客观趋势是以大企业为主导、大中小企业并存，为此要承认自然垄断的合理性，减少经济垄断，打破行政垄断，目的是促进有效竞争。为此需要健全现代市场体系，促进企业专业化分工与协作、促进企业联合与兼并，大力发展企业集团，建立行业进入合理壁垒，促进技术创新与进步、促进中小企业发展。此外也要调整优化企业财产组织结构、内外资企业结构、不同要素配置企业结构。

思考题

1. 如何理解企业的含义及我国企业的一般分类？
2. 如何理解以公有制为主体、多种所有制企业共同发展反映了我国基本经济制度的本质？
3. 我国企业所有制结构调整和完善的目标是什么？
4. 什么是有效竞争？
5. 如何处理好企业规模经济与竞争之间的关系？
6. 如何处置各种类型的垄断以促进有效竞争？
7. 以大企业为主导、大中小企业并存的必然性与必要性有哪些？
8. 如何理解我国企业规模结构调整和完善的目标？
9. 企业财产组织形式演变具有哪些一般特征？
10. 如何正确处理高新技术企业与传统企业的关系？
11. 为什么说改革开放 40 多年我国国有企业发展成功但还不完美？
12. 我国混合所有制改革的目的是什么？
13. 我国混合所有制改革的难点在哪里？
14. 如何协调好国企、民企和外企之间的关系以利于中国经济发展？
15. 如何理解既要坚持毫不动摇地巩固和发展公有制经济又要毫不动摇地鼓励、支持、引导非公有制经济？
16. 如何调整不同要素配置的企业的关系？

第十三章

推进社会公平

在我国国民经济管理长期实践中，一直把推进社会经济发展与进步作为国民经济管理的长期任务，也一直把社会目标纳入国民经济管理目标体系之中。这些社会管理任务和目标涉及面广泛，但是每个时期都聚集在突出的社会问题上，并与时俱进，因势而为。在建立起社会主义市场经济体制之后，国民经济管理在促进社会经济进步方面的核心任务和关键目标是实现社会公平。因为市场经济在产生高效率经济活动的同时，也滋生了许多社会不公平的现象。因而针对这些现象采取必要的维护社会公平的行动，成为在实现经济管理任务之外一项特殊的社会管理使命。然而，在行使管理职责之前，需要对许多问题进行必要的理论澄清，需要全方位地把握好这一特定使命。

第一节　公平的概念

公平与效率是人类社会经济发展和文明进步的双重追求目标，在社会主义市场经济中如何正确处理公平与效率的关系，关系到我国经济的发展、社会的稳定以及共同富裕的最终实现。

一、公平与效率的关系

（一）概念的界定

效率是一个相对比较的概念，是指人们行为的投入与产出、成本与收益的比率。将其运用到社会生活广泛领域，大体分为两类：（1）经济效率，即经济要素和资源得到有效利用的投入与产出比率，它强调的是资源配置优化结果。（2）社会效率，即以社会价值观念衡量的社会期望与结果之间的比率，它强调的是社会成员的获得感和满意感程度。在经济效率与社会效率之间比较，经济效率是人类经济活动所追求的最基本的目标，也是推动人类社会从低层次向高层次发展的最基本的动力。社会效率一般是在经济效率大大提升之后才会合理存在和得到广泛承认的。

公平属于伦理道德范畴，包含了公正与平等，无论是概念内涵或外延都是比较宽泛的，具有多种学科的理解。从经济伦理角度解释的公平，要求市场机制运行体现公开、公平、公正精神。这种精神需要通过具体的可操作机制加以贯彻。平等与公平是既有联系又有区别的概念。所谓平等是指人的社会地位、权利、责任、义务等方面的无差别，具有客观标准；而公平是人的主观世界认为某种社会事物“应有”的状态，涉及价值判断和善恶评价问题。评价者由于阶级地位、历史环境、利益关系、文化信仰的差别会得出极不相同的标准和结论。中国传统文化将“均贫富”看作公平的最佳体现，实际上平均的概念并不是平等或公平的完整概念，平均只是收入分配结果上的简化平等。

从社会再生产循环角度看，收入分配仅仅是生产循环链中的一环。社会普遍关注收入分配平等以及财富积累公平，其实收入分配及财富积累是整个社会再生产循环的结果而不是原因。所谓收入分配和财富积累的公平，起始于生产公平，经过了生产公平、交换公平、分配公平、消费公平，再开始新一轮的生产再公平、交换再公平、分配再公平和消费再公平循环。再生产中的各个环节相互依存而又相互影响。由此可见，实现公平是一个复杂的过程。就收入分配平等而言，因为分配过程涉及初次分配和再分配过程，所以实现收入分配平等需要区别两个层次的平等。这两种层次的平等具有本质上的差别，公平与效率的关系也由于含义上的不同而具有不同的形式。

（二）概念的争议

关于公平与效率的关系，学者们有不同的看法。在许多学者看来，效率和公平是不可兼得的，“激进学派”和新制度学派把公平置于优先地位；自由主义学派则强调效率，以提高效率为根本目标；还有人主张“折中”，即在平等中加入某些理性，在效率中加入某些感性。

西方主流经济学所说的平等主要是就再分配而言的，是指收入分配的均等化，效率是指资源的有效配置，由于从这个意义上决定的平等缺乏一种准确的制度基础和标准，因而由此定义的公平与效率的关系很不确定。马克思提出有公平就有效率的思想：认为公平既非交换规则上的公平，也非均衡规则上的公平，而是生产资料占有的平等和等量劳动获得等量收入意义上的公平，劳动者的积极性得以充分发挥，经济活动就会有效率。

客观地说，公平与效率之间既不是“鱼与熊掌”的关系，也不是互相解释的关系，它们之间存在着辩证的对立统一关系。

从人类社会整体的发展来看，公平与效率是统一的：第一，效率的状况决定着公平的层次，二者在发展趋势上是一致的。只有当效率提高到剩余物品产生时，社会才出现公平与否的问题，人类社会的发展既是效率不断提高的过程，也是平等程度不断向前推进的过程，马克思主义关于人类社会由低级到高级不断发展的理论说明了这一点。第二，公平是效率持续提高的保证。效率的获得取决于一系列因素的有机组合，但最根本、最重要的因素还是人，社会公平机制既可以极大地激发人的积极性和创造性，成为效率的源泉，也可能成为束缚社会效率的主要因素，经济的持续发展离不开规则公平和结果公平所保证的稳定秩序，社会主义经济既可以通过公有制的主体地位在初次分配过程中实现以按劳分配为基础的公平与效率的统一，又可以通过对收入分配的调节，防止两极分化。

但在社会发展中，公平与效率也存在着矛盾。第一，公平与效率是人类社会追求的不同目标，公平与效率的增长并不是同步的，两者的地位和作用不是完全均等的，短期的政策目标存在着一个何者为先的选择。第二，如果片面地追求效率，则无法保证社会的公平，在效率机制的作用下会进一步强化贫富的差距，最终导致政治、社会及经济领域的混乱。第三，公平是要受效率制约的，如果超越生产力发展阶段去强调公平，甚至把公平绝对化为平均主义，必然会阻碍效率的提高。

二、公平全过程

社会主义市场经济的公平包括起点公平（占有权、分配权的平等）、过程公平（机会均等和公平竞争）和结果公平（共同富裕），这三者有机地构成了社会主义公平观的体系，体现了生产力发展和人类自身完善、社会进步的统一。

（一）起点公平

构筑公平的制度环境，使每个公民在社会经济活动中平等地获得自我发展的权利和条件，这是过程公平和结果公平的前提和基础。起点公平包括政治、法律、经济、社会地位上的平等。

市场主体间的平等是市场经济首要的条件和规则，它要求法律、制度的公平及执行的公正，否则便无法有效地竞争。起点公平的实质，就是要消除在生产资料占有、信息占有、发展初始条件等方面的差异或不均，通过促进个性的发展提高经济效率，并维护社会的公正和稳定。

在社会主义初级阶段，由于条件的差异和发展的需要，完全、绝对地使竞争者处于同一起跑线上是不现实的，但长期的区别对待和起点失衡（如城乡二元结构、地区差别等）必将加剧分配的不公，丧失大量效率，需要政府的规制和政策的引导。

（二）过程公平

市场经济中的机会公平指人们以拥有的商品和资源为基础，在统一的规则下追求各自经济利益和公平竞争机会的平等。它强调的不是人们参赛的自然条件，而是参赛的社会条件的均等，包括进入市场机会的公平、就业机会的公平、获得资本机会的公平、要素流动条件的公平以及权利义务的公平等多方面的内容。

只有规则公平，市场经济条件下的供求规律、竞争规律才能得以实现，劳动力、资本才能自由流动，生产要素获得相应的报酬才成为可能。缺乏公平的市场意味着缺乏公平有效的竞争和巨大的外部效应，不利于社会经济动力机制和约束机制的形成，不利于社会的发展和经济效率的提高。

构造社会主义市场经济条件下的机会均等和公平竞争是改革的出发点，也是提高效率的内在因素。目前我国市场机制尚不健全，国家宏观调控能力有限，还存在着种种竞争机会不均等的现象，这就需要我们打破城乡封锁、部门垄断，缩小地区和所有制差别，尽快建立和完善全国统一、公平竞争、规范有序的市场体系，健全市场六大机制，充分保证每个市场主体的机会和权利。

（三）结果公平

结果公平是指人们最终所得与付出之间的均衡和公平，而并非收入分配的“平均”。合理的收入分配制度是社会公平的重要体现。收入分配公平程度是受经济水平影响的，在经济发展水平较低时，资本要素和不平衡政策的作用会更加凸显。但社会分配的差异应保持适当的“度”，否则便无法保证社会秩序的稳定。市场由于本身的缺陷无法消除影响公平的因素，因此客观上要求政府必须通过公平有效的社会资源再分配，防止两极分化，保持“合理的收入分配差距”。

判断收入分配公平与否的客观尺度至少应包括三个方面：

第一，参与经济活动的机会公平与否。衡量收入是否公平，一要看收入分配机制的公平程度，二要看规则公平的状况，它是保证收入分配结果公平的前提和必要条件。

第二，收入必须与投入相适应。人们获得的收入必须与投入的要素质量、数量和效能相对称，在“贡献”尺度面前人人平等。

第三，保障社会成员最基本和最低的生活需要，并随着社会生产的发展不断提高其保障水平，使之能够获得自由全面的发展，逐步实现更高层次上的共同富裕，这不仅是社会主义的本质的体现，也是社会稳定发展和进步的必要前提。

综上所述，要坚持社会主义市场经济下的公平，实现效率与公平的统一，就必须在权利和义务相均衡的基础上，切实做到起点公平、过程公平和结果公平。

三、处理效率与公平关系的政策取向

效率与公平是任何一个社会都应追求的两种基本的价值目标。一定程度的效率是一个社会得以存在和发展的前提，主要体现了生产力发展的要求；而相应的公平则是一个社会得以稳定和谐地存在、发展的基础，主要体现了社会发展的要求，因此，要保持社会主义市场经济的稳定和发展，必须完整地把握两者的关系。

（一）“效率优先、兼顾公平”的政策主张

在计划经济体制下，我国在分配方面长期实施高度平均化的分配制度。改革开放之后，市场经济发展的初期，分配方面的主要任务是反对平均主义，提高经济效率。因此，在这一时期政策上强调效率优先。1987 年党的十三大报告提出“在促进效率提高的前提下体现社会公平”。1993 年，在《中共中央关于建立社会主义市场经济体制若干问题的决定》中首次明确提出了“效率优先、兼顾公平”的原则。1997 年党的十五大、2002 年党的十六大都坚持了这一原则。

在当时情况下，在个人收入分配领域把有利于效率提高的分配方式和分配机制放在优先的地位，充分发挥了收入分配对提高效率的推动作用；同时兼顾全体社会成员的物质文化水平和保障程度的提高，从而保证以总代价最小的方式使社会效率最大限度地发挥出来，促进社会的不断发展。

（二）“初次分配注重效率，再分配注重公平”的政策主张

随着市场经济的发展，居民经济和社会生活中的不平等程度不断上升，特别是在收入分配方面，居民收入分配的差距不断扩大。党的十六大以来，党和政府开始重视收入分配中的社会公平问题，政策调整的倾向开始体现向社会公平倾斜的思路。党的十六大报告提出，初次分配应注重效率，发挥市场的作用；再分配则要注重公平，加强政府对收入分配的调节功能[①]。党的十六届三中全会提出要整顿和规范分配秩序，加大收入分配的调节力度，重视解决部分社会成员收入差距过分扩大等问题。党的十六届五中全会提出要注重社会公平，特别要关注就业机会和分配过程的公平。党的十六届六中全会进一步提出，在经济发展基础上更加注重社会公平。

（三）“初次分配和再分配都要处理好效率与公平关系”的政策主张

2005年2月19日，在中共中央举办的省部级主要领导干部提高构建社会主义和谐社会能力专题研讨班开班式上，胡锦涛同志表示，维护和实现社会公平和正义是我们社会主义制度的本质要求。他提出要在促进发展的同时，把维护社会公平放到更加突出的位置，综合运用多种手段，依法逐步建立以权利公平、机会公平、规则公平、分配公平为主要内容的社会公平保障体系，使全体人民共享发展改革的成果，使全体人民朝着共同富裕的方向稳步前进。

党的十七大报告指出，改革开放以来，城乡居民收入有较大增加，家庭财产普遍增多。城乡居民最低生活保障制度初步建立，贫困人口基本生活得到保障，人民生活总体上达到小康水平。同时收入分配差距拉大的趋势还未根本扭转，城乡贫困人口和低收入人口还有相当数量，统筹兼顾各方面利益的难度加大[②]。报告同时指出，要坚持和完善按劳分配为主体，多种分配方式并存的分配制度，健全劳动、资本、技术、管理等生产要素按贡献参与分配的制度。初次分配和再分配都要处理好效率和公平的关系，再分配更加注重公平[③]。

初次分配和再分配是国民生产总值分配的两个环节。初次分配是指在生产活动中，企业作为分配主体，将国民生产总值在国家、企业、个人之间进行分配，生产要素的提供与报酬支付的关系是最基本的初次分配关系。在市场经济条件下，初次分配关系主要由市场机制形成，生产要素价格由市场供求决定，政府通过法律法规和税收进行调节和规范，不直接干预。再分配是指在初次分配结果的基础上政府对要素收入进行再次调节的过程。主要通过税收、提高社会保障和社会福利、转移支付等调节手段进行，重点调节地区之间、城乡之间、部门之间、不同群体之间、在职人员与退休人员之间的收入关系，防止收入分配差距过大，保障低收入者基本生活。在自由竞争、优胜劣汰、价格机制、利益驱动机制下，初次分配收入存在一定差距是不可避免的，有助于提高效率，但如果初次分配中存在的问题过多，再分配很难纠正过来，因此在初次分配中处理好效率和公平的关系十分重要。再分配更加注重公平，就是要加大税收等经济杠杆对收入分配的调节力度，促进社会公平。

（四）“区别不同收入调节和实现共享共富”的政策主张

党的十八大之后，除了继续坚持党的十七大关于公平与效率关系的政策主张之外，进一步提出了如何对待收入分配差距拉大的基本原则，这就是区分不同收入情况，细化政策

---

① 中共中央第十六次全国代表大会文件汇编. 北京：人民出版社，2002：27.

② 中共中央第十七次全国代表大会文件汇编. 北京：人民出版社，2007：13.

③ 同②37.

调节收入，实现共享共富目标的着力点。党的十九大报告中提出："鼓励勤劳守法致富，扩大中等收入群体，增加低收入者收入，调节过高收入，取缔非法收入。坚持在经济增长的同时实现居民收入同步增长、在劳动生产率提高的同时实现劳动报酬同步提高。拓宽居民劳动收入和财产性收入渠道。履行好政府再分配调节职能，加快推进基本公共服务均等化，缩小收入分配差距。"

据此精神，处理公平与效率关系的政策要点：首先要继续鼓励和支持劳动致富，使城乡居民收入的增长速度高于经济增长速度，提高劳动收入在国民收入中的份额比重。其次要完善健全法规保护个人的合法收入，其中最关键的是保护个人的合法财产性收入，从而扩大中等收入人群。再次要清理各种非法收入，通过反腐和规范市场行为，取缔各种非法所得以及灰色收入。复次要对少数高收入人群加大个人所得税征管力度，依照社会可以接受的限度限制过高所得。最后是把缩小收入分配差距与政府职能与基本公共服务均等化等结合起来。

总而言之，公平是社会主义的本质要求。"社会主义的本质，是解放生产力，发展生产力，消灭剥削，消除两极分化，最终实现共同富裕"[①]，因此效率与公平的统一是社会主义的本质要求，我们提高效率归根结底要实现共同富裕，邓小平同志指出："我们为社会主义奋斗，不但是因为社会主义有条件比资本主义更快地发展生产力，而且因为只有社会主义才能消除资本主义和其他剥削制度所必然产生的种种贪婪、腐败和不公正现象。"[②] 在社会主义初级阶段，由于多种所有制结构所决定的以按劳分配为主的多种分配方式，必然造成劳动者之间的收入差别，但是"如果导致两极分化，改革就算失败了"[③]。公平与效率既相互促进又相互矛盾，这种矛盾通过宏观的调节是可以解决的，应该努力将贫富差距控制在既有利于促进效率提高，又保证社会公平的合理限度内，在坚持共同富裕的基本价值取向的基础上，通过不断解放和发展生产力，提高劳动生产率，为实现共同富裕提供雄厚的物质基础。

第二节 起点和过程的公平

一、起点的公平——教育的普及

起点公平包括政治、法律、经济、社会地位上的平等。起点公平的实质，就是要消除在生产资料占有、信息占有、发展初始条件等方面的差异或不平等。我国的社会主义制度为不同经济主体在同一起跑线竞争提供了体制保证。但是，在社会主义初级阶段，由于条件的差异和发展的需要，使竞争者完全、绝对地处于同一起跑线上是不现实的。由于我国经济管理体制改革的渐进性，由于各经济单位对公有资源的不同垄断程度和各经济主体对

① 邓小平. 邓小平文选：第 3 卷. 北京：人民出版社，1993：373.

② 同①143.

③ 同①139.

国家投资的不同受惠程度等原因的影响，使得各经济主体进入市场竞争时所拥有的初始条件不公平、不均等。例如，一些行政垄断性比较高的行业，具有天然优势的企业“效益”就比一般行业和企业好，职工收入自然就高。这些问题都需要进一步深化经济管理体制，转变政府职能逐步加以解决。涉及起点的公平要素很多，如财产所有权、财产继承权、土地所有权、市场准入、普及教育权。其中有些问题如产权、市场准入已经在前面章节讨论，有的如土地所有权需要另外设置课程讲授。这里仅就普及教育问题做一些介绍。

（一）普及教育是现代社会实现起点公平的基本要求

著名学者萨缪尔森认为在走向平等的道路上，没有比免费提供公共教育更为伟大的步骤了。

随着生产力的发展和经济增长方式的转变，劳动力的素质对劳动者获得就业岗位和收入的作用越来越大。1980 年世界银行的《世界发展报告》就明确指出，贫穷的本质是人的落后，要减轻贫困，首要任务就是人力资源的开发与利用，这就要求发展教育和科技。教育在现代社会承担着劳动能力的培训、人力资源的开发、人文精神的培养的重要任务。各国历史证明，重视教育的国家和民族最具有发展前途。在现代市场经济条件下，对于劳动者来说，具有一定的知识文化素质是进入劳动力市场的必要条件。“教育公平是社会公平的重要基础。”[①] 我国在 2000 年基本实现了“九五”计划提出的“两基”目标：基本普及九年义务教育，基本扫除青壮年文盲。2005 年发布的《中国全民教育国家报告》提出，2010 年要在全国实现高质量的“普九”，人口覆盖率超过 98%，扫除 15～24 岁年龄段文盲，全国青壮年文盲率低于 2%。2007 年 11 月 26 日，教育部在新闻发布会上正式宣布，2007 年西部地区“两基”攻坚目标已基本实现。

义务教育是各国普遍实行的教育制度，属于政府负责的公益性社会事业。由于社会经济发展对公民的基本文化素质要求不断提高，因此义务教育一般通过法律形式进行规范，具有强制性。德国最早实行义务教育，1806 年就开始实施 8 年义务教育，公立学校一律免收学费。我国在新中国成立后，特别是改革开放以来，在普及义务教育方面做了大量工作。到 2010 年中国在普及义务制教育达到国际标准之后面临提高和巩固的任务。

（二）我国农村教育的普及问题

提高农村劳动力素质，教育是关键。我国教育的问题实际上主要是在农村。提高农村人口素质是一个紧迫的问题。面对劳动力市场的变化和农村经济发展的需要，必须采取切实措施提高农村劳动力素质。一方面，提高农村人口素质对改善农民工在城市的状况具有根本的作用；另一方面，“三农”问题的解决根基也应建立在良好的农村人口素质上。提高农村劳动力素质，一要将农村九年制义务教育和职业技术教育发展结合起来，提高农村适龄青年的文化素质；二要根据农民的意愿、年龄、文化程度等情况以及市场需求和输入地企业的要求，开展多种形式的职业培训，加强农村劳动力的技能教育，建立起职业培训与农民分工分业相衔接的机制。

提高农村的人口素质需要社会和国家的共同努力。首先应该进一步加大国家对农村教育投入的力度。改革开放初期，我国对农村义务教育实行乡级政府负责制。根据 2001 年

---

① 中国共产党第十七次全国代表大会文件汇编. 北京：人民出版社，2007：36.

的调查，在农村义务教育投入中，乡镇负担 78%，县财政负担 9%，省地财政负担 11%，中央财政负担 2%。乡镇财政负担的义务教育费用占乡镇财政收入的 70%～80%。而乡镇财政收入中大部分收自农民。乡村两级办学支出明确规定为“三提五统”中的一项。“三提”即村提留，包括公益金、公积金和管理费；“五统”即乡统筹，包括计划生育、优抚工作、民兵训练、乡村两级办学、自建乡村公路等社会公益事业。因此，实际上义务教育的费用大部分出自农民，这使义务教育在农村的普及遇到很大困难。2002 年 4 月，中央宣布，年内所有地区农村义务教育都要实行“在国务院领导下，由地方政府负责，分级管理，以县为主”的体制。争取实现两大转变：从主要由农民承担转到由政府承担，政府的责任从以乡镇为主转到以县为主。2002 年 3 月 1 日，教育部、国家计委、财政部通知：在农村贫困地区义务教育阶段实行“一费制”，农村小学每学年收费 160 元，农村初中每学年收费 260 元，可根据当地情况适当浮动，浮动范围小于 20%。但是，由于我国农村经济发展的不平衡，县财政的情况差别很大，大部分县财政收入情况不理想。因此，实行“以县为主”的体制并没有解决农村义务教育经费投入的不足问题。

针对我国农村义务教育中存在着问题，2006 年 6 月 30 日十届全国人大常委会第 22 次会议通过了关于修改《义务教育法》的决定。新的《义务教育法》明确了义务教育免收学杂费。义务教育经费投入实行国务院和地方各级人民政府根据职责共同负担，省（区市）人民政府负责统筹落实的体制。2007 年 2 月新学期开学后，我国近 1.5 亿农村地区中小学生开始享受全部免除学杂费的义务教育；从 2007 年秋季起，全部享受国家课程教科书免费提供；2008 年春季开学时，地方课程教科书也将全部免费提供。从 2009 年起，农村义务教育阶段学校的住宿费全部取消。

（三）农民工子女的教育权益保障问题

由于受到种种条件的限制，城市流动人口的子女教育问题仍然不能很好地解决。为了解决这些流动家庭子女上学的问题，在一些城市还出现了不合法的“黑校”，不仅不能保证这些学龄儿童的正常学习，而且也不能保证教育质量。而流动人口主要是农民工。农民工子女往往难以享受与城市居民同等的受教育的权利，有的人因为收费太高放弃了学习的机会，从而又产生了新的文盲半文盲，产生新的不公平。随着许多城市出台有关农民工城市常住制度，随行的子女开始不受户口限制而就地就近入学。但是对于非义务制教育而言，农民工的子女尚未达到与城市居民子女一样的待遇。这依然需要进一步改进。

（四）农村劳动力的职业培训问题

在我国，农民问题的根本出路在于城镇化，但如果进入城市的农民不具备基本的素质，在城市的发展潜力就很有限。对于农村剩余劳动力的职业教育和技能训练，能够提高他们在城镇化进程中寻求合适岗位的能力，提高参与非农业生产竞争的能力。健全面向全体劳动者的职业教育培训制度，加强农村富余劳动力转移就业培训，建立统一规范的人力资本市场，形成城乡劳动者平等就业的制度，是解决农村劳动力职业教育问题的基本途径①。

教育事业从整体上看是准公共产品。但是不同阶段的教育，公共性也不同。从初等教

---

① 中国共产党第十七次全国代表大会文件汇编. 北京：人民出版社，2007：37.

育到中等教育，再到高等教育，以及成人教育和职业教育，教育的目的性不断地加强，与职业越来越相关。而其公共产品的属性正相反，逐渐降低，私人产品的属性逐渐加强。义务教育是纯公共产品，每个公民都应享有，费用应当由政府承担。在发达国家，政府的教育支出大部分用在义务教育上。根据教育部、国家统计局、财政部联合发布的《2006年全国教育经费执行情况统计公告》提供的资料，2006年，我国国家财政性教育经费占GDP的比重为3.01%，比2005年提高了0.2个百分点。但与4%的目标相比，仍有较大的差距。到"十二五"期间，教育支出占经济总量终于达到了4%。在农村义务教育取得普及之后，面临的新任务是推动城乡义务教育一体化发展，高度重视农村义务教育，使绝大多数城乡新增劳动力接受高中阶段教育，更多地接受高等教育。今后如何继续巩固所取得的成绩，并在质量方面进一步提升，是教育发展面临的新课题。

二、过程的公平——就业平等

过程的公平就是社会参与条件的均等，包括进入市场机会的公平、就业机会的公平、获得资本机会的公平、要素流动条件的公平以及权利义务的公平等多方面的内容。其中，就业是民生之本，就业平等是实现社会公平的重要内容。我国目前在劳动力市场上还存在着多方面的就业歧视现象，例如，性别歧视、年龄歧视、学历歧视、身份歧视等，一些单位招工时明确提出不要女性，年龄限制在35岁以下，还有城市户口的要求等。但是，在劳动力市场上承受最大不公平的是农民工。

（一）农村劳动力的转移及其在城市的处境

农民工群体的出现乃至"民工潮"涌现，是我国经济发展，尤其是城市化发展步伐加快的历史必然。解决"三农"问题，统筹城乡关系，其中一个重要内容就是调整城乡就业结构，转移滞留在农村的富余劳动力。目前约有2亿农村劳动力在外地务工，其中60%进入城镇务工经商。这些外出的农民工对我国经济发展和城市建设做出了重大贡献，同时增加了农民收入，缩小了城乡差别。

许多农民工工作环境恶劣，合法权益得不到保障，如与城市工同工不同酬，加班不给报酬，劳动保护条件差，吃住条件差，拖欠克扣工资，工伤不出钱医治；当合法权益受到侵害时，难以得到用工单位和社会有关方面的帮助；没有签订过劳动合同，或者虽然签订过劳动合同，但很多合同条件很不公平；等等。

总的来看，一些城市对外来人员的管理和服务仍然存在很多问题，对农民工堵得多，疏导得少。对农民工合法权益的保障不重视，对农民工生活环境的管理不够，对农民工迫切的生活问题，例如子女教育重视不够，更谈不上重视农民工的培训和教育。

（二）农民工就业问题的解决

目前，必须尽快消除城乡之间的不平等关系，加快农村的城市化进程，提高城市化水平，为农民提供足够的就业和工作机会；加快户籍制度改革，消除城乡差别，实现真正意义上的公民平等。

对大范围流动的农民工来说，减少流动的盲目性，实现有序流动是最重要的工作之一。1991年南方九省区曾经成立了省际劳务协调中心，开展劳务协作，加强农民工流动的有序化管理。1993年劳动部制定了"城乡协调就业计划"。1995年，由劳动部组织的华南、华东、华北三大区域劳动力市场信息网正式开通，该信息网连接了 21 个省区市，覆盖了 5 亿多劳动人口、40%的国土面积。2002 年 2 月 17 日，劳动和社会保障部首次发布了国内主要城市农民工需求信息，包括北京、天津、广州、深圳等 24 个大中城市。但是看起来这些措施在实现农民工的有序流动方面效果并不明显。据调查，2004 年，33%的农民工是通过自发方式外出就业的，65%的是通过亲友介绍出外就业的[①]。

打破城乡分隔，给农民工与城里人一样的待遇，平等看待农民工和城市工是一个解决问题的基本路径。实际上，城镇化是一个长期的过程，农村富余劳动力的转移也不可能一蹴而就，但对已经在城镇有稳定职业的农民工，政府应当采取有效措施鼓励他们在城市稳定下来。1998 年 7 月 22 日国务院发布了《国务院批转公安部〈关于解决当前户口管理工作中几个突出问题意见〉的通知》。《通知》规定，对于在城市落户的人员，各地区、各部门均不得收取城市增容费和类似增容费的费用。2001 年 10 月，国家计委、财政部发出通知，要求各地在 2002 年 2 月底以前一律取消以下费用：暂住费、暂住人员管理费、城市增容费、计划生育管理费、劳动力调节费、外地务工经商人员管理服务费、外地建筑企业管理费。2002 年中共中央二号文件对农民的流动就业问题提出：公平对待，合理引导，完善管理，搞好服务。该文件对推进农民工的就业安置问题起了极大作用。2003 年 1 月国务院发布了《关于做好农民进城务工就业管理和服务工作的通知》，进一步明确提出保护城市农民工的相应权利，要求取消对农民进城务工就业的不合理限制。以后各地政府陆续出台了解决农民工就业安置的改进方案就措施。如 2003 年 7 月，北京市宣布取消用人单位使用外地来京务工人员计划审批和岗位（工种）限制。此前在金融、保险、邮政、广告等行业限制使用外地务工人员，最多时达到上百个职业。然而因为全国各地情况差异较大，农民工规模庞大，流动性强，问题依然没有得到彻底化解。所以，党的十九大继续提出，要鼓励“农民工多渠道就业创业。破除妨碍劳动力、人才社会性流动的体制机制弊端，使人人都有通过辛勤劳动实现自身发展的机会”。

（三）我国户籍制度的特点和改革

劳动力的自由流动是市场机制在保证效率的前提下，保障公平有效的收入分配的必要条件之一。但在新中国成立后的特殊环境条件下，形成了一种城乡分隔的户籍管理制度。1958 年《中华人民共和国户口登记条例》颁布，正式划分了农业户口和非农业户口，并对“农转非”进行了严格控制。从此，户口成为一个人身份的标志。1984 年，国家颁布了规定，农民可以进县城以下的集镇入户，条件是自理口粮。以后，出台了城市暂住人口管理办法。随着 1992 年我国开始实行社会主义市场经济，城市化的发展越来越快，落后的户籍管理制度已越来越不适应经济和社会发展的需要。1998 年 7 月，在《国务院批转公安部〈关于解决当前户口管理工作中几个突出问题的意见〉的通知》中，提出在城市投资、兴办实业、购买商品房的公民及随其共同居住的直系亲属，凡在城市有合法固定的住所、合法稳定的职业或者生活来源，已居住一定年限并符合当地政府有关规定的，可准予在该城市落户。但要由公安部先组织试点，在总结经验的基础上逐步推开。2000 年 8 月，公安部副部长罗锋表示，将取消小城镇户口指标限制，在全国 382 个试点小城镇试行。

① 国务院研究室课题组．中国农民工的调研报告．北京：中国言实出版社，2006：72.

2001年8月，国家计委宣布，为了增加就业，将在5年之内撤销对劳动力自由移动方面的限制。从10月1日起，首先在2万个左右小城市进行改革，只要符合拥有固定住所、稳定的工作以及合法收入的条件，就可以给来自农村的人口发放城市户口。

今后户籍制度改革的大方向是：第一，实行按居住地划分城乡人口、按职业确定身份的户籍登记制度；第二，用身份证代替户籍制度，凡在城镇有合法的固定住所和生活来源的都可以落户。一些城市根据自己的条件相继进行了一些户籍管理制度方面的改革。例如石家庄市开省会城市改革的先河，从2001年8月1日起，市内六区户口全面放开。2000年9月，广东省发布《关于推进全省小城镇健康发展的意见》，提出建立以职业划分农业和非农业人口，以居住地划分农村和城镇人口的户籍管理制度。从2002年1月1日起，广东省新制发的户口本不再加注户口性质，取消"农转非"制度，以准入条件取代进城人口控制指标。2006年3月，国务院发布《关于解决农民工问题的若干意见》，要求逐步解决长期在城市就业和居住的农民工户籍问题。2007年3月召开的全国治安管理工作会议，在《关于进一步改革户籍管理制度的意见》中提出，国家将以具有合法固定住所为基本落户条件，进一步调整户口迁移政策，最终建立城乡统一的户口登记制度。总之，只有进一步改革户籍制度，放宽农民进城就业和定居的条件，消除农村劳动力转移就业的制度障碍，才能建立统一的城乡劳动力市场，建立城乡劳动者的平等就业制度。

第三节 结果的公平

结果公平是指人们最终所得的公平。在实现结果公平的目标上，消除贫困是首要的任务。任何一个社会都不会容忍贫困人群的长期存在。在市场经济条件下，初次分配的不平等程度往往比较大。但社会分配的最终差异应保持在适当的"度"之内，否则便无法保证社会秩序的稳定，最终也会影响效率和经济的正常发展。由于市场本身的缺陷无法消除影响公平的因素，因此客观上要求政府通过有效的政策进行收入再分配，保持"合理的收入分配差距"，防止两极分化。同时，建立健全社会保障制度，使由于种种原因失去生活来源的弱势群体得到基本的收入，满足其基本的消费需求。

一、消除贫困

(一) 贫困定义及标准

贫困是一个社会现象，是由于各种原因导致一个人、一个家庭、一个地区在生活上处于低于社会伦理价值评价标准之下。仅仅因为收入低于平均水平不是贫困，大大低于平均水平才是贫困。因为无论何时何地，总有一部分地区和人群收入会低于社会生活平均水平，但是这个地区和这部分人群照样可以过上相对体面的生活。经济学家阿马蒂亚·森认为，"贫困不是单纯由于低收入造成的，很大程度上是因为基本能力缺失造成的"。因此需要综合给出所谓贫困的标准和定义。

在国际上，比较有影响的是欧共体在1989年《向贫困开战的共同体特别行动计划的中期报告》中给出的定义："贫困应该被理解为个人、家庭和人群体的资源（物质的、文化的和社会的）如此有限，以至他们被排除在他们所在的成员国的可以接受的最低限度的生活方式之外。”世界银行等国际组织陆续出台了贫困标准，其最重要的指标是依照购买力平价指数定为每人每天的消费或收入不足 1 美元为绝对贫困，不足 2 美元为相对贫困。采用购买力平价法用美元换算是便于国际比较，但是由于各国差异较大，此标准并非普遍接纳，而是供各国参考。

我国国家统计局根据研究提出的贫困定义是：“贫困一般是指物质生活困难，即一个人或一个家庭的生活水平达不到一种社会可接受的最低标准。他们缺乏某些必要的生活资料和服务，生活处于困难境地。”我国在确定实现小康社会战略过程中，根据国情，按照小康社会建设内容分为城乡区域，确定了五大类十项指标。应该说，低于这个标准就是贫困，超过这个标准就是脱贫。在 2000 年基本实现小康社会目标的基础上，国家又出台了到 2020 年全面建成小康社会的战略，继续依照这些指标动态调高了各项数值，并专门针对农村地区。但是整个指标体系并没有对社会公布，只在“十三五”规划中公布了农村人均纯收入标准。2000 年农村人均纯收入每年 1 200 元为脱贫标准，而 2020 年标准提升至 4 000 元。考虑到价格波动以及人民币汇率变动，这个标准并不适合与 2000 年的基本小康标准比较，也不适合与国际标准做对比，但无疑是水涨船高，相对提高了标准，也就提高了脱贫的难度。

（二）脱贫措施及其成效

摆脱贫困是社会主义制度建立以来矢志不渝追求的目标。然而摆脱贫困的根本立足点是发展生产和繁荣经济，只有生产发展了，经济繁荣了，贫困问题才能得到根本解决。以后随着经济发展产生出来的收入分配差距和财富分配差距问题，才有一个问题解决的基础和起点。摆脱贫困是经济社会发展的最基本的要求。

改革开放时代，按照建设小康社会的战略目标和要求，脱贫工作分两步走。第一步，到 2000 年基本实现小康社会，人均 GDP 达到 800 美元；总体上中国人民摆脱国际贫困线，跨过温饱线。第二步，到中国共产党成立 100 年时，全面建成小康社会；总体上中国人民进入到比较富裕的生活水平，全国没有贫困人口。

中国曾经是世界上贫困人口较多的国家之一。但是经过持续不断的脱贫努力，实际贫困人口从 2.5 亿减少到了 2017 年不足四千万人。这除了与改革开放和以经济建设为中心的大政方针实施极其成功相关外，也与采取了一系列有效的脱贫工作形式和措施有关系。其中中国创新了许多脱贫的模式和内容：其一，打造了多种具有中国特色的扶贫样式。比如移民扶贫（动员贫困区域的人口迁移至富裕地区并为其提供资源和安排就业）、金融扶贫（小额农业贷款以及普惠金融举措）、教育扶贫（大学生毕业后到贫困区域定期支教等）、信息扶贫（在贫困地区大力推进信息化建设）、精准扶贫（以贫困户为单位实行责任制定点帮扶）。其二，注重打造脱贫造血功能。避免脱贫工作变成慈善事业，注意培养和提高贫困人口的生活技能，授人以鱼不如授人以渔。

二、调控个人收入分配和财富分配差距

合理的个人收入和财富分配是社会稳定的重要影响因素。在市场经济条件下，存在着两种基本的个人分配收益形式和差距，即收入分配差距与财富分配差距。收入分配差距表

现为居民个人参与社会经济活动之后所获得的分配收益差距。一般说来，这种收入差异主要体现的是个人劳动技能、贡献、社会化职业分工等引起的差异，是以社会化劳动为形式而形成的个人分配收益差距。财富分配差距则表现的是个人依赖其资本或资产要素而获得的分配收益差距。一般说来。这种分配收益差距体现的是非社会化劳动的差异，具有资本要素增值和遗传继承性质。二者的关系体现在三方面：首先，个人收入分配差距是基础。在个人收入分配差距基础之上容易形成个人财富分配差距。其次，个人财富分配差距的存在强化了个人收入分配差距，成为新一轮个人收入分配差距拉大的起点。最后，化解个人收入分配差距和解决财富分配差距的方式和手段不同，难度也不同。财富分配差距问题的解决涉及更加广泛的社会经济制度变革，是长期性和综合性的任务，需要深刻的社会经济改革。国民经济管理的主要重点是放在收入分配差距问题方面。

平均主义的收入分配不利于调动劳动者的积极性，从而不利于经济效益的提高，不利于国民经济的发展。但是，居民收入分配差距过大往往会造成社会不稳定，甚至成为社会动荡的导火索，因而也不利于国民经济的发展。结果的公平要求政府对不合理的收入分配差距进行调节，特别要保证低收入阶层的收入水平，保持居民收入分配差距处于合理的区间之内，也就是收入分配差距的“度”。这个“度”即社会可以容忍的不平等的限度。

（一）收入定义及收入分配差距的测量

从广义上说，收入泛指全社会各个主体所获得的收入，这个主体包含个人、家庭、企业、社团、政府。但是社会最关注的还是居民个人收入及其分配差距。目前我国居民收入分成几个主要部分：工资性收入、财产性收入、经营性收入、转移性收入等。工资性收入是个人在受雇机构获得的劳动报酬，包括工资和各种奖金、福利和津贴。财产性收入是个人凭借拥有的家庭财产而取得的收益，包括家庭拥有的动产（例如银行存款、有价证券等）、不动产（例如房屋、车辆、土地、收藏品等）所获得的收入，它包括出让财产使用权所获得的利息、租金、专利等收入、财产营运所获得的红利收入、财产增值收益等。经营性收入是个人从事各种家庭个体性质的生产经营活动而取得的收入，这种收入来源仅限于家庭成员，因此几乎不涉及雇佣员工而不构成工商企业行为。转移性收入是居民个人之间的馈赠及政府的福利补贴，比重较低。总起来说，个人收入主体是前两者。

收入分配差距，指的是一定比例的人口与其在总收入中所占份额的相对比例。测量收入分配差距的方法很多，例如：洛伦兹曲线、基尼系数、收入不良指数、库兹涅茨系数、阿鲁瓦利亚指数。其中：

$$\text{收入不良指数}=20\%\text{最富有人口的平均收入}/20\%\text{最贫穷人口的平均收入} \tag{13-1}$$

$$\text{库兹涅茨系数}=20\%\text{最富有人口的收入占居民总收入的比重} \tag{13-2}$$

$$\text{阿鲁瓦利亚指数}=40\%\text{最贫穷人口的收入占居民总收入的比重} \tag{13-3}$$

以上的各个指标从不同的角度对居民收入的差异情况进行了反映，其中最常用的是洛伦兹曲线和基尼系数。洛伦兹曲线如图 13－1 所示。在图 13－1 中，横轴表示积累的人口百分比，纵轴表示积累的收入百分比。

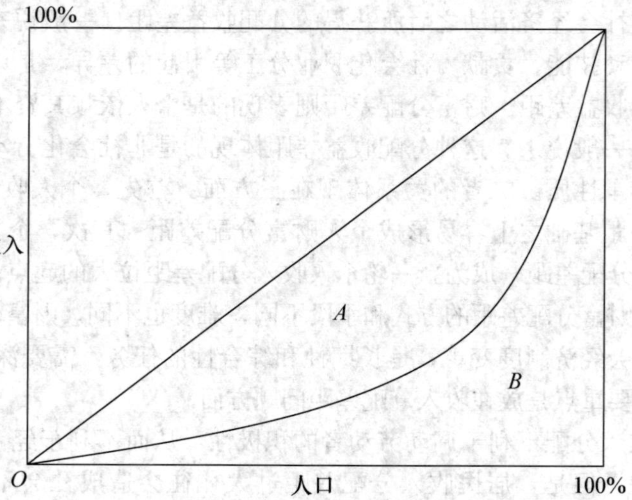

图 13-1 洛伦兹曲线

图 13-1 中的曲线即为洛伦兹曲线，它表示每个百分比人口所获得的相应百分比收入。如果洛伦兹曲线与图中的对角线重合，表示收入分配完全均等，因为每一个百分比的人口获得相同的百分比收入。如果洛伦兹曲线与由图下方的横轴和右方的纵轴所组成的直角线重合，表示收入分配完全不平等这样一种极端情况，即社会中只有一个人拥有百分之百的收入。一般说来，这两种极端情况都是不可能发生的，因此现实中不同国家的洛伦兹曲线总是处于中间的某个位置。洛伦兹曲线越是弯曲，表示收入分配的不平等程度就越大；反之，洛伦兹曲线越是平坦，则不平等程度就越小。洛伦兹曲线能够形象、直观地反映居民的收入差别。

利用洛伦兹曲线可以计算基尼系数。如果我们用 A 表示洛伦兹曲线与对角线所围成的面积，用 B 表示洛伦兹曲线与图下方的横轴和右边的纵轴所围成的面积，则 $A/(A+B)$ 所得出的数值就是基尼系数。基尼系数介于 0 和 1 之间，基尼系数越小，分配越平均；基尼系数越大，分配越不平均。当收入分配绝对平等时，基尼系数为 0；当收入分配绝对不平等时，基尼系数为 1。表 13-1 表示国际上一般认为的基尼系数与收入分配差距之间的关系。

表 13-1　基尼系数与收入分配差距之间的关系

基尼系数值	收入分配差距
<0.2	高度均等
0.2～0.3	相对均等
0.3～0.4	适度差距
0.4～0.5	差距偏大
>0.5	高度不均等

（二）收入分配差距存在的原因及其调节

首先，收入分配差距大小与推行的社会政策有关系。通常，实行高福利性政策国家的收入分配差距要小于其他国家。在这些经济发达的国家，由于再分配机制比较完善，基尼系数一般在0.3～0.4。在发展中国家中，各个国家居民收入分配的差距有很大差别。一些国家的居民收入分配差距很大，有的超过了0.6。另外一些国家的居民收入分配差距则比较适中，一般都小于0.4，例如从20世纪60年代以后经济起飞的东南亚国家和韩国。在一些曾经实行社会主义计划经济的国家里，个人收入分配最平均，基尼系数的数值一般都在0.3以下，一些国家甚至小于0.2。

其次，居民个人收入分配差距大小与经济发展阶段有关系。美国经济学家、诺贝尔经济学奖获得者西蒙·库兹涅茨曾经通过对一些发达国家的历史资料分析以及对发展中国家二战以后收入分配状况的比较研究，在1955年提出了一个关于经济增长过程中收入分配变化规律的假说。该假说认为，一个国家在经济发展之初，居民收入分配一般比较平等；随着经济发展由起步阶段进入快速发展阶段，居民的收入分配差距逐渐扩大，并在进入快速发展阶段的后期达到最大值；以后，随着经济的进一步发展，收入分配差距会逐渐缩小，在经济发展进入大众消费时期后回落到经济发展之初的比较平均水平。在这个过程中，基尼系数值的变化曲线形状类似于倒写的英文字母U，因此被称为倒U形理论。依照这个假说，人们唯有继续大力发展经济，才能等到收入分配差距减少的时候到来。到目前为止，一些南美国家的研究支持了库兹涅茨倒U假说，但也有一些国别经验研究如对日韩高增长时代的分析否定了这一假说的存在。

无论如何，当收入分配和财富分配差距扩大到一定程度时，都会引起社会的不安和动荡。没有哪个国家敢于对收入分配差距和财富分配差距持续拉大而听之任之。因而，各个国家对居民收入分配和财产差距都会采取一些必要的调节和管理。调节管理措施通常包括：

1. 法律手段

例如通过立法确认社会收入分配底线，一般包括最低生活保障标准、最低工资支付标准等。通过立法确定相关收入及财富税收政策等。法律手段具有稳定性、权威性、长期性，是调节收入分配差距和财富分配差距的根本性措施。

2. 行政办法

行政办法是利用国家政权的力量调整收入分配关系。它与法律措施配合实施，对法律原则上做出的规定具体落实到细节安排，同时也临时设定一些低保和限高的规定。例如依照法律关于最低工资线的规定，政府可以根据生活水平提高和通货膨胀情况，实时调整具体数额。再如依照法律关于最低生活保障制度的规定，增加或者减少对不同人群的补助标准和水平。我国还针对国有企业高管层的工资待遇做出行政性规定和调整。

3. 经济手段

经济手段主要是通过税收进行收入分配的调节。例如个人所得税的征收、利息税的征收，还有财产类的税收，如遗产税、赠与税。利息税的作用主要有三个：减少居民储蓄存款的增长速度，鼓励投资和消费；增加财政收入；进行收入再分配。遗产税与赠与税主要影响财产比较多的居民，因此被称为富人税。

4. 建立健全社会保障制度

社会保障制度的收入再分配特征非常明显，属于一种范围更广泛的收入再分配。

三、建立健全社会保障制度

社会保障是一种保证，当人们因为患病、受伤、生育、残废、死亡、年老、失业、多子女或其他原因导致生活困难时，通过保险和国家的直接帮助可以减轻其痛苦，保证他们起码的生活水平。

（一）建立健全社会保障制度的必要性

社会保障制度是市场经济的产物，它实质上是在资本主义条件下产生的一种劳动风险的经济补偿手段。社会经济运行需要两大支持系统，一个是动力系统，即市场竞争机制。这一机制促进效益和增长，是发展的加速器；另一个是稳定系统，即社会保障机制。这一机制追求平等和公平，是发展的稳定器。因此，社会保障制度是社会的减震器、安全网。社会保障制度通过再分配机制，保证每个社会成员的基本生活权利，减轻社会贫困阶层的生活困难，使社会成员不同程度地分享社会发展的成果，最终起到缓解社会矛盾、消除不稳定因素的作用。可以看出，社会保障制度是国家保证社会正常运行的一种机制，是社会成员的一种权利，是国家对公民应尽的一种责任和义务。从资本主义国家的实践可以看出，社会保障制度的广泛实施在一定程度上解除了雇用劳动者的后顾之忧，缓和了社会矛盾，有利于创造较为安定的社会环境。同时，社会保障制度的实施提高了低收入者的收入水平，在一定程度上扩大了市场需求，对经济增长也有一定的刺激作用。

1992年以后，随着市场经济的发展，我国国有企业的改革不断深化，计划经济体制下的保障体系逐步瓦解，原有社会保障制度的许多方面已经难以维持。例如，曾经覆盖大部分农村地区的农村合作医疗制度逐步解体，一些农民因病致贫、因病返贫。2003年10月进行的第三次国家卫生服务调查发现，没有任何医疗保障的农村人口占农村总人口的79%。特别是中西部地区，农民因为看不起病、住不起医院，在家病亡的人数估计占患病总人数的很大一部分。因此，必须建立适应社会主义市场经济体制的社会保障制度。

（二）社会保障的主要内容

社会保障体系一般包括四个部分：社会保险、社会优抚、社会救助和社会福利。

社会保险是社会保障的主体和核心。根据1953年在维也纳召开的国际社会保险会议的定义，“社会保险是以法律保证的一种基本社会权利。其职能主要是保证以劳动为生的人在暂时或永久丧失劳动能力时，能够利用这种权利来维持他们及其家属的生活”。社会保险一般包括养老保险、医疗保险、失业保险、工伤保险、生育保险。

社会优抚是指对优抚对象提供确保一定生活水平的资金和服务，带有褒扬和优待抚恤的性质。在我国优抚对象主要是伤残军人和军烈属。

社会救助的目的是解决一部分群众的贫困和生活困难问题。享受社会救助是公民的权利和国家的义务与责任；社会救助在社会成员由于各种原因不能维持最低生活水平时才起作用，具有一定的选择性；社会救助的原则是满足最低生活需要。

社会福利是指通过免费或较少的收费为人们提供某种服务，目的是改善居民的生活条件。社会福利的种类很多，大致可以分为三类。公共福利：公共福利以全体公民为对象，如文化教育，基本医疗保健；专门福利：专门福利以某一类特殊人群为对象，如残疾人、孤儿；局部福利：局部福利以一定范围之内的居民为对象，如我国北方冬季的取暖补贴。

（三）我国社会保险制度的建立与完善

完善社会保障制度，保障城乡居民的基本生活，是保障社会公平和建设和谐社会的重要内容之一。我国社会保障制度的改革关键是建立健全社会保险制度。社会保险是社会保障的最重要组成部分，是国家管理的重点，也是改革旧的社会保障制度、建立适应社会主义市场经济的新体制的重点。

改革开放40多年来，我国根据国情和经济社会发展水平，逐步建立了一套具有中国特色的社会保险体系，其核心就是养老保险、医疗保险、失业保险、工伤保险、生育保险和住房公积金的社会保险制度，简称“五险一金”。

1. 养老保险制度

养老保险制度改革的基本思路是建立多层次的保障体系。首先是国家基本养老保险。国家基本养老保险由国家立法强制实施，保险基金由社会统筹，保险覆盖面比较宽，但是保障水平比较低。其次是企业补充养老保险。企业补充养老保险由企业自主决策，可以根据企业的具体情况实施，弹性比较大。国家在政策上给以支持。最后是个人储蓄性养老保险。个人自愿参加，时间、数量不受限制。国家采取相应的鼓励措施，例如减免所得税。

养老保险制度的改革从1983年开始。1985年国务院发布了《城镇集体所有制企业、事业单位职工养老保险暂行条例》。从1984年起，一些地方开始在国有企业进行退休费用社会统筹试点，以市县为单位建立养老保险基金。到1990年，国有企业职工退休费基本实现以市县为单位的社会统筹，一些省市开始向省级统筹过渡。到2002年，城镇养老保险省级统筹基本实现。同时，我国也开始了社会养老保险费社会化发放的推广工作，使劳动者与企业彻底脱钩。2002年，我国企业离退休人员基本养老金已经基本实现社会化发放，同时积极推进企业离退休人员社会化管理服务工作。

由于我国城乡经济发展不平衡，城镇居民养老主要依靠薪金收入，农村居民主要依靠集体土地制度及承包土地收益，由此带来养老形式和内容的差别。特别是农村，农村养老保险是根据各地区的不同条件适当发展起来的。长期以来农村养老强调以自我保障、家庭保障为主，集体补助为辅，逐步在农村建立社会化程度不同的社区性养老保险制度。但是随着农村青壮劳动力大规模离开农村，进入城市打工并长期住在城市，留在农村的老年人的养老问题日益严重。因此20世纪90年代经国务院批准，在一批有条件的县进行了以县为单位开展农村社会化养老试点。进入21世纪之后，随着国家经济实力和政府财政实力的提高，农村养老保险制度有了彻底改观，做到了每个符合养老标准的农村老年人定期获得金额不等的国家养老津贴。

2. 医疗保险制度

医疗保险制度改革是世界各国面临的一个难题。医疗保险制度改革的难度最大，它涉及三个方面的关系：患者、医疗单位、国家，政府难以进行有效的财政监督。由于人口老龄化，医疗技术的发展，新设备、新药不断出现，患者的要求不断提高，医疗费用越来越难以控制。同时，医疗保险涉及的人群范围最广，群众最为关注。

1989年3月，国务院批准在四个中等城市：吉林省四平市、辽宁省丹东市、湖北省黄石市、湖南省株洲市，以及深圳市和海南省同时进行医疗保险制度改革试点。1994年国务院四部委（体改委、财政部、劳动部、卫生部）联合下发了《关于职工医疗制度改革的试点意见》。该《意见》正式提出准备建立职工个人医疗账户和医疗保险统筹制度。其基本原则是个人保个人，大病靠集体。根据这一指导思想，首先在江西省九江市和江苏省镇江市进行了试点。1996年以后逐步扩大了试点城市的范围。

在总结试点工作经验的基础上，1998年12月，国务院发布了《关于建立城镇职工基本医疗保险制度的决定》。新的医疗保障制度的主要内容是：(1)基本水平、广泛覆盖的原则，也就是保障基本医疗需求的满足。(2)社会统筹与个人账户相结合的制度。社会统筹资金由单位交纳的扣除划入个人账户后的资金形成。(3)设置了医疗保险基金最高支付限额，也就是"封顶"线。超过的部分，通过建立补充医疗保险等方式解决。到1999年5月，随着国务院《关于建立城镇职工基本医疗保险制度的决定》配套政策的相继出台，我国适应社会主义市场经济的城镇职工医疗保障体系框架基本建立。

首先，医疗保障制度改革的政策体系基本完备。这一体系包括基本医疗保险政策系统、基本医疗保险管理系统、多层次医疗保障体系和医药卫生体制配套改革系统。其次，基本医疗保险制度在全国绝大多数省区市组织实施。再次，已经启动的城市医疗保险制度运行平稳，成效初步显现。这表现在，医疗费用的过快增长势头得到遏制，医疗服务得到改善，参保职工的基本医疗需求得到保障。最后，社会化管理服务的医疗保险管理系统初步建立。

进入21世纪后，国务院决定开展城镇居民基本医疗保险制度的完善工作。探索中小学生、少年儿童和其他非从业城镇居民参加城镇居民基本医疗保险的措施，用3年左右的时间建立以大病统筹为主的城镇居民基本医疗保险制度。2008年城镇居民基本医疗保险扩大试点范围，进一步扩大医疗救助规模，探索建立国家基本药物制度。同时，新型农村合作医疗制度也在逐步推广。2003年，国务院批准了卫生部、财政部、农业部联合制定的《关于建立新型农村合作医疗制度的意见》，新型农村合作医疗制度是由政府组织、引导、支持，农民自愿参加，个人、集体和政府多方筹资，以大病统筹为主的农村医疗互助共济制度。到2008年底，全国新型农村合作医疗制度全面建成。

随着城镇居民基本医疗保险制度的建立以及城镇职工基本医疗保险、新型农村合作医疗、城乡医疗援助制度的普及和完善，到2010年，覆盖我国城乡居民的基本医疗保障制度体系基本建成。制度建成之后，就是扩大受益面，逐步惠及每个家庭和患者个人，人人享有医疗保险服务。在此基础上，提高医疗保险服务的标准和质量。

3. 失业保险制度

失业保险制度的建立具有重大意义。失业人员是市场经济条件下劳动力转换的蓄水池。同时，我国劳动力长期处于供大于求的状况，失业保险有利于保障失业人员的基本生活。我国新的失业保险制度的建立健全过程从1986年7月开始。1993年4月，国务院发布了《国有企业职工待业保险规定》。1994年以后"待业保险"改称为更为合理的"失业保险"。1999年初，国务院颁布了《失业保险条例》，正式在全国范围内将城镇各类企业和事业单位职工纳入失业保险范围。

4. 工伤保险制度

新的工伤保险制度在20世纪90年代逐步建立。建立新工伤保险制度的基本原则是："企业交费、按险定率、统筹调剂、储备应急。"工伤保险制度的基金由企业按规定交纳，职工个人不缴纳。提取率依行业、企业工伤风险类别和伤亡事故以及职业病发生率确定。《工伤保险条例》经 2003 年 4 月 16 日国务院常务会议讨论通过。

5. 生育保险制度

生育保险制度涉及生育母亲的带薪产假、婴幼儿的照料、相关的津贴等内容，体现的是对社会弱势群体的保护和国家的基本福利政策。

6. 住房公积金

中华人民共和国成立之初，国家开始建立个人住房分配制度。这个制度与计划经济体制的计划分配制度直接相关。进入改革开放时代，尤其是在 20 世纪 90 年代正式建立社会主义市场经济体制之后，福利化分配住房制度已经大大不适应市场经济环境，国家开始推行货币化分房改革。由此刺激了房地产的蓬勃兴起，其成为国民经济的支柱产业。可是房屋作为固定耐用商品，兼有消费和投资双重功能。进入市场的商品房价格一路飙升，城市居民苦不堪言。在这个背景下，20 世纪 90 年代末，住房公积金制度开始建立。

所谓住房公积金，是指国家机关、国有企业、城镇集体企业、外商投资企业、城镇私营企业及其他城镇企事业、民办非企业、社会团体的在职职工缴存的长期住房储备金。在职职工依照工薪所得按比率逐月从个人工薪收入中扣缴，同时所在机构按比率同时拨付，共同缴存在国家指定账户上。按照不断修改完善的制度规定，职工和机构不得中断缴存住房公积金；在缴存达到一定年限和数量之后，个人可以提前支付购房款或申请贷款。住房公积金制度体现了积累性和稳定性。

“五险一金”制度为广大人民群众提供了实实在在的社会保险屏障，功不可没。但是随着社会不断发展进步，这些制度也表现出不适应的问题。必要的制度重组（如医疗保险与生育保险合并），必要的保险标准合并（城乡保险标准统筹，企事业职工保险标准统一等），必要的保险种类增加，保险水平提高，以及如何充分使得社会保险基金开源节流，都是未来如何满足人民群众对美好生活的需要、化解社会矛盾和加强社会和谐度的改革方向。

小 结

公平是一种经济伦理，通过具体可操作的机制和行动来体现公开、公平、公正精神。效率是指人们行为的投入与产出、成本与收益的比率，分为经济效率与社会效率。公平与效率在市场经济中处于矛盾对立统一之中。国民经济管理要按照社会主义市场经济伦理规范，把公平与效率关系实事求是地处理好。首先要建立起点公平，构筑公平的制度环境；其次要保证过程公平，在公平条件下所有参与经济社会活动的主体都有平等权利；最后要实现结果公平，使得个人收入分配和财富积累的差距维持在社会伦理可以接受的限度之内。要建立起点与过程的公平，首先是实现教育普及，重点解决农村义务教育普及、农民工子女教育权益保障、农村劳动力职业培训等问题；其次是实现就业平等，重点解决农村劳动力转移与就业、户籍制度改革等问题。要实现结果公平，首先要千方百计消除贫困现象，其次要调控个人收入和财富的合理差距，最终要建立健全社会保障制度。我国在实现社会公平目标的国民经济管理长期任务过程中，积累了许多经验教训。

思考题

1. 怎样认识公平与效率的关系？
2. 如何看待起点、过程、结果三个环节公平之间的关系？
3. 在实现社会公平目标上，市场及政府各自能做些什么样的事情？
4. 如何看待我国农民工的现状及其管理办法？
5. 户籍制度对于社会公平的实现有何作用？
6. 如何判断收入分配差距的状况？如何看待我国的收入分配差距现状？
7. 初次分配与再分配的宏观调控政策取向应当是什么？
8. 如何理解基尼系数及其在中国的运用？
9. 产生我国社会公平问题的原因是什么？
10. 社会保障制度对实现社会公平的作用主要体现在哪些方面？
11. 如何实现城乡医疗保险统筹？
12. 如何盘活社会保险资金使其保值增值？
13. 当前我国教育管理面临的主要问题是什么？
14. 当前我国就业面临的主要问题是什么？
15. 当前我国社会保险制度最突出的矛盾是什么？

第十四章

涉外经济管理

涉外经济管理是指一国政府通过签署相关协议、协定和制定及实施相关政策法规，对本国政府与外国政府之间进行经济贸易往来，本国企业和个人从事涉外生产经营活动，外国企业和个人在本国境内从事生产、经营、投资等一系列涉外经济活动的管理。涉外经济管理属于宏观经济管理的范畴，是我国国民经济管理的重要组成部分。

第一节　经济全球化与涉外经济管理

21 世纪以来，整个世界经济格局和发展态势正发生着迅猛和深刻的变化，以贸易全球化、生产全球化和金融全球化为核心内容的经济全球化已成为不可逆转的趋势。在经济全球化和我国加入世界贸易组织这一宏观背景下，我国应当顺应形势、正视现实、抓住机遇、迎接挑战，在积极促进对外经贸发展的同时，调整和加强涉外经济的宏观管理。

一、经济全球化及其发展趋势

经济全球化是指社会生产力发展到一定程度，商品、服务、生产要素与信息跨国界流动的交易成本和制度障碍不断减少，交易规模不断扩大，形式不断创新，各经济主体基于利益最大化的要求，按照一定的规则，通过更广泛的国际分工，在整个世界市场范围内实现资本和生产要素的流动，提高资源配置的效率. 从而使各国间经济交往更加紧密，相互依赖性也进一步加强的客观历史过程。

科学技术的进步是推动经济全球化的生产力因素，尤其是信息技术在商务领域的广泛应用极大地推动了经济全球化的发展进程；市场经济体制的拓展和完善是推动经济全球化的生产关系因素，近年来世界上许多发展中国家纷纷实行了以市场化和自由化为取向的经济体制改革，为经济全球化提供了必需的制度框架；全球资源配置和各国经济发展的不平衡是推动经济全球化的市场因素，各种经济行为主体作为人格化的资本，必然会在利益最大化原则的驱使下，在全球范围内寻找获利机会，使经济全球化产生了内在的微观基础；跨国公司是推动经济全球化的主导力量，20 世纪后期以来，一些跨国公司得到了前所未有的发展，它们按照自己的全球战略，通过对外直接投资，设立分支机构或子公司，形成了一个个从国内到国外，从生产到销售，在世界范围内追逐高额利润的独特的企业体系，对整个世界经济产生着越来越大的影响。

经济全球化可以具体划分为贸易全球化、生产全球化和金融全球化，分别从不同角度或层面对世界和各国经济产生影响。

（一）经济全球化促进了国际产业结构的调整

为在竞争中确立优势地位，各国更加注重发展高新技术产业。经济发达国家的产业结构调整已从以制造业为主向以服务业为主转变，跨国公司海外投资的扩大，加快了国际产业转移和技术转移，对发展中国家参与水平分工和产业升级起到一定的积极作用。许多发展中国家已开始重视利用高新技术加速对传统产业的改造，以求实现产品结构升级、生产工艺更新和产业组织优化。

（二）经济全球化加速了世界贸易自由化的进程

所谓贸易自由化或贸易全球化，是指有关国家或地区通过多边贸易谈判达成协议，取消或降低关税，消除贸易壁垒及各种歧视性贸易政策，使国际贸易在障碍不断减少、交易成本不断降低的环境下实现和拓展。它既是贸易全球化实现的前提，也是贸易全球化发展的必然结果。在当前经济全球化背景下，占全球贸易 70%以上的经济发达国家为其自身利益的需要必然会推动贸易自由化的进程；一些实行市场开放政策的发展中国家也在亚洲金融危机后短期内恢复贸易增长的过程中增加了对贸易自由化的信心；电子化贸易手段普遍使用、商务标准趋同和贸易合同标准确立，打破了因信息和渠道垄断造成的壁垒，也为贸易自由化提供了更加便利的条件。

（三）经济全球化使生产领域也发生着深刻的变化，开始呈现全球化的趋势

所谓生产全球化，是指跨国公司的发展呈现新的态势，跨国公司的跨国投资及与之相关的全球生产网络正在不断建立、发展和完善。当前，跨国公司的战略性兼并仍在扩张和加剧，同业跨国公司之间或相关跨国公司正在重新整合成新的跨国联盟，以求提高全球竞争力和共同发展；跨国公司的投资更多地向信息、金融等富有高增长潜力的产业部门转移；跨国公司正在加大对发展中国家的直接投资，对发展中国家企业的兼并和收购已成为直接投资的重要方式。

（四）经济全球化导致金融全球化进程的加快，使资本在国际上的流动更加便利

所谓金融全球化，是指由于世界各国金融管制放松和科技水平的提高，国际金融中心的分布呈分散化和全球化态势；经济发达国家和一些发展中国家纷纷消除障碍开放本国金融市场，实现了本国金融市场与国际金融市场的融合；国际资本市场融资和对外直接投资使国际资本流动规模以远高于 GDP 和国际贸易的增长速度快速增长，各类金融衍生工具的创新和运用又使国际资本流动速度大幅度提高；跨国金融机构数量增加、规模扩大、兼并增多、实力增强；金融自由化进程的加快，也使金融风险呈现出全球化特征，促使金融监管也开始走向全球化。1988 年国际清算银行监管委员会颁布的《巴塞尔协议》已被全世界 100 多个国家采纳，成为全球银行业共同遵守的准则，为金融全球化进程的加快提供了规则保障。

二、经济全球化的挑战与机遇

经济全球化实质上是经济规则制度的趋同、认同过程，而国际经济规则的制定权和解释权被经济发达国家操纵或利用。经济发达国家利用在国际贸易、金融、生产和投资领域的优势和在高新技术产业上的垄断地位，利用在制定国际经济规则方面的主导权，在经济全球化中逐步建立起有利于自己的国际经济秩序。虽然经济全球化也给经济发达国家带来诸如贸易摩擦加剧、金融风险增强、就业问题突出、企业竞争日趋激烈等问题，但它们仍是经济全球化的最大受益者。发展中国家作为这些规则的被动接收者往往处于不利地位，加之收入分配差距、贫富差距的拉大，未来各国之间、区域之间的经贸摩擦、争端仍会存在甚至增加。因此，各国对经济全球化的认识仍存在较大的分歧，反经济全球化的呼声不仅在发展中国家，甚至在经济发达国家中仍时有出现。尽管如此，经济全球化这一世界经济发展的必然趋势仍将是不可逆转的，发展中国家唯有不断熟悉规则，合理利用规则，积极参与规则的制定，扬长避短，趋利避害，才能促进和实现自身经济的稳定发展。

对广大发展中国家的经济发展而言，经济全球化的两面性表现更为明显。它使发展中国家在存在发展机遇的同时，也将面临更为严峻的挑战。对于发展中国家中的不同国家、地区和企业而言，经济全球化所产生的影响程度是不同的，所带来的机遇与挑战是有差别的。

首先，贸易全球化在一定程度上促进了发展中国家进出口贸易的增长，对发展中国家资源配置优化和规模经济形成起了一定的促进作用。日益完善的国际贸易规则也使发展中国家得到一定的规则上的优惠，有利于促进发展中国家进出口贸易的发展。但贸易全球化使发展中国家曾经普遍实施的进口替代战略所需要的保护政策（关税或非关税政策）日益受到国际规则的制约，出口导向战略也会因竞争更加激烈和受国际贸易新规则限制而加大实施的难度，外国商品的大量进入会影响发展中国家生产能力的发挥和就业的稳定性，可能带来的经常账户长期不平衡也会影响一些发展中国家宏观经济的稳定性，甚至对发展中国家的经济主权产生或多或少的侵蚀。

其次，生产全球化使发展中国家有可能通过跨国公司产生的“溢出效应”促进本国生产力水平的提升。在比较利益的原则下，可以利用经济发达国家产业转移和信息技术的发展确立自己的优势产业，在一定程度上实现产业结构的优化。但在生产全球化的过程中，居于主导地位的经济发达国家从自身利益考虑所进行的全球布局，极可能对一些发展中国家的长期可持续发展，尤其是对生态环境、资源合理利用等造成危害。跨国公司的扩张导致生产过程越来越具有全球性，使发展中国家对本国经济的管理控制也受到一定程度的威胁，新技术的开发和推广应用使产品的生命周期缩短，加大了发展中国家技术追赶的难度，跨国公司实施的全球产业转移战略也加剧了发展中国家传统制造业的生产过剩，减缓了发展中国家产业结构调整的进程。发展中国家普遍实行的以市场换技术的目标不仅越来越难以实现，而且进一步降低了其在国际贸易中的地位。

最后，金融全球化有利于发展中国家更便捷地获取外资以弥补经济发展中资金的不足，有利于借鉴经济发达国家的金融管理经验以提高管理水平和经营效率。但金融全球化也进一步增强了发展中国家经济的对外依附性，金融全球化发展过程中形成的巨额游资仍对各国资本市场构成一定的冲击力，特别是对发展中国家金融市场构成威胁，加大了金融风险，甚至可能最终危及一些发展中国家的经济安全。

三、经济全球化与我国的开放型经济

从经济学意义上说，开放型经济的概念有两种含义：第一，开放型经济是与封闭型经济相对的概念。古典经济学中原指存在对外贸易的经济，现代的开放经济不仅指贸易的自由化，还包括资本、劳务和人员实行比较自由的流动。在开放型经济中，要素、商品、服务等均可以实现较自由的跨国界流动，从而实现最优资源配置和最高经济效率。第二，开放型经济还指一国所实行的经济制度与外部世界联系的倾向。在此意义上，逐步减少政府对于对外经济联系的行政干预或逐步推动生产要素在国际上自由流动政策的经济即为开放型经济。

一般意义上的开放型经济，是指参与国际分工和交换深度较大，商品、劳务、资本和人员跨国界流动较为自由的一种经济。由于其与外部经济联系比较密切，获得发展的机遇更多，受到外部冲击的可能也较大，但其自身调整和适应能力也较强。一国经济的开放程度除了与该国的资源禀赋、国家大小有关外，最关键的是其经济制度的性质。衡量指标主要有出口占 GDP 比重、对外贸易额占 GDP 比重、资本流出入量、企业跨国经营情况等。一国经济市场化程度越高，越接近于开放型经济。在经济全球化的趋势下，发展开放型经济已成为各国的主流选择。

需要强调指出的是，开放型经济与外向型经济有所不同。外向型经济以出口导向为主，总体上是一种政策性开放；而开放型经济则以降低关税壁垒和提高资本自由流动程度为主，总体上实行双向开放或中性化政策，是一种制度性开放。

1993 年党的十四届三中全会通过的《中共中央关于建立社会主义市场经济体制若干问题的决定》中首次提出发展开放型经济。1997 年 9 月，党的十五大报告关于经济体制改革和经济发展战略的论述中，又明确提出“发展开放型经济”；2000 年 10 月，党中央召开的十五届五中全会通过的《中共中央关于制定国民经济和社会发展第十个五年计划的建议》，再次强调要“发展开放型经济”；2001 年 3 月，第九届全国人民代表大会第四次会议批准了《中华人民共和国国民经济和社会发展第十个五年计划纲要》，把“扩大对外开放，发展开放型经济”正式写入“十五”计划，并进一步做了阐释，其含义即为“要以更加积极的姿态，抓住机遇，迎接挑战，趋利避害……不断提高企业竞争能力，进一步推动全方位、多层次、宽领域的对外开放”，具体包括“提高对外开放水平”“积极发展对外贸易”“积极合理有效地利用外资”“实施‘走出去’战略”。2007 年 10 月，党的十七大又进一步明确提出“拓展对外开放广度和深度，提高开放型经济水平”的新要求。2012 年党的十八大召开之后，不仅把开放确定为新的发展理念，又提出了建设更高水平的开放型经济。

从我国面临的国际背景和现实国情看，发展开放型经济制度具有非常重要的现实意义：

第一，是保持我国经济持续高质量发展的内在要求。一方面，当今世界以信息技术为代表的新一轮科技革命推动生产力突飞猛进，我国人口众多，在相当长时期里，丰富而且素质较高的劳动力资源是我国最大的比较优势；另一方面，资源瓶颈和生态环境恶化的制约将越来越明显。因此，要想实现可持续高质量的发展，我国必须发展开放型经济，充分利用国内外两种资源、两个市场，积极参与国际分工，才能有效利用后发优势，充分发挥比较优势。

第二，是建立和完善我国社会主义市场经济体制的必然要求。从国际经验看，成熟的市场经济都是开放型经济。在经济全球化背景下，只有充分利用国内外市场，才能真正发挥市场在资源配置中的基础性作用，实现资源的最优配置。

第三，与加入 WTO 后对外承诺的国际义务一致。中国改革开放 40 多年，已经从一个贫穷落后的经济体发展成世界第二大经济体。特别是在 2001 年正式加入 WTO 之后，中国经济发展更加迅速。国际社会对中国经济迅速地崛起在赞扬之余，也期待中国经济成为世界经济进一步发展的引擎，期待中国承担更多的国际责任与义务。因此，中国经济只有进一步地对世界开放，才能承担起这个重任。

四、经济全球化中的我国涉外经济管理

改革开放 40 多年来，随着经济全球化这一趋势的演进和我国加入 WTO，特别是国内经济体制改革不断深化和发展开放型经济，我国对外开放的领域和规模不断扩大，我国涉外经济活动不仅在范围、内容和规模上发生着不断变化，对整个国民经济稳定健康发展所起的影响作用也越来越大。目前，我国已同世界上 200 多个国家和地区建立起良好的经贸关系，涉外经济活动方式也已发生根本性的改变，进出口贸易已由简单的易货贸易变为一般贸易、来料加工贸易、边境贸易、补偿贸易等多种贸易方式互补、竞相发展的局面，技术贸易、服务贸易、利用外资、境外投资、劳务输出、对外承包工程以及国际金融、保险、运输、旅游等各项业务均得到长足的发展。在不断融入经济全球化的过程中，我国的外贸依存度也已经由 20 世纪 90 年代的 30%左右上升到 21 世纪初的 60%左右，无论是境外对中国还是中国对境外直接投资每年都保持在千亿美元规模，中国的外汇储备规模常年保持在 3 万亿美元左右。涉外经济规模大，利益高，风险也随之增大。

经济全球化与自由化并不意味着放弃国家对涉外经济活动的宏观管理。涉外经济活动由于自身的特点需要宏观经济管理，涉外经济活动领域的扩大化和活动内容的复杂化对宏观经济管理提出了更新更高的要求。首先，涉外经济活动涉及上述多种对象和多方面内容。其活动的后果涉及国家利益，有的关系到整个经济和社会生活，甚至关系到国家主权。为此，各个地方、部门、企业不能在涉外经济活动中各行其是，而要在国民经济管理体制之下接受统一领导，统一对外。其次，涉外经济活动是同外商、外国政府打交道。我国的涉外经济工作和涉外经济工作者，必须在通晓国内外相关的法律、法规、管理的基础上，根据当时国际经济环境灵活处置。而这种灵活的处置权限，又需要以国家管理的统一纪律、统一政策为界。最后，涉外经济活动，是国内贸易活动的延伸和补充。它的内容和形式、规模和结构、时间和空间，都是直接地或间接地，即期或长远地影响本国社会经济的发展。以对外商品贸易和债务收支而论，直接构成我国即期或长远的总供给和总需求平

衡的主要内容，而总供求的基本平衡，是国民经济管理的一项主要职责，因此，涉外经济活动需要统一调节、统一控制。

在经济全球化的背景下，我国重视和加强涉外经济管理的重要意义在于以下几个方面：

（一）通过正确处理政治和经济的关系，维护国家主权，坚持平等互利原则，保护国家利益

涉外经济关系是国际关系中的重要组成部分，与国际政治关系密切相关。如果对外经济关系搞得好，不断发展，政治上的外交就好办。反之，如果对外经济关系打不开局面，政治上的外交也就不可避免受到限制。虽然经济上的相互依赖常常是国际关系中强有力的“稳定装置”，但由于国家间经济实力的悬殊，尤其是在冷战结束以后，一些经济发达的大国推行单边主义、霸权主义外交，动辄以贸易制裁、经济制裁作为实现其政治目的的手段。我国是一个发展中的社会主义国家，历来把“平等互利”作为国际关系中实行和平共处五项原则之一。为了实现独立自主的对外经济交往，打破国际资本的垄断，联合反对他们的歧视性措施，也为了避免国内从事对外经济活动主体之间多头竞争，实行一致对外，涉外管理必须从政策上、计划上进行有效协调，以保证国家利益和政治上的对立自主。

（二）通过及时调整对外经济活动的目标和政策，制定对外经济活动的战略和规划，促进涉外经济活动的健康发展

从事涉外经济活动，其目的是利用国际资源，开拓国际市场，扩大对外经济技术交流与合作，以保证国内社会经济健康发展。但若是政策、战略或计划不当，也可能产生诸多负面效应。如出口过多国内紧缺商品，会抑制国内消费，引起物价上涨；进口过多高档消费品，不仅会造成外汇支付的重负，也会刺激国内超前消费；外资的投向不合理，不但不能消除国内瓶颈制约，还会造成长线产品的过度竞争，短期、长期负债结构不合理，等等。因此，涉外经济活动的宏观管理，必须从中国国情出发，根据国内、国际的经济形势，借鉴国内外的经验教训，及时调整涉外经济活动的目标和政策，制定正确的战略和计划，以尽量降低负面效应，促进涉外经济活动健康发展。

（三）通过正确处理国内外两个市场的关系，实现开放经济中总供给与总需求的大体平衡，保持宏观经济稳定

宏观经济的稳定，最重要的是保持总供求之间的大体平衡。在开放型经济条件下，本国的总供求包括了国内、国外两个市场的供求，因此，涉外经济活动也成为影响社会总供求平衡的重要因素。例如，从对外贸易来看，如果增加出口，必须有相应的宏观经济政策来调节国内供给和需求的规模和结构。而在预测总需求大于总供给的情况下，也可以通过压缩出口，增加进口以求总供求的平衡。可见，宏观经济政策、调控目标及其合理运作，必须正确处理好国内国外两个市场之间的关系，在总供给与总需求的大体平衡的前提下，开展涉外经济活动，以保持宏观经济稳定。

五、我国涉外经济管理应遵循的基本原则

为维护我国在国际商品、技术、服务贸易中应有的地位，保证国民经济健康、稳定的发展，我国在制定涉外经济发展战略和进行涉外经济管理时还应坚持以下原则：

（一）必须有利于拉动国民经济持续稳定增长，从整体上提升我国的综合国力

各国开展涉外经济活动的政策出发点就是谋求本国利益的最大化。其中，实现经济利益的最大化必然要以经济的繁荣与增长和综合国力的增强表现出来。如果开展涉外经济活动的结果是国内企业大量破产、工人失业、国民经济滑坡，则这样的涉外经济活动肯定是对该国的经济有害的。中国作为发展中国家，“发展才是硬道理”，涉外经济作为国民经济的重要组成部分当然不能例外。在国际市场规则允许的范围内，涉外经济发展战略的制定和涉外经济活动的开展都不能脱离这一原则。

（二）必须有利于促进国际收支的总体平衡，为我国实现总供给与总需求的均衡创造有利条件

国民经济管理目标包括两大类，一类是国内经济目标，即要实现国内总供给和总需求的基本均衡；另一类是涉外经济目标，即要使涉外经济的流入量与流出量基本相等，实现国际收支的总体平衡。在开放经济条件下，国内经济均衡与涉外经济均衡这两个目标是相互影响，交织在一起的。实际生活中，由于影响因素的复杂性，国际收支不平衡的状况是经常存在的，但一国涉外经济如果长期存在巨额逆差或顺差，必然会对本国国内经济总量的基本均衡产生不利的影响，最终影响国民经济的稳定发展。

（三）必须有利于带动国内经济结构的合理调整和升级，提高科技含量，发挥我国的比较优势和增强国际竞争力

由于各国在资源拥有和产品成本上的差异，因而在比较利益的原则下产生了国际贸易的必要性，而国际贸易的结果必然形成国际分工，进而对每个参与国际贸易活动的国家的经济结构产生影响。发展涉外经济必然要求国内市场的经济结构与国际市场协调一致；要求优化所有制结构，提高国有企业以及整个国家的国际竞争力；要求加大发展第三产业，逐步实现金融、保险、服务等行业的开放经营；要求进一步加大技术引进和对科技的投入，实现产业结构的升级换代；要求加速中西部地区的开发，充分利用西部的优势资源；等等。通过合理的涉外经济管理，引导涉外经济发展倒逼国内经济发展，带动国民经济结构升级，最终增强国民经济实力，提高国际竞争力。

（四）必须有利于提高国民经济的抗风险能力，保证国家经济安全

涉外经济的开展在促进一国经济走向世界市场的同时，也会给该国经济带来一定程度的风险，这种风险归根到底源于国内市场对国际市场的依赖性。一国经济面临风险的大小取决于该国产品在国际市场的占有率以及该国对进出口产品和国际资本等方面的依赖程度。贸易自由化、生产全球化、金融自由化的程度越高，国际交往的范围越广，则越容易受到其他国家经济波动的影响，这个问题如果处理得不好，甚至可能会危及国家的经济安全。在进行涉外经济管理时，应当为提高国民经济的抗风险能力、保证国家经济安全创造有利的条件。一方面要加快我国涉外经济管理体制的改革，在符合国情的前提下实现国内产业升级和产业结构调整，实现国内市场与国际市场的顺利接轨，提高国民经济的抗风险能力；另一方面也应充分利用国际经贸规则中一些对我国有利的条款，对一些相关行业进行必要的保护。

（五）必须有利于实现国民经济的可持续发展目标，重视资源的合理利用和环境保护

实现国民经济可持续发展已经在国际社会中形成共识。涉外经济发展战略是国民经济发展战略的重要组成部分，也应为适应这一战略目标，形成可持续发展的格局。我国在全面提高对外开放水平、促进涉外经济发展的同时，在开展加工贸易、引进资金技术等业务活动时，应尽量避免以浪费资源、破坏环境为代价；在产品出口时，应改变传统的粗放经营方式，注重产品质量，适应国际通行的环境保护规则，这样做既可以减少对国内资源的浪费和降低对生态的破坏，也可以防止发达国家利用“绿色贸易壁垒”抬高贸易的门槛；在商品进口和引进项目时，我国也应强化环保意识，对污染环境、危害人民健康的产品和项目要严格禁止入境。

（六）必须有利于扩大就业和缓解国内结构性矛盾，维护城乡社会稳定

经济全球化在整个世界范围内促进科学技术发展、生产结构调整和资源配置优化的同时，也给各国劳动力的充分就业带来不同程度的难题。就劳动力增长与我国国内市场的发展来看，前者明显快于后者。由于劳动力基数过大，我国虽然许多资源和经济指标总量居世界各国前列，但劳动力人均水平却较低，一些重要指标甚至出现逐年递减的势头。面对这种局面，我国涉外经济发展战略的制定必须把经济发展与劳动力资源合理配置有机结合起来，充分利用劳动力资源优势，变被动为主动，转压力为动力。在出口产品导向上，在加大高技术含量和高附加值产品比重的同时，大力发展劳动密集型产业，使我国劳动密集型产品在世界市场上占据主导地位。同时，通过“请进来、走出去、送出去”等多种措施，努力提高劳动力的综合素质，使更多的劳动者成为高新技术产品的生产者和创造者，既可在国内开辟新的就业门路，也可服务于国际市场对高素质劳动力的需求。

第二节　世界贸易组织与涉外经济管理

一、世界贸易组织概述

世界贸易组织，成立于1995年1月1日，总部设在日内瓦。世界贸易组织的前身为1947年创立的关税及贸易总协定（GATT）。世界贸易组织是一个独立于联合国的永久性国际组织，是规范、协调、管理成员国政府之间与贸易有关的法律、政策、措施的契约式国际组织。世界贸易组织的各项协议是其成员国共同约定、相互遵守、较为全面的一整套国际贸易通行规则，它涉及成员国共同承诺的有关货物贸易、服务贸易、知识产权保护三大领域，在世界经济贸易起着非常重要和关键的作用。

我国经过15年的艰苦谈判，终于在2001年12月11日加入世界贸易组织，成为其第143个成员（国家和单独关税区）。了解世界贸易组织的宗旨、作用对于我国涉外经济管理具有重要意义。

（一）世界贸易组织的宗旨

世界贸易组织是在关税及贸易总协定的基础上成立的。在世界贸易组织正式运行之前，关税及贸易总协定是处理国家间关税与贸易政策的主要多边协定，其宗旨是：通过彼此削减关税和其他贸易壁垒，消除国际贸易中的歧视待遇，以充分利用世界资源，扩大商品生产和交换，保证充分就业，增加实际收入和有效需求，提高各国生活水平。世界贸易组织继承关税及贸易总协定的宗旨，并增加了扩大服务的生产和贸易、可持续发展，以及通过实施市场开放、非歧视和公平贸易原则，最终实现世界贸易自由化的目标，具体可概括为以下几个方面：

(1) 合理利用世界资源，促进世界经济的可持续发展；

(2) 扩大成员方之间的货物、服务和技术贸易，提高成员方居民的福利水平；

(3) 促进成员方之间的自由贸易，增进成员方的充分就业，促使成员方有效需求的增长；

(4) 消除国际贸易中的歧视待遇，努力促进发展中国家成员能够获得与其经济发展水平相适应的市场份额和利益；

(5) 加强同国际货币基金组织和世界银行之间的联系，以实现全球经济决策的一致性，实现世界经济、贸易和金融持续协调发展。

(二) 世界贸易组织的职能

(1) 为所有成员方提供了一个处理各种类型的协议和协定等相关日常事务的谈判场所，并提供实施多边贸易谈判结果的框架草案；

(2) 通过争端解决机制，解决成员方之间可能产生的贸易争端；

(3) 运用贸易政策审议机制，定期评审所有成员方的贸易政策、贸易法规及其对多边贸易体制运行所产生的影响；

(4) 负责各项多边贸易协定和协议的实施、管理和运作，促进世界贸易组织的宗旨和目标的实现；

(5) 协调与国际货币基金组织和世界银行等国际组织的关系，以保证全球经济决策的一致性和有效性；

(6) 对发展中国家和最不发达国家提供技术援助和培训。

(三) 世界贸易组织的组织机构和职权

1. 部长级会议

部长级会议是世界贸易组织的最高权力和决策机构，由所有成员方主管外经贸的部长、副部长级官员或其全权代表参加，部长级会议至少每两年举行一次。部长级会议具有的权力主要有：(1) 立法权。从法律的角度讲，只有部长级会议才有权对世界贸易组织的协定、协议做出修改、增减和权威性解释，只有部长级会议上签署的协议才具有法律效力。(2) 准司法权。部长级会议有权对成员方之间的争端及某个成员方的贸易政策是否与世界贸易组织规定相一致等问题做出裁决。(3) 豁免某个成员方在特定情况之下的某些义务。(4) 批准非世界贸易组织成员方成为世界贸易组织观察员的申请。(5) 有权批准世界贸易组织观察员成为世界贸易组织正式成员方。

2. 总理事会

总理事会由所有成员方的代表组成，在部长级会议休会期间代行部长级会议的职责，总理事会可以视情况随时开会，自行确定会议规则和会议议程，解决成员方之间的贸易争端。

3. 部长级会议的各个专门委员会

为了分工明确和提高部长级会议的效率，世界贸易组织部长级会议设计了多个专门委员会，已经成立的委员会有贸易发展委员会、国际收支限制委员会、预算和财政委员会及环境委员会等十多个委员会。

4. 秘书处和总干事

秘书处是世界贸易组织的日常办事机构，由部长级会议领导的总干事负责，在日常工作当中，总干事和秘书处的工作人员不能寻求和接受世界贸易组织以外的其他机构的干预。总干事负责秘书处的日常工作，管理世界贸易组织的预算和所有成员方的行政事务，主持成员方之间的非正式谈判，减少和避免成员方之间的争议。

世界贸易组织设有日常组织机构 30 多个，从制度和机制方面来看也很完善，世界贸易组织的日常开支预算以各个成员方在世界贸易总额当中所占有的份额为依据，由各个成员方按照比例定期支付。

（四）世界贸易组织的原则

在继承了 GATT 基本原则的基础之上，世界贸易组织在服务贸易、知识产权的保护和鉴定方面有一定程度的发展，世界贸易组织的原则可以概括为以下几个方面：

（1）非歧视原则。包括最惠国待遇原则、国民待遇原则。

（2）公平竞争原则。包括公平贸易原则、透明度原则、全国贸易政策统一原则。

（3）开放市场原则。包括关税保护和关税减让原则、取消数量限制原则。

（4）对发展中国家成员的差别优惠待遇原则。

（5）“灵活适用”原则。包括一些相关原则的例外和免责规定。

二、我国加入世界贸易组织后的涉外经济管理

（一）我国加入世界贸易组织的承诺

我国在加入世界贸易组织的谈判中，根据世界贸易组织的原则，兼顾自身国情、发展水平和承受能力，既做出了总体性承诺，也在进出口贸易、服务贸易及与贸易有关的知识产权方面的不同领域做出了相应的具体承诺。

我国加入世界贸易组织所做出的总体性承诺主要包括以下内容：根据世界贸易组织非歧视原则，将平等地对待每一个世界贸易组织成员，所有的外国企业和个人，在贸易方面将享受与中国企业一样的待遇；将取消双重定价惯例以及在内销产品和出口产品待遇上的区别；价格控制的目的不是出于给国内厂商和服务行业提供保护；将按世界贸易组织的有关协议，修改现行国内立法或制定新的法律，以统一有效的方式履行世界贸易组织多边贸易协定；加入世界贸易组织三年后，除极少数商品外，所有企业将可以获得进出口所有商品的权利，并在关税领土内销售；不再对农产品保持或给予任何出口补贴，取消农产品的一切非关税壁垒等。在对相关领域所做出的承诺中，进出口贸易方面，首先是关税方面的减让承诺，并对不同商品分别明确了关税减让的幅度和时间表；其次是非关税方面的减让承诺，分别就对不同商品实施的进口配额、出口补贴、出口退税、市场准入等措施明确了减让的方式及时间表；再次是服务贸易方面，对 12 个部门 150 多个分部门做出了有选择的开放承诺，通过承诺减让表的方式对向外商开放的时间、方式、程度、比例等加以明确；最后是在知识产权保护方面，做出了将全面履行《与贸易有关的知识产权协定》的承诺。

（二）加入世界贸易组织后我国涉外经济管理的对策

加入世界贸易组织之后，中国与其他国家的经济贸易关系将从双边关系扩展到多边关系，解决贸易争端的机制也会发生变化，政府的经济管理制度特别是涉外的经济管理制度也有明显不同。为此，我国涉外经济管理制定了一系列必要的政策，以适应世界贸易组织要求。

（1）加快了社会主义市场经济的微观市场主体改造和改革。一方面，国有企业加快了建立现代企业制度的步伐，国有经济在国民经济中的比重进一步缩小；另一方面，大力发展民营企业，民营经济在国民经济中的比重进一步增大。

（2）加快政府职能转变。确定政府对于宏观经济的调节应该建立在市场经济的基础之上，进一步明确市场对资源配置起决定性作用。通过简政放权和政府职能从管理型向服务型转变，大大增加了国民经济管理的透明度和公信力。通过设立自由贸易试验区，开始实行对外商投资和外贸的政府负面清单管理制度。

（3）完善和加强了行业协会的作用和职能。加入世界贸易组织之后，行业协会的重要性十分突出。从应付国外对我国行业的反倾销诉讼到保护我国行业不受外国低价倾销的冲击，行业协会都发挥重要作用。行业协会作为一个行业的代表，可以方便地收集到本行业的许多数据和资料，对本行业在国内外相关的成本和价格更加清楚，同时行业协会作为一个行业利益的代表，可以以较低的成本保护本行业的利益。因此在加入 WTO 之后陆续建立起一批新行业协会，同时改建了一批传统行业协会。全国一级的各类行业协会和社会组织达到 4 000 家，加上中央和地方的各类行业组织协会，总数超过 40 万家。

（4）修订和完善现行的政策、法律和法规。加入 WTO 之后，我国迅速启动法律法规清理和修改行动，完善、废除和修订了不符合 WTO 规则各项法律和法规政策上千条。增加了贸易透明度，保证外贸的公平合理，国内外的企业能够在同一个制度下竞争。推进了改革税收制度，如实行了外企所得税与内企所得税的并轨，统一按一个税率征收；废止了地方政府对经济技术开发区入驻企业的各项减免税的权力。

（5）积极推进人民币汇率制度改革，最终实现人民币在资本项目下的自由兑换。2005 年实行人民币汇率改革，建立了有管理的人民币浮动汇率制度。2016 年 10 月，人民币正式被国际货币基金组织授予外汇特别提款权（SDR），标志着人民币的国际化取得重大进展。自此以后，人民币具有了从事国际金融交易、结算和储备货币的权威地位。

（6）逐步降低关税税率。加入 WTO 之前，我国关税税率平均保持在 25%，个别进出口商品更高达 200%。加入 WTO 之后，我国政府分数次调低关税税率。加入 WTO 的第一年即 2002 年，平均关税税率就降至 12%。在加入 WTO 15 年之后，平均关税率已经大大低于 WTO 对发展中国家允许的幅度，接近发达国家平均关税 4%税率水平。在国内自由贸易试验区内，进出口商品更是享受零关税待遇。

（7）建立健全以知识产权保护为核心的市场经济法律法规体系。通过一系列法律法规建设，地方和行业的行政垄断得到大大限制，一个维护统一、开放和公平竞争的市场经济秩序开始形成。

第三节 对外贸易的管理

一、对外贸易的发展战略

对外贸易发展战略是指一国（或地区）经济发展战略在对外贸易领域的体现，即在该国国民经济整体发展战略的指导下，在一个较长的历史时期内，有关对外贸易的全局性决策和长期性规划。对于外贸依存度较高的国家，它不仅仅是本国对外贸易部门的部门经济发展战略，同时也是该国国民经济整体发展战略的重要组成部分和实现整体发展战略目标的重要保证。

对外贸易发展战略是我国涉外经济乃至国民经济整体发展战略的有机组成部分，随着经济全球化进程的加快和加入世界贸易组织，随着经济体制改革和对外开放的不断深入，我国对外贸易的范围、规模也在不断扩大，对外贸易发展战略已在改革开放初期实施的出口导向战略、进口替代战略等发展战略的基础上有了实质性的发展和转变。我国目前实施的对外贸易发展战略主要包括以下几个方面：

（一）以质取胜战略

改革开放以来，我国进出口贸易得到迅速发展，但在出口商品质量、档次、款式、包装等方面存在的问题依然十分严重，而且问题的存在并不仅仅是技术水平低、设备条件差造成的，而是缺乏责任心、质量意识差、管理手段落后、粗制滥造造成的。不解决这些问题，不仅不可能大幅度增加出口，甚至会导致已开拓的市场丧失。我国不能依靠“低质廉价”的资源密集型产品扩大出口，根本出路在于提高出口商品的质量和科技含量，发挥我国的劳动力和科技优势，尽快由粗放型经营转变到集约型经营，由“以量取胜”转变为“以质取胜”。质量和信誉是我国对外经济贸易的生命，是开拓市场、提高经济效益的最基本的条件。

实施“以质取胜”战略，首先是转变观念，牢固树立“质量第一、信誉第一”和“质量是效益的核心”的理念；其次是重视技术开发和新产品的研制，提高出口商品的技术含量；再次是要加强相关法律法规的建设，增强法律意识，严格依法整顿市场，创造良好的政策环境；最后是要不断建立和完善质量监督保障体系，广泛、有力地推行 ISO 9000 质量标准认证体系，将我国的出口商品质量标准与国际质量标准挂钩。无论是从国际市场的竞争，还是从提高我国对外贸易的经济效益，或是从提高我国进出口商品甚至国家的信誉的角度讲，“以质取胜”都是我国对外贸易一项极为重要的战略选择。

（二）市场多元化战略

我国进出口贸易发展过程中曾经存在的一个较为突出问题是市场格局不合理。进出口市场过分集中于少数国家和地区，特别是集中在美国、日本、欧盟等国家和地区，而对东南亚、独联体、东欧国家和其他发展中国家的贸易只占我国进出口额的很小部分。这种格局的存在对我国国民经济和对外贸易的发展十分不利。不利于我国实行全方位的对外开放政策和独立自主的外交政策，容易受制于人；不利于我国进出口贸易持续、稳定的发展，容易受到贸易保护主义和区域性经济集团排他性、歧视性待遇的影响；不利于我国加强同第三世界国家的团结和合作，在新的国际政治经济形势下，这种团结和合作显得尤为重要；不利于我国在利用国际分工和参与国际竞争中争取有利地位。为此，我国在进入21世纪之后提出了实施市场多元化的战略。

当前我国实行的市场多元化战略，还是要以亚太市场为重点，以周边国家市场为支撑，发达国家与发展中国家市场合理分布的战略。具体讲，就是要继续巩固发展西方发达国家和港澳台市场，特别重视和发展亚非拉第三世界国家市场，发展独联体、东欧国家和周边国家市场。

（三）科技兴贸战略

科技兴贸战略是“科教兴国”战略在对外贸易领域的具体体现。科技兴贸战略的主要内容包括：促进我国高新技术产品出口和用高新技术改造传统产业，提高出口商品的技术含量和附加值。实施科技兴贸战略，推动我国高新技术产品出口，不仅会大大改善我国出口商品结构，增强出口创汇能力，而且会大大促进企业进步和产业结构的优化和升级，增强国民经济抗风险能力；利用高新技术成果改造传统产业，提高传统出口商品的技术含量和附加值，也会极大地促进传统产业的结构调整和经济增长。

当前，经济全球化有两个突出的特点，一是以信息技术为主要标志的高新技术革命取得重大突破，高新技术产业在世界经济中的比重不断增加，高新技术产品贸易在国际贸易中所占比重持续上升；二是产业结构调整在世界范围内广泛进行，高新技术产品出口成为一个国家产业升级的重要途径。从长远看，能否顺利融入国际贸易体系，最大程度地分享参与国际分工所带来的好处，从根本上取决于我国能否尽快提高对外经济贸易的科技含量和附加值，从而获得国际交换的最佳效益。只有实施科技兴贸战略，才能重新培植我国出口产业和产品的动态比较优势，在未来的国际分工和国际贸易中争取有利的位置，增强抵御各种外部风险和冲击的能力，逐步实现从贸易大国向贸易强国跨越的目标。

（四）优化进出口商品结构战略

优化进出口商品结构战略可以分别从优化出口商品结构和优化进口商品结构两个方面分别加以推进。

优化出口商品结构战略是我国为达到一定的出口战略目标，根据国情、经济发展的具体状况和国际市场的需要，对优化出口商品的构成所做出的战略性安排。一般来说，一个国家出口商品构成层次越高，工业制成品，特别是技术密集程度高的产品所占比重越大，说明这个国家经济技术水平和对外贸易水平越高。为此，我国出口商品构成的战略安排也应随着经济发展水平的不断提高而相应地调整和变化。加入WTO之后，根据世界产业结构和国际市场变化趋势以及国内产业政策，在充分发挥我国传统产业出口创汇优势的同时，大力调整和优化出口商品结构，积极扶植和培育一批新的出口主导产业和产品，从根本上增强我国出口商品的整体竞争能力，是我国对外贸易的主要战略目标之一。为此，我国大力发展了机电产品的出口，积极发展了高质量轻纺产品的出口，积极发展了高科技产品的出口，同时还在不断提高附加值的基础上继续发展矿产品、农产品等资源性产品的出口。在努力扩大上述商品的出口中，狠抓了出口商品的质量优化工作，力争使更多的商品达到国际市场先进水平，成为“拳头”出口商品，甚至不少商品成为世界品牌。

优化进口商品结构战略同样是我国对外贸易发展战略的重要组成部分。从某种程度上讲，出口贸易的目的就是为了进口，用以增强一国的生产能力，提高劳动生产效率，提高科学技术水平，改善人民生活水平，促进国民经济的健康发展。为此，我国在制定进口战略的过程中适当安排了进口，不断调整和优化进口商品结构，实行多元化进口市场战略。加入WTO后，一方面，我国在进口商品机制上逐步实现了与国际规则的接轨。履行了不断削减关税和非关税措施的承诺，逐步放开市场准入，用经济杠杆宏观调节进口规模和速度，以减少生产要素的浪费和设备的闲置，减少对国际收支和外汇储备的不利影响。另一方面，我国在进口商品的安排上注意有所侧重，注意调整和优化进口商品结构。在进口商品安排中，优先进口先进技术和关键设备，积极进口国内短缺物资和国内市场生产不足的中高档生活品。鉴于进出口贸易长期顺差失衡带来的消极局面，从2018年起，以举办中国首届进口博览会为标志，加快了扩大进口满足内需的步伐。

1994年颁布实施的《中华人民共和国对外贸易法》明确地将进出口贸易、技术贸易、服务贸易一起列为我国对外贸易的三大支柱，因此，进出口贸易管理、技术贸易管理、服务贸易管理也就成为我国对外贸易管理的主要内容。

二、进出口贸易管理

进出口贸易管理，以国家的法律、法令和政策规定为依据，从国家的宏观经济利益以及对内及对外政策需要出发，运用相应的手段，对进出口贸易活动进行领导、控制和调节。进出口贸易不仅是我国对外贸易的主要组成部分和物质基础，而且对我国国民经济的发展和社会商品总供求平衡也有重要的影响。这种影响主要取决于三个方面：一是由于任何国家的资源都是有限的，必须通过国际交换来弥补；二是由于各国之间科学技术发展是不平衡的，需要通过国际贸易、互相交流和运用别国的科技成果来弥补；三是由于比较利益原则，通过国际贸易可以用自己的优势产品换回比自己生产更便宜的其他商品。在进出口贸易的两个变量中，出口是基础，只有出口换得外汇形成本国的外汇支付能力，才有条件进口国外的商品，出口贸易的创汇能力决定着进口商品的规模和水平。同时，进口也可以带动出口，通过进口先进的机器、材料和技术，可以提高本国出口商品的国际竞争力，扩大出口的规模。在进口与出口的关系上，总的原则是要“量出为入”，以有利于保持国际收支的基本平衡，但也不能对进口限制过多，若由此导致与别国的贸易摩擦增多，反而会影响出口。出口决定进口的平衡原则不能机械执行，应从动态的、跨年度的范围来实现。

我国的进出口贸易管理，随着国内外形势的发展和变化，在不同的历史时期，有着不同的内容。我国的进出口贸易管理制度自1949年新中国成立至今，大致经历了两个时期，一是1949—1978年的单一计划经济条件下的统制贸易管理时期；二是1979年至今的以市场经济为取向的对外贸易管理时期。1979年，为了适应改革开放的新形势，保证对外贸易的顺利发展，在国际贸易保护主义日趋严重和市场竞争日趋激烈的形势下，为维护中国对外贸易的合法权益，我国政府重新调整和改进了对外贸易管理制度，主要是缩小了计划管理的进出口商品的范围，重新恢复了对部分进出口商品的许可制度，并逐步制定了外贸企业的设立制度、配额管理制度等，同时下放管理权限，不断改进管理方法，以利于充分调动各方面发展对外贸易的积极性，从而使我国的进出口贸易管理制度，从过去的以政府直接调控为主转向以间接调控为主，从过去单纯依靠指令性计划和行政命令来管理进出口贸易活动的做法，改变为运用法律手段和经济调控手段并辅以必要的行政手段来实行对进出口贸易的管理，向国际贸易规范和世界贸易组织基本准则大大迈进了一步。

1994 年以来，按照我国对外开放、加入世界贸易组织和市场经济改革的内在需要，我国对外贸易体制进行了一系列的改革。加入世界贸易组织前后，我国依照承诺，已基本完成对原有对外贸易法律、法规、规章的清理和修改工作。按照法制统一、非歧视和公开透明的原则以及公正与效率兼顾的原则，完善符合我国国情的对外贸易法律法规体系。

目前，在我国进出口贸易管理所采用的手段中，运用法律手段，主要是加强对外贸易的立法工作，到目前为止，我国已基本建立了以《中华人民共和国对外贸易法》为核心的对外贸易法律体系；在健全与强化经济调控手段方面，当前主要是通过价格、关税、税收、信贷、利率、汇率等经济杠杆进行管理，以实现调控外贸经济活动和外贸经济关系的目的；在行政管理手段方面，根据国际贸易规范和我国的实际情况，逐步使其制度化、规范化、科学化。目前，我国的行政管理手段主要有：进出口贸易计划管理、配额许可证管理、进出口商品经营权许可管理、对外国企业在中国设立常驻代表机构的管理、对出口商品商标的协调管理、外汇管理、海关管理、出口货物原产地管理、进出口商品检验管理等。我国的进出口贸易行政管理手段是以对外贸易的有关法规为依据的。

三、技术贸易管理

技术贸易是国际技术交换，是不同国家或地区的公司、企业和其他经济组织之间知识产权中财产权的使用许可或所有权的有偿转让。技术贸易由技术引进（技术进口）和技术输出（技术出口）两部分组成。技术引进一般是指从国外引进本国没有或尚未完全掌握的先进技术，从技术输出方角度讲，则称为技术转让。商业性技术转让，即技术贸易；非商业性技术转让，即技术援助，目前国际上最主要的技术转让形式是技术贸易。

与进出口贸易、服务贸易相比，技术贸易有许多不同之处：(1) 产品形态不同，技术贸易与进出口贸易的区别在于技术贸易主要是无形贸易，与服务贸易的区别在于技术贸易主要是智力产品；(2) 出售条件不同，进出口贸易一般是所有权与使用权一次性转让，而技术贸易中使用权与所有权往往是分离的，出售方多数情况下只转让技术的使用权，而保留技术的所有权；(3) 卖方动机不同，进出口贸易中的卖方为实现利润最大化往往会以尽量满足买方的使用要求为手段，而技术贸易的卖方研制新技术的目的首先是服务于自身的需要，一般是技术已过成熟期后，才进行转让；(4) 控制方式不同，进出口贸易和服务贸易只要不涉及核心机密往往限制较少，而技术贸易则经常由于卖方担心危及自身利益而设置较多限制，特别是对于有可能威胁本国国家安全的高新技术，甚至会存在国家管制。

技术贸易所采用的主要方式包括：(1) 许可证贸易，即买方付出价格取得卖方所拥有的发明专利、商标和专有技术的使用权；(2) 国际合作、合资经营，即一方以自己掌握的高新技术入股并按约定的比例利润分成；(3) 高技术含量的设备进出口，这里虽然也包含进出口贸易的内容，但往往其中高新技术起最关键的作用；(4) 有偿的技术咨询和专业技术人员培训，很多情况下是为技术转让或推销高技术含量产品服务的。

我国技术贸易的开展始于“一五”时期。由于受西方主要国家经济封锁和贸易禁运的限制，在其后的十几年时间里，主要是与当时的一些社会主义国家开展成套设备进口及配套技术的引进。20 世纪 60 年代以后，我国技术引进转向西方国家和日本，仍以成套设备进口为主。改革开放以后，我国的技术贸易有了很大程度的发展，除了引进成套设备进口及配套技术以外，还广泛开展许可证贸易、与外商合作合资经营、接受技术服务、补偿贸易、来料来样加工等，技术贸易的形式逐步呈现多元化发展的势头，与世界上许多国家建立了技术贸易关系。1985 年，还突破了技术贸易只进不出的局面，有些自行研制的技术转让到其他国家。尽管我国的技术贸易仍以技术引进为主，开展的时间也不很长，但技术贸易给我国的国民经济发展带来了巨大的变化。技术贸易加速了我国经济的发展速度，增强了我国自力更生的能力；促进了我国科技水平的提高，使我国的科技力量由弱转强；使我国扩大了出口创汇能力，更多先进技术的引进极大地提高了我国的生产力水平；改造了我国的一些传统产业和工艺，从而生产出功能多样、款式新颖的新产品，丰富了城乡人民的生活。

在促进技术贸易中容易出现的问题有：(1) 引进的成套设备过多，且引进时重设备引进轻技术引进、重成套设备引进轻关键设备引进；(2) 各地地方保护主义严重，技术设备大量重复引进，生产能力过剩，形不成规模效益，浪费了社会资源；(3) 不重视引进技术的消化吸收，丧失了许多赶超世界先进技术的机会；(4) 引进中不考虑国情，片面追求先进、成套、昂贵，忽视配套环境和技术的实用性，使引进的设备和技术无法充分发挥效率。

针对上述取得的成果和存在的问题，我国为进一步促进技术贸易的发展，不断采取措施改进和完善对技术贸易的管理，制定了一系列相关的政策和措施，其主要政策原则包括：(1) 国家对技术贸易的投向和去向进行必要的引导和控制；(2) 加强了对技术贸易的立法，尤其是知识产权保护立法，实现了国内立法与国际规则的有效接轨；(3) 提倡多种形式的技术引进，促进技术引进市场的多元化；(4) 优化技术引进结构，着重引进产品制造、工艺技术及生产管理技术，控制成套设备引进；(5) 除少数新建项目外，引进的重点主要为现有企业技术改造服务；(6) 利用多渠道资金引进技术；(7) 为鼓励多引进软件技术，控制设备进口，实行必要的税收优惠；(8) 鼓励企业加强技术引进的消化、吸收和创新；(9) 严格限制国外低劣、落后设备进口，禁止进口一切二手设备；等等。

我国目前技术贸易管理所采取的措施主要有：设立技术贸易项目审批的基本程序；加强对技术贸易合同的管理；建立技术贸易合同数据的统计制度，为技术引进项目决策提供依据；对技术贸易鼓励、限制及禁止的项目分别采取不同的管制和税收政策。

四、服务贸易管理

服务贸易是指各国之间在服务业方面进行的贸易往来。其中，服务出口是指一国从业者向另一国消费者提供服务的过程，服务进口是指一国消费者购买他国从业者提供的各项服务的过程。

1986 年 9 月开始的乌拉圭回合多边贸易谈判，首次将服务贸易作为谈判议题纳入关贸总协定。经过 7 年谈判，1994 年 4 月，117 个国家和地区的代表在摩洛哥正式签署最后文件，就《服务贸易总协定》（GATS）达成了协议，1995 年 1 月 1 日世界贸易组织成立后，《服务贸易总协定》作为世界贸易组织协定的附件之一同时生效，成为具有法律约束力的国际服务贸易的规则和纪律。我国作为乌拉圭回合多边贸易谈判的参加方，从 1986 年开始自始至终参加了服务贸易的谈判，而且是《服务贸易总协定》的签字国。

《服务贸易总协定》是各缔约方开展服务贸易的行为准则，其宗旨是在增加透明度及逐步自由化的条件下扩大服务贸易，促进各国经济增长及发展中国家的发展。其框架协议条款主要包括五个部分：（1）最惠国待遇，除申请最惠国待遇例外者外，每一缔约方给予任何其他国家的服务和服务提供者的待遇，应立即无条件地给予其他任何缔约方的相同服务和服务提供者；（2）市场准入，每一缔约方给予其他任何缔约方的服务和服务提供者的待遇，应不低于其承诺表列出的期限、限制和条件；（3）国民待遇，每一缔约方应以其承诺表列出条件和限制为主，给予其他缔约方的服务和服务提供者的待遇，应不低于给予本国相同服务和服务提供者的待遇；（4）透明度，缔约方所有的由中央政府、地方政府、非政府立法部门发布并生效的，对服务贸易或服务贸易总协定产生影响的法律、法规、协议、规则和其他措施，应及时予以公布；（5）发展中国家的更多参与，发达国家应采取具体措施，促进发展中国家国内服务业的发展，并为发展中国家的服务出口提供市场准入条件，允许发展中国家根据国内政策目标和服务业发展水平逐步扩大市场开放程度和实现服务贸易自由化，允许发展中国家对外国服务和服务提供者进入本国市场设置一定条件。

根据世界贸易组织提供的服务贸易分类表，从事服务贸易的服务部门可分为 11 大类 143 个具体服务部门，11 大类分别是：商业服务、通信服务、建筑服务、分销服务、教育服务、环境服务、金融服务、健康及社会服务、旅游及相关服务、文化、娱乐和体育服务、交通运输服务和其他服务。

改革开放以来，我国服务业迅速发展，促进并带动了服务贸易的增长，但由于我国服务贸易起点低、基础差且缺乏国内产业的充分支持，与发达国家相比，仍存在较大的差距，存在着诸如整体水平不高，业务总量不足，结构不合理，开放程度较低，管理滞后和立法不完善等方面的问题。为应对这些存在的问题和加入世界贸易组织后所面临的挑战，我国政府陆续制定和出台了一些旨在增强服务业竞争力和完善服务贸易管理的政策和措施，这些政策措施包括：（1）优化服务业行业结构，大力发展信息、科技、金融、会计、咨询、法律服务等现代服务业，积极发展需求潜力大的房地产、物业管理、社区服务、旅游、教育培训、文化体育等新型服务业，运用现代经营方式改造商贸流通、交通运输、餐饮、农业服务等传统服务业；（2）优化服务业企业组织结构，增强大企业实力，依托这些有竞争力的企业，培育形成一批多元化投资主体的大公司和大集团，实行网络化、品牌化经营，大力发展连锁经营、物流配送等新型业态；（3）优化服务业地区结构；（4）加快服务业的企业改革和重组，除少数行业和企业外，要通过多种形式，推进实施现代企业制度；（5）放宽服务业市场准入，改变部分行业垄断经营严重、市场准入限制过严和透明度低的状况，按市场主体资质和服务标准，逐渐形成公开透明、管理规范和全行业统一的市场准入制度；（6）以政企分开、政事分开、企事分开、营利性机构与非营利性机构分开为原则，推进部分服务领域的产业化；（7）加快服务业人才培养，以国际服务业通行标准全面推行职业资格证书制度和建立服务业职业资格标准体系；（8）多渠道增加服务业投入，有规划地加强服务业设施的建设，为服务业的发展奠定雄厚的物质基础；（9）大力改善服务消费环境，完善服务消费政策，扩大城乡居民的服务消费领域和档次；（10）加强对服务业的组织领导，进一步转变观念、提高认识、统一思想，把发展第三产业，尤其是服务业摆到与发展农业、工业同等重要的位置。

第四节　外资利用管理

一、外资利用理论依据和形式

在开放经济条件下，若一国的经济增长受到国内资源的限制，往往可以通过引进外资、利用外国援助等途径获得必要的外部资源，解决所谓“两缺口”，即本国储蓄不足、外汇短缺等问题，并随之可引进先进的管理技术和方法，从而促进本国经济的发展。在西方发展经济学中，曾有许多学者对利用国外资金的必要性和作用从理论上做过分析，这其中比较系统和有代表性的理论是1966年由钱纳里和斯特劳特提出的“两缺口模型”。这一模型的核心思想是：发展中国家在储蓄、外汇、吸收能力等方面的国内有效供给与现实经济发展目标所必需的资源计划需求量之间存在着缺口（包括储蓄缺口和外汇缺口），而利用外资则是填补这些缺口的有效手段。“两缺口模型”的建立所依据的是凯恩斯的国民收入平衡分析和哈罗德-多马经济增长模式。其数学关系式是：

已知基本的宏观经济核算恒等式为：

$$Y=C+I+(X-M) \tag{14-1}$$

将（14-1）式移项后变为：

$$Y-C=I+X-M \tag{14-2}$$

因为$Y-C=S$，代入（14-2）式并经过移项整理后可以得出：

$$I-S=M-X \tag{14-3}$$

以上各式中，Y表示国民收入，C表示消费，S表示储蓄，I表示投资，X表示出口额，M表示进口额，$(X-M)$表示净出口或外贸纯收入。

公式（14-3）左端是投资与储蓄之差，称为“储蓄缺口”；右端是进口与出口之差，称为“外汇缺口”。从均衡的角度而言，两个缺口必须相等，即当国内投资大于储蓄出现“储蓄缺口”时，必须通过进口大于出口（从国外获得储蓄）来平衡。由于投资、储蓄、进口、出口等要素各自具有相对独立性，因此，就某一时期而言，投资超过储蓄的数额不一定恰恰等于出口超过进口的数额，这样就有必要在事前对两个缺口进行调整，促使其在有利于提高经济增长率的情况下实现平衡，其中，利用国外资源即引进外资的方式是一种积极的选择。通过利用外资来平衡两个缺口，可以产生双重的效应：从供给方面看，它表示从国外进口资源，但这种进口并不需要立即用增加出口来支付；从需求方面看，这种进口又是投资品，它同样不要求相应增加国内的储蓄来提供。因此，利用引进外资来平衡两个缺口，既能解决国内资源不足问题，促进经济迅速增长，又能减轻因加紧动员国内资源以满足投资需求和冲销进口而出现的双重压力。当然，引进外资也必须适度，若引进外资过量或使用不当，将会陷入债务泥潭，甚至会引发严重的经济和政治危机。

吸收外商投资是我国利用外资的基本形式和主要内容，它对于长期坚持改革开放，积极有效地利用外资关系重大；国外借款是我国利用外资的重要组成部分，它是促进经济发展、开展国际经济技术合作、发展对外关系的重要内容；另外，利用外国援助也是我国利用外资的一种补充方式。总体来说，引进外资有多种形式，但主要分为两类：一是允许或吸引外商来本国投资建厂，建立合资或独资企业；二是向国外借款，即以债务的方式借入国外资金。前者通常被称为直接利用外资，后者则被称为间接利用外资。

直接利用外资的方式有：（1）设立中外合资经营企业（股权式合营企业）；（2）设立中外合作经营企业（契约式合营企业）；（3）设立外商独资经营企业；（4）设立外资金融机构；（5）合作开发海上或陆地石油项目；（6）“BOT”投资方式建设项目。

间接利用外资的形式有：（1）借用国外贷款。我国借用国外贷款的渠道主要有四种，即外国政府贷款、国际金融机构贷款、外国商业银行的现汇贷款和出口信贷。（2）在境外发行债券和股票。（3）国际金融租赁。（4）补偿贸易和对外加工装配。

二、外资利用的两面性

利用外资建设国内经济，既有正面的积极作用，也同时存在负面的消极作用。对此应当保持冷静头脑，趋利避害，让外资最大限度为我所用，把外资进入带来的消极影响控制在最低限度。

新中国成立初期，我国已开始利用国外资金解决国内资金不足问题，20 世纪 50 年代曾向苏联借用政府低息贷款，为重点工程引进技术和设备。60 年代以后，我国在“既无内债，又无外债”的极左思想影响下，引进外资工作基本停顿。改革开放以后，我国利用外资工作才积极开展起来，利用外资的规模不断扩大，方式也开始多样化。利用外资已成为我国涉外经济活动的重要组成部分之一，利用外资管理也成为我国涉外经济管理的一项重要内容，利用外资对我国经济的发展起到了重要的作用。总的来看，利用外资的积极作用表现在：一是有利于弥补国内建设资金不足；二是有利于引进先进技术，促进产业升级；三是有利于吸收先进的企业管理经验；四是有利于创造更多的就业机会和增加国家财政收入；五是有利于促进对外贸易和对外经济合作的发展；六是有利于社会主义市场经济体制的建立和完善。

利用外资在发挥积极作用的同时也存在一些负面影响和问题。根据我国历史经验教训，在间接利用外资方面容易出现的主要问题是：（1）尚未形成有效的资本约束机制，有些地区和企业引进外资不考虑自身的偿付能力和配套能力，盲目引进、重复引进；（2）多头借贷造成不必要的内部竞争，使谈判地位下降，筹资成本上升；（3）偏重资金的静态成本，借贷时硬货币比重和固定利率比重过大；（4）外债国内化，部分企业或项目出现偿债困难而由国内金融机构垫付，最终成为国内用汇企业对国内金融机构的负债，失去引进外资的意义；（5）引入外资的使用效率还有待提高。

在直接利用外资方面容易出现的主要问题是：（1）外商投资的产业结构失衡，外资主要集中在投资少、见效快、赢利高、投机性强的第二、三产业，而投资额大、回收期长的农业和基础产业相对较少；(2) 外商投资过分集中于沿海地区，地区分布严重不均衡，不利于东西部差距的缩小；(3) 有些外商将高污染、高能耗的产业和一些淘汰设备转移到我国，造成对生态环境的负面影响；(4) 一些外商采取不正常的转移价格手段逃税，采用不正当手段转移利润，在合资过程中高估投资价值；(5) 外商在投资企业中侵害中方劳动者权益；(6) 外资凭借技术、资金、资源等优势，参股或收购国内已有一定竞争实力的企业及产品商标，然后再用外资品牌完全取代内资品牌，达到控制国内一个产业和市场的目的。

三、我国引进外资的策略

在不断总结改革开放以来引进外资经验的基础上，为引导外资在我国经济发展中发挥更好的作用，我国制定了"积极、合理、有效"的利用外资基本方针，为制定和实施利用外资的基本原则和政策措施指明了方向。积极，是指利用外资仍是我国对外开放的基本内容。合理，是指各地区、各部门不能单纯为追求引进外资数量而不讲质量、盲目攀比优惠条件，尽量避免重复引进。国家对此要进行宏观指导和控制，使外资引进的结构、规模、投向合理。有效，是指充分提高利用外资的经济效益，不仅包括外商投资企业本身的经济效益，也应包括国家宏观的经济和社会效益。在这一总方针的指导下，我国利用外资的基本原则应包括以下几个方面：

（一）合理安排外资的结构

外资结构包括多个方面，如直接投资与间接投资构成、短期贷款与中长期贷款构成、政府贷款与商业贷款构成、不同币种贷款构成等。在安排以上几方面引进外资构成时，应尽量采用对我国经济稳定发展最为有利的方式。例如，利用外资的重点首先应放在吸收外商直接投资上；借用外债应优先考虑使用条件比较优惠的外国政府和国际金融机构贷款，也可考虑使用出口信贷（特别是买方信贷）方式；力争实现引进外资来源多元化；等等。

（二）管控外债规模风险

国外借债是要偿还的，还可能面临还本、付息、费用和汇率变动所产生的风险，外债过多，可能导致陷入债务陷阱。我国借用外资一定要慎重，不可不加控制地乱借，要依照"需用多少借多少，有多大清偿能力借多少"的原则合理控制外债规模。国际上通行的衡量偿还能力的指标是外债清偿比率，即本年度借用外债还本付息总额占商品及劳务出口收汇总额的比例，并将15%设定为安全线，20%设定为警戒线，25%设定为危险线，我国将这一指标定为控制在15%左右。另外，国际上还有一些衡量外债规模的指标可供我国借鉴，如负债率指标，即一定时期内外债余额占该时期国民生产总值的比例，主要是为评判一国对外债的承受能力，一般认为不应超过20%；外债规模与该国总投资规模之比，一般不宜超过5%～15%；外债增长速度与国民生产总值增长速度之比要小于1；外债余额不能超过本国外汇储备的1倍；在全部外债中短期债务（主要指商业贷款）不能超过25%；等等，这些指标虽然不是绝对的，但有助于我国在控制国外借债规模时借鉴。吸收外商直接投资也必须合理地控制规模，避免产生重复建设、效益下降的局面，否则会给利用外资造成负面影响。

（三）合理引导外资投向

这实际上是如何采用有效的政策措施引导外商投资向更有利于我国国民经济健康稳定发展的领域转移的问题，通过政策引导、环境优化、税收优惠、目录管理等措施，正确解决外商投资在行业和地区之间不平衡的问题。从引进外资的项目类型和产业结构方面讲，重点鼓励外商投资于技术先进的项目、出口创汇的项目、进口替代行业、基础设施和基础产品产业、农业，以及第三产业即服务业等；从引进外资的地区结构方面讲，改革开放初期，我国引用梯度发展理论，优先发展东部沿海地区，形成东部、中部、西部三个明显的梯度差距，地区之间发展的不平衡，制约了我国经济的进一步稳定和高速发展。随着西部大开发战略的实施，中西部地区正陆续出台相关政策措施，加快招商引资的步伐，以充分发挥中西部地区自然资源和人力资源的优势。

（四）不断改善投资环境

投资环境是影响投资者投资效益的外部客观因素，改善投资环境是关系到我国能否稳定和扩大外商投资规模的前提条件。投资环境是一个综合的概念，它包括通常所说的硬环境和软环境，硬环境主要指投资所需的场地、道路、市政资源等基础设施的建设状况；软环境的范围则更为复杂和广泛，它包括资源条件、人文社会状况、政府经济政策和管制措施、科技发展水平等诸多方面的环境状况。国际投资者投资的直接目的是利用当地的特殊环境实现经济效益，哪里的环境易于实现这一目的，国际投资的资金就会流向哪里。我国自改革开放以来，投资环境已经得到了持续不断的改善，但在法制建设、政府管理体制、涉外外贸政策、产业政策制定、相关产业发展水平等方面仍与国际通行规则和发展水平存在一定的差距，应当根据我国国情进一步进行改革和加以完善。

（五）注重外资引进效益

利用外资必须讲求经济效益，应当认真实现“借、用、赚、还”四个环节的有机结合，这其中最重要的是“用”，只有使用得好，才能提高经济效益。为此，对准备利用外资的项目事先必须认真地进行可行性研究和专家论证，必须履行必要的审批程序，严把引进关。在考察利用外资经济效益时，要注重从整体上、宏观上去评价，不仅包括外商投资企业本身的经济效益，也应包括国家宏观的经济和社会效益。使外资流入真正需要的行业、地区和领域，充分发挥对国民经济的补充和促进作用，保障利用外资总目标的实现，实现投资少、见效快、收益高的效果。

我国利用外资的各项优惠政策和管理措施主要体现在《中外合资经营企业法》《中外合作经营企业法》《外商投资企业法》《国家外汇管理规定》等各项法律法规中，这些政策大体包括：外债管理政策、税收优惠政策、外汇收支平衡政策、海关关税管理政策、资金贷款管理政策、自主经营政策、外商投资方向管理政策等。

第五节　“一带一路”与涉外经济管理

一、“一带一路”概述

“一带一路”是指我国政府主动提出建立连接活跃的东亚经济圈与发达的欧洲经济圈

的国际经济合作简称。2013年9月国家主席习近平访问哈萨克斯坦，在纳扎尔巴耶夫大学发表演讲，首次提出与中亚国家共同打造丝绸之路经济带。继而在10月出访印度尼西亚时，习近平主席在印尼国会上发表演讲，又倡议与东南亚各国打造21世纪海上丝绸之路。随即，中国政府在2014年的博鳌亚洲论坛上发表了建设“一带一路”的正式倡议。具体而言，“一带一路”建设分为陆上和海上丝绸之路两条主线。其中，陆上丝绸之路经济带有三条线，一是中国经中亚、俄罗斯至欧洲波罗的海，二是中国经中亚至位于中东地区的波斯湾，三是中国经中亚、南亚到印度洋；21世纪海上丝绸之路主要是从中国各港口通过南海到达南太平洋或是经过印度洋延伸至欧洲。“一带一路”倡议的核心内容是实现沿线国家之间的政策沟通、设施联通、贸易畅通、货币互通和民心相通，简称“五通”。

“一带一路”倡议本质上是我国适应国内外经济发展出现的新变化而制定的长期发展战略，兼具国际与国内的统筹协调。“一带一路”倡议成为我国涉外经济新增加的重要战略组成部分。通过“一带一路”建设，在陆上，我国政府通过与沿线各国政府签订协议的方式，在以经济产业园区为合作平台的基础上，建立国际经济走廊，促进沿线各国的经济合作；在海上，以沿线各国重要港口为基础推进建设安全的运输大通道。秉承和平共处五项原则以及坚持开放合作、和谐包容、市场运作、和谐共赢的原则，使各国携手共同努力、互利共赢，达到经济和政治联系更加紧密、人民交流日益深入、世界各国和平友好的理想局面。

（一）“一带一路”背景

2000多年前汉代，各国劳动人民通过自己的努力开辟的贯通亚欧大陆的丝绸之路，成为古代中国与中亚、南亚、西亚、欧洲的经济贸易、文化交流的重要通道。“和平合作、开放包容、互学互鉴、互利共赢”的丝路精神一直传递下来，成为丝绸之路沿途各国的重要文化遗产，并推动着各国向着交流合作、繁荣发展的方向前进。

当今世界正在发生深刻的变化，国际金融危机带来的影响还未完全消退，全球经济复苏缓慢，各国发展开始分化，在国际投资贸易格局和规则正在酝酿深刻调整的情况下，各国所面临的发展问题是严峻的。在这种情况之下，弘扬和传承丝绸之路精神就显得更加重要。

（二）“一带一路”目的

建设“一带一路”，是为了顺应世界多极化、经济全球化、文化多样化、社会信息化的潮流，促进各国之间的自由贸易，维护自由贸易体系和开放型世界经济；是为了提高经济资源的配置效率，减少经济要素国际流动阻碍，通过各国间更加协调的经济政策，达到更大范围、更高水平、更深层次的区域经济合作，建立开放、包容、均衡、普惠的区域经济结构；是为了构建沿线各国间全方位、多层次、复合型的互联互通网络，加强各国的互联互通伙伴关系，使各国实现多元、自主、平等的发展；是为了促进沿线各国的优势产业发展，发掘市场的潜力，增加就业机会，促进投资和消费，促进各国人民之间友好的交流，使各国人民生活更加和谐、美好；是为了积极探索国际合作和全球治理的新模式，为世界发展增添正能量。总之，推进“一带一路”建设，既是中国深化改革开放的需要，使构建起全方位开放新格局的中国能够更深入地融合到世界经济体系中；也是世界各国推动经济发展的需要，能够充分发挥各国的比较优势，共同实现经济快速增长，逐渐走出国际金融危机的泥潭。

二、“一带一路”涉外经济管理特性

（一）促进对“一带一路”国家的直接投资

我国在“一带一路”倡议下鼓励本国企业参与“一带一路”沿线国家的基础设施和产业投资，并欢迎“一带一路”国家的企业来华投资。主要有以下主要措施：

1. 消除本国企业对外投资的壁垒

我国同沿线各国加强双边投资保护协定、避免双重征税协定的磋商。双边投资保护协定的签署为国外投资者对于“一带一路”国家的直接投资的安全和利益提供了保障，对于直接投资形成促进作用；避免双重征税协定的签署增加了国外投资者对于“一带一路”国家投资的税后所得，激励投资者对“一带一路”国家进行直接投资。

2. 推进资金融通渠道建设，加强金融监管合作

推动亚洲货币稳定体系、投融资体系和信用体系建设。共同推进亚洲基础设施投资银行、金砖国家开发银行等机构以及深化中国-东盟银行联合体、上合组织银行联合体等组织的金融合作。通过资金融通方面的国际合作，为“一带一路”直接投资拓宽了融资渠道，减小资金因币种不同等原因造成的使用障碍，使得投资活动能够更加顺利地进行。另一方面，在进行国际金融合作的同时，加强金融监管合作，逐步在区域内建立高效监管的协调机制，采用金融风险警示、应对金融风险和危机处置的系统，为“一带一路”倡议的金融体系稳定运行提供保障。一个稳定的国际金融体系能够减小直接投资的障碍，扩大直接投资的规模，同样能够对投资者起到激励作用。

（二）积极保护我国对外直接投资者的合法权益

国家保护对外直接投资者的合法权益、保护“走出去”企业的公民和资产安全，一般有以下几种方法：

1. 建设符合我国国情的国防力量为我国的对外经济保驾护航

当对“一带一路”国家进行直接投资的公民受到了安全威胁时，军事力量的出现就显得尤为必要。以美国为代表的西方国家拥有许多海外大型军事基地或是临时安全点，都具有明显的安全和军事目的，这是保障国家安全和军事战略的有效手段和重要方法。因此，我国应建立与我国国情相适应的国防力量。

2. 完善法律保障机制

我国政府通过签署双边投资协定、双边税收协定等方式来积极保护我国对外直接投资者的合法权益。截至2016年6月，我国已与56个“一带一路”沿线国家签署了双边投资协定。截至2017年5月，我国已与54个“一带一路”沿线国家签署了双边税收协定。并且，通过MIGA（多边投资担保机构）框架下的政治风险保险机制、WTO协定框架下的贸易争端解决机制、ICSID（国际投资纠纷解决）公约框架下的投资争端解决机制，来控制对“一带一路”国家直接投资的政治风险，并发挥对直接投资的促进作用。

3. 发挥公共外交对“一带一路”国家直接投资者权益的保护作用

公共外交既有利于双边关系的发展，又能够为双边经济合作创造良好的环境，并且提

升本国公司和产品的认可度，进一步促进直接投资规模的增大[①]。

（三）引导投资方向和方式

我国在“一带一路”国家的对外投资在方式和方向上应把握以下几点：

（1）加强政府和民间的协调互动，营造良好的营商环境；

（2）收集对外投资信息，加强企业决策的准确性与科学性；

（3）立足区域比较优势，促进跨国优势产能合作；

（4）发挥金融服务功能，为企业“走出去”提供强力支持；

（5）加强企业自主创新，提升对外投资核心竞争力[②]。

小　结

当今世界已经进入经济全球化时代，经济全球化包含贸易全球化、生产全球化、金融全球化等内容，给发展中国家同时带来挑战和机遇，也促使我国建立和发展更高水平的开发型经济，因而涉外经济管理任务日益繁重复杂。世界贸易组织是经济全球化的机制产物，是一个独立于联合国的永久性国际组织，是规范、协调、管理成员方政府之间与贸易有关的法律、政策、措施的契约式国际组织。2002 年我国正式加入世贸组织之后，既坚持了我国社会主义市场经济相应原则，也采取了与经济全球化相适应的措施，成为经济全球化的推动力量和受益国家之一。适应经济全球化的涉外经济管理，首先要加强对外贸易发展战略的制定，选择以质取胜战略、市场多元化战略、科技兴贸战略、优化进出口商品结构战略；其次要管理好进出口贸易，大力发展技术贸易、服务贸易；最后要管理好外资，重点是充分利用各种外资特点选择好引进形式，优化外资结构，管控好外债规模风险（如关注外债清偿比率和各种负债率指标），合理引导外资流向，改善投资环境和提高外资利用效益。2013 年我国提出“一带一路”倡议，进一步推动了经济全球化，这也对创新涉外经济管理提出了更高要求。

思考题

1. 为什么会出现经济全球化现象？
2. 经济全球化的表现形式有哪些？
3. 开发型经济与外向型经济有何差异？
4. 如何看待经济全球化给世界不同发展程度的国家带来的影响？
5. 在经济全球化的背景下，我国重视和加强涉外经济管理的意义是什么？
6. 采用哪些指标能够反映我国维护对外开放过程中的经济安全？
7. 我国在制定涉外经济发展战略和进行涉外经济管理时应坚持哪些原则？

---

① 黄河. 中国企业在“一带一路”沿线国家投资的政治风险及权益保护：以中线、北线 B 和南线为例. 复旦国际关系评论，2015（1）.

② 何德旭. 构建一带一路框架下对外投资新格局. 中国社会科学报，2018-06-26.

8. 如何评价我国加入世界贸易组织后的实际效果?
9. 如何处理好进口与出口贸易之间的关系?
10. 利用外资的形式以及特点是什么?
11. 管控外债规模风险需要关注哪些指标和警戒线?
12. 所谓“双缺口”理论的基本内容是什么?如何解释中国的现象?
13. 我国利用外资的基本原则应包括哪几个方面?
14. 依据各国对外开放的经验，对外依存度维持多少算比较合理?
15. 如何理解服务贸易及其在经济全球化过程中的作用?
16. “一带一路”倡议的提出背景是什么?
17. “一带一路”的主要建设任务是什么?
18. 如何处理好国际贸易纠纷与摩擦?
19. 发展中国家能否用市场换来技术?

图书在版编目（CIP）数据

国民经济管理学概论/刘瑞主编．--3版．--北京：中国人民大学出版社，2020.10
21世纪国民经济管理学系列教材
ISBN 978-7-300-28656-3

Ⅰ．①国… Ⅱ．①刘… Ⅲ．①国民经济管理学-教材 Ⅳ．①F20

中国版本图书馆CIP数据核字（2020）第192269号

21世纪国民经济管理学系列教材
国民经济管理学概论（第三版）
刘 瑞 主编
Guomin Jingji Guanlixue Gailun

出版发行	中国人民大学出版社		
社 址	北京中关村大街31号	**邮政编码**	100080
电 话	010－62511242（总编室）		010－62511770（质管部）
	010－82501766（邮购部）		010－62514148（门市部）
	010－62515195（发行公司）		010－62515275（盗版举报）
网 址	http://www.crup.com.cn		
经 销	新华书店		
印 刷	北京鑫丰华彩印有限公司	**版 次**	2004年5月第1版
规 格	185 mm×260 mm 16开本		2020年10月第3版
印 张	21.75	**印 次**	2020年10月第1次印刷
字 数	504 000	**定 价**	56.00元

教学支持说明

（教学课件）

中国人民大学出版社政治与公共管理出版分社秉承“出教材学术精品，育人文社科英才”的出版宗旨，多年来，出版了大批高质量的公共管理、教育学、政治学、政治理论公共课教材和学术著作。

我们为本教材制作了相应的 PPT 教学课件，任何一位采用本书作为授课教材的教师均可免费获得该课件。为了确保该课件仅为授课教师获得，烦请您填写如下材料，并将相关信息通过 E-mail 发送给我们，我们将在收到相关信息后通过 E-mail 给您发送该课件。欢迎您加入我们的 QQ 群（全国政管教师交流群，群号为 236159213），或登录我社官方网站（www. crup. com. cn），注册并认证成为教师会员，以获得更好的服务。

我们的联系方式：
地址：（100872）北京市中关村大街甲 59 号文化大厦 1202 室
中国人民大学出版社政治与公共管理出版分社
电话：（010）82502724　62514775（传真）
E-mail：ggglcbfs@vip. 163. com
QQ 群：236159213

兹证明__________大学/学院__________院/系__________专业__________学年第__________学期开设的__________课程，采用中国人民大学出版社出版的____________________（书名、作者）作为本课程教材。授课教师为__________，授课班级共______个、学生______人。授课教师需要与本书配套的教学课件。

联 系 人：____________________
通信地址：____________________
邮　　编：____________________
电　　话：____________________
E-mail：____________________

系/院主任：__________（签字）
（系/院办公室章）
______年_____月_____日